Afiadas

Michelle Dean

Afiadas

As mulheres que fizeram
da opinião uma arte

tradução
Bernardo Ajzenberg

todavia

*Para todas as pessoas a quem foi dito que eram
espertas demais para seu próprio bem*

Prefácio 9

1. Parker 15
2. West 50
3. West e Zora Neale Hurston 83
4. Arendt 90
5. McCarthy 121
6. Parker e Arendt 156
7. Arendt e McCarthy 167
8. Sontag 183
9. Kael 214
10. Didion 245
11. Ephron 273
12. Arendt, McCarthy e Lillian Hellman 301
13. Adler 308
14. Malcolm 334

Posfácio 363
Sobre as fontes 367
Bibliografia selecionada de fontes secundárias 369
Notas 371
Índice 397

Prefácio

Selecionei e reuni as mulheres deste livro a partir de um elogio que receberam em vida: afiadas.

A natureza específica de seus talentos variava, mas elas tinham em comum a habilidade de escrever de maneira inesquecível. O mundo não seria o mesmo sem as reflexões ácidas de Dorothy Parker sobre os absurdos que enfrentou em sua própria vida. Ou sem a habilidade de Rebecca West de abarcar metade da história do mundo no relato em primeira pessoa de uma simples viagem. Ou sem as ideias de Hannah Arendt sobre o totalitarismo. Ou sem a ficção de Mary McCarthy, que aborda as percepções de uma princesa em meio a monstros. Ou as ideias de Susan Sontag sobre interpretação. Ou as farpas lançadas contra os produtores de cinema por Pauline Kael. Ou o ceticismo de Nora Ephron em relação ao movimento feminista. Ou o catálogo de manias dos poderosos elaborado por Renata Adler. Ou as reflexões de Janet Malcolm sobre os riscos e as recompensas da psicanálise e do jornalismo.

O fato de terem feito tudo o que fizeram em pleno século XX só as torna ainda mais extraordinárias. Elas surgiram em um mundo que não tinha a menor disposição para ouvir as opiniões femininas sobre assunto algum. Esquece-se que Dorothy Parker começou a publicar seus versos cáusticos antes mesmo que as mulheres tivessem direito a voto. Muitas vezes não consideramos o fato de que a segunda onda feminista se desencadeou *depois* de Susan Sontag virar um ícone com o ensaio "Notas sobre o *camp*". Elas afrontaram abertamente todas as expectativas relacionadas a gênero antes que qualquer movimento feminista organizado tivesse atuado de forma a obter ganhos para as mulheres no seu conjunto. Com seu talento excepcional, conquistaram uma espécie de igualdade intelectual com os homens que outras jamais esperariam alcançar.

Frequentemente esse sucesso pessoal acabou por gerar tensões entre elas e as ações políticas coletivas do "movimento feminista". Embora algumas das pessoas que integram este livro vissem a si mesmas como feministas, nem todas pensavam assim. Nenhuma delas, em princípio, se satisfez atuando como ativista; Rebecca West, que chegou mais perto disso, ao final acabou classificando as sufragistas como ao mesmo tempo admiravelmente ferozes e indesculpavelmente puritanas. Sontag escreveu em defesa do feminismo, depois revisou o tema e atacou fortemente Adrienne Rich em relação à "mentalidade simplista" do feminismo quando colocado diante de desafios. Até mesmo Nora Ephron admitiu se sentir desconfortável diante dos esforços feitos pelas mulheres para se organizar durante a convenção do Partido Democrata de 1972.

Muitas vezes essa ambiguidade é vista como uma rejeição às políticas feministas — e, em alguns momentos, o foi de forma explícita. Essas mulheres tinham um espírito oposicionista e tendiam a não gostar de ser agrupadas. Por um lado, algumas desdenhavam das outras: McCarthy não tinha nenhum interesse em Parker; Sontag dizia o mesmo em relação a McCarthy; é conhecida a ferocidade dos ataques de Adler a Kael. Por outro, não davam nenhuma importância a conceitos como o de "sororidade": posso imaginar Hannah Arendt me aplicando um belo sermão por incluir sua obra no contexto de sua feminilidade.

E, no entanto, todas foram vistas como uma demonstração evidente de que as mulheres são tão qualificadas quanto os homens para influenciar a arte, o pensamento e a política. Todo o progresso que obtivemos nesse terreno aconteceu porque o lado feminino da equação pôde reivindicar Arendt, Didion, Malcolm e outras. Conscientemente ou não, elas iluminaram o caminho para que outras as seguissem.

Escrevi este livro porque essa história nunca foi contada como merece, pelo menos fora de alguns circuitos isolados de Nova York. A evolução da literatura norte-americana é comumente contada com base nos seus romancistas homens: os Hemingways, os Fitzgeralds, os Roths, os Bellows e os Salingers. Há certa sensação, de acordo com essa versão da história, de que pouca coisa feita por mulheres nessas diferentes épocas merece ser de fato lembrada. Até mesmo em retrospectivas mais acadêmicas, em "histórias intelectuais", em geral assume-se que o cenário foi sempre dominado pelos homens. Os autodenominados intelectuais de Nova York de meados do século XX são com frequência identificados como um time masculino. Mas minhas pesquisas mostram algo diferente. Os homens podem ter sido superiores às mulheres numérica e demograficamente. Mas na questão mais essencial, isto é, a de produzir uma obra que mereça ser lembrada, uma obra que defina os termos do próprio cenário, elas estão em absoluto pé de igualdade com eles — e, muitas vezes, acima deles.

Afinal, existe alguma voz que tenha adquirido mais força ao longo do tempo do que a de Parker? É possível ouvir suas marcas em qualquer comentário que se faz. Há uma voz moral e política cujo alcance seja superior à de Hannah Arendt? O que seria de nossa visão da cultura sem Susan Sontag? Como pensaríamos hoje sobre filmes se Pauline Kael não tivesse aberto as portas para a celebração da arte popular? Quanto mais me aprofundo na obra que elas produziram antes de mim, mais desconcertante me parece o fato de que alguém possa olhar para a história literária e cultural do século XX sem colocar mulheres no seu cerne.

Embora discordando, posso imaginar que a razão pela qual isso não foi feito seja o fato de que ser tão brilhantes, tão excepcionais, tão afiadas nem sempre fez com que fossem elogiadas no seu próprio tempo. O mais comum era que as pessoas reagissem mal às suas ferroadas. Os produtores da Broadway odiavam Parker e conseguiram expulsá-la de uma coluna de crítica teatral. Os colegas de Mary McCarthy na *Partisan Review* desprezavam as paródias que ela escrevia sobre eles e a consideravam arrogante e maldosa. Pauline Kael foi acusada pelos cineastas de seu tempo de não ser suficientemente séria. (Ela é até hoje criticada nesse sentido.) Foram enviadas cartas violentas aos editores de Joan Didion quando ela publicou seu famoso ensaio sobre a Califórnia central "Some Dreamers of the Golden Dream". Quando Janet Malcolm comentou que os jornalistas exploravam a vaidade de seus personagens, colunistas a acusaram de conspurcar a suposta honra do jornalismo.

Parte dessas críticas provinha do mais ralo machismo. Outra parte, de mera imbecilidade. Grande parte era uma mistura das duas coisas. Mas o essencial para medir a força dessas mulheres é saber como elas reagiam a isso: com uma espécie de ceticismo inteligente que era, muitas vezes, bastante divertido. Até mesmo Hannah Arendt reviraria os olhos, hoje e na época, diante do furor causado pelo seu *Eichmann em Jerusalém*. Certa vez, Didion emitiu um simples "Uau!" diante de uma carta destemperada de um leitor. Adler tinha o costume de usar palavras dos próprios autores contra eles, chamando a atenção para suas repetições e sua nulidade filosófica.

O jeito sarcástico algumas vezes acabou sendo usado contra elas, servindo de motivo para ignorá-las ou para acusá-las de "falta de seriedade". Ironia, sarcasmo, escárnio: "intrusos" podem utilizar esses recursos como um subproduto do ceticismo natural em relação ao conhecimento convencional quando não puderam participar de sua formulação. Acredito que deveríamos dar mais atenção a tentativas de intervenção que fazem uso desse tipo de arma. Há que se valorizar sempre o fato de não ser igual a todo mundo — neste caso, de não ser homem, mas também de não ser branco, de não pertencer à classe alta, de não ter saído das melhores escolas.

Isso não significa que essas mulheres tenham sempre estado certas. Mas elas estavam ali. E tal é o ponto principal deste livro. Sua obra, por si só, constitui uma razão para lhes agradecer por sua existência.

Permito-me mencionar também um motivo secundário, que deu forma ao tipo de questão que busquei explorar em relação a essas mulheres. Há um valor especial em conhecer essa história quando você é uma jovem com certo tipo de ambição. Há algo de especialmente valioso em saber que, apesar de tudo, é possível golpear com força o tão difundido machismo.

Por isso, ao questionar nas páginas que se seguem o que fez dessas mulheres aquilo que elas foram — polemistas tão elegantes, contando com o apoio de homens ou sendo atrapalhadas por eles, sujeitas a erros, porém não caracterizadas por eles, e acima de tudo absolutamente inesquecíveis —, faço-o por uma simples razão: mesmo hoje, mesmo depois do feminismo, ainda precisamos de mais mulheres assim.

1.
Parker

Antes de ser a estrela que viria a se tornar, Dorothy Parker teve de começar a trabalhar aos dezenove anos. Não deveria ter sido assim, pelo menos não para alguém como ela. Parker nasceu prematura em 1893. Seu pai era um comerciante de peles e seu nome de família era Rotschild — mas não *aqueles* Rotschild, como ela observava aos seus entrevistadores ao longo da vida. Ainda assim, era de uma família judia respeitável de Nova York, que gozava de um relativo conforto financeiro, o suficiente para bancar férias em Jersey Shore e um amplo apartamento no Upper West Side de Manhattan. O pai morreu no inverno de 1913, arrasado depois de ter enterrado duas esposas, além de um irmão que pereceu no naufrágio do *Titanic*. Seus filhos não receberam praticamente nada de herança.

Não havia nenhum casamento à vista para salvar a jovem, que ainda se chamava Dorothy Rotschild. Ela tampouco tinha alguma formação. Não chegara nem mesmo a concluir o colegial — não que mulheres da sua situação costumassem ser educadas para trabalhar. Cursos de secretariado, que garantiriam a uma imensa quantidade de mulheres de classe média a possibilidade de levar a própria vida autonomamente em meados do século, estavam apenas começando quando ela atingiu a idade para tal. Parker teve então de apelar para o único talento que possuía e que podia lhe propiciar rapidamente alguma remuneração: sabia tocar piano, e as escolas de dança começavam a se espalhar por toda Manhattan. Algumas vezes, como ela mesma gostava de contar, chegava a ensinar aos alunos as danças levemente escandalosas do ragtime: o passo do peru e a dança do urso. Ela sempre fez de si mesma o centro da história. Um amigo se lembra de Parker lhe dizer que "todos os seus alunos homens sempre fracassavam, avançando como patos mancos".[1]

Era uma boa história, mas certamente um pouco exagerada. Nenhum dos registros mantidos por seus amigos e contemporâneos menciona Parker sequer sentada perto de um piano, muito menos dançando. Talvez ela tenha desistido rapidamente. Talvez, como viria a acontecer mais tarde no caso da escrita, o fato de ter de ganhar dinheiro com seu talento musical tenha transformado essa atividade em algo amargo. Talvez ela tenha exagerado em prol do humor — que, desde o começo, serviu como uma boa válvula de escape para ela. Suas brincadeiras acabariam por render a Dorothy Rothschild o rótulo lendário de "sra. Parker", uma espécie de seu duplo nos bons tempos. A sra. Parker andava sempre com um coquetel na mão e costumava lançar suas invectivas espirituosas nas festas como se fossem granadas.

Mas, se o burburinho e o brilho de uma festa muitas vezes escondem angústias e frustrações, o mesmo vale para a vida de Parker. As histórias que encantavam outras pessoas eram como que talhadas na madeira, retiradas de experiências horríveis e oferecidas como algo divertido. Até mesmo a imagem jovial de uma Parker pianista sentada no centro de um punhado de pessoas dançando no seu ritmo esconde raiva e sofrimento. Claramente, Parker não se incomodava em contar que tinha sido abandonada sem um tostão no bolso, pois havia certo heroísmo no fato de ter se transformado por conta própria naquilo que era. Mas raramente falava sobre sua mãe, que morreu quando ela tinha apenas cinco anos, ou sobre a odiada madrasta que a sucedeu. Tendia também a omitir o fato de que, se deixou a escola aos quinze anos, foi para ficar em casa com o pai, cada vez mais doente e confuso. Faltariam ainda cerca de cinco anos para que a morte dele a liberasse daquela armadilha particular.

Mais tarde, em um conto que escreveu sobre o último dia de um homem fictício, "The Wonderful Old Gentleman", Parker descreveu da seguinte forma a situação dele:

> Não tinham necessidade de se aproximar da cabeceira da cama do Velho Cavalheiro. Ele não reconheceria ninguém. Na verdade, já não os reconhecia havia quase um ano, trocando seus nomes e fazendo-lhes perguntas em tom circunspecto e cortês sobre a saúde dos maridos, das esposas ou dos filhos pertencentes a outros ramos da família.[2]

Parker gostava de apresentar a morte do pai como uma tragédia e podia soar amarga quando era levada a falar sobre como teve de se virar sozinha: "Não havia dinheiro para nada, entende?".[3] Mas a necessidade de buscar um emprego acabou por se tornar uma dádiva: foi a primeira vez que ela transformou uma experiência ruim em uma boa história. Era esse o seu talento: transformar emoções complexas em ditos espirituosos que insinuavam um amargor sem que isso aflorasse na sua superfície. Depois dessa experiência, Parker aparentemente passou a considerar que toda boa sorte era acidental. Ela dizia que tinha começado a ter um rendimento escrevendo por acaso. Escrevia por "necessidade de dinheiro, querido".[4] Mas não era toda a verdade. Parker escreveu poemas quando criança, embora não esteja muito claro desde quando lhe ocorreu essa ideia. Não era de guardar coisas, e poucos de seus papéis sobreviveram. Um de seus biógrafos conseguiu ter acesso a alguns bilhetes dela para o pai que continham embriões de uma voz de escritor. "Dizem que, quando sua letra é ascendente, é porque você tem aptidão para isso", ela lhe escreveu certa vez, referindo-se à inclinação de sua letra. Em seguida, acrescentou o tipo de observação de tom autodepreciativo que ia se tornar uma marca registrada sua: "Suponho que tenho".[5]

Às vezes o talento pode vir do acaso. Pode se fazer presente nas pessoas e levá-las a constituir uma vida que jamais haviam sonhado para si. Mas esse foi o único tipo de acaso que não pesou em nada para fazer de Parker uma escritora.

A primeira pessoa a lhe dar uma oportunidade profissional foi um homem chamado Frank Crowninshield. Em 1914, em meio a uma pilha de formulários de pedidos de emprego, ele pescou o dela. Deve ter reconhecido em Parker alguma coisa de si mesmo, talvez seu espírito oposicionista. Embora já perto de seus quarenta anos e tendo nascido em uma família refinada de Boston, Crowninshield não era como os outros membros da alta sociedade de Nova York. Nunca se casou — talvez porque fosse homossexual, embora não exista prova disso. Quando indagado a respeito, Crowninshield se apresentava como alguém que se dedicava a cuidar do irmão viciado em narcóticos. Era conhecido na cidade principalmente por suas pegadinhas, mas também pela condução da primeira reforma da *Vanity Fair*, uma revista de moda masculina até então sóbria e bem-comportada, a pedido se seu próprio dono, Condé Nast.

Viviam-se, ainda, os primeiros dias das grandes revistas norte-americanas. A *Harper's* e a *Atlantic Monthly* geravam debates e discussões, mas a *New Yorker* ainda não havia sido criada, e ninguém sonhava em atingir um público mais cosmopolita do que a "velhinha de Dubuque". Edward Bernays,[6] um sobrinho de Freud frequentemente citado como inventor das relações públicas, mal iniciara sua carreira no outono de 1913. Os publicitários ainda não faziam ideia do poder que viriam a ter nos Estados Unidos.

Com tão poucos modelos para se inspirar, a *Vanity Fair* de Crowninshield incorporou algo que se assemelhava à própria personalidade de seu editor ácido e impertinente, sobretudo em relação aos mais ricos. Alguma coisa — talvez o sofrimento de seu irmão, talvez o fato de sua família sempre ter possuído mais prestígio do que dinheiro — o levou a ser um crítico da prosperidade. Mas não se tratava de uma crítica social sulfurosa. Seu método consistia em ridicularizar. O editorial da primeira edição da revista reformulada já trazia um tom sarcástico:

> Para as mulheres, pretendemos fazer algo revestido de um espírito nobre e missionário, algo que, até onde podemos enxergar, jamais foi feito por nenhuma revista americana. Apelaremos frequentemente ao seu intelecto. Queremos crer que são, nos seus melhores momentos, criaturas dotadas de atividade cerebral; acreditamos piamente que delas provêm as contribuições mais originais, estimulantes e altamente magnéticas da literatura atual, e nos apresentamos, aqui, como fanáticos e determinados feministas.[7]

É o tipo de ironia que pode se voltar facilmente contra si mesma, criando certa confusão: trata-se de uma brincadeira contra o feminismo, conceito relativamente novo naquele momento? Ou em favor dele? Ou seria ainda algo vazio e ridículo, sem nenhum propósito político? Para mim, parece ser as três coisas ao mesmo tempo. Um dos grandes prazeres proporcionados por ironias desse tipo é o fato de poderem ser vistas a partir de diferentes ângulos. E, pelo menos a partir de alguns desses ângulos, as mulheres podiam se encaixar. Quando essa edição foi publicada, em 1914, as mulheres ainda não podiam nem sequer votar. Mas, como Crowninshield gostava de uma boa troça, precisava de escritores expressando sua oposição, de pessoas que não se encaixavam nos limites do comportamento preestabelecido.

Ocorre que boa parte delas eram mulheres. Anne O'Hagan, uma sufragista, escreveu sobre a pretensa boemia de Greenwich Village. Clara Tice, uma ilustradora vanguardista que se gabava de ter sido a primeira mulher a usar corte de cabelo bob, era funcionária da revista desde seu início. Marjorie Hillis, que nos anos 1930 ia se tornar uma referência para mulheres solteiras, também publicou na revista em seus primórdios.

Parker ia se tornar uma das marcas singulares da revista, mas isso levou algum tempo para acontecer. O olhar de Crowninshield foi atraído por alguns versos leves que ela lhe enviara. O poema em questão se chama "Any Porch", e suas nove estrofes se apresentam como comentários entreouvidos, com a ideia de que poderiam ser desferidos em qualquer varanda dos mais prósperos e minimamente bem informados. Estilizado e expondo os preconceitos morais da alta sociedade do início do século XX, ele soa um tanto antiquado aos ouvidos modernos, mas já embute traços das futuras preocupações de Parker: sua leitura ácida das restrições impostas à feminilidade e sua intolerância para com aqueles que só repetem clichês de uma sabedoria preestabelecida:

Não acho a sra. Brown ruim,
Ela é amoral, querida, não imoral...
Acho que a pobre menina ainda está na concha
Falando sobre sua "carreira".[8]

Crowninshield viu algo interessante nisso. Pagou-lhe cinco, dez ou doze dólares pelo poema. (Os registros dela, dele e de outras pessoas divergem quanto ao valor.) Esse pequeno sucesso a estimulou a lhe pedir um emprego. Inicialmente, Crowninshield não conseguiu um posto para ela na própria *Vanity Fair*, mas a colocou na *Vogue*.

Não era a combinação ideal. A *Vogue* de 1916 era uma revista para boas mulheres, com uma escrita boa e empertigada.

Parker não tinha nem nunca tivera muito interesse pela moda. Trabalhando ali, porém, via-se obrigada a exibir pontos de vista apaixonados, quase religiosos, sobre as vantagens de uma marca em relação a outras ou sobre o comprimento de uma bainha. Desde os primeiros dias nesse emprego, não conseguiu reunir a energia necessária para isso. Mais tarde, procurou apresentar suas lembranças de um modo educado. Mas não conseguiu esconder que era tão crítica às suas colegas de revista quanto em relação a tudo o mais. Em entrevista à *Paris Review*, ela declarou que as mulheres da *Vogue* "eram simples", "não eram chiques".[9] Mas os elogios que lhes dirigia nunca eram tão longos quanto as ofensas:

> Eram mulheres decentes, agradáveis — as mais agradáveis que já conheci —, mas não tinham nada a ver com aquele tipo de revista. Usavam chapéus engraçados e, nas páginas da revista, virginizavam as modelos, que passavam de garotas duronas a criaturas adoráveis.

A *Vogue* se pautava pelas demandas da indústria de roupas, que ainda engatinhava comercialmente. Era um negócio primordialmente indulgente em relação a seus consumidores, mas que também os banalizava. Mesmo no seu período inicial, havia nos artigos da revista certo tom de marketing, e textos no espírito de catálogo comercial. Com uma espécie de premonição admirável e perversa — ainda levaria pelo menos cinquenta anos para as mulheres se revoltarem contra a confinação da vestimenta —, todos os movimentos de Parker na *Vogue* minavam a ideia de que o ápice da sofisticação feminina estava em se vestir bem.

Para fazer justiça à *Vogue*, cabe dizer que os dois anos que Parker passou lidando com um assunto que considerava absolutamente distante dela obrigaram-na a aprimorar suas qualidades.

A escritora manejava uma caneta como se fosse um martelo. Os moldes impostos pela revista a tornaram mais astuciosa e sutil. Quando tinha, por exemplo, de redigir legendas para as ilustrações de moda que ocupavam a maior parte do espaço nas páginas da *Vogue*, Parker costurava o texto com a mais fina das agulhas. Podia achar o assunto extremamente tolo, mas sua sagacidade tinha de ser manejada com sutileza o bastante para que o editor-chefe não captasse nenhum sinal do desdém pelos leitores da publicação. Esse trabalho cheio de filigranas rendeu algumas legendas verdadeiramente brilhantes, como aquela, bastante conhecida, que dizia: "A concisão é a alma da lingerie".[10] Outras cutucavam com bastante graça a esmerada rigidez imposta pela moda:

> Só há uma coisa tão emocionante para uma mulher quanto seu primeiro caso de amor: seu primeiro espartilho. Ambos geram a mesma sensação, de uma importância arrebatadora. O último foi concebido para proporcionar algo que aproxima sua cintura do vigor intacto de uma menina de doze anos.[11]

Os editores detectaram o problema que tinham em mãos. Algumas legendas de Parker em que seu desdém transparecia demais no texto tinham de ser reescritas. Mesmo que a conduta dela parecesse impecável, Edna Woolman Chase, uma editora bastante serena da *Vogue*, chamou-a em suas memórias de "doce na fala e azeda no espírito". É importante registrar que Chase também soube observar quanto as tacadas de Parker conseguiam se ocultar de forma evasiva por trás de uma forma de expressão adocicada. Essa constatação combina com o retrato que o crítico teatral Alexander Woolcott, um amigo tardio, traçaria da jovem Parker: "Uma mistura muito singular de Little Nell e Lady Macbeth".[12]

Naquele período, Parker trabalhou muito. Escrevia para a *Vanity Fair* com tanta frequência quanto para a *Vogue*, visando claramente a uma vaga na primeira. Com efeito, a revista tinha mais espaço para o tipo de texto leve, satírico e na maioria das vezes marcante que Parker parecia ser capaz de produzir aos borbotões. Ela recorria constantemente a uma forma que chamava de "canções de ódio", textos leves cujo leque de alvos ia das mulheres aos cães. Alguns podiam ser bastante engraçados, mas, em sua maioria, adquiriam a forma de um lamento em carne viva, com uma aspereza capaz de ferir. Ela se saía melhor quando podia dar vazão ao seu talento em textos ensaísticos, mais longos. Quando destilada dessa maneira, como um ácido agindo lentamente dentro de um tema considerado ridículo, sua rispidez funcionava bem. Seu tédio, mais uma vez, conferia aos textos arestas mais aparadas.

Na edição da *Vanity Fair* de novembro de 1916, Parker expôs sua singularidade em um texto intitulado "Why I Haven't Married". Ela partia de encontros ocorridos em Nova York, aparentemente tão desnutridos de futuro naquela época quanto nos dias de hoje. Em termos bastante atuais, o texto esboçava os "perfis" dos sujeitos com quem uma mulher solteira saíra para jantar. Sobre Ralph, um homem agradável e solícito, dizia: "Vi-me cercada por uma horda de cobertores e almofadas [...] Vi-me como membro da Sociedade de Oposição ao Voto Feminino".[13] Sobre Maximilian, um esquerdista boêmio: "Ele escrevia arte com A maiúsculo". Sobre Jim, um homem de negócios em ascensão: "Eu era a terceira na sua lista de preferências. A primeira e a segunda eram Haig & Haig;* depois, em terceiro lugar, eu".

Enquanto isso, o texto "Interior Desecration", publicado na edição de julho de 1917 da *Vogue*, mostra uma Parker em cenário

---

* Em referênca ao uísque Haig & Haig. [N. T.]

externo descrevendo uma visita desconcertante a uma residência decorada por certo Alistair St. Cloud (possivelmente fictício, assim como a própria visita). Um dos quartos, conta o texto, era decorado com cortinas roxas de cetim e tapete preto, contendo "cadeiras esquisitas que deviam ser relíquias da época da Inquisição".[14]

> Não havia mais nada no quarto, à exceção de um suporte de ébano sobre o qual repousava um único livro, encadernado em escarlate. Dei uma espiada no título; era o *Decamerão*.
> "Que quarto é este?", perguntei.
> "Esta é a biblioteca", disse Alistair, cheio de orgulho.

Ela se aprimorava a cada dia, cada vez mais assertiva, atingindo seus alvos com uma precisão crescente. Seu talento se evidenciara desde o início, mas sua técnica precisou de certo tempo para se desenvolver. Ao que parece, também foi necessário certo tempo para atrair a admiração e as atenções de Crowninshield. Nos primeiros anos, Parker foi mais produtiva do que em qualquer outro momento de sua carreira. A disciplina para ter sua própria renda — algo que ela manteve mesmo depois de se casar com Edwin Pond Parker II, na primavera de 1916 — combinava com ela.

O homem que deu seu sobrenome à sra. Parker era um jovem corretor loiro da Paine Webber que vendia boas ações em Connecticut, mas cujo sobrenome, como no caso de Dorothy, cheirava a mais dinheiro do que ele realmente tinha. Eddie, como o conheciam, era uma pessoa destinada a ser vista por nós mais pelas lentes das impressões dos outros do que por suas próprias palavras. Mas sabemos que ele era um bon vivant e bebia muito, bem mais do que sua futura noiva. Quando o conheceu, Parker era quase abstêmia. Ao longo do casamento, Eddie a introduziu ao gim.

"Para o noivo, o processo de se casar é algo triste, do começo ao fim",[15] brincou Parker em um artigo escrito depois de seu casamento, em 1916. "Ele se vê perdido numa névoa de esquecimento que o envolve desde os primeiros momentos de tensão da marcha nupcial até o começo da lua de mel." Embora parecesse amar Eddie, Parker acabou por deixá-lo, na maior parte do tempo, submerso naquela névoa. Quando os Estados Unidos entraram na Primeira Guerra Mundial, poucos meses depois do casamento, Eddie se alistou em uma companhia do Exército e partiu para o treinamento, chegando depois ao front. Ali, aparentemente contraiu uma dependência à morfina, que se somou ao alcoolismo preexistente.

Os problemas de Eddie Parker fizeram dele uma figura espectral na história da esposa, um fantasma que ela arrastava para algumas festas, alguém que encaixava em uma ou duas histórias, sem quase nunca expor o que a havia de fato atraído nele.

Crowninshield finalmente teve a oportunidade de levar Parker para a *Vanity Fair* em 1918. Quando o fez, era a prosa dela que ele desejava ver ali. P. G. Wodehouse tinha sido o crítico teatral da revista desde seu renascimento, mas havia deixado o posto. Crowninshield ofereceu o trabalho a Parker. Ela jamais havia escrito uma única linha sobre teatro, e essa coluna tinha um peso considerável para a revista. No começo da primeira metade do século XX, o mundo da moda e pessoas importantes em geral davam muita importância às resenhas teatrais. O cinema ainda não tinha iniciado sua ascensão como entretenimento popular, e o teatro ainda criava e alimentava verdadeiras estrelas. Havia muito dinheiro, prestígio, influência e opinião — para não falar de insultos — no universo da crítica teatral.

Isso talvez explique a razão pela qual os primeiros textos de Parker na revista foram tão titubeantes. A escrita marcada pela assertividade e pelo humor perdeu seu ritmo. Nas colunas iniciais, o nervosismo transparecia. Em muitas delas, Parker usava pouco espaço para falar das peças e dos musicais a que comparecia. Na primeira delas, publicada em abril de 1918, ela desfere um longo lamento pelo fato de uma pessoa do público ter passado a maior parte de um musical procurando por uma luva. O texto se encerra abruptamente com um "Aí está você".[16]

A confiança chegou aos poucos. Longas apreciações genéricas começaram a ser pontuadas por afirmações mais contundentes e assertivas. A pontaria de Parker também melhorou. Em sua quarta coluna, ela se queixava da "vida de cão"[17] de um crítico teatral que frequentemente sentia necessidade de escrever sobre um espetáculo que já não estava nos palcos no momento em que a revista era lançada. Na quinta coluna, investia contra o apego do teatro aos ornamentos da guerra. "Como poderiam vestir as coristas se não com as bandeiras dos Aliados?"[18] Gradualmente, suas farpas voltavam a exibir o velho toque elegante: "Eu gostaria que [Ibsen] tivesse de vez em quando deixado as mulheres tomarem cloreto de mercúrio, abrirem o gás ou fazerem algo tranquilo e agradável em casa",[19] comentaria ela a respeito dos incontornáveis tiros disparados em uma produção de *Hedda Gabler*.

Um dos motivos do crescimento de sua autoconfiança foi que, na *Vanity Fair*, Parker se sentia escrevendo para amigos. Crowninshield a compreendia, assim como os outros editores da revista. O humor depende, em certo sentido, de uma compreensão compartilhada. Mesmo uma brincadeira ultrajante ou transgressiva só pode ser vista assim se houver uma espécie de consenso entre os atores e o público ao qual ela é dirigida. Na maior parte de sua vida profissional, Parker gozou da aprovação e do encorajamento de um círculo de amigos e confidentes muito próximos. Quase todos eram homens. Dois colegas da *Vanity Fair* foram particularmente importantes.

O primeiro foi Robert Benchley, um jornalista desajeitado contratado como gerente editorial logo depois de Parker ter chegado da *Vogue*. O outro era Robert Sherwood, um homem elegante e tranquilo cujo aspecto reservado escondia um senso de humor devastador. Os três compunham um trio inseparável e turbulento.

Eles escreveram sua própria lenda, em todos os sentidos dessa frase. "Devo dizer", admitiu Parker bem mais tarde, com um evidente tom de orgulho maroto, "que nós nos comportávamos muito mal."[20] Eles gostavam de pegadinhas, principalmente envolvendo seus chefes. Num caso saboroso, Parker assinou uma revista funerária. Ela e Benchley adoravam o humor mórbido e se divertiram quando viram Crowninshield perturbado ao passar pela mesa de Parker e ver ali um roteiro sobre como embalsamar um corpo que ela rasgara de uma das edições da revista. Eles faziam longos almoços juntos, atrasavam-se e se recusavam a inventar uma desculpa por isso, e, quando Crowninshield fez uma viagem a negócios para a Europa com Condé Nast, isso piorou. Eles não eram funcionários dos mais dedicados.

O clima indolente se estendia para a Algonquin Round Table, um célebre agrupamento de escritores e outros frequentadores ociosos que se reuniram por um breve tempo no Algonquin Hotel, em Midtown Manhattan. A Round Table teve início formalmente já em clima de autoindulgência quando Alexander Woolcott, então crítico teatral do *New York Times*, bancou um almoço de boas-vindas para si próprio ao retornar da guerra, em 1919. Os presentes gostaram tanto do evento que decidiram repeti-lo. A reputação do grupo perdurou por muito mais tempo do que sua existência breve e efêmera. As primeiras referências à Round Table nas colunas sociais apareceram em 1922; em 1923, noticiou-se um problema dentro do grupo, devido a observações de cunho antissemita proferidas pelo proprietário do hotel;[21] em 1925, o fenômeno foi declarado encerrado.

Mais tarde, Parker seria ambivalente em relação à Round Table, assim como em relação a virtualmente tudo o que fez que obteve algum sucesso. Diferentemente do que se costuma afirmar, ela não era a única mulher naquela mesa; jornalistas como Ruth Hale e Jane Grant e romancistas como Edna Ferber costumam beber com os demais presentes também. Mas Parker foi, sem dúvida, quem mais teve seu comportamento e sua voz associados à Round Table. Sua reputação superava de longe a dos homens que estavam ali, cujos nomes foram, em sua maioria, esquecidos. Com sua sagacidade tão vigorosa, ela acabou sendo a integrante do grupo mais citada pelos colunistas sociais.

Desconfortável com isso, Parker chegou algumas vezes a ser áspera com alguns entrevistadores que perguntavam sobre a Round Table. "Eu não ia muito ali", disse ela. "Era muito caro."[22] Isso quando não desdenhava do próprio fenômeno: "Não passava de um grupo de falastrões exibicionistas, guardando suas piadas por dias, à espera de uma chance para contá-las".[23] Ela se mostra sem dúvida sensível ao que dizia a imprensa, que era cética e até mesmo crítica em relação à pujança literária que a Round Table reivindicava para si. "Nenhum [de seus membros] produziu algo novo que tenha impressionado em termos literários, tampouco compôs algum poema significativo", alfinetou um colunista social em 1924. "Ainda assim, mantinham um ar de superioridade em relação às mentes convencionais."[24]

Parker talvez reclamasse de modo exagerado, deixando seus colegas um tanto constrangidos. As gargalhadas deles nos almoços e jantares no hotel constituíam obviamente uma breve recompensa, sem maiores consequências. Por outro lado, eram um combustível para coisas maiores. A espécie de plateia cativa que Benchley, Sherwood e o restante do grupo formavam era um estimulante para ela. Em nenhum outro momento de sua vida Parker escreveria tanto quanto nos anos da *Vanity Fair* e do Algonquin.

A incapacidade congênita de Parker de aceitar a autoimagem das pessoas — como escritores sérios ou estrelas glamorosas — sempre assombrou seu trabalho como crítica. Ela não se satisfazia muito facilmente como espectadora teatral; em suma, não era uma fã. Os produtores muitas vezes ficavam irados com os comentários ferinos em suas colunas. A reação era por vezes desproporcional ao insulto, mas isso não importava muito. Os produtores eram anunciantes, ao mesmo tempo que objetos de crítica. E tinham enorme poder.

Parker às vezes os irritava mesmo sem querer. O texto que quebrou as pernas de Condé Nast nem foi, infelizmente, um dos melhores dela. O espetáculo em questão era uma comédia de Somerset Maugham hoje esquecida, intitulada *Caesar's Wife*. Sua principal estrela era certa Billie Burke, sobre quem Parker fez o seguinte comentário:

> A srta. Burke, no papel da jovem esposa, parecia charmosa e cheia de juventude. Ela se sai melhor em seus momentos mais sérios; com sua ânsia de conferir mocidade à personagem, produz suas mais brilhantes cenas quando personifica Eva Tanguay.[25]

Era uma alfinetada mais forte que o normal. Flo Ziegfeld, lendário produtor da Broadway e marido de Burke, queixou-se ao telefone enormemente. Eva Tanguay, cabe esclarecer, era uma "dançarina exótica" dos anos 1920. Billie Burke, por sua vez, tinha uma imagem ilibada. Hoje, é mais lembrada, provavelmente, pelo papel de Glinda, a bruxa boa, da versão de *O Mágico de Oz* produzida pela MGM em 1939. O que mais deixou Burke ofendida talvez não tenha sido a sutil comparação. Ela tinha acabado de completar 35 anos quando o texto foi publicado, e certamente se ofendeu mais com a referência de Parker à sua idade do que com a relação com o mundo do striptease.

Ziegfeld não fora o primeiro a se queixar de excessos nas críticas de Parker. Condé Nast, então, exigiu uma mudança. Crowninshield convidou Parker para um chá no Plaza e lhe disse que precisava afastá-la daquela função. Há divergências sobre se ela foi demitida ou se pediu demissão, com as opiniões pendendo para este ou aquele lado segundo o autor do relato. Ela conta que pediu a sobremesa mais cara do cardápio, ficou furiosa e logo depois telefonou para Benchley, que resolveu também deixar a revista imediatamente.

Benchley se tornou, de longe, a pessoa mais importante da vida de Parker. Era a aprovação dele que ela buscava, e era a voz dele que tentava igualar. Os amigos se perguntavam se os dois não teriam um caso, mas não há nenhuma evidência disso. Ela era tão importante para ele quanto ele para ela, e Benchley largou o emprego mesmo tendo filhos para manter. "Foi o maior gesto de amizade que conheci",[26] disse Parker.

Ambos estavam menos chateados por ter deixado a revista do que sua dramática saída poderia sugerir, e escolheram seus próprios sucessores. Pouco tempo antes de partir, Parker havia selecionado um jovem crítico chamado Edmund Wilson.[27] Quando Crowninshield recorreu a Wilson para assumir as tarefas de gerente editorial no lugar de Benchley, Parker deve ter gostado muito. Seu trabalho estaria de volta às páginas da *Vanity Fair* um ano depois de ter sido demitida.

Foi uma passagem suave, marcada por drinques no Algonquin em homenagem ao jovem e iniciante Wilson, que ainda estava a anos de se tornar o "sério" e venerado autor de *O castelo de Axel* e *Rumo à estação Finlândia*. Ele foi convidado para os encontros da Round Table, mas "não os achei muito interessantes",[28] anotou em seu diário. No entanto, achava Parker intrigante, por "trazer os conflitos dentro de sua própria natureza". Ele a distinguia dos demais frequentadores do Algonquin porque ela podia conversar com pessoas sérias "nas mesmas bases".[29] "Sua malícia certeira e mortal" a tornava menos provinciana do que o restante do grupo. Isso agradava a Wilson, que manteve a amizade até o fim da vida de Parker, mesmo quando ela já se encontrava fragilizada e sem dinheiro. Diferentemente de muitos homens com sua formação e sua posição, ele de fato apreciava a companhia de mulheres afiadas. Não conseguia resistir à companhia de pessoas verdadeiramente inteligentes.

De todo modo, Parker não precisou alimentar qualquer ressentimento em relação a Condé Nast. Agora que construíra uma reputação, avançava por conta própria e não lhe faltava trabalho. Uma revista chamada *Ainslee's* rapidamente a contratou como sua crítica teatral. Seus textos de entretenimento eram publicados quase todas as semanas em jornais e revistas em toda a cidade, as críticas de teatro saíam mensalmente e ela ainda produzia, em paralelo, um pouco de prosa. Trabalhou constantemente ao longo dos anos 1920. E, embora dissesse que a escrita jamais fora suficiente para propiciar o dinheiro de que precisava para viver, ela sobrevivia, então, com seus próprios ganhos, além de alguma contribuição de Eddie. Ambos viviam separados desde 1922, embora o divórcio só tenha se formalizado em 1928.

A obra de Parker era certamente popular. Mas seria de fato boa? Nesse aspecto, sua poesia sofreu bastante. O gosto dos norte-americanos por textos mais leves diminuiu até desaparecer nos anos 1930, e, nos dias atuais, é difícil ver seu apelo. Soa como um amontoado de clichês muito floreados. O tema de que ela mais tratava eram casos de amor, o que a levou a ser acusada de sentimentalismo. Parker internalizou essa crítica e chegou a considerar sua própria poesia imprestável. Mas, lendo-a com cuidado, é possível captar lampejos de brilhantismo nos versos que falavam sobre o mundo ao seu redor. Mesmo seus poemas descartáveis ainda embutem muito vigor, como "The Flapper", de 1922:

> *Seu jeito de menina pode causar sensação*
> *Seus trejeitos provocam escândalos*
> *Mas não há algo mais ofensivo nela*
> *Do que em um submarino.*[30]

O alvo, aqui, não era casual. Parker visava seus contemporâneos. Sua estrela começara a ascender juntamente com a de F. Scott Fitzgerald, o campeão da mitificação das debutantes e de seu universo. Seu *Este lado do paraíso*, um romance num campus sobre um universitário que se apaixona por uma debutante, foi publicado em 1919, obtendo grande sucesso comercial e excelentes críticas. O livro o tornou uma estrela de uma hora para outra, uma espécie de oráculo por causa de sua idade. Parker conheceu Fitzgerald pessoalmente antes que fosse publicado, quando ainda estava em busca da fama, e ficou irritada com a impressão que dava de si mesmo à mídia. Em março de 1922, ela lançou uma canção de ódio chamada "The Younger Set":

> *Existem os Meninos Autores;*
> *Aqueles que pisoteiam as* belles lettres
> *Toda noite, antes de dormir,*
> *Eles se ajoelham e pedem que H. L. Mencken*
> *Os abençoe e os torne bons meninos.*
> *Estão sempre carregando pacotes de folhas caseiras*
> *E dizendo que no fim das contas só existe um Remy de Gourmont;*
> *De que ninguém discorda, salvo eu.*
> *Eles recusam a publicidade*
> *Como eu ou você recusaríamos*

> *Um presente de um milhão de dólares*
> *Ao primeiro sinal*
> *Eles fariam leituras de suas obras*
> *Em lojas de departamento*
> *Ou em silos*
> *Ou em vestiários femininos.*[31]

Remy de Gourmont, hoje praticamente esquecido, foi um poeta simbolista e crítico muito popular na época. Mas, aqui, ele é, claramente, uma alusão a Fitzgerald, o santo padroeiro dos Meninos Autores. Quando *Este lado do paraíso* foi lançado, Fitzgerald tinha apenas 24 anos. E seus contemporâneos não tinham como não o conhecer e até mesmo invejar. "Faz-nos sentir muito velhos",[32] comentou outro membro da Round Table que havia lido o romance.

Teria Parker inveja dele? Ela nunca admitiu isso — sempre chamou Fitzgerald de amigo e disse gostar de sua obra. Mas existem outros sinais de que se via competindo com ele. Em 1921, publicou na *Life* uma paródia intitulada "Once More Mother Hubbard", com a ideia de que seria um conto de fadas clássico "tal como contado para F. Scott Fitzgerald":

> Rosalind apoiou seus cotovelos de dezenove anos nos seus joelhos de dezenove anos. Tudo o que se podia ver dela, por cima das bordas lustradas de sua banheira de dezenove anos, era seu cabelo curto e encaracolado e seus olhos cinza perturbadores. Um cigarro pendia preguiçosamente das linhas desgastadas de sua boca de dezenove anos.
>
> Amory encostou-se na porta assobiando, suavemente, "Coming Back to Nassau Hall". A perfeição juvenil dela acendeu nele um fogo curioso.
>
> "Fale-me de você", disse ele, negligentemente.[33]

Como todas as paródias bem-feitas, esta exigiu uma atenção profunda à obra visada. Além de ciúme, há, aqui, uma crítica consideravelmente mordaz. Fitzgerald não idealizava a alta sociedade "negligentemente". Ele sentia afeto pelas universidades mais prestigiadas dos Estados Unidos ("Coming Back to Nassau Hall" era uma espécie de grito de guerra de Princeton). Também adorava colocar certo tipo de jovem bonita não muito composta na mira de seus heróis, sendo a maioria delas um simulacro de sua esposa, Zelda. Fitzgerald não reagiu publicamente ao texto, mas, se o leu, certamente viu que algumas de suas estilingadas e flechadas tinham um alvo bem definido.

O fato de Parker ter atentado para o tratamento dado por Fitzgerald às mulheres não era um acaso. Como muitos dos amigos do escritor, Parker não era exatamente uma admiradora da esposa dele. "Quando não gostava de alguma coisa, ela ficava de péssimo humor",[34] ela contou a um biógrafo de Zelda. "Eu não achava isso um traço muito atraente." Talvez houvesse algum sentimento de competição entre as duas: há rumores de um relacionamento sexual entre Parker e Scott,[35] embora nenhuma prova. Também podia ter a ver com uma questão de imagem, na medida em que Zelda frequentemente ocupava um lugar que era muitas vezes de Parker, ansiosa por aparecer em destaque nos jornais. Na onda de ampla divulgação que embalou Scott após o lançamento de *Este lado do paraíso*, Zelda costumava fazer parte do pacote. Em entrevistas, ela diria ter gostado muito de Rosalind, personagem baseada nela própria. "Gosto de moças assim",[36] diria Zelda. "Aprecio sua coragem, sua falta de responsabilidade e seu jeito perdulário." Parker, ao contrário, via naquilo tudo uma impostura, e não tinha como dar declarações desse tipo ou até mesmo se referir a elas.

Apesar de tudo, Parker e Scott Fitzgerald permaneceram amigos a maior parte da vida. Eram muito parecidos, alcoólatras raramente sóbrios que sofriam da síndrome da página em branco. Ao final, ele acabaria concordando com ela no que dizia respeito às fragilidades de suas primeiras obras e à inanidade dos excessos da Era do Jazz. Ao publicar *O grande Gatsby*, em 1925, Fitzgerald já não valorizava tanto a negligência. As debutantes e herdeiras de grandes fortunas constituíam, então, um cancro em suas respectivas rosas. Mas as pessoas ainda se sentiam mais atraídas pela miragem difusa de lugares como West Egg do que pela realidade de que todo aquele brilho não passava de uma falsificação. *Gatsby* foi um fracasso em termos comerciais. O público não estava pronto para receber a mensagem de Fitzgerald. O livro só conquistou popularidade depois de ser ressuscitado por meio de uma distribuição massiva e gratuita de exemplares para as tropas norte-americanas[37] durante a Segunda Guerra Mundial.

Diferentemente de Parker, Fitzgerald morreu jovem, em 1940, com apenas 44 anos, quando o alcoolismo se somou a uma tuberculose. Parker viveu quase trinta anos a mais do que ele. Quando foi vê-lo no caixão, pronunciou para ele uma frase de *Gatsby*: "Aquele pobre filho da puta". Ninguém captou a referência.

No fim dos anos 1920, Parker já não conseguia se livrar de sua própria persona. Estava em todos os jornais, todas as revistas, todos queriam algum poema ou algum dito espirituoso seu para publicar. Em 1927, ela lançou uma coletânea de poemas intitulada *Enough Rope*. Para surpresa dela mesma e de todos, o livro se tornou rapidamente um best-seller. Seus poemas conquistaram tamanha popularidade que linhas ou estrofes eram afixados em locais públicos, e as pessoas passaram a citar passagens deles nas festas para causar boa impressão e parecerem espirituosas. "Quase todo mundo que você conhece poderia citar, recitar ou mesmo citar incorretamente pelo menos uma dúzia de versos dela",[38] queixava-se um resenhista bastante duro na revista *Poetry*, em 1928. "Ela parece ter substituído o jogo chinês mahjong e o *Ask Me Another*."*

Sua popularidade era ainda mais surpreendente considerando o fato de que sua poesia não era exatamente algo relaxante. As pessoas simplesmente gostavam da maneira como as deixava chocadas. Havia alguma coisa em sua técnica que, embora repetitiva, conseguia se renovar o tempo todo. Edmund Wilson, que àquela altura já havia deixado a *Vanity Fair* e era editor da *New Republic*, escreveu uma resenha sobre *Enough Rope* — até relativamente pouco tempo atrás, não era estranho que amigos resenhassem livros uns dos outros — em que fazia um excelente resumo de como funcionava um poema típico de Parker:

> Uma espécie de lírica sentimental burlesca que produz o efeito, se você chega ao fim, de uma nota típica de revista, talvez munida de um pouco mais de autenticidade e um pouco mais bem escrita do que a média; a última linha, porém, perfura o restante com uma incrível ferocidade.[39]

Essa estratégia tinha suas desvantagens. Preparando o caminho para um momento mais vigoroso, seus poemas muitas vezes usam elementos que lembram clichês, uma linguagem rebuscada, ferramentas que Wilson chamava de "verso de humor comum" e "poesia feminina comum". Resenhistas muitas vezes criticaram as imagens de uso mecanicamente repetitivo por parte de Parker, e muitas vezes a classificaram como secundária por causa disso. Mas eles estavam perdendo alguma coisa. Quando Parker usava clichês, geralmente era com consciência de sua insuficiência; seu vazio era, muitas vezes, uma

---

* Livro de perguntas e respostas de Julian Spafford e Lucien Esty muito popular nos anos 1920. [N. T.]

brincadeira. Apesar disso, ela aceitou essa crítica à sua obra e com frequência repetiu-se. "Vamos encarar, querida",[40] disse ela à entrevistadora da *Paris Review*, "meu verso é terrivelmente datado — como tudo que um dia esteve na moda, é agora medonho."

Cabe registrar que não era assim que Wilson, entre outros, via a obra dela àquela época. Em sua resenha sobre *Enough Rope*, ele escreveu ter observado certas infelicidades nos poemas, mas também ponderou que "pareciam proceder não apenas do exercício de um talento literário encantador, mas de uma necessidade genuína de escrever". Wilson enxergou nos versos de Parker o estilo da obra da poeta Edna St. Vincent Millay, mas, ao mesmo tempo, detectou pouca semelhança entre as duas no que tangia a suas filosofias. O estilo "cortante e cáustico"[41] adotado por Parker era totalmente singular, ele insistia, avaliando que isso justificava muito das fraquezas encontradas em seus poemas. Wilson tinha convicção de que se tratava de uma voz que merecia ser ouvida.

A voz de Parker era de ódio a si própria, masoquista, mas a ofensa tinha como alvo algo que ia além dela. Podemos considerá-lo as restrições da feminilidade, a falsidade do mito do amor romântico ou até mesmo o típico melodrama do suicídio, em poemas como o mundialmente célebre "Resumé":

Giletes machucam;
Rios são molhados;
Ácidos mancham;
E drogas provocam câimbras;
Armas são ilícitas;
Nós deslizam;
Gás cheira mal demais;
Viver também é uma possibilidade.[42]

Embora a maioria de seus leitores não soubesse disso, esse poema tinha um tanto de sátira dirigida à própria autora. A primeira tentativa de suicídio de Parker ocorreu em 1922, com gilete. Ela se sentia desalentada após a ruptura com Charles MacArthur, um jornalista que mais tarde escreveria *The Front Page*, que deu origem ao filme de sucesso *Jejum de amor*, em 1940. No momento do amargo fim do caso, Parker abortou. Sua atitude não foi de corajosamente se recuperar e se reerguer. Ela optou por contar essa história várias vezes, nem sempre para públicos muito simpáticos a ela. Apenas para mencionar um exemplo: uma das pessoas que Parker escolheu para falar sobre isso foi um jovem e ainda imaturo escritor chamado Ernest Hemingway.

Como Parker, Hemingway é hoje tão conhecido que parece que sua genialidade foi admitida imediatamente e sua reputação estabelecida no momento em que publicou sua primeira linha. Mas, quando Parker o conheceu, em fevereiro de 1926, ele era autor de apenas uma coletânea de contos intitulada *In Our Time*, lançada por uma pequena editora chamada Boni and Liveright. O livro não teve grande repercussão em Nova York. Mais tarde Parker descreveria sua recepção como tendo sido tão agitada "quanto uma briga de rua interrompida na parte de cima da Riverside Drive".[43] Foi Fitzgerald quem indicou Hemingway para sua editora, a Scribner's, mais rica e prestigiosa. E foram as negociações em torno desse primeiro acordo realmente grande que levaram Hemingway a Nova York na primavera de 1926, negociações que, ao final, permitiriam à Scribner's publicar o primeiro livro de sucesso de Hemingway, *O sol também se levanta*.

Portanto, quando se conheceram, Parker e Hemingway não gozavam de uma situação profissional semelhante. Ela era mais conhecida do que ele, quaisquer que fossem os parâmetros. Esse fato parece tê-lo incomodado. Também deve tê-lo incomodado o fato de que, depois de ler seus contos sobre a deliciosa vida pouco custosa levada pelos escritores emigrados para a França, Parker decidiu prolongar a convivência entre ambos e embarcou para a Europa no mesmo navio que Hemingway. Durante alguns poucos meses depois disso, ela procurou Hemingway mais de uma vez na Europa, tanto na França quanto na tão amada Espanha de Hemingway. Com isso começou, nitidamente, a irritá-lo.

Não se sabe exatamente o que aconteceu entre os dois naquela viagem, tampouco como foram seus encontros e conversas na Espanha e na França. Um dos biógrafos de Parker afirma que ela de alguma forma insultou Hemingway ao questionar a honra e os sofrimentos do povo espanhol quando tratou com humor uma cerimônia de sepultamento. Certamente, no entanto, também lhe falou sobre MacArthur e sobre o aborto. Sabemos que Hemingway ficou melindrado com essas confissões e que acabou por registrar seu incômodo em um poema intitulado "To a Tragic Poetess":

> *Para celebrar em ritmo emprestado*
> *Seu antigo suplício e impaciência com Charley*
> *Que se foi e a deixou para trás não muito prostrada*
> *E representou tão tarde aquelas mãozinhas*
> *Aquelas mãozinhas tão bem formadas*
> *E aquele seu pezinho e teriam*
> *Os testículos descido?*[44]

O poema se encerrava com um comentário que Hemingway considerava totalmente devastador: "Essa trágica poeta é feita/ De observação real".

Parker talvez nunca tenha lido o poema. Ao menos não deixou nenhum sinal de que tenha sabido de sua existência. Mas seus amigos souberam. Hemingway leu o texto em um jantar no apartamento de Archibald MacLeish em Paris do qual participaram Donald Ogden Stewart, integrante da Round Table, e sua esposa. Pelo que se conta, todos os presentes ficaram consternados. O próprio Stewart a certa altura fora apaixonado por Parker. Ficou tão enraivecido com o poema que imediatamente rompeu sua amizade com Hemingway. Apesar de tudo, Hemingway jamais demonstrou qualquer arrependimento por tê-lo escrito, tendo até mesmo guardado um original do texto datilografado entre seus papéis.

Mesmo que não tenha ouvido o poema, Parker sabia do desdém de Hemingway por ela. E não conseguia simplesmente ignorá-lo. Embora ainda não fosse famoso, Hemingway contava com a aprovação do mundo literário, uma aprovação que Parker também almejava. Suas ambições não eram tão pequenas como algumas pessoas pensam. Hemingway se tornou um ponto de referência para ela. Ao que parece, Parker tinha o hábito de perguntar a amigos em comum se achavam que ele gostava dela. Escreveu, então, dois textos sobre Hemingway, uma resenha de um livro e um perfil, ambos publicados na então incipiente *New Yorker* — ambos elogiosos, mas escritos em tom visivelmente angustiado.

"Ele tem, como todos os leitores sabem, uma grande influência", [45] escreveu Parker na resenha. "A coisa simples que ele produz parece muito fácil de fazer. Mas deem uma espiada nos meninos que procuram fazer a mesma coisa." Ela não costumava ser tão generosa em elogios diretos. O perfil também era recheado de farpas inoportunas, talvez não intencionais. Parker comentava o efeito sedutor que Hemingway causava nas mulheres e atacava o fotógrafo do escritor. Dizia que ele era suscetível demais às críticas, mas que isso se justificava pelo fato de que "sua obra provocou algumas espécies que deveriam ser conservadas em formol". No final, afirmava que ele demonstrava extrema bravura e coragem, e o elogiava por chamar aquilo de "ter peito". O conjunto do texto poderia ser lido como uma apologia que ia longe demais, deixando seu beneficiário mais incomodado do que inclinado a perdoá-la.

Como sempre, Parker se superava em relação às críticas que recebia. Ninguém podia odiá-la mais do que ela mesma. E isso Hemingway não soube entender. A *New Yorker* era dirigida, então, por Harold Ross, mais um membro da Round Table, que criou a publicação em 1925. Visava a expressar um gosto sofisticado e metropolitano, em busca de um público que ia além da "velhinha de Dubuque". Mas Ross não era, em si, uma personalidade particularmente refinada. Embora a equipe da *New Yorker* tenha ao final se afeiçoado a ele, tratava-se de um sujeito grosseiro. Não se decidia, por exemplo, em relação ao que achava das mulheres. Por um lado, casou-se com Jane Grant, uma feminista confessa cujas opiniões talvez expliquem o fato de a revista ter publicado nos seus primeiros anos o mesmo número de textos produzidos por homens e mulheres.[46] Por outro lado, James Thurber, que entrou para a *New Yorker* em 1927, lembrava-se de um Ross que culpava constantemente as "malditas professoras de escola" pela falta de habilidade dos homens.[47] Parker gozava da confiança total de Ross, mas já tinha uma reputação bastante estabelecida antes de começar a escrever para ele. Na verdade, ela era mais útil para conferir prestígio à revista do que a revista a ela.

Nos primeiros e problemáticos anos de existência da *New Yorker*, sua contribuição foi apenas ocasional, com alguns contos ou poemas. Foi somente quando preencheu a vaga de Robert Benchley, que teve de deixar o posto de resenhista de livros da revista por algum tempo, que ela ajudou a forjar a fama da publicação. Seus textos, como os de Benchley, continuaram aparecendo sob a alcunha Constant Reader.

Como resenhista, Parker era a rainha dos trocadilhos. Sua estocada contra o meloso clássico infantil *O ursinho Puff*, de A. A. Milne, é lembrada até hoje. Mas muitos dos que foram alvo dos insultos mais memoráveis de Parker — "o caso entre Margot Asquid e Margot Asquid sobreviverá como uma das histórias de amor mais encantadoras da literatura"[48] — estão hoje esquecidos do grande público e, por isso, são vistos como indignos de uma resenha dela. Nesse aspecto, Joan Acocella acredita que Parker se saiu pior do que Edmund Wilson, que resenhava autores menos populares, mas que se tornaram ao longo do tempo mais importantes. "A coluna Constant Reader não era na verdade de resenhas de livros",[49] escreveu Parker. "Eram como discursos cômicos." Isso é algo um tanto injusto para com os propósitos das diferentes revistas, pois a *New Yorker* não pretendeu abrigar uma crítica intelectual séria, e sim bons textos. E bons textos sempre foram mais fáceis de conceber no contexto de uma resenha negativa, em que se pode investir mais em brincadeiras.

Os textos cômicos continham estocadas mais inteligentes e mais conscientes do que se costuma atribuir a eles. Meu predileto entre os produzidos por Parker na Constant Reader não é na verdade uma resenha de livro. Trata-se de uma coluna de fevereiro de 1928 sobre o que ela chama de "rotarianos literários". O objeto de sua ira, aqui, era certo tipo de pessoas que circulavam pelo mundo literário de Nova York, indo a festas e falando como se fossem íntimas dos editores e que até podiam ser escritoras. Parker as identificava como autores de colunas com nomes como "Tumultuando por aí com literatos" ou "Voltas com uma traça". Em outras palavras, eram pessoas afetadas, que queriam ostentar uma aparência de literatas sem juízo crítico algum. "Os rotarianos literários nos conduzem, assim como a eles mesmos, a um patamar em que pouco importa o que você escreve; em que todos os escritores são iguais."[50]

O fato de alguém com uma mente tão afiada como a de Parker atacar essa atitude não deve surpreender ninguém. Mas ela estava fazendo algo mais complicado e menos abstrato do que simplesmente defender o uso do julgamento crítico na avaliação de uma obra literária. Afinal, o que Parker escrevia era para ser publicado em uma coluna chamada Constant Reader. Ela própria era conhecida como uma jovem mundana, ainda que sua poesia fosse bastante conhecida. Podia também estar descrevendo ali vários membros da Round Table, muitos dos quais assinavam colunas com nomes afetados. Acima de tudo, Parker descreve aquilo que temeria mais tarde ser uma verdade sobre si mesma: a de que ela e a maior parte de seus amigos tratavam apenas de frivolidades.

"Eu *quis* ser graciosa",[51] disse ela à *Paris Review* em 1957. "Isso é o mais terrível. Deveria ter sido mais ajuizada." Esse tipo de sentimento cresceu em Parker à medida que seu sucesso aumentou. O tiro saiu pela culatra. Em vez de levá-la a produzir um trabalho cada vez melhor, acabou por aniquilar o desejo de fazê-lo. Naquele momento, Parker era uma voz solitária contra a estética "sofisticada" dos anos 1920. Um texto na *Harper's* de outubro de 1930, por exemplo, anunciava um "adeus à sofisticação" e atacava fortemente Parker como porta-estandarte de uma "conversa sofisticada"[52] vazia e inútil.

O desencanto começou a ganhar força em 1929. Paradoxalmente, o ano começara com uma vitória profissional: Parker publicara um conto que lhe valera o prêmio O. Henry, demonstrando que seu talento podia se voltar para a ficção. Mas o episódio funcionou como uma parábola sobre a decepção consigo mesma. A história se intitula "Big Loira". Sua heroína, Hazel Morse, usa o cabelo "oxigenado", de acordo com Parker. De fato, quase tudo em Hazel parecia artificial, uma representação. Nós a encontramos na meia-idade, depois de ter vivido uma juventude bem-sucedida entretendo homens como uma mulher "gente boa".[53] "Homens gostam de uma mulher gente boa", conta o narrador, de forma agourenta. Mas Hazel se cansa de sua própria representação — "ela se tornara mais consciente do que espontânea em relação a isso" — e, envelhecendo e perdendo a capacidade de atrair a atenção de homens ricos, de manter as aparências de "gente boa", adquire uma quantidade de veronal (um barbitúrico, versão dos anos 1920 do Ambien) e faz uma tentativa fracassada de suicídio.

"Big loira" traz elementos autobiográficos evidentes. Parker também havia tentado cometer suicídio dessa mesma maneira (e fracassado), e ela e Eddie tinham se separado em um clima de ambivalência semelhante ao que caracterizava a ruptura do casamento de Hazel. A profundidade da angústia de Parker, porém, não dizia respeito somente a Eddie, ou aos homens de modo geral.

Nem Parker nem Hazel tinham obsessão pelos homens no sentido tradicional. De alguma forma, autora e personagem travavam uma espécie de esgrima com o sexo oposto. Sua concepção de plenitude pessoal integrava a presença de homens, mas, na prática, eles representavam dissabores. Propunham um compromisso superficial e buscavam "mulheres gente boa", em vez de seres humanos completos com desejos, aspirações e necessidades próprias. As referências autobiográficas desse conto não estão nos detalhes — número de comprimidos de veronal ingeridos, a devoção de Hazel ao uísque como refúgio ou elementos do divórcio que podem ter sido inspirados na separação de Parker e Eddie —, mas no sentimento esmagador de decepção: com os homens, sim, mas também com o mundo e consigo mesma.

Naquele ano, Parker também recebeu a primeira de várias propostas para ir a Hollywood a fim de afinar diálogos de roteiros. Expressando sua reconhecida perspicácia, a oferta era financeiramente acima da média: trezentos dólares por semana por três meses. Ela precisava desse dinheiro, é claro, mas também estava em busca de uma evasão. E, ao mesmo tempo que odiava Hollywood, considerando-a, como todos os seus contemporâneos, algo medíocre, fazia um sucesso razoável ali. Foi coautora de muitos filmes de sucesso, tendo até mesmo recebido um crédito pela versão original, de 1934, de *Nasce uma estrela*, que tinha Janet Gaynor como protagonista. Ela ganhou um Oscar por esse trabalho, além de muito dinheiro. Comprou muito gim e muitos cachorros — um deles foi um poodle que chamou de Clichê. Claramente, Parker usufruiu de bastante conforto e se divertiu com as coisas que o dinheiro podia lhe proporcionar — pelo menos enquanto durou.

O problema era que o trabalho se mostrou tão lucrativo que acabou por lhe ocupar a maior parte do tempo. Ela praticamente parou de escrever poesia. Sempre que possível, publicava algum conto. De início, isso funcionou bem; ela publicou contos com poucos meses de distância entre um e outro nos anos de 1931-3. A partir daí eles foram rareando, até que os intervalos passaram a ser de anos. Parker recebeu um adiantamento por um romance, mas não conseguiu finalizá-lo e teve de devolver o dinheiro. Tornou-se um desses escritores cuja comunicação com seus editores é marcada por pedidos de desculpa. Chegava a inventar as mais simpáticas histórias, do tipo "meu cachorro comeu meu caderno". Em um telegrama de 1945 sobre um projeto hoje esquecido, ela explicou a Pascal Covici, um editor da Viking Press:

> Escrevo aqui pois não conseguiria falar com você por telefone. Simplesmente não consigo acabar essa coisa, mesmo trabalhando dia e noite, mesmo não querendo nada tanto quanto ser boa, mas tudo o que tenho é uma pilha de papel cheia de palavras erradas. Só posso continuar e esperar melhorar. Não sei por que é tão terrivelmente difícil ou por que sou tão terrivelmente incompetente.[54]

Havia algumas compensações para contrabalançar seus dissabores. Primeiramente, seu segundo marido, um homem chamado Alan Campbell, alto e magro, com rosto de galã, com quem se casou em 1934. No relacionamento entre os dois, ele assumiu por conta própria o papel de cuidador, controlando a alimentação dela. Dedicou-se tão fortemente ao enxoval que houve quem especulasse sobre sua sexualidade. (Independentemente disso, amigos e observadores sempre disseram que, quando a relação começou, havia uma atração física evidente entre os dois.) Esse relacionamento não teve um curso plenamente tranquilo: o casal se divorciou, casou novamente e divorciou outra vez, até que, ao final, Campbell cometeu suicídio na pequena casa de West Hollywood que dividiam mesmo durante as separações e divórcios. Mas, quando estavam bem, era muito bem.

Parker também se interessou pela política — embora muitos de seus admiradores tenham dito que ela se perdia bastante nesse terreno. O que detonou seu engajamento foram os protestos no fim dos anos 1920 contra a execução dos anarquistas italianos Nicola Sacco e Bartolomeo Vanzetti. Conhecidos da polícia de Boston por suas atividades políticas anarquistas, Sacco e Vanzetti foram presos sob acusação de assalto à mão armada, da qual muitos membros das elites literária e política norte-americanas diziam que eram inocentes. Juntamente com John dos Passos e com o membro da Suprema Corte Felix Frankfurter, Parker defendeu a soltura de Sacco e Vanzetti com fervor. Os apelos de escritores e políticos foram, no final das contas, ignorados, e os dois homens, executados. Antes disso, Parker chegou a ser presa durante uma passeata em 1927, o que causou enorme furor durante as horas em que permaneceu detida. Ela respondeu por "vadiagem e perambulação" e pagou fiança de cinco dólares. Questionada pela imprensa sobre sua possível culpa, declarou: "Bem, eu estava perambulando".[55]

Essa primeira experiência lhe abriu o apetite. Nos anos seguintes, Parker ia se aliar a incontáveis causas políticas e sociais. Começou simpatizando genuinamente com os trabalhadores não sindicalizados e participando de um protesto contra as dificuldades por que passavam os prestadores de serviços do Waldorf-Astoria. Seu nome aparecia constantemente encabeçando novas organizações políticas em Hollywood: A Liga Antinazista, o Comitê dos Artistas de Cinema em Apoio à Espanha Republicana e, mais adiante, o Sindicato dos Roteiristas de Cinema.

Não faltou quem questionasse esse anseio de igualitarismo recém-descoberto nela, dada a frequente associação de seu nome a pessoas ricas e badaladas. Mas, independentemente da situação de que gozava então, Parker sabia muito bem o que era ver seu conforto material desaparecer de uma hora para outra. Ela podia se inspirar nas suas próprias experiências com dificuldades financeiras profundas para se solidarizar com os apuros de outros. Independentemente do tempo que pudesse passar na companhia dos ricos, sua visão de quão ridículos eram, afiada anos antes por Frank Crowninshield, a impedia de simpatizar completamente com eles.

Além disso, essas incursões políticas abriam caminho para sua autocrítica. Parker usou muitas vezes a seriedade das causas políticas e sociais com que se envolveu para atacar suas próprias ações em anos anteriores. Fez isso, por exemplo, em um texto publicado no jornal *New Masses*, do Partido Comunista, em 1937:

> Não sou membro de nenhum partido político. O único grupo a que me afiliei foi um pequeno bando de pessoas que escondia a nudez de seus corações e mentes com uma roupagem desatualizada de bom humor. Eu ouvia alguém dizer alguma coisa e dizia também; o escárnio era a única

arma efetiva ali. Acho que jamais acreditei verdadeiramente naquilo, mas era fácil e confortável, então eu dizia aquelas coisas. Bem, agora eu sei. Sei que existem coisas que nunca foram e nunca serão engraçadas. E sei que o escárnio pode ser um escudo para se proteger, mas jamais será uma arma.[56]

Quando a Depressão arrefeceu e o país se voltou para a Segunda Guerra Mundial, sua autoflagelação se intensificou. Em 1939, Parker fez um discurso no Congresso de Escritores dos Estados Unidos, um agrupamento abertamente comunista, em que se aprofundou em sua decepção:

> Não creio que exista em nossa língua uma palavra tão sofisticada e ao mesmo tempo com uma conotação tão horrenda quanto "socialite". Seu sentido no dicionário tampouco é muito atraente. Como verbo, quer dizer: enganar; privar de simplicidade; tornar artificial; tramar; adulterar intencionalmente, à guisa de argumentação. Pode parecer que isso já é suficiente. Só que vai mais longe. Hoje, parece significar: ser um isolacionista intelectual e emocional; escarnecer daqueles que dão o melhor de si por seus companheiros e pelo seu mundo; olhar sempre para baixo e nunca à sua volta; rir apenas de coisas que não têm graça nenhuma.[57]

Havia algumas verdades nisso. A "sofisticação" tinha seus pontos fracos, uma obsessão pelo superficial, uma qualidade irregular. E as coisas que Parker disse e escreveu acabaram se mostrando tudo menos efêmeras. Até hoje as pessoas enviam "Resumé" umas às outras. Citam as críticas de Parker sobre A. A. Milne e Katherine Hepburn. Lembram-se de que em 1957, bem depois de ter achado que não tinha jeito como escritora, ela disse: "Quanto a mim, gostaria de ter dinheiro.

E gostaria de ser uma boa escritora. As duas coisas podem vir juntas, e espero que venham, mas, se tivesse de escolher, preferia o dinheiro".[58]

Mas, depois de Hollywood, depois da política, quase todo mundo que conhecia Parker bem parecia ter sentido seu declínio. Acreditava-se que os filmes em que trabalhara estavam abaixo dela. Sua adesão ao discurso político parecia devastadoramente sincera em alguém cuja principal habilidade era fazer troça de tudo. Sua ambição de ser uma boa contista parecia desvanecer, já que ela nunca conseguiu repetir o sucesso de "Big Loira". O pior de tudo talvez fosse a forma como essa crítica contagiou a avaliação que ela tinha de si mesma: de qualquer ponto de vista, era uma escritora de sucesso, até mesmo uma "boa" escritora, mas isso nunca se sedimentou em sua mente. Em meados dos anos 1930, Parker parecia se enxergar como totalmente desmoralizada, como uma pessoa qualquer. Seus textos careciam de energia; ela também parou de escrever poesia.

Outras pessoas sem o monólogo autopunitivo que Parker travava consigo mesma conviveriam melhor com os elogios recebidos. Resenhando em 1928 um novo livro que parecia ridicularizar ao máximo o místico russo Rasputin, uma escritora chamada Rebecca West disse que devia ter sido escrito por um humorista americano. Ela identificou na obra "traços do gênio ímpar de Dorothy Parker",[59] que considerava uma "artista sublime". West gostara especialmente de "Just a Little One", um conto que Parker publicara na *New Yorker* alguns meses antes sobre a história de uma mulher que bebeu tanto em um bar que pensou em levar um cavalo para casa para morar com ela. West sabia alguma coisa sobre a desesperança em relação aos homens e como escrever a respeito.

2.
West

Rebecca West foi uma espécie de versão inglesa de Parker, no sentido de que era uma escritora bastante consagrada no seu tempo. Quando jovem, porém, flertou com o socialismo fabiano e com a moral experimental de artistas e escritores do grupo de Bloomsbury, como Virginia Woolf e sua irmã Vanessa Bell. Desde o início, circulava à vontade entre as "pessoas sérias" do seu universo com uma espécie de segurança de que pertencia a ele, algo que faltava a Parker. Raramente padecia de pouca autoconfiança. Esse elemento frequentemente a ajudou a estar à altura de suas ambições.

West logo mostrou quem era ao se apresentar para o romancista H. G. Wells atacando-o com um texto no boletim *Freewoman*. Esse episódio talvez constitua o único momento na história em que futuros amantes se conheceram a partir de uma resenha profundamente crítica feita por um sobre o trabalho do outro. Ainda muito jovem, West leu o hoje esquecido romance *Marriage* e não gostou nem um pouco. O fato de Wells figurar entre os mais respeitados autores da época não a intimidou. "Claro, ele é o solteirão dos escritores",[1] escreveu ela, alvejando diretamente a defesa do radicalismo sexual feita com orgulho por Wells.

> Até mesmo a obsessão sexual que aparece sedimentada [nos seus romances] como nata em um molho branco frio era mera mania de solteirão, uma reação à carne por parte de uma mente absorvida tempo demais por dirigíveis e coloides.

Wells é mais lembrado hoje por seus dirigíveis, pelos romances de ficção científica como *A guerra dos mundos* e *A máquina do tempo*. Mas, quando West o conheceu, sua obra era constituída principalmente por livros como *Marriage*: romances sobre amor e sexo de cunho autobiográfico não muito velado. O livro imediatamente anterior a esse, *Ann Veronica*, contava a história de um caso escandaloso muito semelhante a uma história vivida por ele. Os detalhes dos enredos desses livros são menos interessantes do que o ponto de vista sombrio que manifestam a respeito do casamento: a alegria do matrimônio era uma espécie de prisão para Wells. Cada história parece ter sido concebida para detonar a ideia de que o matrimônio pudesse proporcionar conforto e felicidade eternos.

Em tese, isso deveria ter aproximado West e Wells. Ele certamente se considerava um defensor da igualdade entre os sexos. Apoiava e lia regularmente o *Freewoman*. Cuidava para que suas críticas ao casamento fossem entendidas no quadro de uma libertação das mulheres, mas também dos homens. Acreditava que o casamento as afastava do cumprimento pleno de seus anseios mais importantes. De alguma forma, porém, sua aparente crença no fato de que a maioria das mulheres se interessava apenas por decoração de ambientes e moda se opunha à sua percepção sobre a força da personalidade feminina. West chamou a atenção dele por isso:

> Pergunto-me sobre as mulheres que nunca depararam com algum homem que merecesse ser amado (e da próxima vez que o sr. Wells andar de metrô poderá olhar ao redor para perceber quão irremediavelmente desagradável é a maioria dos passageiros homens), que não são sensíveis ao fascínio exercido por um relógio de parede, que esqueçam, como a maior parte das pessoas, a cor do papel de parede de sala de jantar, que, sendo inteligentes, possam conceber

um vestido atraente em cinco minutos e não precisar mais pensar nisso. Pergunto-me como passariam o tempo. Jogando bridge, imagino, e possivelmente pensando em eutanásia assistida.[2]

Cabe registrar, em seu favor, que Wells não se sentiu ofendido com o texto. Não mandou ao editor nenhuma carta ameaçadora ou em tom superior. Em vez disso, convidou West a visitá-lo na residência da reitoria onde vivia com sua esposa, Jane, numa demonstração admirável de maturidade diante de uma crítica tão ríspida. West esteve ali para um chá no fim do mesmo mês em que a resenha foi publicada. Causou boa impressão, possivelmente mais do que ela mesma pretendia. De certa forma, sempre se mostrou bastante encantadora diante de alguém de quem discordava.

West adquiriu seu espírito combativo de forma autêntica. Isso se deveu em parte ao ambiente em que cresceu. Nos primeiros anos do século XX, Londres era um lugar com maior agitação militante do que Nova York. A Inglaterra não era o centro cultural do mundo — esse lugar era ocupado pela França ou até pela Alemanha —, mas era seu centro político e econômico. As preocupações de seus pensadores e escritores se situavam em torno de problemas importantes relativos ao direito de voto e à questão financeira, com menos propensão ao estilo galhofeiro e despreocupado que tanto acabaria por afligir Parker em Nova York. Grupos de intelectuais socialistas, manifestações em defesa do voto feminino e afins constituíam a vida de um escritor inglês em torno de 1910.

West tinha um temperamento mais romântico, e não entrou diretamente para a política ou para a escrita. Inicialmente pensara em ser atriz, inspirada nos muitos meses que na adolescência passou em um grupo teatral de Edimburgo. Mas o destino, infelizmente, tinha outros planos para ela. Quando se dirigia para fazer um teste na Real Academia de Artes Dramáticas, em 1910, West desmaiou em uma plataforma de metrô. Três mulheres a ajudaram a se levantar. Uma delas, segundo escreveu West à sua irmã mais velha, que desaprovava sua escolha, dissera: "Pobre criança — uma atriz! Deixe que eu pago o brandy".[3]

Foi um mau sinal. West acabaria entrando naquela escola, mas não chegou a permanecer um ano ali. Desmaios voltaram a acontecer repetidamente, em consequência de uma constituição física frágil. E, embora suas fotos daquele período mostrem uma jovem com olhos grandes e expressivos e cabelo espesso, ela sempre disse que não tinha preparo suficiente para ser atriz. Ficou claro muito cedo que teria de conceber seu próprio lugar no mundo, se fosse ter um.

West ainda usava seu nome um tanto quanto maçante de solteira, Cicely Isabel Fairfield. Intrincado, ele evocava uma pessoa de temperamento dócil e submisso que West nunca foi em sua vida profissional. Como Parker, ela provinha de uma linhagem aristocrática decadente que lhe transmitira uma postura espontaneamente defensiva. Charles Fairfield, seu instável pai, era uma dessas figuras paternas que povoam os romances de Frances Hodgson Burnett: um homem vistoso e muito divertido, adorado pelos filhos. Mas apenas quando estava por perto, o que não ocorria com muita frequência. Em um romance baseado na sua infância, West o chama de "pobre Próspero, exilado até mesmo em sua própria ilha, mas, ainda assim, mágico".[4] Era uma verdade mais forte do que ela mesma imaginava. Seu pai tinha um talento incrível para truques. Guardava segredos de alcance quase épico; recentemente, um biógrafo de West descobriu uma passagem dele pela prisão,[5] anterior ao seu casamento, de que nem a esposa nem as filhas parecem ter ficado sabendo.

As falhas de caráter de Fairfield poderiam ter sido esquecidas facilmente se ele tivesse sido um bom provedor. Mas o homem não parecia conseguir focar em nada por período suficiente para se firmar. Começara com um trabalho instável como jornalista e passara aos poucos ao empreendedorismo. O pouco que ganhava era perdido correndo riscos. Em uma de suas últimas aventuras, viajou a Serra Leoa para tentar ganhar dinheiro com produtos farmacêuticos. Em um ano estava de volta à Inglaterra sem um tostão no bolso. Envergonhado demais para ir para casa, viveu sozinho pelo resto da vida, vindo a morrer em uma pensão barata em Liverpool com as três filhas ainda na adolescência.

Adulta, West se referia ao pai de forma sarcástica. "Não posso compará-lo com os cachorros, pois um cachorro tem algo de definido",[6] escreveria ela. Falava também, de certo modo, por sua mãe. Isabella Fairfield era uma pianista talentosa antes de se casar; um belo partido, mas sua vida acabou sendo arruinada pelos desgastes provocados pelas aventuras de Charles. Ela se tornou uma pessoa abatida, alquebrada. "Foi um aprendizado estranho ter uma mãe assim", escreveu West. "Nunca me envergonhei dela, mas sempre senti muita raiva." Essa vivência a levou a pensar no casamento como uma tragédia ou, no mínimo, um destino a ser lamentado.

Há, porém, outra maneira de olhar essa questão: a decadência do pai acabou por levar a filha a buscar o melhor caminho possível. Ministrou-lhe uma lição inesquecível a respeito da necessidade de conquistar a autossuficiência. Ela não podia depender dos homens. Os romances continham inúmeras mentiras. Antes mesmo de existir de fato qualquer ideal de uma "mulher liberada", West já sabia que elas muitas vezes eram obrigadas a se manter por conta própria. Parece jamais ter duvidado do fato de que teria de traçar um caminho para si mesma.

Sua atração pela causa do voto feminino se deu, assim, por razões óbvias: ela sentiu que a missão das mulheres que lutavam por tal coisa (as sufragistas) era importante e que refletia sua própria experiência. Mas o que a fascinava era seu estilo estridente. West cresceu discutindo, polemizando sem parar com as duas irmãs. Além disso, a militância política daria espaço para o exercício do seu carisma natural. Ela se aproximou imediatamente de Emmeline Pankhurst e de sua filha Christabel, duas das sufragistas de maior visibilidade naquele momento. Sua organização, a União Social e Política das Mulheres, era, então, a porta-estandarte do movimento. Dentro das proporções pertinentes àqueles tempos, as Pankhurst eram verdadeiras celebridades. Um título de jornal bastante significativo dizia: "A cruzada que agita a Inglaterra; bela jovem no comando"; "Christabel Pankhurst, que é rica, além de jovem e atraente, lançou a iniciativa e chefia a organização da mobilização em defesa do voto feminino".[7]

West participou de várias mobilizações ao lado delas e admirava seu trabalho, mas não se encaixava muito bem no seu universo. As Pankhurst — especialmente Christabel — eram incendiárias, violentas e fervorosas em sua atuação em defesa do voto feminino. West se mostrou muitas vezes admiradora disso, especialmente em relação a Emmeline:

> Quando soltava a sua voz rouca e suave no palanque, dava para sentir que tremia feito uma vara. Mas uma vara de aço, e era algo incrível.[8]

Adolescente, West tinha uma inclinação mais literária. Sempre fora leitora de romances e demonstrou interesse por ideias de liberdade sexual acalentadas em círculos mais artísticos, nas quais as relativamente puritanas Pankhurst tendiam a não se reconhecer.

Outra sufragista, Dora Marsden, exerceu sobre ela uma influência mais crucial. Diferentemente de West, Marsden cursara a universidade — uma instituição de perfil proletário chamada Owens College, em Manchester. Ela trabalhou com as Pankhurst por dois anos com certa dificuldade e, como projeto alternativo, propôs a West e outras amigas lançarem um jornal juntas. Ele ia acabar se chamando *Freewoman* (e, após uma reestruturação, *New Freewoman*), e seria mais ambicioso do que um simples boletim feminista, abrindo espaço para que as mulheres se pronunciassem sobre os assuntos do momento de forma mais ampla. Marsden esperava, com isso, que as mulheres escritoras do movimento pelo voto feminino pudessem sair das formas mais sintéticas e padronizadas da mera propaganda. Isso atraiu West, que ansiava por gozar da relativa liberdade editorial do *Freewoman* para expor pontos de vista sobre sexo e casamento que escandalizariam sua mãe escocesa presbiteriana. Para preservar o sobrenome da família, West adotou o *nom de plume* que passaria a usar até o fim da vida.

Ela dirá mais tarde ter escolhido Rebecca West por acaso, procurando apenas se distanciar da conotação de "loira e bonita",[9] de "Mary Pickford", de seu verdadeiro nome. Na verdade, optou por um pseudônimo que tinha uma sonoridade bastante forte, inspirada numa peça de teatro de Ibsen intitulada *Romersholm*. Nela, um viúvo e sua amante avançam lentamente para uma espécie de êxtase da culpa pela dor que seu relacionamento havia causado na esposa morta. A amante admite ter agravado seu sofrimento. Ao final, os dois cometem suicídio. Rebecca West é o nome da amante.

A quantidade de potenciais significados inconscientes embutidos nessa escolha poderia preencher um livro inteiro. Há o repúdio ao pai ausente; uma referência às suas precoces, ainda que ambíguas, ambições teatrais (e por que um personagem de Ibsen); e algo de premonitório, já que a própria West estará no centro de um caso famoso anos depois. O que mais merece ser notado, no entanto, foi o fato de ter ido atrás do nome de uma intrusa, uma mulher proscrita que ao final se suicida por conta de um sentimento de culpa.

West ficou conhecida como uma mulher que não temia expor suas emoções em sua obra. Raramente tergiversava em seus escritos, sempre adotando um texto em primeira pessoa para lembrar ao leitor de que estava no terreno da subjetividade. Mas uma amiga contou à *New Yorker* que ela tinha "muita pele a menos do que qualquer outra pessoa, uma espécie de hemofilia psicológica".[10] Sua obra vai diretamente ao ponto em relação ao que ela pensa, quer ou sente. Não era autodepreciativa como Parker. Protegia-se de outra forma. West desarma o leitor com sua personalidade. Sua obra pode ser lida como uma única frase longa e contínua pontuada apenas ocasionalmente por alguma necessidade de dinheiro. Tem a aparência de uma confissão, mas é, na verdade, uma máscara muito bem construída. Preocupava-se com tudo: dinheiro, amor, qualquer assunto por meio do qual pudesse expor suas opiniões tão enganosamente assertivas.

E eram de fato assertivas, desde o começo. Ela tinha uma grande aptidão para escolher os alvos certos. Em seu primeiro texto assinado sob pseudônimo, West investiu contra Mary Humphry Ward, uma romancista extraordinariamente popular que, na avaliação da jovem West, padecia de "falta de dignidade". Um homem escreveu irado ao *Freewoman* acusando-a, de forma até despropositada, de defender a literatura comercial. West começa a responder mostrando um dedo do meio com toda a elegância a seu interlocutor: "Isto é muito desanimador".[11] Sua ousadia era sempre trabalhada de modo a arrancar um sorriso, ao menos no papel.

Foi em torno dessa época que West publicou sua resenha contra Wells, sendo então convidada para um encontro. Da dupla, West foi quem teve uma primeira impressão mais insultante.

Ela achou que Wells tinha um aspecto esquisito, com "uma voz um pouco aguda".[12] Ele recordaria a jovem que conheceu naquele dia como alguém que trazia em si "uma curiosa mistura de maturidade e infantilidade".[13] Foi uma atração intelectual recíproca que levou a uma ligação entre os dois. Wells não era o tipo de pessoa que costumava fugir de desafios, daí ter sido levado a afirmar: "Nunca conheci alguém como ela e tenho dúvidas que alguém como ela tenha de fato existido antes". Para Dora Marsden, West chegou a admitir que a mente de Wells a intrigava.

O fato é que o diagnóstico feito por West na resenha a respeito do estilo de Wells ao lidar com questões amorosas se mostrou acertado. Inicialmente, ele a desdenhou à moda antiga, da mesma maneira que ela identificara em seus livros. As discussões intelectuais davam espaço à sedução. Mas ele se recusava a tocá-la, apesar dos avanços dela. Não por deferência à sua esposa, Jane. Os Wells tinham um casamento aberto, e Jane sabia de todos os casos do marido. Algo relacionado ao senso prático de Wells parece ter levado a isso: ele tinha naquele momento outra amante, e duas seria demais, até mesmo para um homem tão liberado.

Apesar disso tudo, sua decisão de se conter durou poucos meses. Em um dia de 1912, Wells e West trocaram um beijo roubado no estúdio dele. Entre duas pessoas comuns, seria algo banal, expressando um sinal que apontava para um possível caso. Entre dois escritores, cada qual com seu tipo incomum de funcionamento mental, um conflito turbulento parecia necessário para consumar a atração. Inicialmente, porém, Wells recuou mais uma vez, e West passou por uma crise nervosa por causa dessa rejeição.

A ideia de que uma mulher tão inteligente possa ser abalada por algo do tipo parece deslocada nos dias de hoje. Mas West tinha dezenove anos e Wells parece ter sido seu primeiro caso de amor de verdade. Como sempre, ela soube expressar seu desencanto em um belo texto, embora não o tenha publicado. Conhecemos apenas o esboço de uma carta dirigida a Wells, que se acredita que não chegou a ser enviada. Ela se inicia da seguinte forma:

> Dias desses deverei ou meter uma bala na testa ou fazer algo que me castigue ainda mais do que a morte.[14]

A carta acusa Wells de ter um temperamento insensível. "Você quer um mundo em que as pessoas se entreguem umas às outras como cachorrinhos, pessoas para apenas pegar ou descartar, em vez de pessoas que ardam." West não conseguia suportar esse tipo de tratamento.

> Quando disse "você está falando coisas insensatas, Rebecca", o fez de uma forma educada, e acredita que realmente me convenceu disso. Não acho que esteja certo. Mas sei que terá uma grande satisfação pensando em mim como uma jovem desequilibrada que cai de repente no chão da sua sala de visitas fingindo um inútil ataque do coração.

Se soube desses sentimentos dela — seja lendo a carta ou de outra maneira —, Wells, de toda forma, não acorreu imediatamente. Ele respondeu, mas criticando West por ser tão emotiva. Não compreendeu o que acontecia. O que a irritara não fora o mero fato de Wells ter freado o caso antes mesmo que se iniciasse, mas também ter usado sua distância emocional para zombar de sua angústia.

A carta foi escrita por West em junho de 1913, na Espanha, para onde tinha viajado com a mãe para se recuperar de sua crise. Dali ela também enviou textos para o então já chamado *New Freewoman*. Em "At Valladolid", ela cria uma longa fantasia de um suicídio que prenuncia o clima, o tom e os motivos que mais tarde marcarão *A redoma de vidro*, de Sylvia Plath. A jovem narradora chega ao pronto-socorro de um hospital depois de atirar em si mesma. A causa de seus problemas também é um caso de amor, ecoando aquilo que sabemos ter ocorrido (ou não) entre Wells e West: "Embora tenha preservado minha castidade, meu amante seduziu minha alma; fundiu-se comigo a ponto de se tornar mais eu do que eu mesma e depois me abandonou".[15]

Cabe dizer que West sabia que Wells ainda era leitor do *New Freewoman*. Sentindo-se tocado, ele escreveria a ela algumas cartas sobre seus textos. "Você voltou a escrever de forma deslumbrante", diz a primeira, que, pelo que sabemos, não foi respondida. Em vez disso, West escreveu uma resenha sobre o livro mais recente dele, *The Passionate Friends*, em que diz concordar com Wells quanto ao fato de haver certa ligação entre sexo e criatividade:

> Pois é verdade que, querendo ou não, os homens frequentemente abordam a questão de fazer amor como um navio a vapor em alto-mar que se vê de alguma forma obrigado a apelar para um posto de abastecimento: precisam da inspiração de uma grande paixão para fazer certas coisas importantes.[16]

A partir daí ela insiste dizendo que, diferentemente do que Wells imagina em sua ficção, nem todas as mulheres envolvidas em casos de amor passageiros acabam sendo destruídas por eles. O essencial — e nisso West concorda com ele — era que a mulher em questão precisava ter autonomia em relação à sua vida sexual e amorosa.

> É provável que a mulher que desempenha o papel principal na sua própria e ambiciosa peça não cairá em lágrimas

por não desempenhar o papel principal na igualmente ambiciosa peça de um homem.

West não só deu início a esse caso com uma resenha de livro, mas também, talvez sem saber, afirmou sua paixão em resenhas subsequentes.

O serviço foi bem-feito. O recado foi recebido. Poucas semanas depois da publicação da resenha, no outono de 1913, Rebecca e Wells começaram a se encontrar no escritório dele. O flerte por intermédio de resenhas literárias foi rapidamente suspenso; suas cartas, por sua vez, começaram a adquirir um linguajar amoroso. Chamavam um ao outro por nomes de felinos, normalmente "jaguar" (Wells) e "pantera" (West, que colocaria o apelido posteriormente como nome do meio de seu filho). O tom infantilizado dessas cartas não expressa os melhores momentos de ambos como escritores.

Logo, porém, uma espécie de ironia dramática promoveu uma virada em seus destinos. No segundo encontro que tiveram, Wells se esqueceu de usar o preservativo. West havia escrito longas cartas iradas para um novo jornal britânico chamado *Clarion* sobre as dificuldades sofridas por mães solteiras, tratadas como párias por todas as classes da sociedade inglesa. E certamente não vibrou nem um pouco ao se tornar uma delas.

Com efeito, desde a hora em que nasceu, numa pequena casa de campo em Norfolk, em agosto de 1914, Anthony Panther West representou um problema para a mãe. Ele próprio diria mais tarde que a ambiguidade dela em relação à maternidade marcou-o profundamente. Rebecca West não conseguia ocultar a falta de paciência para com ele e para os limites que lhe impunha. Ela não sentia nenhum prazer em ficar trancada dentro de uma casa, sem pisar no palco e preocupada com questões de recém-nascidos:

> Detesto ser uma dona de casa... Quero ter uma vida sem grilhões e aventureira... Anthony parece estar muito bem no seu casaco azul de lã de carneiro, e estou certa de que estaremos bem no futuro (isto é: com jantares no Carlton em 1936), mas o que eu quero hoje é um ROMANCE. Alguma coisa com rosto claro, cabelos escuros ondulados e um carro de passeio cinza bem grande.[17]

Wells, deve-se dizer, não tinha essas características (à exceção, talvez, do rosto claro). Embora se comportasse da melhor maneira que podia naquelas circunstâncias, mantendo West e a criança em uma casa própria, não ficava por perto o bastante para satisfazê-la. Ainda era seu amante e mentor intelectual, mas West demonstrou não se encaixar muito bem na vida embelezada de amante privilegiada. Queria ter vida própria.

West começou a escrever num ritmo invejável para mães recentes. Iniciou um romance com Anthony ainda bebê. Artigos seus eram publicados nos lugares de sempre, mas ela também encontrou um novo meio para expor suas ideias: Wells se ligara a uma nova revista chamada *New Republic*, criada com aporte financeiro da herdeira Dorothy Payne Whitney, e a convidou para escrever ali também. Ela foi a única mulher a ter um texto publicado na primeira edição, em novembro de 1914, com o ensaio intitulado "The Duty of Harsh Criticism".

Esse acabaria por se tornar um dos seus textos mais conhecidos. Foi redigido em um tom solene diferente de todo o seu trabalho anterior publicado no *Freewoman*, apresentando algo que ia além de um Sermão da Montanha livresco. Em vez de usar a primeira pessoa do singular, West se expressa a partir de um nobre e impessoal "nós". Sua análise é exposta de forma taxativa:

> Não existe crítica na Inglaterra de hoje. Há apenas um coro de saudações frágeis, avaliações amenas que só variam quando

um livro é censurado pela polícia, uma benevolência que nem gera entusiasmo nem se transforma em irritação.[18]

Considerando que ela própria vinha construindo uma carreira com base no tipo de crítica que dizia faltar no país, é possível que estivesse exagerando. A abordagem abstrata adotada nesse texto era de certa forma incomum no seu caso. De uma forma geral, sua obra é composta a partir de casos pessoais, algo ausente nesse ensaio. É possível que seu apelo por uma "crítica severa" derivasse de sua própria frustração em consequência da situação pessoal que vivia naquele momento. Sentia-se sufocada, mas não podia escrever sobre isso por causa do tabu envolvendo a existência de filhos fora do casamento. Transferir o problema para "a crítica na Inglaterra" significava escrever sobre a banalidade de sua própria vida sem se referir a ela diretamente. "Com toda a certeza não estaremos seguros se esquecermos as coisas do pensamento", escreveu ela, o que constitui uma verdade em si, mas também parece um alerta dirigido a si mesma, dadas suas circunstâncias pessoais.

Mesmo em meio a essa situação frustrante, sua fama não deixava de crescer. Na publicidade envolvendo seu lançamento, os editores da *New Republic* a colocaram como uma das principais atrações, explorando a questão de gênero ao se referir a ela como "a mulher que H. G. Wells chama de 'o melhor homem da Inglaterra'".[19] West não refutou o polêmico elogio, tomando-o como um dos alvos do seu texto. Wells era um "grande escritor", que "sonha com os transes extravagantes de um fanático e remói coisas antigas odiadas ou a futura paz e sabedoria do mundo ao mesmo tempo que sua história desmorona".[20]

O relacionamento entre os dois estava indo bem. Mas, ao ler isso, Wells deve ter observado a dupla implicação: em certo nível, "sua história" incluía Rebecca e Anthony. O filho seria sempre um elemento de disputa entre os pais. Inicialmente, eles não lhe contaram claramente que eram seus pais. Também discutiram, fortemente, quanto ao direito dele de constar no testamento de Wells. O escritor não queria garantir nada para West quanto a esse ponto, o que azedou as coisas.

Talvez sentindo quão esquisito era continuar a resenhar obras de seu amante nas páginas das revistas ao mesmo tempo que lhe dirigia palavras amorosas recheadas de sentimentalismo, West começou a focar em outros autores e deu início à elaboração de um estudo crítico aprofundado sobre Henry James. O interesse por esse escritor foi explicitado em uma de suas primeiras colunas na *New Republic*, em que contava ter passado uma noite inteira em meio a ataques aéreos no interior em plena Primeira Guerra Mundial lendo a coletânea de ensaios de James intitulada *Notes on Novelists*. Enquanto as sirenes soavam ao redor, ela se sentia cada vez menos confortável diante da extrema precisão usada por James em sua escrita:

> Ele penteia tanto os cabelos que acabam não sobrando cabelos para pentear, e o exercício mental se torna apenas um passeio agitado sobre uma calvície plena e frustrante.[21]

Como que divergindo de si mesma, porém, West acaba por adotar a tonalidade precisa e errante de James. Paixão e fogo parecem, de repente, supervalorizados. Os aviões "circulando sobre minha cabeça numa tentativa de localizar a cidade menos iluminada a fim de promover uma carnificina", escreveu ela, "provavelmente ardiam com a paixão mais pura e exaltada que poderiam imaginar".

West acabaria por mudar de opinião em relação a isso. No seu livro, o centro da objeção que faz a James está na "indiferença desapaixonada" — crítica que podemos reconhecer, hoje, como típica, de sua parte, em relação aos textos de grandes autores —, que ele "quis vivenciar, totalmente sem violência, mesmo que a das emoções". Gostou de *Os europeus*, de *Daisy Miller* e de *Washington Square*. Mas odiou *Retrato de uma senhora* por considerar sua protagonista, Isabel Archer, uma "paspalhona". A preocupante indiferença de James se tornava particularmente aguda, segundo a crítica de West, quando ele abordava as mulheres:

> Nada sabemos sobre o que pensa ou sobre a personalidade da heroína, que é encoberta pelo tumulto criado pelo fato de ter chegado tarde demais ou saído cedo demais ou por ter se negado a adotar aquela figura de uso bastante questionável — pois os modos gentis dos jovens os impedem de pensar que ela estaria ali para proteger a garota de algum ataque, e as línguas moderadas das moças tornam inverossímil que o duelo dos sexos fosse então tão implacável que exigiria a presença de um árbitro: a dama de companhia.[22]

James morreria cerca de um mês antes da publicação do livro de West na Inglaterra, o que o levou a ser amplamente comentado e resenhado, talvez bem mais do que um estudo crítico normalmente seria. De modo geral, a reação foi positiva: para o *Observer*, a obra trazia "o brilho do metal".[23] E a maior parte dos críticos americanos concordou. A colunista de livros do *Chicago Tribune*, Ellen Fitzgerald, se sentiu abertamente indignada com a "transgressão da dignidade literária" representada pela obra. "Mulheres muito jovens", argumentava, "não deveriam fazer críticas de romances, de modo algum. É algo duro demais para o romancista."

É difícil imaginar que West pudesse se magoar com uma resenha como essa. Para ela, romper com as regras no caso de "mulheres muito jovens"[24] já era, naquele momento, algo do passado. West não tinha nenhuma preocupação em causar boa impressão nas pessoas convencionais. Não ligava para a devoção que os romancistas podiam dirigir a si mesmos e a suas obras.

De toda maneira, West não desconhecia quão penoso era o trabalho dos romancistas. Ela mesma escreveu muita ficção, tendo publicado dez romances, que, de modo geral, receberam críticas positivas. Um comentário bastante expressivo feito sobre seu livro de estreia, *O regresso do soldado*, de 1918, dizia: "Tão rigidamente verdadeiro, tão solenemente belo, tão bem-sucedido em seu inflamado realismo espiritual". Em geral, porém, apesar dos elogios, as resenhas também expressavam certa decepção, dada a fama que a autora já possuía. "Fica abaixo do nível de perfeição que uma escritora tão capacitada como a srta. West poderia facilmente atingir",[25] escreveu o resenhista do *Sunday Times* a respeito de *The Judge*, lançado em 1920. Ninguém se surpreendera com o fato de que ela podia escrever um bom romance, mas o que se esperava de West era que produzisse um *grande* romance. Ao comentar *Harriet Hume*, de 1929, o romancista V. S. Pritchett foi severo: "Mas por causa do talento e dos lampejos mornos de beleza de seu estilo intrincado e lento, podemos acabar encalhando no meio do caminho na leitura do livro, desistindo de lutar contra as águas pouco profundas de sua psicologia".[26]

Era o preço a pagar por ser uma voz crítica respeitada, mas que pretendia ir além disso. Tinham se habituado ao seu texto de alto teor literário, e cada novo trabalho era obrigatoriamente comparado a isso. Parker teve de lutar contra a mesma coisa quando desejou ser mais conhecida por sua ficção do que por seus comentários sarcásticos ou seus versos, e não obteve êxito. A inteligência presente nos textos de West acabou por se tornar uma espécie de mal para sua ficção; os leitores se perguntavam onde tinham ido parar suas tão conhecidas digressões.

Certamente o exercício do jornalismo contribuiu muito mais para pagar suas contas, que eram bancadas apenas parcialmente por Wells. As colunas publicadas na *New Republic* contribuíram para que tivesse mais trabalho no *New Statement* e em outros jornais ou revistas menores, como *Living Age* e *South China Morning Post*. West não se importava muito com o fato de aparecer neste ou naquele veículo. Precisava de dinheiro e não lhe faltavam opiniões para dar.

Tampouco se incomodava em abordar os assuntos mais diversos. Costumava partir de determinado livro para chegar a outro campo qualquer, não necessariamente relacionado a ele. Ela escreveu sobre os discursos de guerra de George Bernard Shaw.[27] Escreveu sobre os traços de Dostoiévski[28] que julgou identificar em um bêbado que encontrou num trem noturno. Criticou a maneira como um dos primeiros biógrafos de Dickens[29] entremeava seus capítulos com boletins sobre o tempo. Criticou romances que adotavam como tema a vida dos camponeses pobres: "Sempre acabam soando tediosos e falsos".[30] Era também comumente convidada a escrever sobre as mulheres; quando a Primeira Guerra eclodiu, escreveu também sobre o lugar delas no conflito. Na *Atlantic*, West publicou outra longa e apaixonada crítica, dessa vez sobre as maneiras como a atuação como enfermeiras cumpria as promessas do feminismo, transformando mulheres comuns em participantes integrais do conflito. "Não foi o feminismo que inventou essa coragem, pois elas sempre foram bravas mulheres",[31] escreveu. "Mas ele fez com que suas raízes se fincassem na terra."

Ao mesmo tempo que se mostrava com toda firmeza nos textos, outros aspectos de sua vida começavam a ruir. As coisas com Wells não andavam bem. Ele acumulava novas amantes, e, embora não constituíssem necessariamente uma surpresa, essas infidelidades às vezes causavam cenas bastante desagradáveis. O ponto mais baixo foi atingido quando um flerte com uma jovem artista austríaca (com o inesquecível nome de Gattenrigg)[32] terminou com a chegada dela ao apartamento de West em um dia de junho de 1923. A mulher tentara cometer suicídio na casa do próprio Wells pouco antes naquele mesmo dia. Para a imprensa,

West defendeu a postura da jovem, declarando a um jornal local: "A srta. Gattenrigg se comportou bem e não houve nenhuma cena. É uma mulher muito inteligente, que faz um belo trabalho, e lamento muito por ela".

Ela começava também a lamentar muito sua própria situação. Em cartas a amigos e familiares, passou a se queixar abertamente de que Wells vinha "atrapalhando permanentemente meu trabalho".[33] A presença impositiva dele, que antes a encantara, passou a ser chamada por ela agora de "egotismo".[34] A aluna já tinha aprendido tudo o que o professor tinha para ensinar, e, embora ficasse preocupada com o fato de que sem a generosidade de Wells — afinal, naquele momento ele não tinha nenhuma relação formal com ela ou com Anthony — não teria o suficiente para sobreviver, a situação se tornara insustentável.

A relação havia cumprido seu papel, introduzindo-a na carreira que havia sonhado em abraçar. Àquela altura, era quase que mais conhecida do que o próprio Wells, por ser mais prolífica e estar no apogeu, enquanto a produção do amante apenas começava a decolar. Ela não precisava mais dele.

A oportunidade para a ruptura veio sob a forma de uma série de conferências pelos Estados Unidos. West embarcou em outubro de 1923, deixando Anthony com a mãe dela. Naquele país, West era muito badalada, e a liberdade representada pelo fato de ser desbocada e solteira a favorecia, pelo menos no que dizia respeito à sua imagem pública. A imprensa americana se mostrava encantada. West representava um novo tipo de mulher independente e com ideias próprias. Mais do que isso, se mostrava até mesmo desejosa de responder a questões sobre o assunto. O *New York Times*, por exemplo, lhe perguntou por que parecia estar aumentando tanto o número de jovens mulheres romancistas. Seria por causa da guerra? West balançou a cabeça.

É verdade que no campo do romance as mulheres mais jovens "estão avançando", mas não foi necessária a guerra para que seu número aumentasse. Não foi necessária a guerra para que elas enxergassem as portas abertas da expressão artística. Não foi a febre ou o relaxamento da guerra que fizeram isso. Foi algo pelo que as mulheres inglesas batalharam durante muitos anos. O espírito da liberdade, do feminismo, se assim quiser. Foi muito mais do que a luta pelo direito ao voto. Lembre-se sempre disso. Foi uma luta por um lugar ao sol, pelo direito de crescer nos campos da arte, da ciência, da política, da literatura.[35]

West acrescentou que achava que não se devia dar tanta importância à idade, inclusive porque esse fator só podia aumentar a força dessas mulheres, e para isso usou os exemplos de Virginia Woolf, G. B. Stern e Katherine Mansfield. "A partir dos trinta anos, a mulher começa a ser ela mesma", disse. "A vida começa a ter um significado para ela; ela a entende."[36]

West parecia estar falando de si mesma. Já tinha trinta anos e havia conquistado seu espaço quando disse isso. Um público significativo a seguia por toda parte nos Estados Unidos. Como Parker, tratava-se de uma escritora célebre. Fazia palestras em clubes de leitura femininos em todo o país. Seu calendário de eventos estava lotado. Tinha menos certezas sobre os Estados Unidos do que o país tinha a respeito dela: Nova York podia "ofuscar os olhos com sua riqueza",[37] mas também "fatigá-los com sua monotonia", escreveria ela em um dos quatro artigos que publicou sobre a viagem na *New Republic*. Ela identificava pontos positivos incondicionais: gostava do sistema de trens americano e do rio Mississippi. Em suas cartas, porém, costumava ser cáustica, em especial quando falava sobre as mulheres: "inacreditavelmente desleixadas", "uns farrapos repulsivos", "incrivelmente insossas até mesmo em seus trajes de festa".[38]

A fama proporcionava uma situação bastante confortável. Permitia-lhe tratar sua vida pessoal de forma ambígua em público, embora o nome de Wells muitas vezes aparecesse ao lado do dela. Como uma forma de camuflagem, West era às vezes caracterizada como sua "secretária particular". O nome e a existência de Anthony jamais eram mencionados. Entre os intelectuais e escritores que ela conheceu nos Estados Unidos, porém, seu relacionamento e a existência da criança eram um segredo conhecido.

Dentre essas pessoas havia muitos frequentadores da Round Table, inclusive Alexander Woolcott. Ela também conhecia os Fitzgerald, mas não é certo que tenha cruzado com Parker. Embora os jornalistas e letrados de Nova York tivessem muita afinidade espiritual com essa jovem afiada de Londres, West não se ajustava bem à situação. Só fez amizade, de fato, com Woolcott, mas as lembranças dos outros eram abundantes. A certa altura da turnê, uma festa foi dada em homenagem a ela. Aparentemente, Parker não esteve presente, mas uma amiga dela, a escritora e militante feminista Ruth Hale, frequentadora da Round Table, compareceu. Hale ficara conhecida como correspondente de guerra e depois se tornou crítica de arte. Casou-se com Heywood Borun, mas manteve seu nome de solteira; em 1921, virou notícia ao enfrentar o Departamento de Estado, que exigia que seu nome de casada constasse de seu passaporte. Quando entendeu que a outra parte não ia recuar, Hale devolveu seu passaporte e desistiu de viajar à Europa. Era uma mulher de princípios.

Aparentemente, tampouco era de se segurar em conversas privadas. Como contou West a um biógrafo, na festa Hale se aproximou dela e invectivou com veemência:

> Rebecca West, estamos decepcionadas com você. Acabou com uma grande ilusão. Achávamos que era uma mulher

independente, mas eis que aparece aqui toda cabisbaixa por ter confiado que um homem lhe daria tudo o que quisesse, e agora fica se lamuriando por ter de se virar por conta própria. Acho que Wells mimou você demais, deu-lhe dinheiro, joias e tudo o que queria, e quando se vive com um homem nessas condições é preciso se preparar para se virar sozinha no momento em que ele se cansar de você.[39]

Normalmente, os membros da Round Table adotavam uma forma sutil de insultar uns aos outros, mas Hale não tinha o mesmo senso de humor dos demais. Nesse caso, West relembra esses comentários trinta anos depois de terem sido feitos, e ao contá-los pode ter carregado um pouco nas tintas. Mas a decepção de Hale obviamente a marcou. Essa crítica foi apenas um ponto negativo em meio a inúmeros elogios durante uma turnê muito bem-sucedida do ponto de vista profissional. Mas um ponto negativo que ela jamais esqueceu.

As pessoas muitas vezes se decepcionavam com West: sua mãe, sua irmã mais velha, Lettie, Wells, os críticos de seus romances, seus pares. Mas ninguém cantou mais alto nesse coral do que seu filho, Anthony. Oscilando entre pai e mãe com ambições que não tinham muito a ver com seu próprio desenvolvimento, ele cresceu sofrendo muito com a falta de atenção deles. Dentro do que tinha se tornado uma tradição imposta pelo tempo, Anthony dirigiu todo esse ressentimento para quem tinha mais acesso, ou seja, West. Mais adiante, acabaria por expor seu amargor ao atacá-la fortemente em um romance (sutilmente intitulado *Heritage* [Patrimônio]) e em um livro de não ficção. Sua obsessão com essa questão era tão intensa que, mais tarde, em uma entrevista à *Paris Review*, West não conseguiu ir muito além de uma frase contida: "Gostaria que ele se preocupasse com outras coisas além de ilegitimidade. É uma pena".[40]

Para quase todos, com exceção de Anthony, o problema era, de alguma forma, os textos de West. Havia em sua prosa algo indicativo dela que os outros se afligiam ao não ver se materializar em sua pessoa. Ao ler West, Ruth Hale enxergou o ideal platônico de uma mulher forte e independente, decepcionando-se quando deparou com outra pessoa naquela festa. Até mesmo aqueles que se deslumbravam com sua inteligência e seu talento tinham algumas vezes dificuldade de combiná-los com aquilo que viam como um estilo pessoal leviano. "Rebecca é um cruzamento entre uma faxineira e uma cigana, mas tenaz como um terrier, com olhos faiscantes, unhas sujas e muito gastas, imensa vitalidade e mau gosto, que suspeita de intelectuais e possui uma grande inteligência",[41] escreveu Virginia Woolf para sua irmã em 1934, oscilando entre o insulto e o elogio.

Sua falta de habilidade para agradar aos outros a perturbava, mesmo sendo ela fortemente avessa às críticas de caráter pessoal. Seus textos jornalísticos são recheados de farpas, com mulheres descritas depreciativamente como tendo "cabelo claro, liso e rijo como feno"[42] e homens "narigudos".[43] Mas West não conseguia entender por que tantas pessoas reagiam a ela de forma negativa. "Despertei hostilidade em uma imensa quantidade de gente",[44] disse já ao final da vida. "Nunca soube por quê. Não me considero nada formidável." Queria ter amantes, admiradores e amigos, e nunca pensou a respeito de si mesma como alguém que não dava bola para o que os outros pensassem: "Eu queria ser aprovada, claro... Detesto que me desaprovem. Já experimentei isso demais". No cerne de sua autoconfiança repousava essa insegurança elementar, uma tensão entre querer ser ouvida e querer ser amada.

Depois de Wells, West se relacionou com vários outros pretendentes, dentre eles o magnata da imprensa Lord Max Beaverbrook. Ela parecia ter resolvido parar de ter casos com escritores, ou talvez simplesmente de ter casos que acarretassem grandes complicações. Sua bússola se redirecionou para homens de negócios, o que talvez fosse uma demonstração de que, como suspeitava Ruth Hale, o que mais lhe interessava era conquistar segurança financeira. Mais velha, ao recordar seu primeiro encontro com um banqueiro de investimentos chamado Henry Andrews, ela o comparou a "uma girafa lânguida, doce, afável e carinhosa".[45] Era, obviamente, aquilo que buscava. Casaram-se um ano depois, em novembro de 1930, e permaneceram juntos até a morte dele, em 1968. Havia infidelidades de ambas as partes, o que não mudou muito as coisas. Na verdade, permitiu a West buscar satisfação com os amigos e com o trabalho.

Dentre os amigos, estava uma escritora francesa ainda desconhecida nos anos 1930, que atendia pelo nome de Anaïs Nin. West a conheceu quando da publicação do seu primeiro livro, um pequeno volume sobre D. H. Lawrence com o subtítulo "Um estudo não profissional". Foi uma das primeiras defesas da obra de Lawrence por parte de uma mulher — até então, ele era visto frequentemente como misógino. West, que conhecera Lawrence e que por ocasião de sua morte escreveu que "nem mesmo entre seus pares ele teve o reconhecimento que merecia",[46] convidou Nin a conhecê-la em Paris, onde passava férias com seu novo marido.

Nin era o exato oposto de West. Era elegante e tinha jeito de moleque, enquanto West ostentava um ar imponente e arrogante. A persona que Nin fazia aflorar em sua prosa era carente e frágil, o contrário da guerreira autoconfiante que West representava. A relação de Nin com a arte tinha a ver com seus anseios íntimos, e o fato de ter abordado isso mais nos seus diários do que nas páginas de um jornal dá uma boa ideia da distância que havia entre as visões das duas no tocante à escrita e à própria vida.

Assim, seu primeiro encontro, em 1932, não foi entre duas almas muito semelhantes. Em seu diário, Nin registrou o sentimento dúbio por ele causado:

> Que olhos castanhos brilhantes e inteligentes. Uma Pola Negri sem a mesma beleza e com ar britânico, atormentada, com uma voz tensa e aguda que me feriu. Combinamos em apenas dois aspectos: inteligência e humanidade. Gosto do seu corpo de mãe. Mas tudo o que é obscuro ficou de lado. Ela é profundamente inquieta. Ficou intimidada comigo. Pediu desculpas por seu cabelo bagunçado e por estar cansada.[47]

Nin acrescentou que via West "desejando brilhar sozinha, mas sendo profundamente tímida para fazê-lo, mostrando-se nervosa e falando não tão bem como escreve".[48] Com o passar do tempo, porém, essa dupla improvável nutriu um mútuo interesse. West começou a encher Nin de elogios, dizendo-lhe que seus textos eram bem melhores do que os de Henry Miller. Também disse achá-la muito bonita, o que levou Nin a pensar em seduzi-la. (Não há nenhuma evidência de que isso tenha se concretizado.) Nin chegou até mesmo a querer ser como West. "Ela tem uma língua afiada, e não padece de nenhuma ingenuidade", escreveu em seu diário. "Serei tão afiada assim na idade dela?" Evidenciou-se, assim, que mulheres muito diferentes poderiam encontrar muitos pontos para admirar uma na outra.

Nos anos 1930, a vida de West ficou cada vez mais estável. Henry passou por problemas profissionais no banco, mas logo depois herdou uma bela quantia de dinheiro de seu tio e ficou rico. Anthony cresceu e, embora nunca tenha se dado bem com a mãe, acabou por se tornar algo mais que um problema de ordem logística para ela. West encadeou uma série bastante longa de resenhas literárias e ensaios, embora já tivesse começado a se entediar com as questões literárias, quase da mesma forma como Parker se entediara aos poucos com a cena de Nova York. Mas West não foi para Hollywood. Em vez disso, partiu para a Iugoslávia.

A Iugoslávia era uma colcha de retalhos de populações distintas, um país estabelecido ao final da Primeira Guerra Mundial por um movimento decidido a reunir os povos eslavos em um território unificado. Constituía uma grande experiência em termos de cosmopolitismo, sob a bênção das Forças Aliadas. Nos anos 1930, já era, na verdade, uma grande experiência, porém totalmente fracassada. Golpes haviam ocorrido, o nacionalismo ético estava em ascensão e o país se encontrava prensado dos dois lados pelos movimentos fascista e nazista. Na Segunda Guerra Mundial, sofreu várias anexações territoriais, conseguindo se manter unificado — à base de uma legislação autoritária — até os anos 1990.

Em 1936, o British Council enviou West ao país para uma série de palestras. Embora tenha adoecido fortemente ali, ela se encantou com o lugar. Durante certo tempo, tivera vontade de escrever sobre algum país onde não havia vivido, e um país com os problemas da Iugoslávia a atraía fortemente. Assim como o guia turístico que a acompanhou, Stanislav Vinaver — ainda que, quando ele procurou transformar em relação sexual a mútua atração que sentiam, ela o tenha recusado. Foi, evidentemente, uma negativa amistosa. West voltou a utilizar os serviços do guia em outras cinco viagens e durante os cinco anos que levou para escrever um livro sobre a Iugoslávia, que continuou a visitar até mesmo no período em que Hitler promovia suas incursões em direção à Tchecoslováquia. O livro resultante desse trabalho, *Black Lamb and Grey Falcon*, foi lançado com 1.200 páginas em outubro de 1941.

Um biógrafo recente de West chamou *Black Lamb* de "magistral, apesar de um tanto desconexo".[49] Trata-se de uma avaliação justa, mas que talvez subestime o fato de que a desconexão sempre fora essencial na atração exercida pelos textos de West, razão principal para que o leitor continuasse avançando na leitura daquele calhamaço de tantas páginas. Nos anos 1930, ela já se tornara mestre na arte de construir conexões improváveis, passando de uma ideia a outra de uma maneira muito singular. Ao ler West, acompanhamos seu cérebro em pleno funcionamento.

Em termos intelectuais, as teses dela sobre a Iugoslávia possuem lá as suas falhas. West não se furtou a analisar a nação inteira, prática hoje tida como claramente reducionista, ao menos nos termos rígidos que adotou na obra. Logo no começo, descreve um grupo de quatro alemães diligentes e obedientes em um trem como sendo "exatamente iguais a todos os arianos que conheci; e havia 60 milhões deles no centro da Europa".[50] West acreditava que a ideia de nação era algo do destino, que havia algumas diferenças inevitáveis entre as pessoas que precisavam ser entendidas e respeitadas. Isso a levou a fazer algumas afirmações de caráter abertamente racista. A certa altura do livro, ela chega a afirmar que uma "dança muito selecionada" que sempre gostara de ver apresentada nos Estados Unidos por "um negro ou uma negra" se tornava "animalesca" quando executada por uma pessoa branca.

West conseguia passar com facilidade da geopolítica para a piada. Em meio a uma explicação sobre o Tratado de Londres de 1915, que ameaçava anexar à Itália vários territórios eslavos, ela faz uma interrupção. Tinha acabado de descrever como o poeta protofascista Gabriele d'Annunzio, um homem careca e bigodudo, havia avançado com soldados sobre Fiume (hoje pertencente à Croácia) para impedir que os italianos a perdessem. Avaliando o caos que isso provocou e o estímulo que significou para os nacionalistas italianos, West observa:

Acreditarei que a luta do feminismo estará finalmente concluída e que a mulher terá atingido a igualdade com o homem quando ouvir que um país tenha aceitado virar a si próprio de ponta-cabeça e ser levado à beira de uma guerra por sua paixão por uma escritora totalmente careca.[51]

Há também o caso de Henry, apresentado o tempo todo no livro como uma chapa de metal sensível à questão mais atraente de West relativa aos sentimentos puros. Num episódio ilustrativo disso, ela e o marido entabularam uma discussão sobre literatura com um poeta croata que insistia em dizer que, como escritores, Joseph Conrad e Jack London estavam acima de outros mais "literários", como Shaw, Wells, Péguy ou Gide:

> Eles escreviam o que as pessoas falavam nos cafés, o que é muito bom se as conversas forem muito boas, mas não é uma coisa séria, pois lida com algo tão comum e substituível quanto desgastado. A narrativa pura era um gênero de grande importância [achava o poeta croata], pois reunia experiências que podiam ser assimiladas por outras pessoas com talento poético e transformadas em gêneros mais elevados.[52]

Henry rejeitou levemente esse ponto de vista ("Conrad não tinha nenhum senso do trágico"), mas foram as opiniões insistentes do poeta que West citou longamente e, poderíamos até mesmo supor, adotou para si.

As resenhas sobre *Black Lamb and the Grey Falcon*, publicado inicialmente em capítulos na *Atlantic Montly*, foram no mínimo animadoras. No *New York Times*, curiosamente, a obra foi elogiada como "um livro de viagem de uma objetividade brilhante",[53] embora o autor do texto tenha creditado essa genialidade especificamente ao fato de ter sido escrito por "uma das mais talentosas e rigorosas romancistas e críticas inglesas contemporâneas". No *New York Herald Tribune*, o resenhista se mostrou arrebatado pelo livro: "É a única obra que li desde o início da guerra que fala da vida e que tem estatura comparável à crise que o mundo vive nos dias de hoje".[54]

Esta última observação era importante. Quando *Black Lamb and Grey Falcon* foi lançado, ainda faltavam alguns meses para Pearl Harbor; os Estados Unidos se sentiam relativamente a salvo do tumulto que assolava a Europa. Para muitos europeus, a guerra não era algo que pudesse ser comparado a um livro de suspense. No momento em que o livro saiu, esse era o tema predominante no dia a dia.

West e o marido passaram a guerra tranquilamente na Inglaterra. Henry trabalhou no Ministério da Economia de Guerra desde o início do conflito na Europa, no outono de 1939. O casal comprara uma casa para morar no interior do país por considerar que, caso o pior acontecesse, teriam um lugar onde "viver até certo ponto do que pudéssemos plantar".[55] Ela enviou da Inglaterra dois textos para a *New Yorker* de Harold Ross. Neles, referia-se a si mesma várias vezes como uma dona de casa. Não tinha de fazer esforços absolutamente absurdos, admitia, mas jamais teria coberto as paredes da nova casa com papel de parede se o preço da tinta não fosse tão elevado durante a guerra. Seus abajures eram inadequados, pois "emitem luzes que podem nos custar a própria vida, já que minha casa fica no topo de uma colina e atrairia facilmente a atenção de algum avião Dornier". West acompanha particularmente o efeito da guerra sobre os gatos, começando um texto com algumas observações sobre seu animal malhado laranjinha:

> A crise acabou por revelar os gatos como a coisa lamentável que eles de fato são — intelectuais que são incapazes de compreender a palavra escrita ou falada. Sofrem os ataques

aéreos e as consequentes migrações exatamente como as pessoas inteligentes e sensíveis fariam se não conhecessem a história, se não tivessem sido alertadas quanto à natureza dos esforços de guerra e não pudessem ter certeza de que aqueles em cujas casas vivem e de cuja generosidade dependem não são responsáveis por seu sofrimento. Estivesse o próprio Pounce sozinho em casa e solto, provavelmente teria fugido para a mata e não voltaria para a perigosa companhia dos humanos.[56]

Black Lamb and Grey Falcon consagrara West como uma repórter de primeira linha, mas ela não conseguiria fazer uso de todos os seus instrumentos antes do Dia da Vitória. A partir daí, tornou-se a principal correspondente da *New Yorker* durante os julgamentos da guerra. Eles constituíam um tema adequado para West, por lidar com casos concretos e próximos e ao mesmo tempo com os princípios gerais da legislação, num movimento entre o específico e o global, não muito diferente de como ela raciocinava em seus ensaios.

O primeiro julgamento que West cobriu foi o de William Joyce, um homem que ficara conhecido na Inglaterra como Lord Haw-Haw. Sua história era complicada. Ele nascera nos Estados Unidos, mas vivera na Irlanda e depois na Inglaterra como um nacionalista anglo-irlandês radical. Em 1930, integrou o movimento fascista de Oswald Mosley, mudando-se para a Alemanha no outono de 1939. Tornou-se locutor de rádio e fez propaganda nazista, com programas produzidos em inglês para abalar o moral britânico. Seu apelido veio dos jornais da Inglaterra, onde era uma figura repudiada. Capturado depois da guerra, foi julgado naquele país por traição. West estava entre os que acreditavam firmemente que ele merecia a pena de morte a que foi finalmente condenado. Estava ansiosa para fazer uma relação entre aquilo que ela via como a pequenez moral de Joyce e sua estatura física: "Ele era uma criatura minúscula e, embora não muito feio, o era de maneira exaustiva".[57] Ao testemunhar seu enforcamento, seu interesse não estava mais em Joyce, mas naquelas que considerava suas vítimas: "Um idoso me contou que estava ali porque, ao voltar para casa depois de ir ver os corpos dos netos no necrotério por causa de uma bomba V-1, ligou o rádio e ouviu a voz de Haw".[58]

O Julgamento de Nuremberg, que West também cobriu para a *New Yorker*, apresentou de alguma forma questões mais pesadas para ela. Não que apreciasse os nazistas, mas usou de sua pena para esboçar seus perfis como não muito ameaçadores. Ao olhar para Rudolph Hess, um subchefe nazista, ela observou que ele estava "tão absolutamente fora de si que parecia escandaloso que fosse julgado assim".[59] West escreveu que Hermann Goring, indicado como sucessor de Hitler, era "bastante delicado". Ela não estava usando do argumento mais tarde tornado famoso por Hannah Arendt segundo o qual alguns daqueles oficiais não representavam o mal no sentido tradicional da palavra: estava convencida de que eram culpados pelos crimes cometidos. Não se deixava convencer pelo argumento de que aqueles oficiais tinham apenas seguido ordens, e afirmou isso quase diretamente:

> É óbvio que, se um almirante recebesse de um superior maluco a ordem de introduzir bebês assados na comida dos oficiais, ele deveria desobedecer; e ficou demonstrado que esses generais e almirantes mostraram uma relutância muito pequena em levar adiante ordens de Hitler que levavam a isso.

A questão da responsabilidade coletiva alemã pelas atrocidades dos nazistas, que se tornou um dos grandes dilemas morais e políticos da segunda metade do século XX, não despertou o interesse de West nesses primeiros textos de pós-guerra. Ela tinha pouca coisa a dizer sobre o Holocausto além do fato de que os culpados mereciam ser punidos. Naquele momento, acreditava que os nazistas mereciam ser punidos pela sua conduta na guerra de uma forma geral, englobando "o que eles fizeram com os judeus" no conjunto de seus crimes.

Trata-se de um equívoco de ordem moral bastante sério. Ele aconteceu, em parte, porque, à medida que os julgamentos se arrastavam, as atenções de West começaram a se voltar para a Rússia soviética. Ela identificava alguns traços de pensamentos semelhantes entre o nazismo e o comunismo, e já no próprio texto sobre Joyce incluía uma advertência:

> Há uma similaridade entre as posições defendidas pelos nazifascistas e os fascistas comunistas, assim como nos métodos adotados para colocá-las em prática. Suas posições partem da premissa de que um homem que possui um talento especial também possuirá uma sabedoria universal que vai habilitá-lo a impor uma ordem estatal superior àquela concebida pelo sistema de consulta conhecido como democracia, que vai habilitá-lo, de fato, a conhecer mais as necessidades do povo do que o próprio povo.[60]

Sua preocupação com o comunismo vai se estender por quarenta anos em sua vida pessoal e em seus textos, embora ela não se prendesse a um assunto só. West foi enviada para escrever sobre o funeral do rei, as convenções dos democratas, os julgamentos, Whittaker Chambers, a África do Sul. Pediu-se também que evocasse o passado, como em um texto de 1975 com recordações sobre as sufragistas, das quais se lembrava como "extremamente bem-apessoadas".[61] Mas as atenções que West inspirava se estabilizavam, quando não diminuíam. Seu distanciamento em relação às causas de esquerda e seu estilo frívolo a afastavam dos jovens e promissores escritores dos anos 1940 e 1950. Para eles, West era alguém excêntrica, uma relíquia de outros tempos.

Já em idade avançada, ela se ressentiu profundamente dessa diminuição de interesse em relação a sua pessoa. A um amigo, escreveu: "Se você é uma escritora, é preciso fazer certas coisas — primeiro, não ser boa demais; segundo, morrer jovem, vantagem que Katherine Mansfield tem em relação a todas nós; terceiro, cometer suicídio, como Virginia Woolf. Simplesmente escrever e escrever bem é algo que não pode ser perdoado".[62] West escreveria nesse mesmo tom efusivo e intenso até seus últimos dias. Seus livros ainda seriam aclamados, e nos seus últimos anos ela foi muitas vezes convidada para participar de talk-shows de caráter intelectual. Era uma das poucas mulheres consideradas especialistas em questões fundamentais de Estado. Mas cometeu erros. Sua obsessão com o anticomunismo foi apenas um deles.

3.
West e Zora Neale Hurston

Em 1947, a *New Yorker* enviou West para fazer a cobertura do julgamento de um linchamento em Greenville, na Carolina do Sul. Ela mesma tivera a ideia. Na noite de 16 de fevereiro de 1947, Willie Earle, de 24 anos, foi retirado da cadeia do condado de Pickens, onde estava detido sob acusação de assassinato a facadas de um motorista de táxi branco. Havia indícios de sua participação no crime. Os colegas do taxista se mobilizaram e tiraram Earle da cadeia para em seguida espancá-lo, esfaqueá-lo e chutá-lo até a morte.

Embora os linchamentos nunca tenham cessado nos Estados Unidos, eram algo relativamente raro nos anos 1940. O caso de Earle teve grande repercussão na imprensa de todo o nordeste do país. Para chocar seus leitores, jornais expuseram detalhes escabrosos de como o corpo de Earle foi encontrado. Um deles chegou a noticiar que sua cabeça tinha ficado "em pedacinhos".[1] Outro afirmava que a multidão havia arrancado o coração de seu corpo.[2] Para os habitantes do norte, talvez houvesse algo de consolador na leitura desses detalhes brutais. Vivendo distante dali, podiam fazer do choque que sentiam uma forma de autocongratulação. A selvageria, diziam a si mesmos, estava confinada ao atrasado sul do país.

Ocorre que a morte de Willie Earle gerou conflitos também no sul. A Carolina do Sul tinha um governador novo, Strom Thurmond, que tomara posse havia apenas um mês. O linchamento de Greenville provocou uma crise. A Comissão de Direitos Civis do presidente Truman observava o julgamento de perto, embora o FBI tivesse desistido de investigar o caso. Ao final, 31 homens foram detidos.

Como a maioria dos intelectuais brancos de sua época, West ficou estarrecida com o linchamento, vendo nele o produto de um racismo profundamente entranhado. "Obviamente não faria nenhum sentido imaginar que a cor da pele de Willie Earle não tenha nada a ver com o gesto daqueles homens, quaisquer que fossem",[3] escreveu. Mas West se empenhou também em transmitir aquilo que evidentemente sentia como sendo as nuances da situação. Escreveu não ter visto, ali, uma cultura de impunidade para com os brancos diante do sofrimento dos negros. Os réus, na avaliação dela, temiam fortemente a condenação. Sobre Earle, escreveu que havia "desenvolvido uma grande hostilidade para com os brancos".[4] Sobre os brancos que promoveram o linchamento, afirmou que não o fizeram por diversão. Para ela, haviam agido mais pela amizade que tinham com o taxista morto do que por sede de sangue. Ela citou no texto apenas uma pessoa negra, a qual "defendeu a ampliação do sistema [de leis segregacionistas] Jim Crow".[5]

> O que mais quero é uma lei que proíba os negros de usar táxis conduzidos por brancos. Eles gostam de fazer isso. Todos nós gostamos. Sabe por quê? Porque é a única hora em que podemos pagar a um branco para trabalhar para nós.[6]

Onde ela via racismo, era mais como algo institucional e impessoal. As cadeiras no tribunal eram separadas. Os jornalistas negros que haviam comparecido para fazer a cobertura do julgamento foram criticados por ter se sentado entre os brancos na área de imprensa, a tal ponto que acabaram tendo que se deslocar para a área de cadeiras para os negros. Ela especulava que o grupo de linchadores devia estar com menos medo de ser processado pela morte de um negro do que de um branco. Sua indignação tinha alvos mais diretos. Quando o promotor público disse que queria ver mais homens como Willie Earle mortos e acrescentou que "há uma legislação contra o espancamento de cães, mas se um cachorro louco aparecesse solto na minha comunidade, eu atiraria nele e deixaria que me processassem", West não se conteve. "Jamais pode ter ocorrido em um tribunal um episódio mais repugnante do que esse." Seus ataques aos procedimentos adotados, porém, derivavam de seu senso humanitário. As palavras "racismo" ou "preconceito" não aparecem no texto.

West admitiu que a absolvição finalmente recebida pelos réus era injusta, que a comemoração deles ao ouvir o veredito foi "festejo de uma salvação que era na verdade uma liberação para o perigo".[7] Ela se preocupava que o veredito abrisse as portas para uma situação sem leis, embora sua apreensão estivesse mais relacionada ao comportamento dos negros em tal situação. Para West, "eles não sabiam o que estavam fazendo". Ela achava também que o julgamento de Greenville prenunciava o fim dos linchamentos no sul, uma previsão que, como sabemos, se mostrou absolutamente equivocada.

Talvez o problema fosse a falta de experiência de West no assunto. Em Greenville, ela patinou em um lamaçal que já havia sido coberto e compreendido muito melhor por outros escritores, principalmente negros. Embora os textos de Ida B. Wells, uma jornalista negra que passou a vida lutando contra os linchamentos, tivessem sido escritos havia meio século, seu nome ainda era amplamente conhecido. E havia outros autores negros naquele tempo, que costumavam aparecer até mesmo nos jornais de brancos e que compreendiam muito melhor a situação do sul. Dentre eles estava Zora Neale Hurston.

Hurston cresceu em Eatonville, Flórida, um enclave negro dentro de um estado racista. Com ar de menino rebelde, deixou a escola muito cedo e passou dezoito meses, aos vinte e poucos anos, trabalhando como empregada de um ator durante uma turnê da trupe de Gilbert e Sullivan.[8] Só obteve o diploma escolar aos 26 anos, quando então ingressou na Universidade de Howard. Em 1925, partiu para o Harlem, como muitos jovens negros aspirantes a intelectuais faziam. Ali, começou a trabalhar regularmente para revistas de negros como *Opportunity* e *Messenger*.

Seu primeiro texto de impacto, "How it Feels to Be Colored Me", saiu quando ela já tinha 29 anos. Hurston não se dera conta de que era "de cor", escreveu então, até deixar Eatonville, ainda criança. E não achou que isso fosse algo trágico, assim como não conseguiu se juntar aos lamentos de outros negros por conta de sua raça, disse ela, "pois estava ocupada demais afiando minha faca para ostras".[9] Mas, depois de vinte anos vivendo no mundo dos brancos, "sinto-me mais de cor quando me defronto com uma formação branca aguçada". A situação da intelectualidade nos Estados Unidos de seu tempo e por muitos anos depois dele possuía um pano de fundo marcadamente branco. Jornais e revistas eram segregados, até mesmo no norte do país, mais liberal. A obra de Hurston recebia cobertura por parte dos grandes jornais brancos — todos os seus livros foram resenhados pelo *New York Times* —, mas ela era considerada, claramente, antes de mais nada, uma escritora negra. E escritores negros não eram convidados a escrever na *New Republic* ou na *New Yorker*. Viver apenas como jornalista literária teria sido impossível para ela.

Então Hurston estudou para ser antropóloga, diplomando-se ao final pela Barnard College, na Columbia. Ali, tornou-se uma protegida do pioneiro antropólogo Franz Boas, desenvolvendo estudos e pesquisas como etnógrafa. Ela publicou ao longo da vida vários estudos sobre o folclore, em sua maioria esforçando-se para preservar o vernáculo dos negros tal como existente em enclaves ao estilo Eatonville. Essas vozes também estariam presentes em seu romance mais famoso, *Their Eyes Were Watching God*. Ela também estudou as tradições do vodu da Jamaica e do Haiti, registrando suas descobertas em *Tell My Horse*.

Essa carreira em pleno florescimento, porém, sofreu uma interrupção cortante em 1948, quando o filho de sua locadora a acusou de molestá-lo. Após vários meses de inquérito, o menino voltou atrás em sua acusação, mas o caso chegou à imprensa, e a tensão gerada pelo processo tornou a tarefa de escrever difícil para Hurston. Tampouco ajudava o fato de que seu interesse pela vida dos negros não combinava muito com as prioridades dos editores de revistas e editoras. "O fato de não haver demanda por histórias contundentes e exaustivas sobre os negros para além de sua existência como empregados é indicativo de algo de suma importância para esta nação",[10] escreveu no ensaio "What White Publishers Won't Print", de 1950, publicado pela *Negro Digest*.

Antes de cair totalmente no anonimato, porém, ela ainda escreveria uma história. Em 1953, Hurston foi enviada pelo *Pittsburgh Courier*, um jornal de negros, para cobrir o julgamento de Ruby McCollum, em Liv Oak, Flórida. Segundo seu biógrafo, ela aceitou a tarefa primeiramente porque precisava de dinheiro, ainda que as questões ligadas ao crime também a interessassem.

McCollum, que era negra, estava sendo julgada pela morte de um branco, o dr. C. LeRoy Adams. Não havia nenhuma dúvida de que ela o tinha assassinado. Ela atirara em Adams no consultório dele, diante de vários pacientes. Em seguida, voltara para casa e aguardara ali pela sua prisão. A questão não era saber se ela tinha cometido o crime ou não, mas o motivo pelo qual o cometera. Revelou-se, então, que havia uma relação entre os préstimos do médico e o império de bolita (um jogo de loteria espanhol) do marido de McCollums.

Revelou-se, também, que um dos quatro filhos de McCollum era de Adams. No julgamento, ela afirmou que ele a havia estuprado várias vezes, mas o juiz não a autorizou a descrever em detalhes as circunstâncias. No primeiro julgamento, McCollum foi condenada por homicídio; no segundo, entrou com recurso alegando insanidade mental, de modo que passou muitos anos de sua vida em uma clínica psiquiátrica.

Hurston só teve oportunidade de acompanhar o primeiro julgamento. Seus editores no *Courier* deram ao episódio grande destaque, em tom sensacionalista, mas a cobertura por ela realizada foi nuançada e respeitosa. Chegou a noticiar depoimentos de testemunhas que diziam ter visto o espírito de McCollum pairando pela cidade carregando a cabeça de uma águia e "uma espada flamejante na mão".[II] Em relação à história de McCollum propriamente dita, ela reproduziu os autos do processo, algumas vezes misturados a suas próprias anotações. Quando o promotor afirmou que o real motivo da morte de Adams fora a recusa da ré em pagar por suas despesas médicas, Hurston reproduziu isso.

A mera reprodução dos autos, porém, não era algo muito inspirador para os leitores. Mas Hurston parecia estar aguardando a hora certa. Depois do julgamento, ela produziu uma narrativa sobre a vida interior de McCollum. Publicada pelo *Courier* em dez capítulos, a série certamente tomou várias liberdades em relação à realidade dos fatos. Hurston pintou a história de uma McCollum corajosa e rebelde que havia, no fim das contas, "decidido o destino e a vida de dois homens fortes, um branco e o outro de cor". Na sua versão, McCollum era uma mulher com características semelhantes às dela mesma: masculinizada, ansiosa para ser amada, solitária dentro de um casamento ruim com um homem que a enganava. Para Hurston, alguma coisa, nesse caso, parecia mesclar realidade e ficção; alguns estudiosos chegam a afirmar que nesses textos ela usou até mesmo algumas linhas de *Their Eyes Were Watching God*.[12]

Esses textos não são o melhor trabalho de Hurston, mas possuem uma vitalidade que indica que, em outra vida, sob outras circunstâncias, teria sido capaz de produzir uma reportagem sobre um julgamento que traria todas as marcas daquilo que mais tarde veio a se chamar de novo jornalismo: uma mistura de fatos, emoção e experiência pessoal. Ela também teria sido capaz de utilizar essas ferramentas na cobertura de casos como o do julgamento de Greenville, o que West fez de forma tão falha. Como não aconteceu dessa forma, o Courier não pagou a Hurston os oitocentos dólares que havia prometido. Ela morreu na obscuridade oito anos depois, em 1961. Nos anos 1980, sua figura conheceu algum ressurgimento, impulsionado pela escritora negra feminista Alice Walker, com o objetivo de fazer com que fosse lida amplamente, embora Hurston seja vista hoje mais como uma autora de ficção.

4.
Arendt

Hannah Arendt só se tornou uma figura pública depois dos quarenta anos. A obra que lhe rende notoriedade foi um tratado político de quase quinhentas páginas sobre o totalitarismo na política, escrito com a prosa densa que as grandes ideias muitas vezes requerem para ser transmitidas. Seria fácil esquecer, a partir daí, que ela inaugurou sua vida de pensadora como uma jovem sonhadora que escrevia quantidades imensas de poemas e que descrevia a si mesma ostentosamente como "dominada pelo medo da realidade, o medo sem sentido, sem fundamento e vazio, cujo olhar, cego, transforma tudo em nada, medo que é loucura, ausência de alegria, sofrimento, aniquilação".[1]

Hannah Arendt escreveu isso ao filósofo Martin Heidegger, que era seu professor, ao retornar para casa da universidade na primavera de 1925. Eles estavam dormindo juntos, e uma relação de grande intensidade acabou por ter consequências históricas para ambos. Quando ela redigiu esse texto autobiográfico, optando por "uma voz em terceira pessoa protetora",[2] o caso já completava quase um ano. Ela chamou o texto de "Die Schatten" [As sombras], um título que expressava nítidos sinais de depressão. Nos seus vinte e poucos anos, Hannah Arendt se mostrava realmente preocupada com a ideia de que nunca conseguiria fazer nada:

> O mais provável é que ela siga adiante em sua vida fazendo experimentos fúteis, com uma curiosidade sem norte ou

base alguma, até que finalmente o longa e ansiosamente aguardado fim a leve sem que perceba, encerrando de modo arbitrário sua inútil atividade.[3]

A falta de sentido da vida e a rudeza do fim estiveram muito presentes na vida de Arendt — tanto quanto na vida de West e de Parker. Arendt nasceu em uma família burguesa na cidade prussiana de Könisberg. Sua mãe era uma dona de casa dedicada com talento para o piano e seu pai era um engenheiro elétrico que via a si mesmo como um especialista amador em gregos e romanos e vivia com a cara enfiada nos livros.

Arendt não conviveu com o pai por muito tempo. Paul Arendt contraiu sífilis ainda jovem, antes de se casar. Quando a filha estava com três anos, sua situação se deteriorou depressa. Os detalhes de sua morte são terríveis: ele desfaleceu durante um passeio da família no parque, vítima de uma ataxia associada ao estágio avançado da sífilis. Quando Arendt tinha cinco anos, ele teve de ser internado. Morreria cerca de dois anos mais tarde, em 1913, depois que a doença tinha avançado tanto que nem sequer reconhecia a filha quando ela o visitava. Depois de sua morte, Arendt raras vezes falou dele. Sua biógrafa Elizabeth Young-Bruehl escreveu que ela contou a amigos que suas lembranças sobre a doença do pai se limitavam ao som da mãe tocando piano para acalmá-lo quando estava tomado de aflição durante a noite.

A mãe, Martha Arendt, teve de levar a vida adiante. Casou-se de novo quando Arendt era adolescente, com um homem de negócios bem estabelecido. Em termos materiais, a vida era tão boa quanto possível para uma viúva judia e sua filha vivendo na Alemanha pós-guerra. O país rumava para a República de Weimar e estava num momento de forte inflação e de experimentação artística, enquanto Hitler ascendia ao poder. Mas, dentro de casa, a vida não era difícil. Arendt sempre insistiu em dizer que sua mãe a protegeu de todo antissemitismo com que pudesse deparar. Se ouvisse palavras rudes na sala de aula, a jovem as contava à mãe, que escrevia uma carta de censura aos professores e o problema terminava. Isso explica, sem dúvida, a razão pela qual Arendt jamais acreditou que o antissemitismo fosse "eterno", como escreveu em *Origens do totalitarismo*.

Em que pese aquilo que escreveu a Heidegger em "Die Schatten", para os outros a jovem Arendt já era de uma autoconfiança implacável. Insolente, zombava dos professores da escola porque podia aprender sozinha em casa tanto quanto aprendia sob sua tutela, e gostava de fazer com que soubessem disso. Certa vez, sentindo-se insultada pelos comentários de um professor — não se sabe qual teria sido o tema em questão —, organizou um boicote contra ele e acabou sendo expulsa. Ela estudou por muito tempo sozinha para os exames de admissão na universidade.

No final da adolescência, Arendt passou a se interessar por filosofia e em especial pelos textos contemplativos do existencialista dinamarquês Søren Kierkeegard. Ele foi um dos primeiros grandes elaboradores do conceito de angústia, a ideia de que algo vai profundamente mal consigo mesmo e com o mundo. Arendt se apegou a isso. Foi nesse período que escreveu inúmeros poemas, alguns ruins, reveladores de um coração profundamente romântico em uma pessoa que mais tarde viria a ser acusada de fria demais, lógica demais, por aqueles que não a leram com a devida atenção:

> *Ah, a morte está na vida, eu sei, eu sei*
> *Então, dias instáveis, deixem que lhes dê minha mão*
> *Vocês não vão me perder. Como um sinal que deixo para trás*
> *Para vocês, esta página e a paixão.*[4]

Ao ouvir falar, por um ex-namorado, das brilhantes palestras proferidas por um professor de nome Heidegger na Universidade de Marburg, Arendt se matriculou ali também, optando logo por seu curso. Era 1924. Ela tinha dezoito anos. Ele estava com 35, era casado e tinha dois filhos.

É difícil resumir rapidamente as complexas ideias filosóficas de Heidegger, mas sua abordagem da filosofia era marcada pelo questionamento da devoção à lógica fria e dura por parte dos pensadores que o antecederam. Heidegger era um homem para quem, como escreveu certa vez Daniel Maier-Katkin, "a experiência e o entendimento humano se aproximam do reino do sentimento e do tom inerente à poesia (ideia que exerce um forte apelo em Arendt)".[5] Heidegger adotava essa atitude inclusive em sua abordagem pedagógica. Todos os relatos dão conta de que suas aulas eram verdadeiras performances, solilóquios concebidos para ir muito além da mera transmissão de informações. Mais tarde, relatando o que ocorria no campus, Arendt escreveria:

> Os rumores sobre Heidegger eram bastante simples: o pensar ganhou vida novamente; os tesouros culturais do passado, que se acreditava estarem mortos, voltaram a ter voz, e propõem coisas diferentes das trivialidades conhecidas e batidas que se presumia que devessem propor. Existe um professor; talvez se possa aprender a pensar.[6]

Depois de passar vários meses ensinando a pensar, Heidegger abordou Arendt após uma aula em fevereiro de 1925. Ele perguntou o que ela vinha lendo. Arendt lhe contou. Suas respostas eram aparentemente tão encantadoras que imediatamente suscitaram um comentário amoroso: "Nunca poderei chamá-la de minha, mas a partir de agora fará parte de minha vida, e isso crescerá junto com você".[7] Foi ali que tudo começou.

Arendt e Heidegger frequentemente lidaram com seu caso de forma abstrata, como é de esperar com pessoas que vivem em torno de ideias. A maneira de ambos de escrever quanto se amavam não só adquiria tons dramáticos mas também parecia algo bastante racionalizado. Diferentemente do que ocorria com as cartas de amor trocadas entre West e Wells, não havia ali palavras de afeto ou apelidos carinhosos. Em lugar disso, Heidegger, cujo lado da correspondência foi o único a ter sobrevivido, escrevia coisas como:

> O demônio tomou conta de mim. A súplica silenciosa de suas mãos amadas e do seu semblante brilhoso o envolveram em uma transfiguração feminina. Nunca me aconteceu algo assim.[8]

Transfiguração feminina ou não, era um demônio caprichoso. Três meses depois de o caso começar, Heidegger recuou. Subitamente, o tom de suas cartas se tornou distante. Ele alegava demandas de trabalho. Ao mesmo tempo, expressava desejos floreados de um compromisso futuro, num momento em que poderia desviar as atenções daquilo que ocorria no mundo. Em suma, comportava-se como todo homem que se dá conta de ter cometido um erro com uma mulher muito mais nova, mas que, apesar da culpa, não quer excluir a possibilidade de voltar a fazer sexo com ela mais adiante.

Para ser justa com Heidegger, ele não estava exatamente mentindo. Em um pequeno galpão construído por sua mulher na casa de campo deles, o filósofo de fato concebia aquela que viria a ser sua obra-prima, *O ser e o tempo*. Mas no momento em que dispensou Arendt ele estava a dois anos da conclusão do projeto e ainda planejava dar aulas naquele outono. De todo modo, Arendt passou o verão sozinha.

Quando os dois voltaram a Marburg, no outono de 1925, Heidegger continuou a evitá-la. E, na primavera de 1926, passou a rejeitá-la mais abertamente. Frustrada, Arendt deu início então a um longo processo — que duraria sua vida inteira — de afastamento em relação a Heidegger. Ela deixou Marburg e começou a estudar com outro filósofo, Karl Jaspers. Continuou a falar com Heidegger, mas só conseguia chegar a ele por carta, e enviava-lhe missivas bastante lamurientas. Haveria, ainda, alguns encontros furtivos em estações de trem de cidades pequenas, mas nada que se sustentasse para além do tempo reservado para a visita a tais lugares.

Ainda que breve e claramente insatisfatório, o caso foi marcante para ambos. A influência exercida por Heidegger sobre Arendt foi obviamente de caráter formativo e, nesse sentido, enorme. No entanto, mais do que orientações de como avançar, o que ela extraiu dele foi inspiração, para então traçar seu próprio caminho em relação aos temas e ao escopo de sua obra. Ele permaneceu na filosofia; ela rumou para a teoria política. Ele permaneceu na Alemanha; ela partiu. Quando voltaram a se encontrar, ao final da Segunda Guerra Mundial, Arendt estava prestes a se tornar uma pensadora célebre por seus próprios méritos, e as ideias que construíram sua reputação, especialmente aquelas referentes à atuação da Alemanha durante a Segunda Guerra Mundial, haviam se desenvolvido totalmente livres do controle ou de qualquer acompanhamento por parte dele.

As experiências que ambos tiveram com a Alemanha não poderiam ter sido mais diferentes. Pouco depois do fim de seu caso com Arendt, Heidegger se filiou ao Partido Nazista. Houve várias discussões posteriores em relação ao grau de sinceridade com que ele teria feito essa adesão, mas é inegável que tinha certa simpatia pelo movimento. O romantismo da visão nazista do mundo — em que as raças eram destinadas ao confronto, em que o bem estava no Volk — combinava, catastroficamente, com o dele.

Heidegger não se limitou a aceitar os nazistas: trabalhou ativamente com eles. Quase que imediatamente após se filiar ao partido, começou a encabeçar um movimento para expulsar os judeus das universidades, chegando até mesmo a assinar a carta que afastou seu próprio mentor, Edmund Husserl, do corpo docente. (Por esse ato, Arendt mais tarde chamaria Heidegger de "assassino potencial".)[9] Isso fez dele uma figura de proa daquilo que os nazistas chamaram de *Gleichschaltung*, traduzido às vezes como "colaboração", processo pelo qual muitos alemães, fossem intelectuais ou membros de organizações civis, se renderam à primazia nazista.

Mais tarde, falando sobre a *Gleichschaltung* de um modo geral, Arendt afirmou, simplesmente, que "o problema, o problema pessoal, não era o que nossos inimigos fizeram, mas o que nossos amigos fizeram".[10] A profundidade do relacionamento que ela teve com Heidegger só se tornou de conhecimento público depois da morte de Arendt. Mas ela deveria estar pensando muito nele quando fez tal afirmação.

Sob os auspícios de Karl Jaspers, na Universidade de Heidelberg, Arendt escreveu uma dissertação intitulada "O amor e santo Agostinho". O fato de ter se interessado pelo amor num sentido não romântico pode ser mais uma expressão de suas frustrações com Heidegger. O denso e desafiador ensaio foi concluído no começo de 1929. Faltavam poucos meses para a quebra da bolsa de Wall Street, que prenunciou a Grande Depressão e desestabilizou os empréstimos que ainda atavam a Alemanha ao Tratado de Versalhes. Hitler acabaria por adquirir popularidade com os estragos do desastre econômico, mas no momento em que Arendt concluía seu doutorado ele ainda não estava em plena ascensão.

Arendt morava em Berlim, uma cidade repleta de jovens recém-formados que procuravam seu caminho sem saber exatamente o que fazer consigo mesmos em um país que ainda cambaleava por causa do Tratado de Versalhes, que muitos viam como uma ofensa à pátria. Como era comum na República de Weimar, Arendt frequentou as festas cheias de glamour que se contrapunham ao clima sombrio do período. Um fatídico encontro ocorreu no Museu de Etnologia de Berlim, em um evento da esquerda para arrecadação de fundos disfarçado de baile de máscaras. Arendt se fantasiara de "moça de harém".[11] Só se pode conjeturar como seria uma fantasia dessas em 1929, mas ela evidentemente chamava a atenção. Arendt encontrou um colega de classe com quem não tinha contato havia muito tempo, um homem chamado Gunther Stern, e os dois se reconectaram.

Stern a seduziu, como ele próprio escreveria mais tarde, ao lhe dizer que "amar é aquele gesto por meio do qual uma coisa a posteriori — o acaso de encontrar o outro — se transforma em uma coisa a priori na vida da pessoa".[12] Para outra mulher, poderia parecer pretensioso. Para Arendt, era uma demonstração de que a conexão entre eles poderia ser tanto intelectual quanto emocional. Eles se casaram em setembro daquele ano. Ainda assim, quando ela escreveu a Heidegger para contar, o tom era de derrota. Arendt estava se acomodando, como garantiu a Heidegger, ao conforto, ainda que imperfeito, de um lar:

> Não esqueça quanto e quão profundamente sei que nosso amor se tornou a bênção de minha vida. Esse fato não pode ser abalado, nem mesmo agora.[13]

Quando ela escreveu essa carta, Heidegger ainda não tinha tornado públicas suas inclinações nazistas.

O conforto do casamento se mostrou útil. Possibilitou a Arendt o espaço de que precisava para trabalhar com mais intensidade em um novo projeto. Era um livro cujo assunto não dizia respeito exatamente a sua própria vida interior. No entanto, é aquele em que mais se aproximou de uma memória pessoal. Tendo encontrado em um vendedor de livros raros as cartas e os diários de uma mulher judia que animava um salão no século XVIII, um amigo as passou para Arendt. A vida dessa mulher, Rahel Varnhagen, logo se tornou uma obsessão para ela. Arendt começou a trabalhar numa biografia, que acabaria por se tornar de um lado uma enunciação de uma filosofia de vida pessoal e de outro uma homenagem a uma mulher que ela via como modelo. Nesse aspecto, Arendt era de certo modo única entre as pensadoras de seu tempo. A maioria temia admitir qualquer sentimento de dívida em relação a outras mulheres.

Varnhagen nasceu em Berlim em 1771, filha de um rico comerciante. Embora sem uma educação formal, Varnhagen se interessou desde muito jovem pelo mundo das ideias. Adulta, cercou-se de grandes artistas e pensadores de seu tempo, em sua maioria os alemães românticos. Seu salão a transformou em figura-chave na história intelectual da Alemanha. Em parte, o que levou Arendt a se entregar tão apaixonadamente à história da mulher foi o fato de que, como ela, era uma judia profundamente assimilada. Mas Varnhagen era de certo modo ambígua à sua origem judia. À luz disso, Arendt considerou as palavras que, segundo o marido, foram ditas por ela em seu leito de morte inesquecíveis:

> Aquilo que durante toda a minha vida me pareceu ser a maior vergonha, que era o tormento e o infortúnio de minha vida — ter nascido judia —, é algo que hoje eu não gostaria de ter perdido nunca.[14]

Arendt se sentia tão concernida por essa frase que decidiu abrir seu livro com ela. O projeto tinha desde o começo um aspecto mediúnico. Ela tomou a liberdade de chamar Varnhagen de sua "melhor amiga". Vinte e cinco anos depois, em 1958, quando finalmente decidiu publicá-lo, afirmou que sua abordagem tinha "uma forma incomum em matéria de literatura biográfica". De fato, Arendt descreveu seu objetivo como algo quase metafísico:

> Nunca foi minha intenção escrever um livro sobre Rahel; ou sobre sua personalidade, que poderia suscitar diferentes interpretações conforme os padrões ou as referências psicológicas que o autor viesse a adotar... O que me interessava, unicamente, era contar a história da vida de Rahel como ela mesma contaria.[15]

Como afirmou Seyla Benhabib, especialista em Arendt, a pretensão de conseguir contar a história de Varnhagen "como ela mesma contaria" é algo "surpreendente".[16] Você pode passar a vida inteira explorando os arquivos de uma pessoa e mesmo assim considerar impossível encontrar ali qualquer coisa sobre sua vida interior. Arendt devia saber e provavelmente até tinha passado por isso quando tentou narrar a vida de Rahel a partir de sua perspectiva. A rigor, é impossível falar com a voz de alguém que morreu há um século ou mais. Mas a atração emocional que sentiu por Varnhagen ofuscou quaisquer considerações de ordem racional. Ela encontrara uma mestra com a qual gostaria de aprender, e escrever sua biografia foi uma forma de fazê-lo.

O que mais intrigou Arendt na mulher foi que tivesse encontrado uma forma de tirar vantagem do fato de ser diferente. E isso ela relacionou em especial à questão da identidade judaica. O marido de Varnhagen procurara transcender sua origem conquistando um status social cada vez mais elevado. Para a esposa, porém, isso nunca funcionou. Ela considerava que era uma marca que jamais conseguiria apagar. Então decidiu incorporá-la. Se a origem judaica de Varnhagen a apartou da sociedade alemã, Arendt concluiu que, por outro lado, lhe conferiu uma perspectiva própria, singular, que ao final mostrou possuir seu próprio valor. Ver as coisas de forma diferente não era apenas uma questão de perspectiva; às vezes significava vê-las com mais clareza.

Arendt nos conta que Varnhagen era, assim, uma espécie de pária. Ela não usa essa palavra no sentido negativo que normalmente lhe atribuímos. Isso fica claro quando, em sua obra mais tardia, a tempera com um adjetivo: "consciente". Um pária consciente sabe que é diferente e que, pelo menos aos olhos dos outros, talvez nunca escape disso. Mas também tem noção daquilo que sua individualidade lhe proporciona. Dentre outras coisas, há uma espécie de empatia instintiva, uma sensibilidade em relação aos sofrimentos dos outros derivada do fato de tê-los experimentado na própria pele:

> Essa sensibilidade é uma exacerbação patológica da dignidade de todo ser humano, uma compreensão apaixonada que os privilegiados ignoram. É essa empatia apaixonada que constitui a humanidade do pária. Numa sociedade baseada no privilégio, no orgulho da origem e na arrogância do título, o pária geralmente descobre a dignidade humana instintivamente, antes mesmo que a razão a transforme em alicerce de sua moral.[17]

Embora tenha limitado seu uso de "pária" à relação com a identidade judaica, Arendt deu a entender que sabia que havia uma aplicação bem mais ampla para esse tipo de visão. Parece não ser por acaso que escolheu uma mulher como modelo de pária, embora ela própria teria negado que isso fizesse muita diferença. Provavelmente diria que o fato de Varnhagen ser judia era mais forte do que o fato de ser mulher. No entanto, muito do que Arendt descobriu a seu respeito poderia ser ampliado por analogia, e em certo nível ela sabia disso. Numa introdução feita quando finalmente publicou a biografia de Varnhagen, nos anos 1950, escreveu:

> O leitor moderno dificilmente deixará de observar que Rahel não era nem bonita nem atraente; que todos os homens com os quais teve alguma relação amorosa eram mais jovens; que não tinha nenhum talento especial em que empregar sua inteligência extraordinária e sua originalidade arrebatada; e, por fim, que era uma personalidade tipicamente "romântica", e que a "Questão da Mulher", que é a discrepância entre o que os homens esperam das mulheres "em geral" e o que as mulheres podem ou querem dar, já estava definida pelas condições da época e representava uma defasagem que, virtualmente, não podia ser desfeita.[18]

Essa afirmação é espantosa considerando a história da relação de Arendt com o feminismo. Ela não tinha interesse no movimento ou no seu discurso. Suas parcerias profissionais eram, na maioria, com homens. Arendt nunca se preocupou muito com a questão em meio aos seus pares intelectuais. Não achava que o patriarcado fosse um problema sério. Na verdade, questionada já no fim da vida a respeito da emancipação feminina, disse que a "Questão da Mulher" nunca foi uma questão para ela. "Sempre achei que existem certas atividades que são impróprias para mulheres, que não são feitas para elas", disse numa entrevista.

> Simplesmente não cai bem uma mulher dando ordens. Se quer continuar sendo feminina, ela deve evitar entrar numa situação dessas. Se estou certa ou não em relação a isso, não sei... É um problema que não tem nenhuma importância para mim. Para ser bem clara, digo que sempre fiz o que queria ter feito.[19]

Essa resposta de certo modo contraditória não dá muita margem para consagrar Arendt retrospectivamente como uma defensora das mulheres ou até mesmo da igualdade entre os sexos.

E, no entanto, ela achava que cada um deveria fazer aquilo que queria. Em vez de escrever uma biografia de Kierkegaard, por exemplo, ela inaugurou sua carreira expondo publicamente sua obsessão por outra mulher. Alguém que não era "nem bonita nem atraente", mas que era dotada de uma "inteligência extraordinária" e uma "originalidade arrebatada". E para quem o fato de ser uma "intrusa" não constituía uma dificuldade para vencer, mas algo a ser explorado e de que extrair forças. É possível, como chegaram a especular alguns estudiosos, que o motivo pelo qual qualquer tipo de discriminação contra as mulheres fosse invisível para ela tenha sido que em toda a sua vida o fato de ser judia a transformara em um alvo muito mais explícito. A hostilidade para com as mulheres era algo muito mais difuso do que a campanha nazista contra os judeus.

Arendt ainda trabalhava no livro sobre Varnhagen em 1933, quando o Reichtag — a sede do Parlamento alemão — pegou fogo. Foi um incêndio culposo, e quem foi o autor do crime ainda é fruto de discussão, embora um jovem comunista tenha sido preso, julgado e condenado e a esquerda tenha sido responsabilizada pelo caos que se instalou a seguir. Hitler assumira o posto de primeiro-ministro havia cerca de um mês. O tumulto serviu de pretexto para assumir poderes emergenciais. Gunther Stern, marido de Arendt, que era profundamente ligado a dissidentes antinazistas, partiu para Paris imediatamente. Ela ficou na Alemanha.

Não que os perigos inerentes ao novo regime não a afetassem. Arendt afirmou que o incêndio fora um "choque imediato",[20] algo que lhe deu a impressão de que não poderia continuar sendo mera "espectadora". No entanto, o fato de antigos amigos e aliados terem se colocado sob a influência do nazismo deve ter ficado muito claro para ela antes mesmo disso. No outono anterior, depois de ouvir alguns rumores, Arendt escrevera a Heidegger questionando-o sobre seus novos posicionamentos políticos. Sua preocupação dizia respeito especificamente ao rumor — que ouvira de seu marido e amigos dele — segundo o qual ele se tornara antissemita. A resposta foi, no mínimo, petulante. Ele listou todos os estudantes judeus que havia ajudado em tempos recentes e acrescentou:

> Quem quiser chamar isso de "antissemitismo raivoso" que o faça. Além disso, hoje sou tão antissemita em questões ligadas à universidade quanto o era dez anos atrás, em Marburg… Sem falar na minha relação pessoal com vários judeus.
> E, acima de tudo, isso não pode atingir minha relação com você.[21]

Mas o fato é que isso alterou, sim, a relação deles. Foi a última carta trocada por eles por mais de dez anos.

Alguns meses depois do incêndio no Reichstag, Arendt concordou em ajudar a reunir às escondidas declarações antissemitas contidas em panfletos arquivados na mesma biblioteca que preservava os documentos de Varnhagen. As declarações seriam utilizadas por amigos ligados a organizações sionistas no exterior. Em poucos dias, porém, Arendt foi descoberta e conduzida às autoridades. Acabou detida junto com sua mãe, e passou algumas noites numa cela especial. O oficial que a prendeu gostou dela e chegou até a flertar: "O que devo fazer com você?".[22] Ao final, deixou-a partir. Ela teve muita sorte. No interrogatório, mentiu o tempo todo, sem revelar para quem estava trabalhando.

Depois desse incidente, ficou claro que Arendt não poderia permanecer na Alemanha. Inicialmente, ela e a mãe partiram para Praga. A mãe viajou dali para Königsberg e a filha foi para

Paris, carregando consigo o manuscrito sobre Varnhagen. Mas uma nuvem escura a acompanhava. A profundidade da catástrofe nazista se evidenciava. Em Berlim, intelectuais conhecidos seus começavam a cooperar com o regime. Heidegger assumira o posto de reitor da universidade, portava um broche com a suástica e tentou até obter um encontro com Hitler. Ela ficara sabendo de tudo isso.

Então raciocinou consigo mesma: "Nunca mais me envolverei com esse mundo intelectual".[23] Como sabemos, esse plano foi por água abaixo, mas a traição deixou nela uma marca indelével. Arendt nunca mais conseguiu enxergar o caminho de uma vida intelectual tradicional como a salvação. Até mesmo as grandes mentes eram suscetíveis a fazer os piores julgamentos e ignorar o senso comum muito rapidamente.

"Apesar de tudo, ainda acredito que está na essência de ser um intelectual a produção de ideias sobre todas as coisas", Arendt declarou em uma entrevista alguns anos antes de sua morte, e o disse de um ponto de vista negativo. "Hoje eu diria que eles caíram na armadilha de suas próprias ideias. Foi isso que aconteceu." Os intelectuais — como Heidegger — não estavam adotando uma opção apenas estratégica ao se filiar ao Partido Nazista. Não o fizeram só para sobreviver. Agiram de modo racional, alinhando-se às ideias do partido, já que, para eles, seria execrável ser associado a uma causa na qual não acreditassem ardorosamente. E, assim, tornaram-se, eles próprios, nazistas.

Quando chegou a Paris, em 1933, Arendt rompeu não só com seu país, mas também com a carreira profissional de filósofa. Durante os oitos anos que passou na França, publicou muito pouco, concluindo o manuscrito sobre Varnhagen apenas graças à pressão de amigos. Mas trabalhou bastante. Assumiu cargos administrativos em diversas organizações beneficentes voltadas ao atendimento do número crescente de judeus chegando a Paris. Alguma coisa nos processos relativamente burocráticos a reconfortava, além dos resultados concretos e do fato de que não deixava espaço para as decepções que a "vida intelectual" havia lhe rendido.

Arendt se reencontrou com Gunther Stern brevemente em Paris, mas ele estava muito envolvido na redação de um romance complicado (que jamais conseguiria publicar), e o casamento logo se desfez. Em 1936, ela conheceu outro homem — Heinrich Blücher, um comunista alemão bastante sociável cujas raízes no movimento eram tão profundas que ele era obrigado a viver em Paris com um nome falso.

É tentador romantizar a projeção de masculinidade evidente e desconcertante de Blücher, e muitos biógrafos de Arendt sucumbiram à tentação. Seu porte físico era mais imponente que o de Stern e Heidegger. Ele falava alto e ria abertamente, além de ser um homem muito bem relacionado, dado seu longo envolvimento com a política. Mais do que isso, podia disputar intelectualmente com Arendt, qualidade que ela considerava necessária em um companheiro. Expunha opiniões contundentes sobre filosofia e história, fosse em cartas ou em um simples jantar. Ele começa uma carta inesquecível enviada a Arendt com condolências e comentários sobre a morte da mãe dela, em seguida engrena uma longa crítica à lealdade permanente dos filósofos à verdade abstrata:

> Marx queria simplesmente ampliar os céus que cobriam a terra, o que foi feito por outros ideólogos de menor porte. Agora, estamos todos à beira de sufocar até a morte em nuvens de sangue e fumaça... Kierkegaard usou ruínas para construir uma caverna onde ele próprio trancafiou sua moral com um Deus de natureza monstruosa. O que se pode dizer quanto a isso é apenas o seguinte: muito bem, boa sorte e obrigado.[24]

Como o estilo rude de seu texto mostra, Blücher não era um acadêmico, tal qual Heidegger ou Stern. Lera bastante, mas pensava por conta própria. Embora tivesse ambições literárias, nunca chegou a escrever um livro. Queixou-se a vida inteira de bloqueio criativo, que aparentemente não se aplicava às cartas que escrevia. Viveu rejeitando a afetação relacionada à vida intelectual acadêmica, o que parece ter atraído Arendt. Numa carta que escreveria a Karl Jaspers dez anos depois de ter conhecido Blücher, ela atribui ao marido (eles se casaram em 1940, em parte para que Blücher pudesse ter documentos que lhe possibilitassem deixar a Europa) o fato de ter se tornado uma pessoa que "vê politicamente e pensa historicamente". Arendt apreciava o fato de Blücher viver e trabalhar no mundo real, um lugar pelo qual Heidegger certamente não nutria muito interesse.

O poeta Randall Jarrell, amigo do casal, chamava-os de "dupla monarquia".[25] A questão não era tanto os modos imperiosos dos dois — embora ambos pudessem ser imperiosos —, e sim o fato de que muito da força de seu relacionamento provinha de suas discussões. Nenhum dos dois parecia comandar ou se impor ao outro, embora Arendt tenha sido muitas vezes a responsável pelo sustento financeiro do casal durante os anos que passariam juntos nos Estados Unidos. O casamento evoluiria dentro de uma equidade natural, e no geral seu equilíbrio não foi perturbado pelas infidelidades pontuais de Blücher.

A convivência com outros escritores e pensadores em Paris mostrou-se boa para Arendt, que concluiu que era mais fácil pensar em conjunto. Ela fez amizade com o colega alemão refugiado Walter Benjamin, na ocasião ainda um crítico malsucedido com muita dificuldade de ser publicado. Ele se altercava com os editores e só cedia às suas exigências com muita relutância. Benjamim era uma figura romântica clássica, nascido em uma família bem estabelecida que lhe oferecia oportunidades de carreira cujas ambições ele considerava vulgares. Embora o pai se recusasse a sustentá-lo, Benjamim insistiu em abraçar um ofício que naturalmente o induzia à penúria. Como escreveu Arendt, a respeito da opção dele de ser um homem das letras:

> Uma vida como essa era algo desconhecido na Alemanha, e quase tão desconhecida quanto era a ocupação que Benjamin, apenas por uma necessidade de sobrevivência, adotou a partir daí: não a de um historiador literário e estudioso com o número necessário de grossos tomos assinados com seu nome, mas a de um crítico e ensaísta que via até mesmo a forma do ensaio como longa demais e que, se não fosse pago por linha produzida, teria preferido o aforismo.[26]

Benjamin foi um dos amigos que insistiram para que Arendt concluísse seu manuscrito sobre Varnhagen. "O livro me causou uma ótima impressão",[27] escreveu ele ao amigo em comum Gershom Scholem ao recomendar o manuscrito em 1939. "Nada contra a corrente dos estudos judaicos edificantes e apologéticos com braçadas poderosas." Arendt, por sua vez, também tinha interesse em ajudá-lo no trabalho. Para Scholem, escreveu: "Estou muito preocupada com Benji. Tentei encontrar alguma coisa para ele aqui, mas fracassei. Estou convencida, mais do que nunca, da importância de lhe assegurar algum modo de vida para que execute seu trabalho".[28]

Benjamin sempre foi mais místico do que ela. Suas conexões com o mundo real eram extraordinariamente frágeis. Arendt, conforme escreveu mais tarde, via em sua indiferença uma espécie de princípio político que merecia ser apoiado. Ela diferenciava seu modo de vida como homem das letras daquele dos "intelectuais" que passara a desdenhar:

Diferentemente da classe dos intelectuais, que oferecem os seus serviços ao Estado como especialistas, estudiosos e oficiais, ou à sociedade para efeito de diversão e instrução, o homem das letras sempre se esforçou para se manter distante tanto do Estado quanto da sociedade.[29]

Na Europa do fim dos anos 1930 e começo dos 1940, o Estado era algo do qual convinha manter distância. A propaganda antissemita atingia níveis febris na França, e o país começava a se desintegrar, pressionado pelos nazistas para o leste. No fim de 1939, Blücher foi enviado para um campo de internação no sul da França e só obteve liberdade, meses depois, por causa de um amigo influente. Em 1940, a própria Arendt foi levada para um campo em Gurs, perto da fronteira com a Espanha, onde permaneceu por um mês antes de a França se render à Alemanha e os campos de internação para judeus como o de Gurs serem dissolvidos. O casal finalmente se reencontrou e conseguiu obter um visto para os Estados Unidos, chegando a Nova York em maio de 1941.

Enquanto isso, Walter Benjamin também viu sua situação agravada. Ele pretendia chegar a Lisboa a fim de pegar um navio para os Estados Unidos no outono de 1940. Para isso, precisava atravessar a Espanha. Mas, ao chegar à fronteira com um pequeno grupo de refugiados que viviam em Marselha, foi informado de que justamente naquele dia a fronteira havia sido fechada para pessoas como ele, "*sans nationalité*". Isso significava que todos provavelmente seriam levados a algum campo. Durante a noite, Benjamin teve uma overdose de morfina. Antes de perder a consciência, deixou com seus companheiros um bilhete em que dizia não ver alternativa.

Arendt foi um dos primeiros amigos a saber do que ocorrera. Mais tarde, em um longo ensaio em homenagem a Benjamin, ela chamaria aquilo de "má sorte".

Se fosse um dia antes, Benjamin teria atravessado sem problema algum; se fosse um dia depois, as pessoas em Marselha já estariam sabendo que se tornara impossível passar para a Espanha. Aquele foi o único dia em que essa tragédia poderia ter acontecido.[30]

Tratava-se de um lamento intelectualizado pelo destino de Benjamin, uma exposição de ideias em plena tragédia, uma atitude que poderia sugerir certa distância emocional. Mas Arendt não estava nada distante daquilo que acontecera a ele. Antes de partir da França, fez questão de tentar encontrar a sepultura do amigo. Encontrou apenas o cemitério, sobre o qual escreveu a Scholem:

> fica de frente para uma pequena baía que dá diretamente para o Mediterrâneo; é entalhado em pedra e construído em terraços; os caixões são colocados dentro dessas paredes de pedra. É de longe um dos lugares mais fantásticos e belos que já vi na minha vida.[31]

Pouco antes de ir embora, Benjamin havia deixado com Arendt e Blücher um conjunto de manuscritos, na expectativa de que os entregasse aos seus amigos em Nova York caso não conseguisse chegar lá. Um desses textos, "Teses sobre filosofia da história", foi lido em voz alta pelo casal Arendt-Blücher no navio durante a travessia. "A reflexão mostra que nossa imagem de felicidade é construída conforme o momento que o curso da história reservou para nós." O texto prosseguia:

> O tipo de felicidade que pode provocar inveja em nós só existe no ar que respiramos, em pessoas com as quais poderíamos ter conversado, mulheres que poderiam ter se entregado a nós. Em outras palavras, nossa imagem de felicidade está indissociavelmente vinculada à imagem de redenção.[32]

Mas, no momento em que eles estavam a bordo daquele navio rumo aos Estados Unidos, já estava claro que a guerra que se espalhava pela Europa deixaria muito pouca chance para a redenção. Grande parte daquilo que os formara, inclusive a Alemanha que tinham conhecido, não existia mais.

Em Nova York, as coisas não foram fáceis. O casal, e posteriormente a mãe de Arendt também, ocupava um quarto duplo em mau estado de uma pensão. A cozinha era compartilhada com outros hóspedes. Blücher conseguiu uma série de trabalhos avulsos, o primeiro deles numa fábrica, coisa que ele até então desconhecia. Arendt começou a ter aulas particulares de inglês em Massachusetts e em seguida passou a ganhar algum dinheiro escrevendo, de início para um pequeno jornal de língua alemã chamado *Aufbau*, além de outras publicações voltadas para judeus emigrados. Ela enviou os textos de Benjamin para seu amigo Theodor Adorno, que também vivia em Nova York. Nada aconteceu de imediato. Aparentemente, não havia nenhuma possibilidade concreta de publicá-los.

Os artigos que Arendt escreveu nesse período estão a meio caminho entre a dissertação acadêmica e o editorial moderno de jornal. Em sua maioria, denotam certa rigidez na escrita e uma repetição de temas que lhes retirava a força. Ao lê-los na ordem cronológica, a pessoa começa a se sentir, mais do que estimulada, enrolada pelo discurso. Um texto, no entanto, se sustenta. Trata-se de "We Refugees", publicado em 1943 no *Menorah Journal*. Saiu originalmente em inglês, o que pode explicar sua redação simples; fazia apenas dois anos que Arendt entrara em contato com o idioma.

O tom fervoroso e direto que seu terceiro idioma a obrigara a adotar combinava com o propósito ao mesmo tempo lamentoso e polêmico do texto: "Em primeiro lugar, não gostamos de ser chamados de 'refugiados'". Arendt descrevia uma população tão abatida pelas experiências na Europa que preferia simplesmente eliminá-las. O clima reinante, ela escreve, levava os refugiados a viver aturdidos, incapazes de falar honestamente a respeito daquilo que os perturbava, pois ninguém queria ouvir nada sobre o "inferno" que tinham vivido:

> Aparentemente, ninguém quer saber que a história contemporânea criou um novo tipo de ser humano — aquele que é colocado em campos de concentração por seus inimigos e em campos de internamento por seus amigos.[33]

Sem medo de se aventurar em um assunto tão desconfortável, Arendt também se mostrava crítica em relação ao grande número de suicídios verificado entre os refugiados — não tanto em relação às pessoas que haviam escolhido isso, mas ao modo como ocorria. "Optam por uma maneira silenciosa e modesta de desaparecimento",[34] ela escreveu. "Parecem pedir desculpas pela solução violenta que encontraram para seus problemas pessoais." Para ela, esse tipo de postura era inadequado, pois a lógica do suicídio havia sido gerada pela catástrofe política do nazismo e até mesmo pelo antissemitismo norte-americano: "Em Paris, por sermos judeus, não podíamos sair de casa depois das oito; mas em Los Angeles também sofremos restrições, por sermos 'inimigos estrangeiros'".

Esse ensaio, escrito quando tinha 37 anos, foi o primeiro sinal de que Arendt tinha talento para a polêmica aberta. Ela deve ter levado um bom tempo para convencer a si mesma a se dirigir dessa maneira ao grande público. Seu ensaio concluía convocando os judeus a se tornarem "párias conscientes" — e Rahel Varnhagen era então lembrada, além de vários outros sobre quem Arendt escreveria mais em ensaios posteriores: Heine, Scholem Aleichem, Bernard Lazare, Franz Kafka "ou até mesmo Charlie Chaplin" —, por ser esse o único meio de abandonar a negação, fragilizante e indutora do suicídio, de sua situação.

> Os poucos refugiados que insistem em contar a verdade, a ponto de chegar à "indecência", obtêm em troca de sua impopularidade uma vantagem que não tem preço: a história não é mais um livro fechado para eles, e a política não é mais um privilégio dos gentios.

Artigos como esse chamaram a atenção de um círculo mais amplo de editores de esquerda de Nova York. O pequeno e precocemente envelhecido grupo de ex-comunistas e críticos literários que circulavam em torno de um jornal conhecido como *Partisan Review* foi crucial para sua atividade posterior.

Para a maioria das pessoas, o nome da revista era obscuro e sua influência, desconhecida. Mas, para um pequeno e influente grupo de americanos, em sua maior parte vivendo ou até mesmo tendo nascido em meados do século XX, a *Partisan Review* virara um símbolo de tudo o que era desejável e glamoroso no que dizia respeito à vida intelectual em Nova York. Era, na verdade, um relançamento de uma antiga revista antes associada aos Clubes Comunistas John Reed. Os homens que estavam à frente desse novo momento — Philip Rahv e William Phillips — haviam saído da versão anterior como dissidentes.

Naquele período, o Partido Comunista se dividira em várias facções. Uma delas acreditava que, para que a experiência comunista fosse bem-sucedida, era preciso manter a qualquer custo a filiação à União Soviética. Outra adotava um ponto de vista mais cético, particularmente em relação a Stálin e ao seu culto à sua personalidade. Rahv e Phillips integravam o último grupo. Não que tivessem abandonado seus princípios de esquerda; só não queriam seguir as linhas dogmáticas do partido. Eram — seria possível dizer — párias conscientes do movimento comunista. Como as preocupações de Arendt já se encaminhavam para a análise do fascismo e suas raízes, ela viu aí uma evidente aproximação.

Com o passar do tempo, porém, a *Partisan Review* se tornou mais conhecida como uma publicação de artes e literatura do que de política. Sua primeira colaboração, um ensaio sobre Kafka, saiu no outono de 1944. Arendt não era o único nome feminino a aparecer no expediente da revista — a contista Jean Stafford e a poeta Elizabeth Bishop também constavam nele —, mas ela era a única mulher a escrever ali textos de caráter e densidade intelectual.

Seus primeiros textos continham todas as falhas típicas de quem escreve em um segundo idioma — Arendt tivera de trocar seu "Stradivarius", escreveu-lhe Blücher certa vez, por um "violino de segunda".[35] Isso ficou muito claro no trabalho que realizou para a *Nation*, uma das maiores revistas de esquerda daquele período. Seu editor era Randall Jarrell, um amigo que ajudaria a tornar sua obra acessível para os leitores norte-americanos. A evidência de sua influência foi quase imediata: em 1946, Arendt escreveu ensaios sobre o existencialismo tanto para a *Partisan Review* quanto para a *Nation*, mas somente a segunda trazia o subtítulo chamativo "Palestra sobre filosofia gera tumulto, com centenas se aglomerando no público e milhares indo embora".[36] Jarrell se tornou um dos amigos aos quais ela recorria com maior frequência para fazer o que chamava de "inglesar" seu trabalho.

No que diz respeito ao existencialismo, Arendt tivera um pequeno contato com Jean-Paul Sartre em Paris. Ela se disse impressionada com a leitura de *A náusea* e de *O estrangeiro*, de Albert Camus. Mas tinha em relação a eles as mesmas preocupações que teria depois sobre os intelectuais e sua tendência, "simbolicamente falando, a ficarem presos demais em seus quartos de hotel ou em seus cafés". Mostrava-se igualmente preocupada com o paralisante refúgio que buscavam no absurdo e com o fato de não saírem daquilo e partirem para a ação no mundo real:

> Os posicionamentos niilistas, como é óbvio apesar de todos os protestos em contrário, não são consequência de visões novas, e sim de algumas ideias muito antigas.

Arendt havia começado, então, a escrever a compilação de suas "ideias novas", que viria a se tornar *Origens do totalitarismo*. Ela andava publicando suas análises do antissemitismo e da situação precária dos apátridas na *Partisan Review* e em uma pequena constelação de outras publicações da esquerda norte-americana ao longo dos anos 1940. Em 1945, convenceu um editor da Houghton Mifflin de que aquele conjunto de análises merecia se transformar em livro. Mas ainda seriam necessários outros cinco anos para que o concluísse.

É difícil descrever de forma sucinta o texto pesado e tripartido que Arendt produziu. Como observou sua biógrafa Elisabeth Young-Bruehl, não há nenhuma introdução mais suave para situar o leitor. Arendt abre o prefácio da primeira edição com um ataque violento contra as interpretações simplistas da história: "A convicção de que tudo o que acontece na Terra precisa ser compreensível para o homem pode levar a interpretar a história com base em lugares-comuns".[37] Ela também se opunha à ideia de uma relação simples e causal entre o bem e o mal, embora acreditasse, obviamente, que o totalitarismo era, de todo modo, um mal:

> E se é verdade que nos estágios finais do totalitarismo aparece um mal absoluto (absoluto porque já não pode ser deduzido a partir de motivos humanamente compreensíveis), também é verdade que sem isso não teríamos conhecido a natureza verdadeiramente radical do Mal.

A força expansiva e labiríntica do livro foi resultado de sua gestação prolongada. A estruturação de sua produção proveio, além da experiência e da pesquisa paralela, de arrastadas conversas noite adentro com Heinrich Blücher. Ao longo da maior parte de sua escrita, ele estava deprimido e desempregado, com seu inglês insuficiente para qualquer trabalho administrativo e sem um diploma que lhe permitisse dar aulas. Assim, passava horas nas salas de leitura da Biblioteca Pública de Nova York, enquanto Arendt trabalhava cotidianamente como editora na Schocken Books, fundada por refugiados do nazismo alemão. O casal remoía os produtos desse trabalho — o conhecimento de história dele e as análises dela — até tarde da noite. O livro e as visões que traz eram, em última instância, dela, mas a ajuda dele foi de um valor incalculável.

O eixo da análise de Arendt sobre o totalitarismo é o campo de concentração, por ela descrito como o instrumento máximo do "mal radical" do totalitarismo. Esse era o local da principal experiência nazista: a subjugação total da humanidade. O terror dos campos atingia seu objetivo ao reduzir cada indivíduo a um "pacote de reações", todas intercambiáveis. Isso está ligado, para Arendt, com o sentimento de muitas pessoas de que eram, em certo sentido, "supérfluas". De que sua vida e sua morte não tinham importância, pelo menos não tanto quanto a ideologia política.

Outra visão exposta por Arendt se refere à ideologia. Ela escreveu que muito do totalitarismo dependia das promessas simplistas da ideologia, de sua habilidade em reafirmar o sentimento sem sustentação de que o passado e o futuro poderiam ser explicados com mero conjunto de leis. De fato, eram as garantias simplistas dadas pela ideologia — inclusive as promessas que jamais poderia cumprir — que a tornavam tão poderosa. Na análise de Arendt, suas promessas de soluções faziam com que os políticos totalitários fossem uma ameaça permanente:

Soluções totalitárias podem sobreviver à queda de regimes totalitários sob a forma de fortes tentações que emergirão sempre que parecer impossível mitigar a miséria política, social ou econômica de uma forma digna do homem.[38]

As resenhas do livro quando finalmente lançado, em 1951, foram calorosas. Elogiavam não apenas a análise de Arendt, mas a erudição com que era transmitida. (O texto foi "inglesado" pelo crítico Alfred Kazim e por uma amiga de Arendt chamada Rose Feitelson.)[39] Muitas delas enfocavam a maneira como a autora estabelecia uma conexão entre as estratégias totalitárias do nazismo e as soviéticas. O subtítulo da resenha do *Los Angeles Times* dizia: "Nazismo e bolchevismo são classificados como 'sistemas essencialmente idênticos'". Na verdade, Arendt não usa essa frase no livro, tendo apenas destacado as similaridades entre os comandos desses movimentos. Arendt era casada com um ex-comunista. Muitos de seus novos amigos em Nova York eram ou haviam sido comunistas. O que a preocupava não era o comunismo em si, mas o stalinismo e a forma soviética de totalitarismo.

A aclamação foi tão grande e clamorosa que Arendt se tornou bastante popular, e *Origens* vendeu muito bem. A *Vogue*, que não costumava cobrir assuntos de ordem intelectual, chegou a mencionar Arendt na coluna People Are Talking About, em meados de 1951:

> *Origens do totalitarismo*, de Hannah Arendt, é uma obra construída com muito vigor, volumosa porém extraordinariamente fácil de ler, em que se encontra: "O notável nas organizações totalitárias é que consigam empregar tantas ferramentas organizacionais de sociedades secretas sem jamais tentar manter seu próprio objetivo em segredo".[40]

O uso dessa citação, de certa forma aleatória, para condensar os argumentos do livro foi um bom prenúncio daquilo que Arendt estava prestes a se tornar: alguém cujas ideias eram, para muitos de seus admiradores, secundárias em relação à figura pública e ao símbolo em que ela se constituiu. Para as mulheres do seu entorno, Arendt havia conseguido algo inacreditável. Não só se colocara em pé de igualdade com todos os homens que se autodenominavam intelectuais públicos como também fizera com que as ideias deles sobre a guerra — todos os esmerados e densos artigos a respeito da função da história humana — passassem a se situar à sombra de sua análise. Arendt não havia apenas se juntado à constelação de intelectuais que se formara em Nova York naquele período. Tornara-se seu ponto de referência, alguém que era procurada pelos demais. Cerca de quarenta anos depois da publicação do livro, uma jornalista chamada Janet Malcolm escreveria sobre ter "me tomado, lisonjeiramente [...] por alguém que poderia ter sido convidada para as festas de Hannah Arendt nos anos 1950".[41]

Nem todos apreciaram a nova situação de destaque de Arendt. Muitos homens, em especial, reagiram mal. Ela pertencia ao grupo dos supostos intelectuais de Nova York. O termo, que só foi utilizado muito depois de vários de seus membros terem morrido, se refere a um núcleo de escritores e pensadores que se reuniam em Manhattan nos anos 1930 e 1940 e que mantinham amizade ou relacionamentos românticos entre si, em sua maioria mexeriqueiros incorrigíveis. Eles construíram seus nomes escrevendo constantemente uns sobre os outros.

Não há registros, porém, de quais foram suas primeiras impressões em relação a Arendt. Sabemos que o poeta Delmore Schwartz, que frequentava o grupo, referiu-se a ela como "mocinha da República de Weimar".[42] Diz-se que o crítico Lionel Abel a chamou, pelas costas, de "Hannah Arrogante".[43] Até mesmo Alfred Kazin, que escreveu que ela era "essencial para minha vida",⁴⁴ acrescentou, no entanto, que ela tinha se "sujeitado pacientemente a uma solidão intelectual que se transformou em arrogância".

Esses homens não eram nada modestos, possuíam autocontrole e eram propensos a fazer grandes discursos. É sem dúvida impossível explicar, a posteriori, que tenham chegado a confundir inteligência com arrogância. Mas isso ia se tornar um problema para Arendt em um nível que jamais ocorreu no caso de Parker, que raramente abordava questões mais sérias como guerra, história ou política, e que, além disso, parou de produzir textos mais críticos depois dos anos 1930. Isso também ia se tornar um problema para Arendt de um modo como jamais ocorreu com West, que talvez não estivesse tão próxima da competição narcisista em que os intelectuais de Nova York gostavam de estar envolvidos. Autores homens dotados de ideias brilhantes e de abrangência mundial não parecem ter sido submetidos a essas mesmas acusações.

Pelo menos nesse primeiro momento, poucas pessoas se sentiram incomodadas diante do brilho de Arendt, e menos ainda se dispuseram a colocar isso no papel. Chamou a atenção o caso de alguns homens que poderiam ser chamados de fãs. O crítico literário Dwight Macdonald foi altamente respeitoso numa resenha que escreveu sobre *Origens* em um pequeno jornal de esquerda chamado *New Leader*. Inicialmente, estabeleceu uma relação entre Arendt e Simone Weil, a filósofa mística que produziu inúmeros textos aforísticos sobre religião e política. Em seguida, talvez intuindo que Arendt fosse mais universal, avançou fazendo uma comparação mais ambiciosa:

> A análise teórica do totalitarismo, aqui, deixou-me mais impressionado do que qualquer outra teoria desde 1935, quando li Marx pela primeira vez. Ela produziu em mim a mesma sensação contraditória de familiaridade ("Claro,

é o que venho pensando há anos") e descoberta chocante ("Isso pode ser verdade?") causada pela descrição de Marx do capitalismo.[45]

Não era nenhum absurdo. *Origens* adquiriu a dimensão de um clássico, tornando-se um livro incontornável para historiadores e cientistas políticos. Mesmo sendo tão denso e de certa forma opaco, o modo como Arendt descreve a ascensão do fascismo na onda do descontentamento popular é hoje amplamente aceito como verdadeiro. Ela se diferencia de Marx no sentido de que não enxergava nenhuma solução revolucionária para o problema que estava colocado. Tendo-se tornado bem mais sensível, mais pragmática e de certo modo mais cansada com a idade, tendo visto tantos amigos caírem presas de correntes marcadas pela ignorância e pela violência, Arendt se afastou de soluções simplistas. Aprendera a confiar apenas em si mesma e em seus amigos.

Mas também faria uma nova amizade a partir da publicação do livro. Um membro da equipe da *Partisan Review* escreveu para Arendt pouco depois do lançamento de *Origens*, abordando-o como um livro de caráter comercial:

> Li seu volume totalmente tomada por ele nas duas últimas semanas, na banheira, no carro, na fila da mercearia. Parece-me uma obra extraordinária, um avanço de pelo menos uma década no pensamento humano, além de cativante e fascinante como um romance.[46]

De modo bastante interessante e talvez como um sinal de respeito, a autora da carta vai mais adiante, propondo "uma crítica mais genérica" e sugerindo que no seu entusiasmo por suas próprias ideias Arendt não levara em consideração suficientemente o papel do acaso, do azar, na construção das instituições do totalitarismo. "Não creio que esteja expressando isso muito bem, e não estou com o livro para consultar, pois já o emprestei", prossegue a longa carta, mudando de assunto para chamar um resenhista obtuso de "terrivelmente tolo" e depois acrescentar pós-escritos convidando Arendt e Blücher para um almoço e levantando a questão do antissemitismo nas obras de D. H. Lawrence, Ezra Pound e Dostoiévski.

A autora dessa carta, cheia a um só tempo de nervosismo e segurança, é a crítica Mary McCarthy. As duas se conheciam desde 1944, quando se encontraram — e discutiram — numa das intermináveis festas da *Partisan Review*.

5.
McCarthy

Mary McCarthy foi conhecida durante toda a sua vida como uma especialista em entabular conversas, batendo papo tal qual na carta para Arendt. Ela e Parker tinham em comum uma queda pela troca de palavras e pelas festas. Nas lembranças envolvendo McCarthy, especialmente em memórias escritas por mulheres, ela é sempre vista circulando pela sala, chamando atenção. A poeta Eileen Simpson, por exemplo, lembra-se de tê-la conhecido no mesmo momento que Hannah Arendt:

> Ficava numa pose que depois entendi ser característica dela, com o pé direito para a frente, equilibrado no salto alto. Numa mão segurava um cigarro, na outra um martíni.[1]

Mas seu equilíbrio nem sempre foi perfeito; no começo de sua amizade com Arendt, houve alguns tropeços. A conversa era sobre a guerra. De passagem, McCarthy fez uma observação sobre como "sentia muito por Hitler", porque lhe parecia ser ele um ditador que queria ser amado pelas mesmas pessoas que havia torturado. Arendt ficou furiosa de imediato. "Como pode dizer uma coisa dessas para mim, uma vítima de Hitler, uma pessoa que passou por um campo de concentração?",[2] exclamou, então partiu tempestuosamente. Em seguida, dirigiu-se a Philip Rahv, editor da *Partisan Review*, e perguntou a ele como era possível que permitisse "esse tipo de conversa na sua casa, sendo um judeu". McCarthy, que costumava ser a alma de encontros sociais como aquele, ficou constrangida, para não dizer envergonhada. Foi um início nada auspicioso de uma amizade que muito rapidamente passaria a ocupar um lugar central na vida pessoal e profissional das duas mulheres.

Durante muito tempo, as pessoas gostaram de ver McCarthy como a "dama obscura das letras norte-americanas". Isso sugere uma mulher fatal, totalmente dona de si e até mesmo antipática. Mas ela não era assim. Tal como no caso da imagem de boa piadista que Parker mantinha, McCarthy lançava mão de muitas artimanhas e fazia verdadeiros truques de mágica com a finalidade de passar essa imagem. Depois de sua morte, a amiga Elizabeth Hardwick se referiu a isso:

> Suas indiscrições eram sempre abertas e diretas, e é possível dizer que, de muitas maneiras, ela era "um livro aberto". É claro que o interesse depende de qual livro se abre.[3]

Depende, também, de em que página você abre o livro. McCarthy contou inúmeras vezes uma história sobre sua estranha infância que parecia uma mistura de Dickens com Horatio Alger. Nascida em Seattle em 1912 da união de duas famílias ricas e respeitáveis, sua primeira infância foi cercada do conforto proporcionado às crianças ricas. Mas a situação financeira do idílio, baseado principalmente na generosidade do avô paterno, era instável. Roy McCarthy, pai de Mary, era um alcoólatra intermitente, que passava grande parte do tempo doente e raras vezes conseguia um emprego. Ao final, o avô cansou-se de mandar cheques e chamou Roy de volta para sua casa em Minneapolis.

A família pegou um trem no fim do outono de 1918 e atravessou o país, que vivia então uma ampla epidemia de gripe. Durante o percurso, todos os McCarthy ficaram doentes, sucumbindo um a um a crises de delírio. O fato de conseguirem chegar a Minneapolis foi um milagre. Em meio à névoa que envolve essa viagem, persiste a história de que o condutor tentou forçar a família adoecida a deixar o trem em algum lugar próximo de Dakota do Norte, no meio do nada. Ainda consta da narrativa que o pai de McCarthy teve de usar uma arma. Não se sabe se isso de fato aconteceu. De todo modo, a resistência teria sido inútil: os pais de McCarthy faleceram poucos dias depois da chegada a Minneapolis.

Os avós não ligavam muito para as quatro crianças. Os cuidados do dia a dia foram delegados a outros. Infelizmente, os familiares disponíveis para a tarefa — uma tia-avó idosa e seu austero marido, que pareciam ter formado suas opiniões sobre a educação de crianças a partir de conversas com funcionários de orfanatos do século XIX — não tinham nenhuma inclinação para cuidadores. Sob seus auspícios, os quatro recebiam uma dieta que consistia principalmente de raízes e ameixas secas. De noite, tinham a boca vedada, para que não respirassem por ela. Eram levados para "brincar" no frio gélido do fim do inverno de Minnesota. Seus divertimentos eram restringidos, em certos casos de forma estranha:

> A leitura era proibida para nós, a não ser no caso de volumes escolares e, por algum motivo, da seção de divertimento e da revista do *Sunday Hearst*, onde se podia ler sobre lepra, histórias do conde Boni de Castellane e uma estranha doença que formava tecidos internos empedrados nas pessoas, progressivamente, dos pés para cima.[4]

Os castigos eram frequentes e severos. A crueldade era exercida física — batiam nas crianças com escovas de cabelo e tiras de couro que deveriam ser usadas para afiar navalhas — e emocionalmente. Os tios-avós tinham um faro apurado para promover humilhações como forma de punição; certa vez, quando Mary quebrou seus óculos, foi-lhe dito que simplesmente não ganharia novos. Esse tipo de negligência perduraria por cinco anos, até que o avô materno dela finalmente interviesse, levando-a de volta a Seattle aos onze anos de idade, enquanto os irmãos mais novos foram colocados em um internato.

McCarthy gostava de se apresentar como cética em relação às descobertas da psiquiatria e da psicanálise em particular. Em seu primeiro livro, *Dize-me com quem andas*, a protagonista, deitada em um divã de psicanalista, subitamente raciocina: "Rejeito todo tipo de sofrimento de crianças trocadas, órfãs ou enteadas".[5] Mas ela também sabe que "não se pode tratar sua própria história de vida como se fosse um romance inferior e descartá-la com uma expressão injuriosa".[6] O fato é que qualquer outro tipo de futuro possível se dissolveu quando os pais de McCarthy faleceram, e ela sabia disso: "Consigo me ver casada com um advogado irlandês, jogando golfe e bridge, fazendo alguns retiros ocasionais e participando de um clube do livro católico. Suspeito que assim seria bem mais robusta".[7]

O que McCarthy ganhou em troca da perda dessa outra vida foi uma liberdade de espírito inquisitiva que se tornou uma característica de seus textos. Suas memórias têm um tom bem-humorado, até mesmo quando ela escreve sobre fitas colocadas na boca das crianças para calá-las. Dada sua vida melodramática, McCarthy de certo modo cuidava para não deixar seus sentimentos aflorarem com toda a força. A noção de quão absurdo tudo havia sido talvez a deixasse em situação mais confortável. A protagonista de *Dize-me com quem andas* exprime simpatia por aqueles que tinham "um senso de decoro artístico que, como uma esposa brincalhona, mostrava sempre à sua pobre biografia a porta de saída".[8]

A escola católica de Seattle onde seus avós maternos a colocaram poderia parecer rígida a outra criança. Era um lugar com uma rotina estabelecida havia muito, escreveu McCarthy, cujas freiras eram "versadas na obediência cega à autoridade".[9] Ela queria ser popular e tão segura de si como algumas meninas da escola, mas o comportamento amável não lhe propiciou muitas amizades. Então, McCarthy resolveu mudar de estratégia.

"Se eu não conseguia me tornar conhecida por bem", escreveria mais tarde, "estava disposta a que fosse por mal."[10] Ela criou um alvoroço na escola fingindo que tinha perdido sua fé católica. Não se sabe se antes nutria algum sentimento religioso natural. Sua formação era uma mistura de protestantismo indiferente com catolicismo focado apenas em formalidades. Sua avó materna era judia. Como ela conta em suas memórias, a jovem McCarthy planejara em detalhes sua ação:

> Se eu perder minha fé, digamos, no domingo, ainda poderia readquiri-la nos três dias de afastamento, a tempo de chegar às confissões de quarta-feira. Assim, minha alma estaria em perigo por apenas quatro dias se acontecesse de eu morrer subitamente.

McCarthy descobriu que gostava de provocar esse tipo de escândalo e conquistar a aprovação de outras pessoas por meio de rebeliões encenadas. Isso atraiu para si as atenções das freiras e também lhe conferiu o status que visava entre colegas, constituindo um traço identificador que a fazia se destacar: "Era a menina que um jesuíta fracassara em convencer".[11]

O episódio também a levou a considerar que tivesse talento para prever a reação dos outros e usar isso para seus próprios fins. Já adulta, ela sabia muito bem quão manipuladora era capaz de ser desse ponto de vista. Em *Memórias de uma menina católica*, ela descreve a si mesma jovem preparando-se para aquele episódio, inspecionando cuidadosamente o convento com o "jeito frio e calculista comum aos políticos e adolescentes".[12] McCarthy observava como todos se comportavam; via o que queriam; procurou entender as regras e, a partir daí, como e quanto poderia usá-las a seu favor.

Nem sempre esse talento lhe foi benéfico socialmente. Suas avaliações cautelosas de outras pessoas frequentemente eram encaradas como julgamentos, digamos, desagradáveis. Elizabeth Hardwick certa vez escreveu:

> Havia um quê de seminarista na vida moral de Mary que para mim fazia parte da sua originalidade e se constituía em um dos encantos desconcertantes de sua presença. Pouca coisa era impensada; hábitos, preconceitos, momentos, mesmo os mais fugidios, tinham de ser explicados, muito bem analisados e registrados.[13]

O hábito de avaliar previamente e fazer cálculos seria um trunfo nas mãos de uma crítica que almejava, em última instância, tornar amplamente públicas suas paixões e seus julgamentos. Nem todo mundo gostou disso, é claro. A habilidade de McCarthy de classificar as pessoas caminhava junto com sua soberba. "Ela se apresentava ao mundo como a mais responsável das pessoas, mas na verdade era irresponsável",[14] declarou Diana Trilling a um dos biógrafos de McCarthy.

Trilling, que também frequentava as festas da *Partisan Review*, era uma testemunha de certo modo hostil. McCarthy não gostava dela e não se preocupou em guardar apenas para si essa opinião. Trilling sempre se sentiu marginalizada, como uma simples "esposa" dentro do grupo da revista. Era casada com Lionel Trilling, um crítico bem mais celebrado. Ao mesmo tempo que dizia não se incomodar com o fato de que a reputação crescente do marido como crítico ofuscasse suas próprias resenhas de livros e sua atuação jornalística, não conseguia parar de observar isso para os demais. "As pessoas festejam apenas um dos membros da casa", escreveu em suas memórias.[15]

"Para festejar dois membros de uma única casa teriam de dobrar seu esforço em ser generosas." Ela não estava errada quanto a isso, mas McCarthy, Elizabeth Hardwick e Hannah Arendt atuavam de modo a abrir seu próprio caminho naquele meio apesar de também serem "esposas".

Seja como for, McCarthy sabia de sua tendência a julgar os outros. "Você usa seus escrúpulos como pretexto para agir como uma vagabunda", diz o marido da heroína em *Dize-me com quem andas*. Ela lhe assegura que tenta não ser assim. Ele não acredita e pergunta: "Por que você não consegue ser igual a todo mundo?".[16] Mas o destino de McCarthy nunca foi ser como todo mundo.

Na adolescência, em Seattle, ela insistia em ter amigos diferentes. Deixou a escola de freiras para estudar num colégio público, e ali conheceu a amiga que lhe permitiu sentir um pouco como era a vida literária. Tratava-se de uma jovem de cabelos pretos, que gostava de usar colete e sapato de couro, chamada Ethel Rosenberg (não aquela). Ela chamava a si mesma de Ted — "mais tarde, segundo soube, se tornou uma lésbica declarada",[17] observa McCarthy em suas memórias —, e apresentou-se com uma porção de recomendações de leituras. McCarthy já havia lido bastante, mas eram coisas de baixa qualidade — romances e revistas de segunda com títulos como *Confissões verdadeiras* que narravam assassinatos obscenos e estupros. Não era exatamente Kafka.

Foi Ted quem mostrou a McCarthy que o sexo também podia estar presente em trabalhos literários mais sérios. O gosto da amiga pendia para os estetas e os decadentes, que traziam a sensualidade embutida em suas obras, como Aubrey Beardsley e Anatole France. Um jovem procurou introduzir McCarthy na leitura dos volumes mais pesados de Melville e Dreiser, que lhe pareciam menos prazerosos. "*Moby Dick*", ela escreveu, "era demais para minha cabeça, e o fato de ter visto antes o filme, *A fera do mar*, com John Barrymore, mais atrapalhou do que ajudou".[18] Foi Ted quem introduziu McCarthy no seu primeiro círculo intelectual propriamente dito, um salão em Seattle animado por uma lésbica mais velha cujo marido era dono de uma livraria.

Em um ano, McCarthy viu-se novamente cercada pelo ambiente mais cortês de um colégio interno. Mas os boêmios tinham deixado sua marca. Ela continuaria escrevendo para Ted; também escreveria, em suas aulas, histórias e ensaios sobre prostitutas e suicídios. Também continuaria conhecendo homens, passando por vários namorados até se firmar com um deles, o improvável Harold Johnsrud, um ator careca muitos anos mais velho do que ela. Ele não foi, certamente, seu primeiro. Um namorado já havia tirado sua virgindade (a respeito disso, ela descreveu "uma leve sensação de ter sido recheada").[19] Mas foi com Johnsrud que passou mais tempo, e esse relacionamento a acompanhou até entrar na Vassar, em 1929.

Por razões óbvias — a escrita de um best-seller projeta sombras longas —, sempre houve alguma tendência a exagerar a maneira como Vassar "formou" McCarthy. Ela mesma por vezes estimulou essa mitologia. Em um ensaio publicado numa revista em 1951, McCarthy escreveu que foi uma professora que lhe inspirou a ideia de buscar uma faculdade no nordeste do país. Essa mulher — que de fato existiu, mas era bem mais complexa do que foi dito — tinha uma "voz leve, precisa e incisiva", e McCarthy se encantou com o jeito como "captava certa presunção e maneiras de falar ou de escrever mais soltas em suas alunas".[20] Vassar deveria torná-la tão afiada quanto ela.

Mas, se amigos eram os motores de sua vida intelectual, Vassar colocava um problema: não fornecia combustível para o tanque. Colocando de forma mais direta: ninguém gostava muito de McCarthy ali. Com uma ou duas exceções, suas amizades na faculdade duravam pouco. Ainda assim, ela se orgulhava de pertencer à instituição, e transformou a falta de comunicabilidade das moças em qualidade. Em *O grupo*, uma das personagens diz a si mesma: "As moças de Vassar, em geral, não eram muito apreciadas, ela sabia, pelos outros".[21] "Tinham acabado se tornando um símbolo de superioridade."

No entanto, mesmo nesse quadro, McCarthy era vista como esnobe pelas colegas. Ao relembrá-la, elas sublinham sua inteligência, mas logo em seguida batem na mesma tecla. "Uma das coisas mais desestimulantes do mundo era ser caloura numa turma de inglês com Mary McCarthy",[22] diz uma colega numa biografia. "Eu a achava notável e intimidante",[23] diz outra. "Ela destruía totalmente o ego das outras. Mary não era grosseira. Mas tinha um ar de superioridade." Seria tentador interpretar essas recordações amargas como produto de certo despeito em relação ao sucesso obtido por McCarthy posteriormente. Mas ela mesma mostrou que era, de fato, assim. "Sobre a faculdade — tudo bem, com certeza é melhor [do que a Universidade de Washington]",[24] escreveu McCarthy a Ted Rosenberg. "Mas há conversas rebuscadas, rótulos e pseudointeligência demais."

Um comentário que não deixa de ser estranho vindo de alguém que ficaria conhecida pelo gosto por "conversas rebuscadas". Talvez o problema estivesse relacionado à rígida hierarquia social no nordeste do país. É tentador ser condescendente demais com as mulheres de classe alta dos anos 1930, que foram poupadas da Depressão e eram destinadas ao casamento mais do que à carreira profissional. Mas assim se subestima a persistência da competição social entre elas próprias. As que frequentavam Vassar na época de McCarthy eram astutas; ajustavam-se à mudança de condição e descartavam imediatamente aquilo que viam como declínio social. Reuniam formações diversas, eram ricas e burguesas. Algumas veriam sua situação piorar com a perda da fortuna de seus pais durante a Depressão.

McCarthy, oriunda do Oeste e sem conhecer muito bem como funcionava a sociedade no nordeste, estava destinada a causar atrito. Com as professoras, teve um pouco mais de sorte. Sobre duas delas — a srta. Kitchel e a srta. Sandison —, escreveu em um tom mais próximo daquilo que um livro como *Anne de Green Gables* chamaria de "amigas do peito". Dedicou suas memórias a elas, e não a amigas de sua idade.

Na verdade, essas duas professoras tinham um envolvimento muito maior com as paixões intelectuais e literárias de McCarthy do que o homem com quem estava saindo — Johnsrud, com quem manteve uma relação oscilante durante a faculdade. Eles passaram um mês morando juntos durante um verão. Foi desastroso. Rompiam e voltavam sucessivamente. Os casos de amor dela, nesse sentido, têm muitas semelhanças com os de Parker: os homens eram, em grande parte, figurantes em sua vida.

O verdadeiro efeito duradouro de Vassar na vida de McCarthy se deu sob a forma de sua primeira ligação com uma "pequena revista". Ela criou uma publicação com várias outras jovens interessadas em literatura, incluindo a poeta Elizabeth Bishop. Originalmente, ia se chamar *Battleaxe*, mas a revista acabou saindo com o nome de *Con Spirito*. Foi para essa publicação que McCarthy escreveu sua primeira resenha, em que contrapunha desfavoravelmente *Admirável mundo novo*, de Aldous Huxley, ao hoje esquecido *Public Faces*, de Harold Nicholson. Nela, McCarthy fazia todo um desvio para atacar os modernistas:

> Um por um, os semideuses literários dos anos 1920 foram caindo... Virginia Woolf encobria sua recente falta de ideias consistentes, que mais tarde apareceria sem disfarces na apenas "bela" feminilidade de *The Second Common Reader*, supostamente com um sentimento agudo e uma "experimentação com uma nova forma".[25]

Mais tarde, McCarthy diria que esse trabalho destrutivo demonstrava sua "perversidade característica". Mas ela tinha tanto orgulho dele que, pouco antes de se formar, levou-o consigo para Nova York e o segurava na mão quando se apresentou ao então editor de literatura da *New Republic*, Malcolm Cowley. Ele era um artista frustrado: estivera em Paris com Hemingway e os demais nos anos 1920, mas nunca tivera o mesmo fôlego criativo que eles. Retomou o trabalho como editor quando se tornou evidente que não conseguiria suportar a si mesmo como autor. Passou a segunda metade de sua carreira registrando o sucesso dos outros.

Cowley não se impressionou muito com McCarthy. Ele disse que só encomendaria uma resenha se ela fosse um gênio ou estivesse passando fome.

"Não estou passando fome", respondi prontamente; eu sabia que não era um gênio e não gostava da ideia de tirar o pão da boca de outras pessoas.[26]

Cowley hesitou um pouco. McCarthy recebeu algumas pequenas resenhas para escrever, até que por fim lhe encomendaram uma sobre *I Went to Pit College*, as memórias jornalísticas hoje esquecidas de um formando da Smith que passou dois anos vivendo clandestinamente numa comunidade mineira da Pensilvânia e cujo texto fora respaldado pelo Partido Comunista dos Estados Unidos. Cowley era um comunista assumido; na verdade, sua seção da publicação era vista amplamente como um "megafone para o Partido Comunista".[27] McCarthy então entendeu que fazia parte do trabalho gostar do livro e afirmar isso por escrito. "Pela primeira e última vez", ela lembraria mais tarde, "escrevi sob encomenda."[28] Depois que McCarthy lhe entregou o trabalho, Cowley procurou tirar ainda mais vantagem dela. Na sua opinião, a jovem não se empenhara o suficiente naquele texto. Ele então encomendou uma segunda resenha de outra pessoa, como uma espécie de punição a ela. "Isso nunca deveria ter sido tomado como um documento social apaixonante nem mesmo como um gesto espontâneo e humanitário",[29] escreveu o crítico de cinema da publicação, que ficou responsável pela resenha. Depois disso, McCarthy ficou sem aparecer nas páginas da *New Republic* por muitos anos.

A *Nation* foi mais receptiva ao seu estilo. Ela não gostou da maioria dos livros que lhe passaram, e liquidou-os de modo brusco e direto. Sobre uma coletânea de contos de um jornalista então famoso, mas hoje esquecido, afirmou: "É difícil acreditar que essas histórias representem o que o sr. Burnett produziu de melhor. Seria mais afável dizer que encontrou a maioria delas em um velho caminhão".[30] Em outra resenha sobre cinco livros, escreveu: "Há apenas duas qualidades comuns entre eles, sendo a primeira uma enorme e chocante mediocridade".[31] Havia sempre um toque de maldade, uma sensação de que a autora sabia que estava testando as regras convencionais de uma resenha apropriada. Sua impertinência se tornou uma espécie de cartão de visita. Seu valor repousava na defesa de uma franqueza de ordem superior. O fato de não haver obrigação de se dobrar diante de qualquer reputação estabelecida conferia às resenhas uma vida própria. Como acontecia na Constant Reader de Dorothy Parker, não era preciso ler a obra em questão para captar o espírito da coluna.

A *Nation* ficou evidentemente maravilhada com a postura negativa de McCarthy. Depois de três anos, foi atribuído a ela um projeto ainda mais ambicioso. Sua tarefa consistia em avaliar todas as críticas de livros de todos os jornais e revistas para traçar uma espécie de balanço de como andavam as resenhas literárias no país. McCarthy fez a maior parte do trabalho sozinha, mas a editora da *Nation*, Freda Kirchwey, insistiu para que a subeditora de literatura, uma mulher um pouco mais velha chamada Margaret Marshall, também assinasse a série. Kirchwey acreditava que a idade e a experiência da subeditora dariam mais credibilidade ao trabalho. É difícil dizer se sua preocupação fazia sentido. De todo modo, os textos foram um sucesso. Com o nome geral de "Nossos críticos, certos ou errados", eles foram publicados em cinco partes quinzenais. O tom era polêmico; os críticos do país foram convocados a responder sobre a maneira como suas resenhas haviam "contribuído como um todo para o não entendimento das obras e da arte, e para o rebaixamento do gosto".[32]

Essa compilação de críticas é algo único na história das críticas de livros no país. Os críticos gostam de resenhar uns aos outros e insistem em fazê-lo apesar de o público em geral considerar esses debates totalmente inúteis. "Nossos críticos, certos ou errados" se destaca no gênero pela abrangência. Seus textos não só propunham uma teoria coerente sobre resenhas literárias como também faziam observações agudas e nada elogiosas a todos os críticos em atuação no país, citando expressamente seus nomes. O editor da *Saturday Review of Literature*, por exemplo, foi motivo de troça por causa da forma vacilante como abordava os livros de que tratava:

> A literatura desperta nele apenas certa quantidade de processos de associação de pensamentos vagos e muitas vezes não registrados. É como um velho cavalheiro que, perambulando por uma rua estranha, vê nos rostos que passam apenas semelhanças oscilantes com um cunhado já falecido ou um primo de segundo grau há muito tempo esquecido.[33]

É claro que esse método ofereceu a McCarthy uma oportunidade de acertar algumas contas. Malcolm Cowley recebeu uma estocada pela resenha que publicou sobre um livro de um de seus melhores amigos em um jornal hoje esquecido chamado *Books*. McCarthy também fez um ataque indireto a ele ao dedicar uma parte inteira da série à pobre amostra de textos dos críticos marxistas das páginas da *New Masses*. Ela ironizava "a curiosa batalha interna entre Marx e o esteticismo, o que confere às resenhas de esquerda sobre livros proletários ruins uma linha partidária híbrida".[34]

Como era de esperar, "Nossos críticos, certos ou errados" gerou reações, não necessariamente negativas, mas, de todo modo, que demonstravam surpresa com o fato de duas mulheres terem sido tão... afiadas. Um resenhista do *New York Times* que fora atacado dedicou uma coluna inteira ao tema, tomando o cuidado até mesmo de compor um pequeno verso irônico e condescendente dirigido às duas autoras da série:

Ah, Mary McCarthy e Margareth Marshall
Moças brilhantes com tom muito imparcial[35]

Ironias à parte, ele as criticou por ter se perdido ao dar uma ênfase excessiva à prática formal, sem abrir mão da palavra "moças" quando se referia a elas. Outras críticas foram mais diretas na expressão de seu descontentamento. Franklin P. Adams, que havia sido um dos primeiros admiradores de Parker, lamentou: "Essas moças nos fazem lembrar aquilo que o velho Strauss costumava dizer sobre um homem cujo nome esquecemos: 'é o sujeito mais imperturbável de Chicago: está sempre fora de si'".[36]

Havia alguns poucos críticos de que McCarthy gostava, e ela deixou isso claro: eles eram "perspicazes",[37] embora "seus cálculos tímidos acabassem sendo fragilizados pelos elogios da claque do dono da publicação". Um deles era Rebecca West. Os outros da lista eram na maioria homens. Um deles, muito elogiado, recebeu destaque positivo por sua habilidade em "relacionar o que é valioso na literatura moderna em sua relação com a literatura do passado". Tratava-se de Edmund Wilson, velho amigo de Dorothy Parker, que já havia deixado a *Vanity Fair* e se tornara um literato proeminente. Nessa época, estava com quarenta anos, já se casara duas vezes e ostentava sobrepeso e uma careca. O primeiro casamento gerou uma filha e acabou em divórcio; o segundo terminou com a morte da esposa, em 1932, apenas dois anos depois do matrimônio. Faltava pouco tempo para que McCarthy se tornasse sua terceira mulher.

Ao se formar em Vassar, em 1933, McCarthy casou com Harold Johnsrud. Ela sempre descreveu a união como algo curiosamente impessoal. "Casar com um homem sem amá-lo, que foi o que fiz sem me dar conta disso, foi uma maldade",[38] escreveu certa vez, com visível desconforto. Johnsrud se via como um dramaturgo, mas a impressão era de que ao longo de todo o casamento ele vivera em seu próprio mundo. McCarthy nunca teve muita coisa a dizer a respeito dele. Os dois foram infiéis; em 1936, resolveram terminar. McCarthy teve a partir de então uma série de casos — ela perdeu o interesse por aquele que em tese teria sido responsável pelo fim de seu casamento logo depois —, sem que nenhum durasse muito.

Sua participação nos círculos comunistas era ambígua, algo que ajudou a tornar problemáticas suas relações com uma pessoa como Malcolm Cowey. Na faculdade, ela conhecera algumas militantes de esquerda, mas achava suas atividades "uma espécie de hóquei jogado por moças grandes, de aspecto doentio, dispépticas e ofegantes".[39] McCarthy, que inegavelmente era bonita e muito vistosa, sentia-se diferente delas. Não tinha nenhuma compulsão por servir a alguma grande causa social ou aliar-se a qualquer tipo de partido político. Mas os círculos literários e de esquerda se imbricavam significativamente em meados dos anos 1930. Nos coquetéis, falava-se tanto de Kafka quanto do partido e de suas tarefas. Com o passar do tempo, as conversas apaixonadas sobre esses temas acabaram por impactá-la. "Elas [as militantes de esquerda] fazem com que me sinta mesquinha e fútil; eu poderia dizer que minha bela vida se torna algo sórdido em contraposição à feiura que vivem no seu dia a dia",[40] escreveu.

Era a maneira de McCarthy abordar visões opostas às suas. Se alguém não gostasse de algo como ela, costumava querer saber o motivo. Sua curiosidade, assim, alimentava suas próprias convicções. "O que caracteriza algo histórico é a forma aparentemente indiferente com que capta um indivíduo e o insere em determinada tendência",[41] escreveu em seu ensaio "Minha confissão", no qual explicava sua improvável história como comunista. Mas nem todos os indivíduos agarram essa tendência e seguem em frente com ela. McCarthy nunca escolheu o caminho da permanência, pelo menos não em seus textos.

Ela optou por um dos lados no debate entre stalinistas e trotskistas quase por acaso. Um amigo romancista colocou seu nome numa relação de membros do partido que apoiavam um comitê de defesa de Liev Trótski sem lhe dar muitas explicações sobre o que aquilo significava. McCarthy foi então tachada como dissidente. Inicialmente atônita, conforme escreveu, começou então a pensar na questão e concluiu consigo mesma ter adotado a linha política adequada, o que significou receber uma espécie de carimbo social:

> Algumas escritoras ficavam lívidas e balançavam suas pulseiras com raiva quando eu chegava a um evento noturno; homens jovens em ascensão no mercado editorial ou na publicidade apertavam a gravata de forma dúbia quando eu lhes pedia para expor sua avaliação sobre o caso; nas boates, jovens altos que eram membros do partido me apertavam contra o peito e diziam: "Pare de ser ridícula, meu bem".[42]

É isso que Diana Trilling queria dizer quando afirmava que a relação de McCarthy com a política era "irresponsável". Todos os que criticavam McCarthy tinham a convicção de que suas oscilações eram um sinal de falta de seriedade. Até mesmo alguém como Isaiah Berlin, que dizia admirá-la, declarou a um biógrafo que: "Ela não era muito boa em ideias abstratas. Era ótima em questões da vida de maneira geral. Pessoas. Sociedade. As reações delas".[43]

No entanto, ter uma visão das pessoas, mais do que de ideias abstratas, também faz parte de ter uma visão política. McCarthy não era uma pensadora, como John Stuart Mill ou o próprio Berlin. Não passava seu tempo articulando um sistema de direitos ou interpretando a natureza da justiça. Mas ter uma visão das pessoas também é um recurso valoroso na análise política e naquilo que ela mais tarde chamaria de "certa dúvida em relação à ortodoxia e à independência da opinião das massas".[44] Esse era um recurso especialmente bom para analisar a política de meados do século XX, quando grandes sistemas de ideias abstratas — nacional-socialismo, comunismo, capitalismo — conduziram a humanidade mais frequentemente para a tragédia do que o contrário. De qualquer forma, isso fez de McCarthy uma pessoa capaz de trafegar em meio à guerra interna da esquerda dos anos 1930. Ficar de fora de qualquer consenso específico tem seu valor quando aqueles que o sustentam estão dispostos a ir até o fim uns contra os outros.

No período em que se envolveu com o comitê de defesa de Trótski, McCarthy estava vivendo com Philip Rahv, um dos editores da *Partisan Review*, cuja direção ela também integrava. Ele não era um homem de beleza convencional, mas tinha um charme obscuro e apaixonante. Falava "firme, rude e vigorosamente, com um forte sotaque russo".[45] Possuía um envolvimento profundo com o marxismo, tendo chegado a Nova York durante a Depressão e enfrentado filas para poder receber comida. Se McCarthy não levava as coisas a sério o bastante, Rahv era o contrário, e não tinha medo de atacar outras pessoas ao expor suas convicções. "Não era uma pessoa especialmente agradável",[46] disse Isaiah Berlin. Para Dwight Macdonald, também da *Partisan Review*, ele "era sob muitos aspectos um sujeito bastante brutal".[47] Mas McCarthy o via com outros olhos. Ao discursar por ocasião de sua morte, contou ter se sentido atraída por Rahv depois de uma resenha de *Suave é a noite* que ele havia escrito no *Daily Worker*. Embora o texto criticasse o livro, ela se sentiu tocada pela "visão simpática" em relação a Fitzgerald, cronista dos ricos. O tratamento dado ao livro possuía uma "ternura"[48] que McCarthy não esperava.

McCarthy conta que Rahv tivera de baixar "um *ukase* com o nome dela"[49] para integrá-la à direção da *Partisan Review*. (Tratava-se de um decreto imposto pelo tsar na Rússia pré-soviética.) Era o que precisava para ter a esposa plenamente envolvida no projeto. Na primeira edição, lançada no começo de 1934, McCarthy era o único nome feminino no expediente e a única mulher a colaborar com a publicação. Muitos anos depois, em tom divertido, ela contaria ter ficado bastante nervosa por adentrar o mundo intelectual dessa maneira. Os homens que tocavam a publicação eram muito mais envolvidos com aqueles debates vigorosos sobre política do que ela, e sabiam muito bem disso, como a própria McCarthy. O gosto amargo da rígida disciplina do Partido Comunista não poupava a *Partisan Review* de qualquer tipo de ortodoxia interna. A apreensão quanto à pureza ideológica era absoluta.

> Um apoiador nosso, um jovem pintor abstrato de uma boa e velha família de Nova York, estava tão "confuso" politicamente que um dia entrou na Worker's Bookshop [uma livraria stalinista] e pediu um exemplar de *A revolução traída*, de Trótski; ainda por cima, naquele dia estava usando polainas

e carregava uma vara de pescar. Os pensamentos que sua figura deve ter despertado deixou-nos lívidos. "Alguém reconheceu você? Acha que sabiam quem era?", perguntamos imediatamente.

Como indica esse episódio, os escritores e editores que trabalhavam para a *Partisan Review* ainda eram relativamente jovens, estando na casa dos vinte ou trinta anos. Eles queriam demonstrar que sua "pequena revista" merecia ter um lugar ao sol. Sua ansiedade se refletia nas páginas da publicação sob certa arrogância, não aquela que teriam herdado de alguma fonte adequada de ensino. Como McCarthy escreveria mais tarde, "somente nos Estados Unidos, ou melhor, em um pequeno reduto de Nova York" dos anos 1930 "teria sido possível assumir um ar de tamanha autoridade tendo credenciais tão limitadas".

McCarthy ficou encarregada da seção de teatro porque os homens tinham dúvidas a respeito dela. À luz de sua ortodoxia juvenil, tratava-se de uma arte burguesa, à qual davam pouca atenção. "Se eu cometer erros, quem vai se importar? Foi esse o argumento determinante." Ao final, mostrou-se um lance acertado. Ela foi deixada solta, com seus próprios recursos, o que significou que teve de aprender a escrever sozinha. Isso também a ajudou a desenvolver uma tendência a detestar todas as coisas de que os outros críticos gostavam, tal como Parker havia feito antes.

Preocupada no começo em demonstrar sua fidelidade ao marxismo, McCarthy resenhou peças inicialmente a partir de critérios políticos, recorrendo por vezes a clichês. "Era uma época de doutrinação e todo mundo ficava de olho para captar traços políticos latentes nas obras de arte, como se fossem investigadores do FBI", escreveu. Numa resenha sobre uma produção de Orson Welles da peça *Heartbreak House*, de George

Bernard Shaw, ela ressaltou a tendência dele, como ator, a utilizar "uma espécie de óleo sagrado viscoso com o qual untava as superfícies áridas de seus papéis".[50] Clifford Odets e John Steinbeck, por sua vez, sofriam de "autointoxicação", na medida em que "pontuavam [seus textos] com pausas para aplausos que eram quase inexistentes".[51] A única exceção, de que ela realmente gostou, foi *Nossa cidade*, de Thornton Wilder, "pura e simplesmente um gesto de consciência, uma demonstração do fato de que pelo menos em uma obra de arte a experiência *pode* ser apreendida, trancada e observada".[52]

Em uma dessas resenhas, McCarthy teve que comentar uma antecessora. A atriz Ruth Gordon atuava numa peça chamada *Over Twenty-One*, uma das várias tentativas de diferentes dramaturgos de colocar nos palcos uma personagem à la Dorothy Parker. "A personagem de Dorothy Parker",[53] comentou McCarthy, "pertence tão firmemente ao teatro quanto uma personalidade no restaurante Sardi's." Para ela, o único motivo pelo qual o público poderia gostar da peça residia no pequeno eco da sabedoria de Parker ali presente.

McCarthy não chegou efetivamente a conhecê-la. Viu-a apenas uma vez durante um evento comunista em Nova York. "Fiquei decepcionada ao ver como era gorducha",[54] ela escreveu. "Se houvesse programas de entrevistas na televisão como hoje, eu teria me preparado." Já idosa, a própria McCarthy se sentiu insultada com comentários de que também estava corpulenta.

McCarthy viu Edmund Wilson pela primeira vez em 1931, quando ele proferiu uma palestra em Vassar. Não ficou muito entusiasmada. "Era pesadão, ofegante, nervoso, e falava muito mal, era o pior orador que já tinha visto, incluindo um gago com quem dividi uma mesa anos depois em Nova York e que pronunciava a palavra 'totalitarismo' com 21 sílabas — alguém chegou a contá-las."[55] Em 1937, ele era cobiçado pelos editores da *Review*, que o reverenciavam, assim como sua crítica, com a típica devoção dos jovens intelectuais. Naquela ocasião, Wilson tinha espaço em quase todas as publicações importantes de Nova York, comumente como crítico literário, mas às vezes como jornalista. Seu livro sobre o simbolismo *O castelo de Axel* — que o levou a Vassar — o transformou em uma figura pública. A *Partisan Review* buscava um nome forte para atingir um patamar culturalmente mais elevado. Wilson poderia fornecer aquilo.

Sempre a antagonista do grupo, McCarthy não se mostrava tão entusiasmada com ele como seus colegas da *Partisan Review*. Mesmo assim, foi designada, com outros cinco editores, para participar de um almoço com Wilson. Ele também havia pedido que Margaret Marshall, coautora de "Nossos críticos", estivesse no encontro. McCarthy sentiu a pressão e saiu para beber com um colega da direção. Depois, compareceu a um jantar onde tomou vinho tinto e coquetéis como se fossem água. Ela ficou tão bêbada que acabou dormindo num quarto de hotel com Wilson e Marshall, sem nem telefonar para Philip Rahv para dizer onde estava até a manhã seguinte.

Foi um episódio infeliz. De alguma forma, semanas mais tarde, ela concordou em sair com Wilson. Foram para a casa dele em Connecticut, onde McCarthy cedeu aos seus avanços. Em pouco tempo, ela deixaria Rahv para se casar com Wilson. Ela nunca tivera muita facilidade em explicar a mudança. "Eu adorava conversar com ele, mas não sentia nenhuma atração sexual",[56] escreveu em suas memórias.

Casamentos ruins são frequentemente mitificados quando vistos em retrospectiva. Uma caracterização muitas vezes citada sobre o caso de Wilson e McCarthy é de que se tratava de uma união entre "dois tiranos".[57] Talvez seja um exagero. As razões pelas quais não tinham como dar certo juntos eram, para dizer o mínimo, mais complicadas. O filho do casal, Reuel, nascido em 1938, escreveu um livro sobre ambos, em que os analisa da seguinte forma:

> Basta dizer que Wilson, tomado por demônios internos, era capaz de ter comportamentos grosseiros, cruéis e até mesmo violentos. McCarthy, que carregava o estigma de uma infância traumática — tendo sido tratada de forma cruel pelos seus preceptores quando ainda jovem órfã —, reagia emocionalmente às frequentes alfinetadas e críticas do marido.[58]

Antes de conhecer McCarthy, Wilson tivera uma vida sexual e amorosa bastante caótica. Gostava de mulheres muito inteligentes — seu primeiro caso foi com Edna St. Vincent Millay, embora ela, ao final, negasse isso —, mas tinha dificuldades, de uma forma geral, de manter qualquer relacionamento, inclusive com seus filhos. Era financeiramente instável, com seus ganhos provindo de trabalhos como freelancer, o que significava uma fonte de estresse constante. Além disso tudo, bebia exageradamente.

Quando os dois se casaram, foi com a promessa de que ele ia tirar McCarthy da cidade para que passasse a ter uma vida tranquila. Mas, por mais encantos que a vida nos arredores de Nova York, em Wellflett ou Chicago — lugares onde viveram enquanto estiveram casados —, pudesse oferecer, eles se mostravam, de alguma maneira, insuficientes. McCarthy vivia infeliz. O sentimento aflorava sob a forma de rompantes histéricos de raiva, quando ela, segundo o outro filho de Wilson, então adolescente, parecia "possuída". Depois de um desses ataques, em junho de 1938, McCarthy foi levada para a clínica psiquiátrica Payne Whitney, onde os médicos diagnosticaram um distúrbio de ansiedade. No segundo volume de suas memórias, *How I Grew*, ela afirma que seu ataque foi detonado por um empurrão que Wilson lhe dera quando embriagado. Ela estava grávida de dois meses e meio.

Foi um episódio chocante, e muitas pessoas ficaram espantadas quando ambos tentaram expor os detalhes. Um primo de Wilson, que fizera amizade com McCarthy e testemunhara os piores momentos do casal, declarou a Lewis Dabney, biógrafo dela, que falar com a dupla sobre o casamento era ouvir "visões da realidade mutualmente excludentes, como as dos personagens de *Rashomon*". Como no filme, no final das contas, não havia como conciliar as duas versões. No processo do divórcio, Wilson alegou jamais ter erguido a mão contra a esposa — "exceto uma vez". Talvez estivesse se referindo ao episódio que a levou ao Payne Whitney. De todo modo, na audiência do divórcio, sete anos depois, em 1945, seus amigos se colocaram do lado de McCarthy.

No entanto, esse casamento teve pelo menos duas consequências boas. Uma delas foi o filho deles, Reuel. A segunda foi a passagem de McCarthy à ficção. Durante toda a vida, ela diria que Wilson fora o único a insistir que devia experimentar esse terreno, avaliando que o trabalho que ela vinha fazendo na *Partisan Review* e outros lugares era estreito demais para seu talento. Ele lhe proporcionou um suporte material para isso também, contratando ajuda para que ela pudesse trabalhar mesmo tendo uma criança pequena.

Os textos que McCarthy escreveu enquanto ainda estava casada com Wilson receberam os mesmos elogios que ele havia dirigido à obra de Parker: eles possuíam a mesma qualidade, ou seja, de terem sido escritos por alguém que sentia "uma necessidade urgente" de fazê-lo. O primeiro a ter sido publicado se intitulava "The Man in The Brooks Brothers Suit". Foi o primeiro conto com Meg Sargent, alter ego de McCarthy. A personagem pega um trem para Reno a fim de se divorciar do primeiro marido, mas no trajeto conhece um homem de negócios casado e entediante do Meio-Oeste. Acaba dormindo com ele, mas com sentimentos ambíguos a respeito, até mesmo certo arrependimento. Durante o encontro, Meg Sargent observa a si mesma, avaliando seu comportamento. "Era verdade, ela estava sempre querendo que alguma coisa excitante e romântica lhe acontecesse", reflete inicialmente. "Mas não era algo realmente romântico ser a moça que acaba com um homem na cabine de um trem."[59] De qualquer maneira, era exatamente isso que ela havia feito, em parte por gostar de exercitar sua energia sexual. Meg é bonita, mas não se comporta de modo presunçoso por causa disso. Sabe que só atrai certo tipo de homem americano:

> No fundo, desdenhava dos homens que a consideravam perfeita, pois sabia que jamais seria aprovada se passeasse de maiô em Southampton, e, embora nunca tivesse se submetido a esse teste cruel, a ideia subsistia em sua mente como uma ameaça. Um exemplar da *Vogue* pego do salão de beleza, um almoço em um restaurante acima de suas possibilidades, bastariam para lembrá-la dos riscos. E, se ela se sentia segura com os diferentes homens com quem tivera um caso, era porque — via isso agora — de uma forma ou de outra eram todos uns pesos mortos... De alguma maneira, todos eram incapacitados para a vida nos Estados Unidos e, por isso, tão despretensiosos no amor. E seria ela tão desqualificada também, pertenceria a essa irmandade de estropiados, ou não seria uma mulher saudável e normal que passara a vida em um exílio autoimposto, uma princesa entre monstrengos imaginários?[60]

Rahv devia ser um desses monstrengos a que se referia, mas aparentemente não se sentiu ofendido. Eles sabiam que o conto seria um escândalo. Sua maneira explícita de falar era algo incomum para aquele tempo. O que só estimulava o apetite dele em publicá-la — tendo o retorno obtido se mostrado totalmente à altura. "Naquele momento eu estava em Exeter", contou George Plimpton à biógrafa de McCarthy. "E o impacto foi quase tão grande quanto o de Pearl Harbor."[61] Os homens sempre se queixaram de que seus perfis nos textos ficcionais de McCarthy eram excessivamente cruéis. Apesar disso, Vladimir Nabokov, que por acaso era amigo de Wilson, gostou da coletânea de contos finalmente publicada por ela: "Uma coisa esplêndida, poética, inteligente e nova".[62] Quem também gostou foi um então muito jovem aspirante a escritor chamado Norman Mailer, ainda em Harvard naqueles tempos.

As mulheres tendiam a gostar do conto por se identificar com a cabeça independente, a autoconfiança e até mesmo os erros de Meg. "Era uma heroína feminista forte e maluca",[63] pensou Pauline Kael ao ler o texto na época, quando ainda engatinhava como roteirista de cinema na Costa Oeste. "Era meio burra, mas não fraca." A nuance não era muito fácil de captar. Mas a qualidade que Meg tinha, de ter suas próprias opiniões e ser autoconfiante sem no entanto estar certa o tempo todo, era uma combinação incomum nos arquétipos femininos. Nos filmes e nos livros, raramente se permitia que as mulheres fossem ao mesmo tempo desabridas e vulneráveis.

O conto obteve tamanho sucesso que no espaço de um ano desde sua publicação McCarthy escreveu um livro inteiro com contos sobre Meg chamado *Dize-me com quem andas*. Era seu primeiro livro, e recebeu algumas resenhas arrebatadoras, quase todas sugerindo que McCarthy era uma espécie carrasca da prosa. "Sua sátira é administrada tão gentil e mortalmente como um gato administra a morte a um rato",[64] escreveu o resenhista do *New York Times*. O colunista de livros do *New York Herald Tribune* afirmou acreditar que McCarthy tinha "um talento para a maldade delicada",[65] embora também tenha chamado Meg de "uma mimada encantadora". O próprio Malcolm Cowley escreveu o texto da *New Republic*, parecendo de início não ter gostado do tom dos primeiros quatro contos do livro:

> Inteligente e cruel, mas sem chegar a ser cruelmente inteligente; psicologicamente agudo, mas sem parecer ir muito além da superfície... E a heroína que proporciona essa companhia tão ruim talvez seja o pior de tudo — a mais esnobe, afetada e rancorosa, no mínimo convicta de ter uma personalidade própria ou até mesmo existir fora do livro que continua reescrevendo.[66]

Pessoas razoáveis podem divergir quanto ao fato de Meg ser esnobe, afetada e rancorosa ou simplesmente jovem. Ela vai consultar um psicanalista e descobre que a maior parte de suas confusões e aspirações está relacionada a uma infância terrível — a "biografia pobre"[67] para a qual estava sempre indicando o caminho da porta. Meg sai do consultório preparada para "detectar suas próprias fraudes".[68] De um modo que outros resenhistas não enxergaram, Cowley captou quanto isso era fundamental no livro como um todo:

> A srta. McCarthy aprendeu a difícil arte de colocar todas as coisas tal como devem ter acontecido sem dizer uma única mentira para se proteger... *Dize-me com quem andas* não é um livro simpático, tampouco absolutamente coerente; mesmo assim, tem a rara qualidade de refletir algo que foi vivido.[69]

Soubesse Cowley disso ou não, o fato é que o livro refletia algo de fato vivido. Não há dúvida quanto ao caráter autobiográfico dos contos. Os detalhes são invenções, mas o essencial não.

Como McCarthy, Meg é uma moça vinda do Oeste. Perdeu o pai cedo, teve uma infância cheia de carências, mas tenta construir um nome como escritora em Nova York. Seu casamento se desfez da mesma maneira que a primeira união de McCarthy: por causa de outro homem. Ela teve o mesmo tipo de primeiro emprego, os mesmos tipos de amigos e os mesmos tipos de amores que McCarthy na juventude. "Não acredito que tenha escrito outra confissão tão verdadeira quanto essa",[70] disse uma vez o crítico Lionel Abel, mesmo não sendo seu admirador.

De todo modo, o que McCarthy buscava era algo um pouco diferente. Ao mesmo tempo que estava distante da autodilaceração de Parker, sua ficção também tendia a ser crítica. Em grande medida, refletia suas próprias experiências, mas se colocava claramente fora delas, avaliando-as e avaliando a si mesma, e a partir daí produzindo acontecimentos fictícios de acordo com os julgamentos que fazia. A autoconsciência da ficção era algo totalmente diferente do tom predominante então nas obras de caráter confessional: algo astuto, distante, sincero mas implacável.

Evidentemente, sua habilidade técnica lhe permitiu aplicar o mesmo método a eventos mais recentes. Outro conto que ela escreveu enquanto ainda vivia com Wilson e que foi publicado na *New Yorker*, "The Weeds", escancarava alguns aspectos dolorosos do casamento. A história começa com uma mulher sem nome meditando em seu jardim a respeito de como e quando deveria deixar o marido. Ela acaba fugindo para a cidade de Nova York. O marido, também sem nome, viaja até lá e a traz de volta. A mulher tem um ataque, e o narrador, ao descrevê-lo, analisa com severidade o que o motivara:

> Ela tinha consciência de ter adotado um comportamento grotesco e até mesmo repulsivo, de que seu marido estava chocado com a imagem e o som que ela produzia, mas os

soluços agonizantes lhe davam prazer, pois via naquilo o único castigo que podia aplicar nele, que o ar de feitiçaria dos seus gestos e o visível declínio de sua mente constituiriam, no final, sua vingança.[71]

Os elementos autobiográficos do conto eram conscientes: McCarthy havia mostrado um primeiro esboço a Wilson, e ele não fizera nenhuma queixa em relação à maneira como era retratado. Após a publicação na *New Yorker*, mudou de ideia. "E ficou realmente louco. Eu disse 'mas eu lhe mostrei tudo antes'. E ele disse: 'Mas você melhorou o texto!'."[72]
Em 1944, depois de sete anos de brigas e discussões que iam inspirando aquela série de brilhantes contos, McCarthy finalmente deixou Wilson. Seguiu-se uma batalha dura no processo de divórcio, que acabou por levá-los à Justiça. Havia muita divergência em relação à dimensão e à quantidade de danos sofridos por cada um deles. Por pior que tenha sido o casamento, mesmo podendo ser chamado de uma catástrofe em termos emocionais, o fato é que, de alguma forma, acabou por dar à luz a melhor obra de McCarthy. Ela não "inventou" nada, no sentido popular do termo. Mas era a ficção, mais do que as resenhas de peças teatrais de outros tempos e os textos esquecidos, que ia durar.

Isso nos remete à festa na casa de Philip Rahv em 1944, aquela em que McCarthy fez a observação que deixou Hannah Arendt irada. A tensão que havia por trás e a dissolução do casamento talvez expliquem o comentário leviano sobre Hitler. Era um passo em falso anormal em McCarthy, uma anfitriã tarimbada. Em "The Weeds", a esposa volta a Nova York só para descobrir que seu meio mudou; poucos amigos dão retorno a seus telefonemas. Na vida real, McCarthy havia voltado para Nova York em posição de força. Seus contos, muito bem-sucedidos em termos de crítica, a tinham transformado em escritora reconhecida, objeto de inveja muito maior do que sua posição como resenhista de teatro e de livros em jornais de esquerda poderia lhe proporcionar. A ficção, naquela época, tal como hoje, era vista como o topo da realização literária. Subitamente, ela começou a ser solicitada e recebeu propostas para dar aulas, tendo aceitado fazê-lo em Bard e depois em Sarah Lawrence. Em uma guinada, McCarthy também acabou encontrando um marido bem mais calmo e menos autoritário que Wilson. Era um autor da *New Yorker* muito magro e elegante, com o sonoro nome de Bowden Broadwater, com quem se casou em dezembro de 1946.

Naquele momento, McCarthy se tornara uma figura popular muito singular. Era conhecida pelas pessoas que acompanhavam os jornais literários e as revistas comuns, mas seus livros não chegavam a ser best-sellers. Apesar disso, subitamente começaram a dar atenção a coisas como o penteado ou o vestido que ela usava. "Houve um período [...] em que ela me parecia cultivar um visual que lembrava George Sand",[73] recorda um dos frequentadores daquelas festas. Sua fama começara a extrapolar o meio literário, passando ao campo da cultura de forma mais ampla. *Dize-me com quem andas* recebeu um destaque na coluna People Are Talking About da *Vogue*. Sobre sua obra, o texto dizia que a autora escrevia "como uma harpia brilhante dotada de um arpão que aponta para todos os lados só para se divertir".[74]

Essa ideia — de que o estilo de McCarthy era pura maldade — estava por toda parte. Os resenhistas sempre admitiam que ela tinha certa perspicácia, um estilo burilado. Mas não gostavam do seu olhar sobre o mundo, ou ao menos a consideravam de alguma forma indelicada por registrá-lo em sua prosa. Utilizavam imagens sugestivas indicando que tinha uma inteligência ferina, era destrutiva e talvez até mesmo caluniadora. Isso valia tanto para as pessoas que a conheciam pessoalmente quanto para o restante delas. Mais tarde, seu amigo Alfred Kazin considerou o livro "profundamente sério",[75] mas "com uma feminilidade tão maldosa quanto a de uma corista falando mal de outra".

Talvez nada disso seja feminino. Talvez nada disso seja maldoso no sentido tradicional da palavra. A ficção de McCarthy tinha um aspecto satírico, mas as personagens baseadas nela mesma eram tão ridicularizadas e sujeitas ao seu próprio julgamento quanto aquelas baseadas em outras pessoas. Em outras palavras, elas eram afiadas. Mas não necessariamente maldosas ou desagradáveis.

Uma possível exceção confirmava a regra. Já casada com Broadwater, McCarthy começou a escrever um romance intitulado *The Oasis*, cujo tema era o meio intelectual de esquerda de Nova York. Ele tinha uma premissa um tanto fantasiosa: colocava um grupo de intelectuais de tendência socialista na área rural da Pensilvânia a fim de construir uma utopia. Esse esforço obviamente fracassava, em grande parte por causa das pretensões dos moradores da região. É difícil entender o que teria motivado McCarthy a iniciar esse projeto, que concluiu em poucos meses. A sátira política estava de alguma forma na moda naquela época, estimulada pelo livro *A revolução dos bichos*, de George Orwell; talvez ela tenha se inspirado nisso. O fato é que, na vida real, McCarthy acabava de sair de uma tentativa desastrosa de organizar um apoio a escritores estrangeiros entre os intelectuais de esquerda do país. A iniciativa se degenerou em vários conflitos internos. Talvez *The Oasis* fosse uma espécie de retaliação de sua parte.

Apesar disso, anos mais tarde McCarthy afirmaria que "a história toda é uma ficção",[76] referindo-se ao enredo. Quanto aos seus personagens, admitia que haviam sido, sim, inspirados na vida real. "Tento ao menos ser o mais fiel possível quanto à essência de cada um, procurando encontrar o ponto que o unifica na vida real e na ficção." A essência de Philip Rahv foi apresentada por meio de um personagem chamado Will Taub. Ele era um líder do grupo, mas sua expansividade mascarava sérias inseguranças — inclusive em relação a ser judeu. Taub é apoiado por uma esposa discreta com a qual se comporta de forma "brusca e com má vontade [...] quando ela tentava falar sobre questões sociais".[77] (Naquele momento, Rahv já se casara com uma das colegas de McCarthy em Vassar, Nathalie Swan, que correspondia, de certo modo, a essa descrição.)

Visto abstratamente, o livro é divertido. Socialmente, foi uma autossabotagem. McCarthy cutucou vários amigos. Uma onda de maledicências referentes à visível sordidez do texto se espalhou por entre todos aqueles que ao longo dos anos tinham mantido alguma conexão com a *Partisan Review*. Diana Trilling foi vista se queixando: "Essa mulher é uma bandida".[78] É difícil subestimar a profundidade do sentimento de traição experimentado por muitas das pessoas parodiadas. Rahv, em especial, ficou magoado. Chegou até mesmo a chamar uma reunião para decidirem o que fazer, de tantas pessoas que o procuraram para tentar atenuar a própria ira. Mas ele já estava decidido: ameaçou entrar com uma ação. Um advogado então mandou uma carta para o editor norte-americano do livro afirmando que a obra "constitui uma clara infração ao direito à privacidade, com um conteúdo absolutamente mentiroso, ofensivo e difamatório".[79] Posteriormente, ele recuou, em parte porque seus amigos o fizeram considerar que, para entrar com uma ação por difamação, teria de provar que poderia ser reconhecido como um personagem imbecil do romance de McCarthy. E a perspectiva não era das mais animadoras.

Pior: o livro não teve nenhum sucesso. Dizia respeito a um mundo relativamente isolado, certamente distante daquilo em que os leitores dos jornais generalistas pudessem se reconhecer. "A própria fidelidade da srta. McCarthy constitui uma desvantagem na escrita de um livro voltado para seu conjunto restrito de públicos", lamenta o resenhista do *New York Times*:

> O círculo íntimo é muito pequeno. O editor de uma pequena revista não é o ministro da Fazenda da Inglaterra. E os leitores de fora dele conseguem captar pouca coisa em *The Oasis* além de uma vaga atmosfera de brilhantismo difamatório e algumas poucas cenas mais belas.[80]

Uma pessoa que conhecia bem esse círculo íntimo e mesmo assim gostou da obra foi Hannah Arendt. Pouco antes, ela e McCarthy haviam se encontrado numa plataforma de metrô. "Pensamos muito parecido",[81] teria dito Arendt a ela, cinco anos depois da discussão que haviam tido na festa. Em uma carta, ela elogiou o livro que tanto tinham detestado:

> Devo lhe dizer que foi puro prazer. Você escreveu uma pequena obra-prima. Permita-me falar, sem querer ofender, que ele não só é melhor do que *Dize-me com quem andas*, mas está em outro patamar.

Uma coisa que o livro conseguiu fazer, portanto, foi aproximar a "tipicamente perversa" McCarthy da "pária consciente" Arendt.

E esse acabou por ser um encontro consolidado em um paraíso intelectual. Elas permaneceriam amigas, sem interrupções, até a morte de Arendt. Uma longa amizade entre mulheres de temperamentos semelhantes não é algo a ser destacado em si. Mas a união tinha uma consistência particular. Raramente elas estavam no mesmo lugar, de modo que muito de seu contato se deu por meio de cartas. Eram cheias de mexericos, que sempre se mesclavam com as questões intelectuais que debatiam, com seus pontos de vista sobre livros de amigos e o trabalho de cada uma delas.

McCarthy passou a maior parte dos anos 1950 vivendo em diferentes cidadezinhas da Nova Inglaterra com seu filho e Bowden Broadwater. Em carta a Arendt, ela conta uma visita que recebeu de Rahv — ele a perdoara por *The Oasis* com a mesma rapidez com que havia ficado furioso — comentando que "sua segurança quanto ao marxismo me soa antediluviana".[82] Em seguida, prossegue falando sobre como "ele me deixa terrivelmente nervosa, como se estivéssemos gritando um com o outro na Torre de Babel. Não de forma inamistosa, mas um pouco estranha e mutuamente desconfiada. Provavelmente é culpa minha". McCarthy também se queixava das pessoas que não se dirigiam mais a ela em festas ou discussões. Enquanto isso, de seu apartamento no Upper West Side de Nova York, Arendt respondia com longas e simpáticas digressões sobre alguns "filósofos burlescos".[83] Tecia muitos comentários sobre Sócrates, Descartes, Hobbes, Kant, Pascal e, é claro, Heidegger.

As duas chegaram a atravessar o oceano para se ver. Encontraram-se na Europa enquanto McCarthy trabalhava em livros sobre Veneza e Florença. Pediu-lhe para "inglesar" seu texto, como outros amigos já haviam feito. Depois que Arendt passou a viver principalmente na Europa, McCarthy sempre se hospedava no apartamento da amiga em Nova York. Eram inseparáveis em espírito.

Muitos de seus contemporâneos insinuam ou até afirmam abertamente que não sabiam o que Arendt havia visto em McCarthy. Elas eram muito diferentes na cabeça das pessoas: Arendt, ríspida e com ideias complexas; McCarthy, cortante e elegante. Essas eram a formas mais agradáveis a que se recorria para descrevê-las. Muitos achavam que McCarthy não era uma pensadora do nível da amiga. Mas Arendt não achava a capacidade intelectual da outra tão obviamente inferior. Ela enviava manuscritos para McCarthy avaliar, editar e "inglesar", e suas cartas são constituídas não apenas de mexericos e histórias domésticas mas também de discussões sobre o que é ficção, a expansão do fascismo, a moral individual e o senso comum.

Embora o fato de McCarthy e Arendt serem retrospectivamente encaixadas num círculo de homens que explicavam as coisas (os "meninos", como elas diziam em sua correspondência), a realidade de sua situação era bem mais complexa. Elas não eram aceitas como "um deles". Na mesma medida em que admiravam suas obras, os homens eram hostis e defensivos quando confrontados com as críticas vindas delas. A bem da verdade, nenhuma das duas tinha muita coisa boa a dizer sobre a maioria deles. Sobre Saul Bellow, por exemplo, McCarthy escreveu para Arendt:

> Ouvi dizer que Saul está mal de novo, atacando o que chama de establishment americano, ou seja, seus críticos. Ele fez uma leitura em Londres e pediram para o público permanecer sentado por dez minutos (ou cinco?) depois da apresentação para que ninguém pudesse se aproximar para lhe pedir autógrafo no trajeto até o carro.[84]

Sobre Kaim, que escrevera um texto atacando McCarthy, Arendt escreveu:

> Essas pessoas vão piorando com a idade, e nesse caso é só uma questão de inveja. A inveja é um monstro.[85]

Evidentemente, a formulação desses insultos não decorria apenas de uma questão de solidariedade feminina. Nem McCarthy nem Arendt aceitariam uma definição de sua amizade que a tratasse como "feminista". Elas não gostavam de outras figuras femininas de seu meio. Ansiavam por falar como mulheres, mas nunca pretenderam tratar o gênero como uma característica definidora delas. Parte disso tinha a ver com a época em que viviam. Outra parte decorria do fato de que nenhuma delas se sentia especialmente bem com outras pessoas como apenas entre as duas. O laço que as unia não fora formado num sentido tradicional de irmandade. Elas eram aliadas que costumavam pensar "muito parecido", como observou Arendt no começo de sua amizade. E essa forma comum de pensar simplesmente se reforçou como uma armadura que ambas podiam utilizar sempre que o mundo parecesse estar contra elas.

6.
Parker e Arendt

Em meados dos anos 1950, depois de quase duas décadas publicando intermitentemente e voltada na maior parte do tempo para sua atividade como roteirista de cinema, Dorothy Parker começou a tentar escrever com seriedade de novo. Ela sempre escreveu pelo mesmo motivo: precisava de dinheiro. Mas vinha encontrando dificuldade para conseguir trabalho.

O problema era político: seu nome continuava associado ao comunismo. Não há consenso quanto a ela ter pertencido de fato ao Partido Comunista ou não. Mas Parker escrevera para órgãos do Partido Comunista e comparecera a eventos da organização. Quando o clima nos Estados Unidos começou a virar contra o comunismo, seu nome se tornou objeto de investigação do governo. Quando o FBI bateu à sua porta pela primeira vez, em 1951, seu cão partiu para cima dos agentes. "Escutem, não consigo nem sequer mandar meus cachorros sossegarem. Acham que pareço ser mesmo alguém capaz de derrubar o governo?",[1] ela teria dito a eles.

Seja porque se encantaram com Parker, seja porque constituía um alvo intimidador, o FBI nunca chegou a prendê-la. O senador McCarthy ameaçou convocá-la perante o Comitê de Atividades Antiamericanas do Senado, mas nunca o fez. O comitê estadual de Nova York a convocou, e Parker depôs educadamente, apelando a seu direito de ficar calada quando questionada se já havia pertencido ou não ao Partido Comunista. Ao final, nenhuma punição foi aplicada em nenhuma instância legal. Apesar disso, sua reputação ficou manchada. Parker sofreu com isso, não tanto por parte do público, e sim de Hollywood. De repente, perdeu aquilo que vinha sendo ao longo de quase vinte anos uma fonte regular e substanciosa de renda. Sua vida pessoal, por outro lado, também se desestabilizou. Ela começou a beber demais. Divorciou-se de Alan Campbell em 1947 e se casou de novo com ele em 1950, separando-se mais uma vez em 1952. Eles ainda se reconciliaram em 1961.

Nesse intervalo de tempo, sem um objetivo muito definido, Parker voltou para Nova York, onde se hospedou em um hotel de que gostava, chamado Volney. Ela foi coautora de uma peça teatral sobre mulheres sozinhas e em processo de envelhecimento como ela própria, intitulada *The Ladies of the Corridor*. Voltou a escrever textos para a *New Yorker*, embora nenhum deles tenha alcançado o nível de excelência de seus primeiros trabalhos.

Havia sinais de que estava perdendo aquilo que ainda restara de seu talento e de que ela mesma sabia disso. Um texto chamado "Lolita",[2] publicado na *New Yorker* em agosto de 1955, parece ter sido inspirado no livro homônimo de Nabokov, embora tenha saído na revista algumas semanas antes do lançamento do romance na França. O conto de Parker narra uma sucessão de eventos na vida de uma jovem mulher solteira cuja filha era seduzida por um pensionista chamado John Marble. A razão pela qual esse texto tinha tanta proximidade com o romance que logo seria lançado por Nabokov não está clara; a melhor explicação dada por estudiosos é de que Parker ouvira falar no manuscrito de Nabokov da boca de Edmund Wilson, que o havia lido e não tinha gostado.[3] Nenhuma possível explicação para o episódio — seja uma forma radical de esquecimento ou então o desejo dela de competir com um intelectual e romancista russo em ascensão — indica que Parker tenha agido adequadamente ao escrever esse conto.

De qualquer maneira, nada do que ela escrevia naquele momento sequer chegava à sombra do sucesso de suas primeiras obras. Parker não se mostrava mais interessada ou capaz de escrever com o tom espirituoso que o público ainda esperava dela. Em resumo, estava deprimida. Benchley tinha morrido de um ataque do coração em 1945. Alexander Woolcott também morrera pelo mesmo motivo, dois anos antes, em 1943. Nova York já não era a mesma cidade dos anos 1920 ou 1930. Agora, em vez de ser uma novidade brilhante em meio a talentos promissores, Parker era uma espécie de eminência parda, papel que ela achava, evidentemente, desconfortável.

A única fonte de renda regular que conseguiu obter foi a partir de um contrato com uma revista masculina recentemente renovada chamada *Esquire*. Ela era admirada pelo diretor editorial, Harold Hayes, e foi contratada para escrever sobre livros. Foi a última leva de textos que ela produziu com alguma regularidade, às vezes perdendo prazos, mas conseguindo publicar certo número por ano. As resenhas em questão não continham a capacidade de concisão dos seus textos iniciais no Constant Reader. Eram mais reflexões de uma mente envelhecida em devaneio do que as estocadas educadas de outros tempos. Traços do seu humor, porém, permaneciam. E ela às vezes os utilizava ao lembrar seus amigos:

O finado Robert Benchley — que sua alma descanse em paz — mal conseguia ir a uma livraria. Não por não querer expor tão abertamente seu sofrimento, e sim por claustrofobia. O problema nasceu de uma enorme e dolorida compaixão que sentia. Não o alegrava ver tantos livros iluminados nas estantes, pois, ao olhá-los, parecia que todos iam cair em cima dele, feito uma onda gigantesca, como uma visão em que cada um dos autores dizia a si mesmo, depois de concluir sua obra: "Está aí! Eu fiz! Escrevi o livro. Agora ele e eu seremos famosos para sempre".[4]

Sua produção era intermitente. Seus editores às vezes se queixavam de ter de arrancar os textos à força dela. Mas, quando conseguia escrever, parecia se divertir com isso. Elogiou velhos amigos, como Edmund Wilson. Atacou velhos inimigos, como Edna Ferber. Quando o editor lhe pediu para escrever sobre *The Years With Ross*, de James Thurber, publicado alguns anos antes, Parker produziu uma de suas mais belas frases em muitos anos, lembrando seu velho chefe: "Seu corpo longilíneo parecia mal costurado, seus cabelos eram como cerdas de um porco-espinho irritado, seus dentes eram como o monumento de Stonehenge, suas roupas pareciam ter sido feitas para outra pessoa".[5]

Às vezes Parker parecia querer competir com os autores de livros de não ficção que resenhava. Era possível sentir uma vontade muito forte nela de se aprofundar no tema e expor suas dúvidas. O livro sobre Aimee Semple McPherson, escrito por Lately Thomas, é um exemplo disso. Para ela, poderia ser muito mais vivaz:

> (Seus editores admitem que "Lately Thomas" é o pseudônimo de um jornalista e escritor da Costa Oeste. Somos levados a labirintos assombrosos e fascinantes tentando imaginar quais poderiam ter sido os outros pseudônimos que descartou.) Independentemente desse nome, o autor escreveu um relato absolutamente íntegro e sério sobre um caso conhecido em todo o país — ou melhor, em todo o mundo — que deve tê-lo levado em alguns momentos a se levantar para dar gargalhadas incontroláveis.[6]

Ela também ironizou o egocentrismo de Kerouac e dos beatniks. Mais uma vez, estava então com um pé fincado no mundo dos ricos e famosos. Foi convidada para um programa de televisão com Norman Mailer e Truman Capote para discutir os novos poetas. Para ela, os beatniks se limitavam a uma "mortal monotonia dos dias e das noites, de novo e de novo".[7] Ela também admitiu que não era de fato uma crítica, porque na *Esquire* "eu escrevo o que penso e torço para que depois não haja nenhuma ação por calúnia ou difamação". Uma jovem escritora da *New Republic* chamada Janet Winn — que mais tarde assumiria o nome Janet Malcolm — viu o programa e escreveu:

> A srta. Parker, que não é mais (se é que foi alguma vez) a "pessoa de espírito ácido" das histórias que circulam sobre ela, contribuiu pouco para o debate, mas deixou uma impressão muito agradável e lembrou-nos em muitos momentos e intensamente dos tempos de Eleanor Roosevelt.[8]

Parker continuou a escrever para a *Esquire* até 1962. O último livro que resenhou foi *Sempre vivemos no castelo*, de Shirley Jackson, do qual gostou. "Traz de volta toda a minha crença no terror e na morte. Não saberia ser mais elogiosa em relação ao livro e a ela."[9] Essas foram as últimas palavras publicadas por Parker nesse âmbito. Alan Campbell, seu marido, morreu subitamente um ano após terem se reconciliado. Ela começou então a decair de fato. Escreveu um último texto para a *Esquire* sobre a obra do artista plástico John Koch.

> Escrever hoje sobre arte me dá uma sensação de profundo constrangimento que, tempos atrás, eu conseguia esconder por trás daquilo que era conhecido, então, como "ela está tendo de novo um daqueles dias difíceis, minha senhora — gritando, cuspindo e não sei mais o quê".[10]

Parker batalharia por mais três anos até morrer em um quarto de hotel em Nova York em junho de 1967. De qualquer ponto de vista, teve uma carreira brilhante. Passados tantos anos de sua morte, ainda é possível identificar com facilidade sua voz singular em qualquer texto de prosa ou poesia seu; foi uma dessas escritoras que nunca deixaram de soar como elas mesmas. Em seu testamento, deixou seu patrimônio literário para a Associação Nacional para o Progresso das Pessoas de Cor (NAACP, na sigla em inglês). Mas seus "profundos constrangimentos" são vistos mais comumente como o seu legado.

Em setembro de 1957, uma única foto tomou conta do espaço da maior parte dos jornais. Ela mostrava uma menina negra de quinze anos tentando entrar na escola em Little Rock, Arkansas. Usa óculos escuros, saia e camisa branca e aperta o material contra o peito com o braço esquerdo, mostrando determinação no rosto. Ela é seguida por várias pessoas. Atrás dela, pode-se ver uma moça branca com uma expressão nitidamente irada, como se estivesse lhe dirigindo um insulto aos berros.

O nome dessa jovem negra era Elizabeth Eckford e ela era uma das alunas do nono ano enviadas para integrar o Colégio Central de Little Rock depois da decisão do caso Brown contra o Conselho de Educação em meio à crise nacional provocada quando o governador do Arkansas ameaçou vetar a dessegregação. Não havia telefone na casa de Eckford, e a garota não recebeu o recado de que outros estudantes negros planejavam se encontrar para caminhar junto com ela de modo a escoltá-la até a escola naquele dia. Então simplesmente caminhou em meio à multidão normalmente, sozinha.[11]

Ao ver essa fotografia, Hannah Arendt ficou muito sensibilizada. "Não é preciso muita imaginação para ver que isso significava transferir para os jovens, negros e brancos, a solução para um problema que os adultos admitiam ter sido incapazes de resolver em gerações",[12] ela escreveria mais tarde. Mas, para além da preocupação com a jovem da fotografia, Arendt se opôs à dessegregação nas escolas de maneira geral. Seus argumentos foram desenvolvidos em um texto que lhe foi encomendado pelo jovem editor Norman Podhoretz para uma nova revista judaica de esquerda chamada *Commentary*.

Quando ela apresentou o esboço do artigo, porém, a sua tese pareceu tão incômoda que os editores começaram a discutir se deveriam publicá-lo ou não. Inicialmente, encomendaram uma espécie de contraponto ao historiador Sidney Hook, propondo que os dois textos fossem publicados lado a lado a fim de mitigar o impacto das teses polêmicas de Arendt. Mas, depois de receber o esboço de Hook, voltaram a ficar indecisos, segurando o texto. Irada, Arendt retirou o dela. Sidney Hook disse, mais tarde, que ela estava com medo da crítica dele. Mas, depois que as discussões em torno da segregação nas escolas aumentaram ao longo de 1958, ela mandou o mesmo texto para a *Dissent*, que o publicou no começo de 1959.

Para entender a natureza da oposição de Arendt à dessegregação nas escolas, é preciso saber que em torno de 1959 sua teoria política adotou uma visão tripartite do mundo. No topo estava a política, no meio a sociedade e na base a esfera privada. Na esfera política, admitia ela, não só era admissível mas também necessário legislar contra a discriminação. Mas Arendt estava convencida de que a esfera privada precisava ser protegida a qualquer custo de qualquer tipo de intervenção governamental. Também estava convencida de que o mundo social precisava ser deixado relativamente em paz pelo governo, de maneira que as pessoas pudessem constituir seus próprios relacionamentos e associações.

Por mais que isso possa parecer inacreditável hoje, Arendt argumentava, a partir daí, que aquela discriminação era inerente ao funcionamento da sociedade. Quando as pessoas discriminavam outras no âmbito social — quando se mantinham "entre os seus" na ida às compras, no trabalho ou na escola —, estavam simplesmente adotando uma versão alterada da liberdade de associação. "De qualquer maneira, a discriminação é tão indispensável como um direito social como a igualdade é um direito político",[13] Arendt escrevia em seu artigo.

Por mais terrível que possa soar, ela expressou essas ideias com uma espécie de generosidade míope. É possível relacionar a posição de Arendt a seu conceito de "pária consciente", embora ela não tenha utilizado a expressão em seu artigo. Visivelmente, o que a incomodou na fotografia foi o sofrimento da jovem caminhando sozinha e se juntando a um grupo que deixava muito claro que não a queria por perto. No pensamento de Arendt, essa estratégia estava equivocada. Rahel Varnhagen jamais ia se submeter a uma caminhada como aquela rumo à escola. Teria se mantido confortavelmente à parte dos imperativos de uma sociedade que exigia sua assimilação. E Arendt se mostrou furiosa em relação aos pais da menina, que para ela a haviam forçado a realizar sozinha a caminhada fatal.

Era uma forma distorcida de abordar a questão da dessegregação. E as posições de Arendt não deixaram de ser desafiadas, para dizer o mínimo, naquele mesmo momento. Na verdade, ela havia criado uma tese tão facilmente objetável que o artigo saiu com uma nota do editor em destaque no alto da página:

> Publicamos [este texto] não por concordarmos com ele — é bem o contrário —, mas porque acreditamos na liberdade de expressão inclusive para pontos de vista que nos pareçam totalmente equivocados. Dada a estatura intelectual da srta. Arendt, a relevância do assunto em pauta e o fato de ela ter recuado em uma oportunidade anterior de publicar sua visão, sentimos que é um serviço dar conhecimento de sua opinião, assim como das refutações a ela, reproduzidas livremente.[14]

As duas réplicas foram feitas por acadêmicos hoje quase esquecidos. Um deles, professor de ciência política, era bastante moderado em sua crítica, embora discordasse o tempo todo da tese de Arendt. O outro, o sociólogo Melvin Tumin (em quem Philip Roth disse várias vezes ter se inspirado para criar o personagem Coleman Silk de seu romance *A marca humana*), começa com um desabafo: "Inicialmente achamos que se trata de uma brincadeira horrível". Tumin prossegue nesse mesmo tom de estupefação durante toda a crítica, em que se mostra assombrado com a ideia de que uma mente tão sofisticada como a de Arendt pudesse se posicionar contra a dessegregação. Os argumentos dele são frágeis, mas é notável como, haja vista a quantidade de vezes que ela se colocou contra discussões acaloradas, o texto teve impacto em Arendt. "Dentre meus dois opositores, o sr. Tumin se colocou sozinho fora do escopo do debate e da argumentação pelo tom adotado em sua réplica", começou ela no espaço que a *Dissent* lhe reservou para responder aos seus críticos.

Apesar de sua fama de jamais pedir desculpas, Arendt talvez já estivesse começando a mudar de posição. Ao final, ela depararia com um interlocutor do qual não tinha como escapar: Ralph Ellison, ensaísta e crítico mais conhecido como autor de *O homem invisível*. O primeiro desafio lançado por ele apareceu sob a forma de uma resposta a um ensaio de outro autor, o então editor da *Dissent*, Irving Howe. Ellison comentava que Arendt compartilhava com Howe uma espécie de "autoridade olímpica"[15] que nenhum outro autor branco havia recebido. Ele se aprofundou em sua divergência das teses de Arendt em uma entrevista que deu para Robert Penn Warren:

> Acredito que uma das mais importantes chaves para o significado da experiência [do negro americano] está na ideia, no ideal de sacrifício. A incapacidade de Hannah Arendt de

captar a importância desse ideal entre os negros do sul a levou a se distanciar do campo da esquerda em seu "Reflexões sobre Little Rock", na revista *Dissent*, em que ela acusa os pais negros de explorarem seus filhos na luta para integrar as escolas. Mas Arendt não faz nenhuma ideia daquilo que se passa na mente de pais negros quando enviaram seus filhos para enfrentar aqueles grupos de pessoas hostis. Eles têm plena consciência das implicações do rito de iniciação que esses acontecimentos realmente significam para a criança, despidas de todos os mistérios. E, na visão de muitos desses pais (que gostariam que o problema não existisse), espera-se que o filho enfrente o terror e controle seu medo e sua raiva justamente por ser um negro americano. Assim, dele se exige que controle as tensões internas geradas por essa situação racial — e, se ele se sente ferido, bem, trata-se de mais um sacrifício. É uma exigência sombria, mas, se ele falha nesse teste básico, sua vida será mais sombria ainda.[16]

O ideal do pária que poderia se isolar da sociedade e sobreviver assim não estava ao alcance de uma pessoa negra que enfrentava o sul racista. Manter-se "entre os seus", extraindo forças dessa diferença, não era algo possível no contexto da experiência afro-americana.

Era um argumento convincente, a tal ponto que Arendt escreveu para Ellison. Ela cedeu da seguinte forma: "Suas observações me parecem tão absolutamente corretas que agora vejo que eu simplesmente não entendo as complexidades da situação".[17] Numa ironia sobre a qual Susan Sontag escreveria mais tarde em um contexto totalmente diferente, Arendt cometera o clássico erro da pessoa que olha para uma fotografia. Ela considerou que a imagem de Eckford lhe transmitira o suficiente a respeito da luta pelos direitos civis para que pudesse emitir uma crítica às suas táticas.

Depois de escrever esse e outro texto com posições semelhantes, "Crise na Educação", Arendt pareceu admitir que precisava recuar pelo menos um pouco, mas continuou estudando o assunto. Ela escreveu então a carta para Ellison. Também escreveu para James Baldwin,[18] depois que um dos ensaios de *Da próxima vez, o fogo* foi publicado na *New Yorker* para discutir com ele a respeito da natureza da política. (Arendt se sentira "aterrorizada", segundo escreveu, com o "evangelho do amor"[19] dele, embora também tenha dito que estava lhe escrevendo com uma "sincera admiração".)[20] Pelo menos um estudioso negro ainda sustenta que Arendt fora "paternalista" até mesma na sua curiosidade. Aparentemente, ela não tinha nenhum amigo negro, tampouco teria participado especialmente da luta pelos direitos civis. Naquele momento, seu estatuto como intelectual estava tão elevado que, quando ela se pronunciava sobre alguma coisa, era sempre com uma autoridade olímpica. Arendt manteria essa autoridade até o fim da vida. Continuaria sendo uma pessoa que se pronunciava, marcadamente, a partir do alto. Mas havia uma rachadura naquela armadura, uma rachadura que, de certos pontos de vista, estava prestes a aumentar.

7.
Arendt e McCarthy

Em 1960, Arendt escreveu ao seu antigo mentor Karl Jaspers dizendo que, a despeito de estar tão ocupada, com sua vida preenchida com conferências em toda parte e a dificuldade de conseguir visitar os amigos, estava tentando reservar um tempo para ir a Israel acompanhar um julgamento. "Jamais conseguirei me perdoar se não for ver de perto esse desastre ambulante, com toda a sua bizarra vacuidade, sem a mediação da imprensa",[1] escreveu. "Não esqueça que deixei a Alemanha muito cedo e que vivi muito pouco de tudo isso diretamente."

"Esse desastre ambulante" era um homem chamado Adolf Eichmann. Em maio daquele ano, ele havia sido sequestrado na Argentina pelo Mossad, o serviço de inteligência israelense, e então levado para ser interrogado e julgado. Eichmann era um criminoso de guerra nazista tão importante que o então primeiro-ministro de Israel, David Ben-Gurion, decidiu não recorrer aos procedimentos formais de extradição para tê-lo em seu território. Ele foi um membro do alto escalão da SS, encarregado do departamento que administrou a Solução Final; depois da guerra, tinha desaparecido. Ele fugira para a Áustria com documentos falsos, em seguida os usara para fazer com que a Cruz Vermelha lhe desse um passaporte. Vivia na Argentina com outro nome desde 1950.

A captura de Eichmann desde o começo causou comoção na mídia internacional, e o episódio do sequestro deu origem a manchetes dramáticas. Mas também aconteceu em um momento em que o Ocidente enfim começava a acertar suas contas com a Solução Final. No julgamento dos crimes de guerra, em Nuremberg, a Solução foi mencionada inúmeras vezes, assim como o nome de Eichmann. Mas havia um sentimento de que Nuremberg não tinha acertado por completo as contas com a monstruosidade dos crimes nazistas praticados especificamente contra os judeus, o que era sentido de forma bastante aguda em Israel. Quando Eichmann foi acusado de quinze diferentes crimes com base na lei israelense de 1950 de punição aos nazistas e aos colaboradores do regime, isso foi visto como uma oportunidade para corrigir o erro. Os discursos foram bastante contundentes. Ao se levantar para fazer sua declaração de abertura, o promotor disse estar falando em nome dos mortos. "Serei o porta-voz deles", prometeu, "e em seu nome pronunciarei esta horripilante acusação."

Não havia muita dúvida de que Eichmann fora, no mínimo, responsável por aquilo que os israelenses diziam que era. Eles o haviam interrogado ao longo de vários meses antes do julgamento. Tinham centenas de páginas de documentos. Mesmo assim, Eichmann se declarou inocente das acusações. Seu argumento era de que apenas cumprira ordens ao coordenar a logística que levou ao assassinato de milhões de pessoas. De fato, quando chamado a testemunhar, ele afirmou: "Nunca matei um judeu, ou um não judeu — nunca matei um ser humano".[2] Em suma, ele afirmava que sua distância burocrática do real centro de decisão da matança era suficiente para anular sua culpa.

O julgamento duraria cinco meses. Arendt estava presente já no primeiro dia, em abril de 1961. Harold Ross, velho amigo de Parker, havia morrido e seu sucessor como editor da *New Yorker* era um homem baixinho e retraído chamado William Shawn. Foi a ele que Arendt se dirigiu para saber se poderia escrever sobre o julgamento. Com Shawn, ela foi bem menos eloquente do que havia sido com Jaspers. Disse, simplesmente, que estava "muito tentada"[3] a ir e perguntou se não estaria interessado em um ou dois artigos. Ela tomara todas essas iniciativas com uma noção óbvia de que o réu era de uma "bizarra inanidade". Quando o viu e posteriormente leu as transcrições dos momentos do julgamento que tinha perdido, essa opinião foi reforçada. O vazio de Eichmann a fascinava, e foi o que a levou ao que é hoje sua mais famosa e polêmica ideia: o conceito da "banalidade do mal".

Talvez a melhor forma de entender a expressão seja concordando com a visão que Arendt tinha de Eichmann, uma interpretação feita a partir de seus gestos e ações que gerou polêmica. Para ela, ele era um quebra-cabeça, uma espécie de combinação letal de pedantismo e ignorância. Arendt ficou fascinada com os trechos das memórias dele publicados por um jornal alemão em que conta suas origens e sua posição da maneira menos autoconsciente possível. Ele afirmava, formalmente: "Eu não tinha nenhum ódio dos judeus, pois toda a formação dada por minha mãe e meu pai foi estritamente cristã; minha mãe, por causa de seus parentes judeus, tinha opiniões diferentes das que predominavam nos círculos da SS".[4] O tom desses textos deixou Arendt perplexa, mas ela também os achou engraçados, lamentando apenas que essa comicidade passasse diretamente do absurdo para o horror. "Trata-se de um caso escolar de má-fé, de autoengano mentiroso combinado com uma ignorância ultrajante?",[5] levantou. "Ou é simplesmente o caso do eterno criminoso impenitente [...] que não admite encarar a realidade porque seu crime se tornou parte essencial dela?"

Apesar do espanto, nos artigos publicados na *New Yorker* em 1962 sob o título "Eichmann em Jerusalém" e depois no livro homônimo, Arendt deixa claro que acreditava que ele era um sujeito monstruoso. Mas também acreditava que o autoengano de Eichmann era uma condição geral na Alemanha nazista, um elemento do delírio coletivo que tornava o totalitarismo muito poderoso. O contraste entre o grande mal e o homem comum foi o que mais a chocou:

> Para tudo aquilo, era essencial que ele fosse levado a sério, o que era muito difícil, a não ser que se avistasse um caminho mais simples de sair do dilema entre o indizível horror das ações cometidas e o inegável ridículo do homem que as perpetrou e ele fosse declarado simplesmente um mentiroso inteligente e calculista — o que é claro que não era.

Arendt com certeza captara alguma coisa, apesar da dificuldade de se estabelecer uma teoria coerente sobre a personalidade de Eichmann. Ao longo dos cinquenta anos posteriores à publicação do livro, a personalidade e a história pessoal dela foram objeto de obras que preencheriam uma estante inteira, todos questionando suas afirmações a respeito do homem. Provar que Arendt estava errada em relação a Eichmann, em referência ao registro histórico, tornou-se uma espécie de cruzada para muitas pessoas. A ausência de uma resposta clara para a questão serviu de solo fértil para isso. A ignorância estava diante dos olhos do observador. A crítica era sempre motivada por uma questão tão contundente quanto a tese de Arendt: estaria ela diminuindo a responsabilidade de Eichmann pelo Holocausto ao sugerir que ele não teria agido de forma inteligente e calculista?

As principais resenhas argumentavam que sim, Arendt tinha diminuído a responsabilidade de Eichmann. Os editores do *New York Times* pediram que um dos presentes no julgamento — o juiz Michael Musmanno — fizesse a resenha do livro. Ele acusou Arendt de ter "simpatizado com Eichmann".[6] O texto afirma que pregava a inocência do réu: "Ela diz que punir Eichmann foi um erro terrível!". Arendt não fez isso, como a maior parte dos leitores poderia dizer. Seus amigos acorreram com intensidade à seção de cartas do jornal em defesa dela. Dentre eles estava o poeta Robert Lowell, que escreveu que sabia que uma "refutação ponto por ponto"[7] seria melhor do que o que ele poderia fazer, mas que queria "dizer apenas que minha impressão de seu livro é quase o avesso [daquela de Musmanno]".

Intelectuais tenderam a atacar *Eichmann em Jerusalém* sob diferentes aspectos. Arendt incluiu uma frase na obra em que observa que "a verdade é que se o povo judeu estivesse realmente desorganizado e sem lideranças, teria havido um caos e uma desgraça gigantesca, mas o número total de vítimas dificilmente seria entre 4,5 milhões e 6 milhões de pessoas".[8] Ela se referia ao Judenräte, os comitês que os nazistas instituíram nos guetos e onde forçavam os judeus a viver. A estrutura e a função dos Judenräte variavam conforme o local, mas dentre suas tarefas estava fornecer relações com nomes de judeus para os nazistas. Algumas vezes, chegavam até mesmo a orientar a polícia sobre como organizar o transporte de judeus para os campos de concentração.

No início dos anos 1960, estudiosos estavam apenas começando a escrever textos mais elaborados sobre o Holocausto. *A destruição dos judeus europeus*, de Raul Hilberg, um livro amplamente utilizado até hoje, só saiu em 1961. Hilberg focava a máquina administrativa que havia auxiliado na implementação da Solução Final; nesse sentido, a obra contém relatos detalhados sobre o Judenräte. Inclui também um perfil de Eichmann como um burocrata medíocre. Arendt leu o volume enquanto escrevia sobre o julgamento, e os fatos que ele enumera tiveram, claramente, um efeito profundo nela.[9] A obra de Hilberg estava em sua mente quando redigiu aquela frase sobre o número de vítimas que "dificilmente seria...".

Mas nem todo mundo tinha lido o volume de Hilberg, e o fato de Arendt ter assumido essa posição chocou muitos leitores, especialmente os judeus. Acharam-na negligente e cruel; hoje, ela talvez fosse acusada de culpar a vítima. Mas a visão de Arendt era mais complexa do que a frase dá a entender. No próprio *Eichmann*, ela retoma várias vezes a questão, fazendo referência ao "papel dos líderes judeus no extermínio de seu próprio povo" como "indubitavelmente o capítulo mais sombrio de toda essa história sombria".[10] Mas Arendt também escreveu que questões relativas à divisão de responsabilidades pela Solução Final eram "tolas e cruéis".[11] Ela buscava uma posição que conciliasse as duas visões, mas não fez essa conexão explicitamente.

E isso causou muitos problemas. Arendt discutiu a questão da responsabilidade porque surgiu ao longo do julgamento de Eichmann, mas todas as suas observações sobre o tema se tornaram, de longe, bem mais explosivas e polêmicas do que qualquer outra coisa que tenha sido dita no tribunal. Seus críticos a acusaram de desequilibrar a balança no seu conjunto, de ser condescendente demais com Eichmann enquanto era dura com os próprios judeus. Norman Podhoretz, então editor de uma nova revista chamada *Commentary*, escreveu sua resenha em tom bastante enérgico:

> Então, no lugar do monstro nazista, ela nos apresenta o nazista "banal"; em lugar do judeu como um mártir virtuoso, ela nos apresenta o judeu como cúmplice do mal; e no lugar do confronto entre culpados e inocentes, ela nos apresenta a "colaboração" entre criminosos e vítimas.[12]

Podhoretz estava exagerando. Mas a sensação de que Arendt tinha sido moralmente distraída pela questão dos conselhos judeus era amplamente compartilhada. Outro crítico contundente de Arendt, Lionel Abel, ao escrever na *Partisan Review*, também frisou esse argumento. O problema, segundo ele, era que Arendt achara os conselhos judeus bem menos interessantes "esteticamente" do que Eichmann. (Na verdade, ela utiliza grande parte de seu texto para falar sobre os conselhos judeus.) "Se um homem coloca a arma na cabeça de outro e o obriga a matar seu amigo", escreveu Abel, "o homem com a arma será esteticamente menos monstruoso do que aquele que tomado pelo medo de morrer acaba matando seu amigo e talvez nem sequer salve de fato a própria vida."[13] Para Abel, o interesse de Arendt em Eichmann era fruto do fato de ser ele mais interessante, um personagem mais repulsivo, para seu livro, o que enfraqueceria sua tese.

Mas não foram apenas os adversários já tradicionais de Arendt que adotaram esse posicionamento. Abel e Podhoretz utilizavam argumentos em um tom diferente do que faria seu velho amigo Gershom Scholem. Scholem conhecera tanto Arendt quanto Benjamin em Berlim, mas se tornara um sionista engajado e se mudara para Israel em 1923. Ali, virara especialista no misticismo judaico, especialmente na cabala. Ele manteve uma correspondência amistosa e ocasional com Arendt, mas quando lhe escreveu em 1963 foi para expressar sua profunda decepção. O problema que ele identificava era, em grande parte, de tom. Sentia que o tratamento das questões no livro sobre Eichmann era leviano demais. "É algo inimaginavelmente inadequado para o assunto de que trata",[14] ele escreveu em uma carta de início privada. Essencialmente, Scholem pedia que ela tivesse coração e demonstrasse um mínimo de lealdade ao povo judeu.

Em sua resposta, Arendt recuou muito pouco. Dizia não poder aceitar a visão de seus críticos de que não possuía compaixão, algo a que ela se referia frequentemente, em suas cartas a Scholem ou a outras pessoas, como uma ausência de "alma".[15] Tampouco podia aceitar a premissa dele de que, como judia, teria perante seu povo uma obrigação que Scholem lhe implorava para aceitar. "Eu realmente amo 'apenas' meus amigos, e o único tipo de amor que conheço e no qual acredito é o amor entre pessoas", argumentava. "Não posso amar a mim mesma ou a qualquer coisa que sei que é parte essencial de minha pessoa."[16] Scholem, que lhe perguntou depois se poderia publicar aquela troca de cartas, surpreendeu Arendt ao fazê-lo em *Encounter*. Ela havia entendido que ele pretendia publicá-las em Israel. Mas, em vez disso, as cartas apareceram num jornal que era bastante lido pelos intelectuais anglo-americanos. O *Encounter* tinha um peso significativo, podendo, como ficou claro depois, ser utilizado retroativamente nas ações anticomunistas da CIA. Assim, como Arendt escreveu a Karl Jaspers, com quem voltara a manter contato, a carta de Scholem "infecta aqueles segmentos da população que ainda não tinham sido atingidos pela epidemia de mentiras".[17]

Arendt não era de se sentir ferida muito facilmente. Conseguiu encarar aquela avalanche de críticas com certa firmeza e até mesmo distanciamento. Sobre a resenha de Abel, escreveu a Mary McCarthy: "É um texto que faz parte de uma campanha política, não se trata de uma crítica e, na verdade, não diz respeito ao meu livro".[18] McCarthy concordava com ela, e viu ali uma oportunidade para se alinhar politicamente, oferecendo-se de imediato para escrever uma réplica leal à amiga apesar de ainda não ter lido *Eichmann em Jerusalém*.

O lado pessoal é evidente nessa história. "O que mais me surpreende e me choca é a quantidade imensa de rancor e hostilidade que parecia estar só esperando por uma oportunidade para aparecer",[19] escreveu Arendt para McCarthy. De fato, há poucos sinais nas cartas dela de que soubesse que algumas pessoas de seu círculo a consideravam pedante e autoritária, que Abel e talvez outros a chamavam pelas costas de Hannah Arrogante, que Saul Bellow, para expressar sua aversão, costumava dizer que ela parecia "George Arliss interpretando Disraeli".[20] Mas Arendt era perspicaz. Seus textos e suas teorias se baseavam menos na lógica abstrata do que na observação pessoal. Abatia-se muito pouco, em especial quando as coisas provinham de sentimentos humanos sombrios como ciúme, mesquinhez e crueldade. O fato de deixarem que tais inseguranças se sobrepusessem à honestidade intelectual dificilmente poderia constituir uma surpresa para alguém que havia escrito *Origens do totalitarismo*.

Para McCarthy, o ano de 1963 também começou com um belo triunfo que rapidamente foi por água abaixo. Mas ela era muito mais inclinada do que a inflexível Arendt a sucumbir diante de uma situação do tipo. Desde 1950, vinha trabalhando em um longo romance. O projeto foi interrompido inúmeras vezes. Mas, subitamente, no fim de 1962, o editor William Jovanovich ficou tão obcecado com a ideia do livro que lhe ofereceu um importante adiantamento para que pudesse concluí-lo. McCarthy aproveitou a oportunidade e, em setembro de 1963, o volume, que trazia na capa a imagem de uma coroa de margaridas, tornou-se rapidamente o best-seller que o editor esperava.

Esse romance era *O grupo*, que conta a vida de oito mulheres que nos anos 1930 levam a vida em Nova York como esposas e trabalhadoras no admirável mundo novo que os anos 1940 representavam para as mulheres de boa formação não liberadas. O famoso hotel Barbizon, espécie de pensão para moças que batalhavam por seu ganha-pão em Nova York, foi estabelecido em 1927 em parte para hospedar as jovens que começavam a ocupar postos nos escritórios da cidade. Para elas, o trabalho ainda era uma espécie de estágio de fim de curso, algo provisório enquanto aguardavam o casamento. O livro de McCarthy envolvendo essas moças, experientes e pouco sofisticadas, foi um dos primeiros a contar essa história. As personagens representam tipos específicos, da simples Dottie Renfrew à sofisticada Lakey Eastlake e à "rica e indolente" Pokey Prothero.

O romance as segue em seus revezes amorosos, partos, vitórias e fracassos até 1940, quando uma delas comete suicídio. Essa personagem, Kay Strong, apresenta algumas características da própria McCarthy. Muitas das outras possuem traços retirados de suas colegas na Vassar.

O grupo não se desenrola exatamente como um romance. O tom do livro é malicioso, mas acrítico; a evidente inteligência do narrador e a forma psicologicamente simplista com que define as personagens não casam muito bem. Está distante da autoanálise aguda que se vê nos primeiros contos de *Dize-me com quem andas*, assim como do espírito satírico e provocante que tornara McCarthy famosa. Quase nenhum dos amigos intelectuais e literários dela apoiou as qualidades melífluas do livro, sua queda pelo melodrama e sua seriedade relativa. Robert Lowell, profeticamente, escreveu a Elizabeth Bishop que "nenhum dos conhecidos gostou do livro, e temo pelo que a *New York Book Review* fará dele".[21]

Lowell não se referia ao *The New York Times Book Review*, e sim à então recém-criada *New York Review of Books*. Em janeiro de 1963, ele e sua esposa, Elizabeth Hardwick, juntaram-se ao editor Jason Epstein e sua esposa, Barbara, seus amigos, para criar essa revista literária. Tinham pouco dinheiro para tal, mas na época Nova York vivia uma greve nos jornais que levou a uma suspensão por alguns meses das atividades do *New York Times*, do *New York Daily News* e do *New York Post*, entre outras publicações. As resenhas de livros deixaram de sair, e a *New York Review of Books* preencheu essa lacuna ao surgir.

De todo modo, a cobertura sobre livros feita pelo *Times* não despertava grandes paixões nos meios literários de Nova York. Como McCarthy alguns anos antes e Rebecca West antes delas, Elizabeth Hardwick fizera certa vez um longo trabalho sobre a situação da crítica literária no país. Publicado na *Harper's* em 1959, esse texto costumava ser visto como uma espécie de manifesto da *New York Review*. Hardwick escrevera o seguinte:

> O elogio fácil e a divergência frouxa, o estilo pobre e o texto fraco, a falta de envolvimento, de paixão, de personalidade e originalidade — a ausência, enfim, do próprio tom literário — transformaram o *New York Times* num jornal literário provinciano, mais extenso e abundante, mas não muito diferente, no fim das contas, daquelas seções dominicais sobre livros nos jornais das pequenas cidades.[22]

McCarthy obviamente concordava com essa visão; vinte anos antes, expressara uma opinião semelhante em seus textos da série "Nossos críticos, certos ou errados". Por isso, quando Hardwick e Lowell a convidaram, no começo de 1963, ela aceitou colaborar com a nova revista, escrevendo gratuitamente na primeira edição um texto sobre *Almoço nu*, de William S. Burroughs. De alguma forma, fez um elogio à obra, chamando-a de "o primeiro texto sério de ficção científica".[23]

Essa seria, no entanto, sua última colaboração por muitos anos. Quando *O grupo* foi lançado, a *Review* lhe dedicou dois textos. O primeiro foi uma resenha abertamente crítica escrita por Norman Mailer. O segundo, uma paródia assinada com o pseudônimo Xavier Prynne.

É difícil imaginar hoje a posição que Norman Mailer ocupava naquele momento de sua carreira. Ele obtivera apenas um importante sucesso comercial: seu primeiro romance, *Os nus e os mortos*, publicado em 1948. A partir daí, depois de patinar durante vários anos com a publicação de romances odiados pela crítica e pelo público, lançou uma espécie de coletânea de ensaios em tom autobiográfico chamado, sem ironia alguma, *Advertisements for Myself* [Publicidade para mim mesmo]. O livro disseca longamente seu desejo de obter fama e ser lido mais amplamente. "Se existe alguma coisa no novo livro de Mailer que me assusta", escreveu Gore Vidal ao avaliá-lo na *Nation*, "é a sua obsessão pelo sucesso de público."[24] Se o Norman Mailer de 1963 era, de fato, razoavelmente conhecido do público, isso provavelmente se devia mais ao fato de ter agredido a esposa com um canivete numa festa no outono de 1960, agressão pela qual foi condenado judicialmente.

Mailer também tivera uma rixa com McCarthy no outono de 1962. Teoricamente, era admirador dela. Havia lido *Dize-me com quem andas* na faculdade, que combinava com seus próprios pontos de vista em relação a como um autor deve se colocar no próprio texto. "Ela se revelava de uma maneira que nunca havia feito antes", declarou Mailer, já idoso, a uma biógrafa de McCarthy. "Estava desmascarando a si mesma."[25] Mas ele também disse nunca ter se sentido próximo de McCarthy até que os dois participaram de um festival literário em Edimburgo em 1962. Naquele ano, o evento estava particularmente agitado. "O mais chocante era a quantidade de malucos, tanto no palco quanto na plateia", escreveu McCarthy a Arendt. "Confesso que me diverti enormemente."[26] Em meio a toda aquela esquisitice, Mailer, em clima de enfrentamento, desafiou-a para um debate na BBC. McCarthy recusou o convite, o que o deixou furioso.

Quando os editores da *New York Review of Books* lhe encomendaram, então, a resenha sobre *O grupo*, já deviam saber o que esperar.

> Ela simplesmente não é uma mulher boa o suficiente para escrever um romance importante; não ainda; ela falhou, falhou na essência, falhou por vaidade, na vaidade acumulada por ter sido elogiada excessivamente ao longo de anos por tão pouco, e com isso se satisfazer consigo mesma com tão pouco; ela falhou por uma profunda timidez — como toda pessoa de boa formação católica, tem medo de soltar seus

demônios; ela falhou por esnobismo — se a compaixão pelas personagens começa finalmente a aparecer neste livro, ela não consegue, ainda assim, aprovar alguém que seja incapaz de realizar extremamente bem um pequeno gesto; ela falhou por uma obra da imaginação; tudo posto, há nela uma grande lerdeza, além de algo de míope em sua visão e uma autossatisfação em suas exigências, e isso contribui para o fracasso de seu estilo.[27]

O fato de Mailer não ter gostado do livro não surpreendeu McCarthy. O que mais a preocupou foi o que teria passado pela cabeça de Elizabeth Hardwick e de Robert Silvers, o gerente editorial da *Review*, que foram as duas pessoas que ela sabia que tinham pedido a resenha a Mailer. Na semana anterior à publicação do texto, a *Review* havia publicado a paródia de *O grupo* feita por Xavier Prynne, que apontava os mesmos erros que Mailer no texto de McCarthy. Os detalhes da paródia ficavam reservados àqueles que haviam lido *O grupo* com um pente-fino, como Prynne evidentemente fizera. O que mais importa lembrar, porém, é aquilo que a própria McCarthy acabou descobrindo: Xavier Prynne era, na verdade, Elizabeth Hardwick.

Hardwick era um pouco mais nova que McCarthy. Oriunda de Lexington, Kentucky, chegou a Nova York em 1939 para fazer faculdade. Como McCarthy, tinha fama de combinar uma extrema educação com uma maldade devastadora. E isso não era a única coisa que tinham em comum. Pouco tempo depois de começar a conviver com o círculo da *Partisan Review*, Hardwick se tornou amante de Philip Rahv. Em muitas de suas realizações, ela parecia estar atrasada em relação a McCarthy, que havia chegado antes dela. Pelo menos até esse episódio, McCarthy não parecia ter visto em Hardwick uma espécie de concorrente. Até a ruptura, elas haviam trocado cartas longas, amistosas e alegres.

Escritores muitas vezes criticam obras uns dos outros ao longo de sua amizade. Todos os volumes de cartas publicadas registram eventuais desacordos entre autores, até mesmo de forma simpática, quando um simplesmente não gosta de determinado texto ou poema. No entanto, o ato de Hardwick tem poucos paralelos na história da literatura do século XX. Ele soa ainda mais estranho considerando que antes ela havia escrito a McCarthy em particular elogiando o livro, embora se resguardando:

> O que quero dizer é parabéns. Estou tão feliz que tenha terminado esse belo livro e tão feliz que ganhará dinheiro com ele, como todos nós "sabíamos que ia!"... É uma enorme realização, Mary.[28]

Quando escreveu essa carta, Hardwick certamente já sabia o que ia fazer. A paródia foi publicada menos de dois meses depois. "Acho estranho que pessoas que supostamente são minhas amigas possam pedir uma resenha a um inimigo declarado",[29] escreveu McCarthy a Arendt. "Quanto à paródia, não mencionaram nada a respeito antes, provavelmente achando que eu nunca descobriria." Ela se sentia especialmente perturbada porque, aparentemente, naquele período, os editores da *New York Review* a vinham incomodando com pedidos para que colaborasse com a revista, o que de fato fez. Um de seus textos poderia ter saído junto com aquela condenação de sua obra. Hardwick tentou se desculpar: "Sinto muito pela paródia",[30] escreveu algumas semanas depois da publicação. "É o que eu queria dizer. É difícil voltar atrás no tempo, mas foi apenas uma pequena brincadeira, nada mais." Não foi suficiente. Por quatro anos, McCarthy não falou com Hardwick e não escreveu para a *New York Review*.

Isso coloca uma questão óbvia: poderia McCarthy não ter de pagar por aquilo que fizera antes? Em suas biografias, aparece uma história envolvendo um dos membros da *New York Review* hoje esquecido, o crítico Fred Dupee. Ele e McCarthy estavam numa festa quando ela lhe dissera ter ouvido que ele não tinha gostado do livro. Gore Vidal conta que:

Fred, que era uma pessoa extremamente educada, correta e pacífica, disse: "Bem, Mary, eu não gostei". Então ela cometeu seu segundo erro. "Por que não?". E ele disse: "Há muitos motivos, mas você, que aplica aos outros um grau intolerável de cobrança devido ao alto padrão, deveria estar pronta a que se aplique também a você". Então ela começou a chorar.[31]

McCarthy recebeu algumas outras críticas ao livro de forma equilibrada. Ao seu editor na *New Yorker*, disse ter realmente gostado de uma carta com muitas críticas a *O grupo*: "Gosto de você por ter sofrido tanto para me dizer a verdade".[32] Ao mesmo tempo, o livro era um grande best-seller. Ela recebeu um telefonema de Hollywood e, poucos anos mais tarde, saiu um filme baseado nele. Isso a tornou uma escritora verdadeiramente célebre e a ajudou a pôr em ordem sua situação financeira, que se encontrava desastrosa havia muitos anos.

Mas McCarthy também contou a amigos que tinha certeza de que o livro a havia arruinado e que chegava até mesmo a se arrepender de tê-lo escrito. Ela sabia que o fato de vender bem causaria ciúme entre os polemistas e os poetas em seu meio. Também tinha uma capacidade de se sentir ferida que desmentia muito de seus formidáveis textos. A poeta Elizabeth Bishop talvez esteja certa numa observação que fez depois de ler o primeiro capítulo de *O grupo*, assim como um trecho do romance satírico de Randall Jarrell sobre a vida universitária intitulado *Pictures from an Institution*, que tem uma personagem baseada em McCarthy:

Ah, pobre menina, de fato. Acho que ela nunca se sentiu como realmente era, e esse era seu problema. Sempre fingindo ser outra coisa ou outra pessoa sem nunca de fato convencer a si mesma ou a qualquer outro. Quando a conheci, sempre hesitei entre ficar furiosa com ela e me sentir muito tocada — porque naqueles dias ela se mostrava romântica e triste.[33]

Mas houve outro livro publicado por uma mulher no outono de 1963 que recebeu todos os louros intelectuais que McCarthy estivera por um bom tempo habituada a angariar. Era uma obra de vanguarda, cuja resistência às convenções no desenvolvimento do enredo e dos personagens a tornava uma verdadeira antítese de *O grupo*. Seu título era *O benfeitor* e sua autora, uma novata em Nova York, se chamava Susan Sontag.

8.
Sontag

A muito jovem e séria Susan Sontag não poderia ter tido uma estreia mais idiossincrática como escritora. *O benfeitor* foi rotulado por um resenhista do *Times* como "antirromance picaresco".[1] Embora fosse um elogio, não ajudou muito nas vendas. O livro segue o narrador sexagenário Hippolyte nas andanças de sua vida boêmia em Paris. Sua voz é digressiva e autocentrada. Em suas anotações, posteriormente, Sontag diria que tentara descrever o *"reductio ad absurdum* de uma abordagem estética da vida — isto é, de uma consciência solipsista".[2] Mas, ao retratar o solipsismo, talvez tenha ido fundo demais em sua própria mente.

A dificuldade de se orientar nesse tipo de disposição mental é provavelmente a razão pela qual *O benfeitor* não obteve sucesso comercial. Mesmo assim, quando o editor de Sontag buscou as impressões de Arendt sobre o livro, ela respondeu elogiosamente:

> Acabo de finalizar o romance da srta. Sonntag [sic] e penso que é extraordinariamente bom. Meus sinceros cumprimentos: você pode ter descoberto aí uma importante escritora. Está claro que ela é bem original e aprendeu a usar isso na escola francesa — o que é ótimo. Admirei especialmente sua rigorosa consistência, a maneira como nunca perde o controle de sua imaginação e como consegue construir uma história de verdade a partir de sonhos e pensamentos... Fiquei realmente encantada! Adoraria ir à festa de lançamento.[3]

Não está claro quanto do trabalho de Arendt conhecia até então Sontag. *Origens do totalitarismo* não foi mencionado em seus diários e nenhum volume de Arendt constava em sua lista de futuras leituras. Nos arquivos que doou à UCLA, há uma cópia rasurada de *Rahel Varnhagen*, com as margens cheias de anotações a lápis exclamando: "RÁ!" (Sontag talvez tenha sido a única pessoa na história a achar engraçada sua persona na prosa.) Ela se tornou admiradora da outra assim que se conheceram. A ponto de, em 1967, Mary McCarthy gracejar com Arendt sobre como Sontag estava querendo fortalecer a nova amizade:

> Quando a vi da última vez na casa dos Lowell, estava claro que queria conquistar você. Talvez até tivesse se apaixonado, o que dá no mesmo. E se apaixonou?[4]

Era uma brincadeira, mas McCarthy e Sontag estavam destinadas a ser rivais. Em uma anedota frequentemente repetida, dizia-se que McCarthy referia-se a Sontag como "a imitação de mim".[5] Na versão mais dramática, McCarthy teria se aproximado de Sontag em uma festa no início dos anos 1960 para falar algo como: "Ouvi dizer que você é a nova eu".[6] Não está claro se algum dia este fato aconteceu. Sontag ouviu essa história, embora não se recordasse de ter vindo diretamente de McCarthy. Também declarou aos biógrafos da outra não ter nenhum registro de onde e quando ela supostamente teria dito aquilo.

Em 1964, Sontag esboçou um perfil neutro de McCarthy em seu diário, em termos que não sugeriam um antagonismo real — pelo menos não a princípio:

> O sorriso de Mary McCarthy — cabelo grisalho — traje barato estampado vermelho e azul. Fofocas de sociedade. Ela é *O grupo*. É gentil com seu marido.[7]

O primeiro encontro deve ter sido nos Lowell, Sontag diria mais tarde. Ela se recorda de uma conversa simples, nem tão elogiosa nem tão ofensiva, na qual McCarthy observou que Sontag claramente não era de Nova York. "Não, de fato não sou. Embora sempre tenha querido morar na cidade, também sinto que não sou daqui. Mas como você sabe?", Sontag perguntou.

"Você sorri demais",[8] respondeu McCarthy.

É fácil perceber que esse comentário encerrou a conversa. "Mary McCarthy não consegue fazer nada com o sorriso dela",[9] escreveu Sontag em seu diário. "Nem sequer consegue sorrir com ele." No entanto, pelo menos no começo ela foi razoavelmente simpática com Sontag. Em 1964, escreveu para seus amigos, incluindo Sonia Orwell, para introduzi-la nos círculos intelectuais europeus. Com frequência convidava Sontag para jantar em Nova York. Essas maneiras sociais lhe pareciam naturais. Ainda assim, após um desses jantares, McCarthy incluiu uma observação que sutilmente indicava que no mundo da intelectualidade de Nova York, ao qual havia muito Sontag desejava se juntar, ela ainda era uma novata:

P.S. Percebi que errei a ortografia do seu nome na carta que escrevi para Sonia [Orwell]. Usei "nn". Por favor, pergunte por Sonntag também no American Express.[10]

McCarthy estava parcialmente errada sobre as origens de Sontag, que nascera em Nova York em 1933 e passara parte de sua infância em Long Island com seus avós. A mãe, Mildred Rosenblatt, estava vivendo com os pais porque não queria dar à luz na China, onde seu marido, Jack Rosenblatt, estava trabalhando.

Tal qual o pai de Dorothy Parker, Jack Rosenblatt trabalhava com peles. Ele tinha uma produção relativamente bem-sucedida em Shanghai. Ainda jovem, no entanto, contraiu uma tuberculose que acabaria por matá-lo antes que Sontag completasse cinco anos. Mildred demorou um ano para contar a Susan e sua irmã, Judith, que o pai estava morto. Consequentemente, ele se tornou uma figura que provocava grande dor nela, a ponto de confessar: "Ainda choro em qualquer filme em que um pai retorna para casa após uma desesperadora ausência, no momento em que ele abraça o filho. Ou filhos".[11] Por outro lado, Mildred era, para dizer o mínimo, uma presença sufocante. Em algum momento se tornou alcoólatra e passou a ser totalmente dependente da filha mais velha em termos de validação e apoio. Em uma entrada de seus primeiros diários, aos quinze anos, Sontag se mostra preocupada em um grau exorbitante com a felicidade de sua mãe: "Só consigo pensar em minha mãe, em como ela é linda, na sua pele macia, em como me ama".[12]

A essa altura Mildred já havia se casado novamente, com um piloto condecorado do Exército chamado Nathan Sontag. Tanto Susan quanto sua irmã Judith ficaram com seu sobrenome, embora ele não as tenha adotado. A família viveu primeiro em Tucson e então em Los Angeles, onde Susan frequentou a North Hollywood High School. É correto dizer que, desde a adolescência, ela não se sentia confortável com os amplos espaços e com as longas horas de indolência do Oeste. Em quase todos os fragmentos autobiográficos que deixou, publicados ou não, sua inquietação é explícita. "Eu me sentia destruindo minha própria vida",[13] escreveu certa vez. Sontag não se encaixava ali.

Em Los Angeles, ela procurou a única livraria razoável no Hollywood Boulevard, a Pickwick. A leitura se tornou seu primeiro meio de escape. Em seus textos, ela frequentemente conferia aos livros as qualidades de uma viagem. Às vezes, chamava-os de "espaçonaves". O conforto que encontrava neles rapidamente floresceu em orgulho e então em sentimento de superioridade: toda essa leitura gradualmente a distanciou das pessoas com quem tinha de lidar diariamente, desde seus colegas até sua família. Em "Peregrinação", seu franco ensaio autobiográfico, ela diz que Nathan Sontag costumava dizer: "Sue, se continuar lendo tanto, nunca vai encontrar um marido".

Pensei: "Esse idiota não sabe que existem homens inteligentes no mundo. Acha que são todos como ele". Mas eu estava tão isolada que nunca me ocorreu que não havia muitas pessoas como eu em algum lugar lá fora.

O mundo exterior trazia decepções. Em "Peregrinação", até mesmo a visita ao grande Thomas Mann, a quem Sontag admirava profundamente e que então morava em Pacific Palisades, teve "a cor da vergonha". Ele gostava de Hemingway, um escritor que ela não conseguia admirar. Ele "falava como uma resenha de livro", e ela teve dificuldade de encontrar os estados cada vez mais superiores de exaltação que buscava. Isso se tornou um tema seu.

Em busca de uma meca onde as pessoas só discutissem ideias e arte erudita, Sontag começou a ler a *Partisan Review*. Como sua família nunca estivera muito interessada nos assuntos abordados por ela, Sontag teve de se colocar na situação de ter de aprender uma segunda língua. Uma amiga relatou a um biógrafo que a jovem não entendeu nenhum dos ensaios da primeira edição que comprou.[14] Mais tarde, Sontag seria frequentemente caracterizada como intimidadora ou, segundo alguns, pretensiosa. (A acadêmica Terry Castle, sua amiga, recordou sua tendência a se gabar de amar as "óperas menos conhecidas de Händel".)[15] Sontag tinha trabalhado duro para adquirir a fluência que teria mais tarde na arte de vanguarda. Isso não lhe viera naturalmente, o que é talvez a razão de Sontag valorizá-lo tanto. Sua experiência sugeria que qualquer um que lesse o suficiente poderia se iluminar.

Mais tarde, quando solicitada a listar pessoas cujo trabalho a influenciara como escritora, Sontag sempre citava Lionel Trilling. Outras inspirações se acumulariam: Walter Benjamin, Elias Canetti, Roland Barthes. Seus heróis escreviam ensaios densos, cheios de alusões e referências, cada um recheado com provas de estudos prévios. Tinham um estilo marcado por aspirações acadêmicas.

Dadas as circunstâncias, talvez não surpreenda que a única pessoa de quem Sontag sempre insistiu não ter recebido nenhuma influência seja Mary McCarthy. Ela sempre foi enfática em relação à outra: "uma escritora que nunca importou para mim".[16] Não é difícil entender o porquê. Raras vezes a escrita de McCarthy exaltava; em geral estava ligada a realidades sociais com que Sontag nunca pareceu se sentir confortável, tanto na vida quanto na escrita. Além disso, ainda que não o dissesse diretamente, Sontag não estava muito preocupada com seu status de mulher no mundo de homens inteligentes ao qual estava buscando se juntar. Naqueles primeiros anos, ela tampouco parecia se preocupar muito com quão seriamente esse intelectuais iam recebê-la. Já tinha ido longe demais.

A universidade seria sua primeira chance de abandonar a vida monótona do Oeste. Ela planejou esse momento cuidadosamente, graduando-se no ensino médio o mais rápido possível. Desde jovem, Sontag queria ir para a Universidade de Chicago; lá havia um programa de grandes livros que se encaixava em sua autoimagem intelectual que florescia. Mas Mildred, despreparada para o iminente corte do vínculo com a filha, insistiu que passasse por um semestre de transição em Berkeley. Sontag chegou ao campus em 1949, aos dezesseis anos. Lá, trocando textos didáticos, Sontag conheceu uma jovem alta chamada Harriet Sohmers, que ia se tornar uma figura central em sua juventude. A cantada de Sohmers atrairia qualquer jovem inclinada a tal: "Você já leu *Nightwood*?".[17]

Logo após sair da escola, Sontag tinha começado a se preocupar com o fato de sentir atração por mulheres. Ela havia se esforçado a suprimir o impulso saindo com homens e falando sobre a atração que exerciam mesmo que não a sentisse. Sohmers ia introduzi-la à ativa cena lésbica de San Francisco naqueles poucos meses em Berkeley, e seria a primeira mulher com quem dormiria. Sontag recordou a experiência como nada menos que uma libertação:

> Meu conceito de sexualidade é tão alterado — Graças a Deus! — a bissexualidade como expressão da plenitude de um indivíduo — e uma rejeição honesta da — sim — perversão que limita a experiência sexual, que ameaça sua desfisicalização com conceitos tais como a idealização da castidade até que "a pessoa certa" apareça — a interdição da pura sensação física sem amor e da promiscuidade.[18]

Abrindo-se para sua sensualidade, Sontag teve um longo caso com Sohmers e depois com outra mulher. Ela escreveu nas páginas de seu diário que se sentiu renascida. Censurou-se por ter hesitado quando sua mãe sugeriu Berkeley, pensando que se não tivesse ido para San Francisco teria partido dali sem essas experiências.

Pelo resto da vida, Sontag sairia com mulheres e homens, sendo às vezes contida na rotulação precisa de sua sexualidade — muito embora a maioria de seus relacionamentos importantes tenha sido com mulheres. Era um modo pessoal de libertação, um modo privado. Ela sempre foi uma pessoa reservada, que escreveu poucas de suas lembranças. Mesmo o "eu" de seu trabalho, sua voz reconhecível, não se mostrava como uma pessoa, tal qual acontecia em Rebecca West. A voz de Sontag é uma força da natureza, mas sem relatar experiências especificamente pessoais. Houve certa decepção por ela nunca ter se declarado bissexual — ou lésbica — publicamente. Mas sua relutância em fazê-lo talvez não tenha relação somente com escamotear sua orientação sexual. Ela apenas não compartilhava muito de si em sua obra voltada ao público. Finalmente, Sontag recebeu em Berkeley uma carta de aceitação da Universidade de Chicago, que incluía a promessa de uma bolsa de estudos. Ela ainda estava determinada a experimentar o rigoroso programa da instituição e chegou à cidade no outono de 1949. Havia muitos professores que admirava em Chicago. Sontag se apaixonou por Kenneth Burke, que como jovem literato havia certa vez compartilhado um apartamento com Hart Crane e Djuna Barnes. ("Você pode imaginar o que isso provocou em mim",[19] ela disse a um entrevistador.) Foi com um homem que conheceria em seu segundo ano na cidade, Philip Rieff, que acabaria se casando, alguns dias após seu primeiro encontro.

Embora essa reviravolta pareça improvável logo após seus relacionamentos em San Francisco, Sontag alegou ter escolhido esse caminho livremente, por amor. Mas havia, claro, outras motivações. Em seus primeiros meses em Chicago, ela lera um tratado de um dos pupilos de Freud, que em suas primeiras páginas afirmava:

> Nossas investigações nos mostraram até agora, repetidas vezes, que, no caso dos homossexuais, o caminho heterossexual está apenas bloqueado e que seria então totalmente incorreto dizer que ele não existe.[20]

Além disso, em uma carta que inseriu em seus diários, Sontag contou a um amigo de escola que o dinheiro que sua mãe herdara com a morte de seu pai havia acabado, pois seu tio tinha conduzido mal seu negócio. "Ele precisa de todo o dinheiro para não acabar na prisão — não há mais nada para nós."[21] Era provável que Sontag tivesse que trabalhar caso não conseguisse encontrar outra forma de sustentar sua vida de universitária financeiramente.

Philip Rieff era onze anos mais velho que ela. Sociólogo de formação, estava trabalhando em uma dissertação sobre Freud. Dizia-se que era um professor fascinante, mas de natureza melancólica. Sontag nunca mencionou o grau de atração física entre os dois, mas o vínculo intelectual foi transformador. Ela disse a um entrevistador que, quando Rieff a pediu em casamento, respondeu: "Você deve estar brincando!". Ele não estava. A força do desejo de Rieff a fez concordar. "Caso com Philip com total consciência + medo de meu instinto de autodestruição",[22] escreveu ela em um de seus cadernos. Não era exatamente o que uma jovem noiva costuma escrever, mas nesse momento já havia se comprometido.

No começo, a parceria funcionou. Os Rieff simplesmente "falaram e falaram por sete anos".[23] As conversas continuavam dia e noite adentro, pela casa toda. Eles começaram a trabalhar juntos no livro dele sobre Freud. Sontag posteriormente diria que fora ela quem escrevera cada palavra. Nesse meio-tempo, completou seu bacharelado e seguiu o marido até Boston, onde ele trabalharia na Universidade Brandeis. Sontag começou um mestrado em filosofia na Universidade de Connecticut. Então prosseguiu com um doutorado em Harvard. Antes mesmo de completar vinte anos, em 1952, deu à luz seu filho David.

Ao contrário do que aconteceu entre H. G. Wells e Rebecca West — que também virara mãe com essa idade —, o começo do casamento com Rieff foi bom para Sontag. Ela estava a caminho do estrelato acadêmico e seus professores vibravam com seu brilhantismo. Foi a primeira de sua turma em Harvard. Após alguns anos daquilo que de fora aparentava ser um idílio intelectual, a Associação Americana de Mulheres Universitárias ofereceu-lhe uma bolsa de estudos em Oxford para o ano acadêmico de 1956-7, que ela aceitou com a bênção — ao menos inicial — de Rieff.

Àquela altura, a estabilidade da vida com Rieff começou a incomodá-la. Sontag não publicou praticamente nada enquanto esteve com ele, apenas uma fraca resenha de uma nova edição de traduções de Ezra Pound para a *New Leader*. Mais tarde, em seu romance *Na América*, a narradora de Sontag descreveria sua descoberta, aos dezoito anos, de que havia se casado com um simulacro de Edward Casaubon. Tratava-se de um personagem de *Middlemarch*, de George Eliot, o marido idoso de Dorothea Brooke, a heroína do romance, cuja vida é atrapalhada por sua ligação precoce com ele.

"Seja quem for, o inventor do casamento era um hábil torturador",[24] escreveu Sontag em seu diário em 1956. "Trata-se de uma instituição comprometida com o embotamento dos sentidos." O que antes parecia um casamento de mentes afinadas se tornara um tipo de prisão. Rieff era possessivo em sua estima por ela, um "totalitário emocional".[25] Sontag sentiu que estava perdendo a si mesma. Para Joan Acocella, reconstituiu a lembrança solitária de ir ao cinema ver *Ao balanço das horas*, um filme comercial divertido que tinha a intenção de capitalizar em cima do sucesso de "Rock Around the Clock", em 1956. Ela adorou o filme, mas subitamente percebeu que não tinha ninguém com quem conversar a respeito dele.[26]

"Demorou nove anos para eu decidir que tinha o direito, o direito moral, de me divorciar do sr. Casaubon",[27] relata a narradora de *Na América*. O ano em Oxford foi o fim para os Rieff. Sontag viajou sozinha; David foi morar com os avós. Após quatro meses na universidade, Sontag a largou e foi estudar na Sorbonne e experimentar a cultura francesa. Lá encontrou Harriet e retomou seu relacionamento. Por meio dela, conheceu a dramaturga cubana María Irene Fornés. Ao retornar para Boston, em 1958, Sontag sentia-se forte o suficiente para contar para Philip Rieff, ainda no aeroporto, que queria o divórcio. Ela pegou David e se mudou para Nova York.

Fornés se juntou a eles lá. Um dia, o casal estava no Le Figaro Café, em Greenwich Village, discutindo sobre como gostariam de escrever, mas não sabiam por onde começar. De acordo com Sontag — há diferentes versões dessa história —, Fornés disse a ela: "Por que não começa a escrever seu romance agora?".

> Respondi: "Sim, vou fazer isso". E ela falou: "Quero dizer neste instante".[28]

Aparentemente isso motivou Sontag a sair do café, ir para casa e escrever as primeiras três páginas do que viria a ser *O benfeitor*. Foi, como ela diria mais tarde, uma espécie de "cheque em branco". Sontag trabalhou pelos próximos quatro anos, frequentemente com David em seu colo. O processo de escrita do livro duraria mais que seu relacionamento com Fornés. Ao final, David tinha dez anos e Sontag gostava de dizer que ele ficava junto dela e acendia seus cigarros enquanto batia à máquina.[29]

Embora não tenha lhe trazido sucesso ou mesmo boas críticas — um dos mais estranhos comentários que recebeu foi de que o livro exibia uma "confiança astuta, serena, doméstica"[30] —, o mero fato de publicar um romance deixou Sontag mais confiante. Em uma festa, ela conheceu um dos editores da *Partisan Review*, William Phillips, e perguntou se poderia escrever para a revista. Ele ofereceu a ela uma coluna de teatro. "Mary costumava escrever essa coluna",[31] teria dito Phillips. Sontag não se interessava por teatro, mas tinha grande interesse em ser publicada na *Partisan Review*. Então aceitou. Escreveu duas críticas que, a partir do tema das peças, derivaram em direção à sua paixão naquele momento, o cinema. Então descobriu que não poderia continuar. Disse às pessoas que na verdade gostaria de ser uma romancista. Mas a literatura naquele momento estava na berlinda: Dwight Macdonald inclusive lhe disse: "Ninguém se interessa por ficção, Susan".[32]

Rapidamente as pessoas se interessaram pelos ensaios de Sontag. Seu primeiro grande sucesso foi "Notas sobre o *camp*", originalmente publicado na *Partisan Review* no outono de 1964. "Muitas coisas no mundo ainda não foram nomeadas", diz o texto. "E muitas coisas, ainda que nomeadas, nunca foram descritas."[33] *Camp*, argumentava ela, era uma sensibilidade devotada ao artifício, em que o estilo é astutamente mais valorizado que o conteúdo. O tom relaxado e de superioridade do ensaio combinava à perfeição com a temática, e o assunto pegou. Sontag havia definido uma tendência comportamental, que por sua vez viria a defini-la.

Ela estava em ascensão desde *O benfeitor*: havia ganhado um prêmio por mérito da *Mademoiselle*, publicado um conto na *Harper's* e subitamente fora convidada a escrever resenhas para a *New York Times Book Review*. Mas nada havia atraído a mesma de atenção de "Notas sobre *camp*". Sontag foi alçada à condição de visionária da cultura pop. A noção de *camp* provocou uma discussão tão ampla que produziu uma reação contrária. Naquela primavera, um redator do *New York Times* tinha inclusive encontrado um profissional anônimo disposto a denunciar o fenômeno:

> "Basicamente, *camp* é uma forma de regressão, um modo um tanto sentimental e adolescente de lidar com a autoridade", disse um psiquiatra a um amigo, recentemente. "Resumindo, é um jeito de fugir da vida e de suas responsabilidades reais. Portanto, em certo sentido, é não apenas infantil ao extremo, mas também potencialmente perigoso para a sociedade, além de doentio e decadente."[34]

Parece estranho hoje esse senso de ameaça. A noção de *camp* se tornou tão mainstream e comercial que é difícil remontar ao radicalismo de sua formulação em 1964. Os intelectuais de Nova York, em sua política comunista, davam pouco espaço em seus quadros para transgressores culturais. Eles não apreciavam os beats; pouco tinham a dizer sobre Allen Ginsberg. A cultura queer era invisível para eles. Toda essa resistência foi bem resumida em uma carta enviada por Philip Rahv a Mary McCarthy, em abril de 1965, após "Notas sobre o *camp*" ter sido favoravelmente resenhado pela revista *Time*, dando ao texto uma visibilidade incomum para um ensaio publicado em uma revista pequena:

> O estilo *camp* de Susan Sontag está na moda, e todo tipo de perversão é considerado vanguarda. Os homossexuais e os pornógrafos, masculinos e femininos, dominam a cena. Mas Susan, quem é ela? Em minha opinião, no fundo a moça é uma careta. As bichas a amam porque ela está fornecendo um argumento intelectual para sua frivolidade. Me disseram que ela responde me chamando de moralista convencional.[35]

"Notas sobre o *camp*" foi uma avaliação da cultura pop raras vezes vista antes. Todos os fenômenos que Sontag lista como "parte do cânone do *camp*" são itens altamente pop: *King Kong*, quadrinhos do Flash Gordon etc. O espírito do ensaio era essencialmente democrático, liberando as pessoas de ter de classificar seus gostos como bons ou ruins. O *camp* libertou o mau gosto para ser bom; em outras palavras, permitiu às pessoas se divertirem. "É constrangedor ser solene ou acadêmico sobre o *camp*",[36] escreve Sontag. "Corre-se o risco de se produzir, você mesmo, uma versão muito inferior dele."

Sua arrogância nesse momento é cuidadosamente calculada. Mas é fácil esquecer que a jovem Sontag ainda não era a escritora imperiosa e incômoda de seus ensaios tardios. Ela ainda estava buscando entender seu estilo próprio e, a rigor, se comparada com artigos que escreveria sobre Walter Benjamin ou Elias Canetti, ou mesmo aos trabalhos mais longos sobre crítica cultural que produziria mais tarde, "Notas sobre o *camp*" não soa como ela. Talvez essa seja a razão pela qual, mais tarde, conforme comentou sua amiga Terry Castle, Sontag deixou de apreciar o ensaio. Castle argumenta que há razões mais profundas para isso: que a afinidade de Sontag com o *camp* é queer demais, reveladora de sua sexualidade a ponto de provocar desconforto na mulher madura.[37] Essa discrição posterior foi algo intrigante para gays e lésbicas que leram o texto em 1964: eles viam o que Sontag enxergara em suas comunidades. Ela não estava enganando ninguém.

"Contra a interpretação", outro importante ensaio inicial de Sontag, foi publicado na *Evergreen Review* alguns meses depois. À primeira vista, parece uma recusa da tarefa em que ela passaria o resto da vida trabalhando. "A interpretação", Sontag alega, "é a vingança do intelecto sobre a arte."[38] A frase pode soar como uma paráfrase da velha ideia de que críticos criticam porque não conseguem fazer boa arte. Mas sua frase é de uma sedução mais palatável, sustentando finalmente que "no lugar de uma hermenêutica, precisamos de uma 'erótica' da arte".

Muitos tiraram conclusões falsas dessa afirmação, acreditando que a meta de Sontag era atacar todo tipo de texto sobre arte. Mas ela não abandonou sua própria produção sobre arte em uma tentativa de estar à altura de sua proposição. Mais tarde, Sontag diria que o argumento que estava tentando construir se referia à interação entre forma e conteúdo, em como as regras de dada mídia também interferem "no que algo significa". Simplificando ainda mais, para Susan Sontag os atos de pensar e escrever eram experiências eróticas e sensuais em si e para si. Ela tentou transmitir isso com frases que se sobrepunham a elas mesmas e fazendo uso de termos eruditos como "antítese" e "inefável" de forma espontânea, de modo que parecessem acessíveis e até belos. Dessa forma, substituiu um "eu" camarada, mais propenso a adotar um tom pessoal.

Após tanto "Notas sobre o *camp*" quanto "Contra a interpretação" provocarem grande repercussão, a editora Farrar, Straus e Giroux, que havia publicado *O benfeitor*, vislumbrou uma oportunidade de juntar esses ensaios críticos em um livro, que foi publicado em 1966. Com o mesmo título de *Contra a interpretação*, ele recebeu muito mais críticas e resenhas que *O benfeitor*, dando à imprensa uma chance de se deslumbrar com Sontag. Um artigo anônimo na *Vogue* dizia que os sentidos do seu trabalho orbitavam entre "fazer história ou ser um ousado logro".[39] Na grande imprensa, a maior parte dos críticos considerou Sontag uma fraude. Um deles a chamou de "garota afiada, uma espécie de Mary McCarthy universitária que está abrindo seu caminho pela cultura contemporânea"[40] pouco antes de arrasar o livro. Outro fez a seguinte observação no *Washington Post*:

> Como autora destes ensaios, Susan Sontag é uma pessoa de que dificilmente alguém pode gostar. Sua voz é áspera, rude e estridente. E não há nada no livro que indique que se importa muito com o que pensamos de seu tom e de suas maneiras.[41]

Mas nem todas as críticas foram assim. O *Los Angeles Times* e o *New Leader* a elogiaram. Comentários pessoais raras vezes eram meros apartes. Com frequência a opinião do crítico estava baseada inteiramente em sua imagem pessoal de Sontag. E como tal, dali em diante, a personalidade dela se tornou uma questão tanto quanto aquilo que escrevia. Esse vago atributo, a "imagem" dela, seria parte de sua reputação literária tanto quanto sua escrita. Seus editores tiraram proveito disso muitas vezes, explorando a atração inegável por Sontag. Na capa da edição econômica de *Contra a interpretação* — que a despeito de todas as probabilidades havia se tornado um best-seller — havia apenas uma fotografia de Sontag, de autoria de Harry Hess. Ela está olhando por cima do ombro, de lado.

É difícil exagerar quanto do que foi escrito sobre Sontag concerne à sua aparência. Mesmo nos ensaios mais consistentes aparece algum comentário a respeito. Os rios de tinta gastos nessa questão podem ser resumidos da seguinte forma: Sontag era extremamente bonita. No entanto, acho que ela tinha uma relação com a beleza mais complicada do que o deslumbre de seu público e a elegância de suas fotos sugeriam. Suas anotações são cheias de exortações a tomar mais banho; alguns contemporâneos diziam que com frequência estava despenteada, em geral com o cabelo puxado para o lado de modo desleixado, sem estilo. Isso acontecia também em aparições na mídia: em uma entrevista, seu cabelo descuidado e a falta de maquiagem contrastavam fortemente com o penteado impecável da cineasta Agnès Varda.[42]

Sontag se vestia apenas de preto, estratégia-padrão daqueles que não querem ter de pensar em roupas. Já com certa idade, era sabido que ela levantava a blusa e mostrava para as pessoas as cicatrizes de suas cirurgias. Embora pessoas atraentes muitas vezes tenham o privilégio de não ter de pensar em sua própria aparência, havia algo de genuíno e espontâneo na indiferença de Sontag. Embora apreciasse que sua aparência lhe abrisse espaços, para ela a questão não ia além disso.

Desde o começo Sontag se preocupava com a imagem que seus editores estavam tentando projetar. As fotos começaram a eclipsar a autora. Uma editora inglesa ofereceu lançar uma edição limitada de *Contra a interpretação* apresentando reproduções de fotos de Rauschenberg. Sontag vetou a ideia:

Será esse o tipo de ocasião ultrachique — eu e Rauschenberg — que tende a ser publicado na *LIFE* e na *TIME* + que vai confirmar minha imagem como a garota "que tem tudo", a nova Mary McCarthy, rainha do McLuhanismo + *camp* que estou tentando eliminar?[43]

Afortunada ou desafortunadamente, a resistência de Sontag ao seu status não prevaleceu. Suas entrevistas reafirmavam os comentários sarcásticos de que teria se tornado "a Natalie Wood da vanguarda dos Estados Unidos".[44] Ela publicaria um segundo romance, *Death Kit*, cuja recepção não conseguiria superar a crescente fama de ensaísta. Tal como com *O benfeitor*, *Death Kit* tem uma trama muito enxuta: um homem de negócios da Pensilvânia passa a maior parte do romance considerando se sua lembrança de ter matado um ferroviário é verdadeira ou falsa. O livro é densamente alusivo, seguindo o estilo então em voga na França. Ao resenhar o livro para o *Chicago Tribune*, Gore Vidal aponta as razões de seu insucesso:

> Estranhamente, a sra. Sontag se desmonta como romancista pela exata razão que a torna única e valiosa entre os escritores americanos: sua vasta leitura daquilo que se chama, nos departamentos de língua inglesa, de literatura comparada [...]. Essa cultura adquirida a destaca da maioria dos romancistas americanos, bons ou ruins, que praticamente não leem — se formos admitir como evidência disso a textura magra de seus trabalhos e a frivolidade de seus comentário ocasionais.[45]

Conforme o crítico de cinema Carrie Rickey, amigo de Sontag, me disse uma vez: "Ela com frequência era tradutora de linguagens que ninguém queria aprender". Críticos como Sontag, interessados nas vanguardas, eram escassos e espaçados entre si. A cobertura da imprensa preferia se manter nos assuntos mais acessíveis. "Se houvesse justiça neste mundo, Susan Sontag seria feia ou, ao menos, simples",[46] comentou uma crítica do *Washington Post*. "Nenhuma menina tão bonita deveria ter direito a toda essa inteligência." A acadêmica feminista Carolyn Heilbrun, que entrevistou Sontag pelo *New York Times*, ficou tão intimidada que produziu um artigo sem nenhuma citação. "Não devo citá-la, pois aquelas palavras, cristalizadas, retiradas da conversa em que foram evocadas, se tornam simplificadas, falsas."[47] Teoricamente, é um elogio. A entrevista se tornou algo parecido com um poema em prosa sobre Sontag, com uma linguagem mais apropriada para o perfil de uma celebridade que um texto sobre livros:

> Quando comecei a ler sobre Susan Sontag pensei: meu Deus, ela é a Marilyn Monroe, linda, bem-sucedida, proscrita, sequiosa (é a melhor frase de Arthur Miller), uma bênção. Dizem que não há segundo ato nas vidas americanas. De fato, é um kit de morte. E os críticos vão procurar pela sra. Sontag em seu novo romance. (Mas ela não está lá. Já não é mais um livro seu. Ela sabe que esse já não é um texto que gostaria de ler.)

No auge da fama, Sontag comentou com uma escritora da *Esquire* que fazia um perfil dela: "A fama é como uma cauda… te segue de forma inclemente, desajeitada, inútil, sem relação com sua personalidade".[48] É claro que há sempre um pouco de drama nessa modéstia, e a única pessoa que pode rejeitar a fama é aquela que já a tem. Mas é fácil confirmar que ela estava certa: no fim dos anos 1960, a persona pública de Susan Sontag tinha menos a ver com sua obra do que com sua imagem, o que a incomodava.

Ainda assim, a fama tinha suas vantagens. Muitos intelectuais homens da época ficavam intimidados pela imagem de Sontag na mídia. Por exemplo, no começo de 1969 ela recebeu, sem aviso prévio, uma carta de Philip Roth, autor de um romance chamado *O complexo de Portnoy*. A revista *New York* havia feito um perfil dele pouco antes. No começo do texto, ele se referia a Sontag como "Sue. Suzy Q. Suzy Q. Sontag".[49] Ao que tudo indica, ao ver suas palavras impressas, Roth fora acometido de remorsos e então escrevera a carta:

> Você bem sabe que sempre apreciei seu charme pessoal. E, também por admirar a integridade do seu trabalho, estou perplexo com a interpretação equívoca do jornalista daquilo que lembro ter dito e do contexto em que foi dito.[50]

Embora a suposta ofensa tenha sido bastante leve, essas gentis desculpas dão a dimensão da figura que Sontag começava a ser, apesar das críticas medianas que seu trabalho vinha recebendo. Ela gozava de enorme respeito como pensadora e intelectual. Podia intimidar Philip Roth, que não era exatamente conhecido por se desculpar.

Enquanto ascendia, Sontag estava determinada a se afastar da produção de crítica e de ensaios. Começou então a escrever um terceiro romance e, após receber uma proposta da Suécia, a produzir filmes de arte de baixíssimo orçamento por lá. Ela também abandonou a crítica abstrata em favor de uma escrita mais direta sobre eventos em curso. Em 1967, o *Partisan Review* promoveu o simpósio escrito O Que Está Acontecendo na América?, para o qual Sontag escreveu um longo texto contra o estado do país ao qual nunca realmente sentiu pertencer. Ao insultá-lo, ela evocou metáforas oriundas de sua infância na Califórnia:

A América hoje, com Ronald Reagan como novo queridinho na Califórnia e John Wayne mascando costelas bovinas na Casa Branca, é praticamente o mundo de fantasia que Mencken descreveu.[51]

Nunca propensa a recitar valores patrióticos, Sontag foi adiante, mostrando que, se de fato os Estados Unidos eram o "ápice da civilização branca ocidental [...] Então deve ter algo errado com a civilização branca ocidental". A raça branca, escreveu ela, é "o câncer da história humana".

Mais uma vez, um ensaio em uma pequena revista ia se tornar notícia. William F. Buckley, escritor conservador e fundador da *National Review*, destacou essa e outras frases do ensaio de Sontag em um estrondoso editorial. Segundo escreveu sarcasticamente, aquela "menina doce"[52] era a favor do comunismo. Um horrorizado professor de sociologia da Universidade de Toronto nem sequer conseguiu escrever o nome da "intelectual alienada"[53] que havia escrito aquela frase a partir de seus impulsos autodestrutivos. A frase "o câncer da história humana" ia acompanhá-la por quase toda a vida.

Mas seu trabalho já estava começando a se projetar para além das páginas de revistas pequenas. Sontag viajou ao Vietnã no fim de 1968 como parte de uma encomenda da *Esquire*, então sob a direção de um homem chamado Harold Hayes. Ele desejava tornar a revista de moda para homens uma potência literária, e Sontag poderia ajudá-lo nisso.

Não era uma viagem independente. Sontag era convidada dos norte-vietnamitas, cuja iniciativa de propaganda consistia em chamar proeminentes ativistas e escritores antiguerra para ver o que estava acontecendo ali. Ainda que revelasse não ter sido possível ver o país sem a companhia de seus guias locais, ela não refletiu sobre o dilema ético que esse fato poderia representar em relação à sua reportagem. Isso não a impediu de ser cuidadosa em apresentar o artigo não como um relato oficial da situação naquele país, mas como uma experiência pessoal. Dessa vez, Sontag escreveu abertamente sobre sua experiência imediata:

> Por quatro anos estive infeliz e com raiva ao saber do sofrimento excruciante do povo vietnamita nas mãos do meu governo; agora que eu estava lá recebendo presentes, flores, retórica, chá e uma bondade aparentemente exagerada, não sentia nada além do que sentia a 10 mil quilômetros de distância.[54]

Conforme esse relato sugere, o texto resultante — que mais tarde seria publicado como livro, dado seu volume — não era tanto sobre os vietnamitas quanto sobre como Sontag os viu e reagiu a eles. Resenhando o livro para o *New York Review of Books*, a jornalista Frances FitzGerald fez uma analogia entre a abordagem do texto e um paciente de psicanálise.[55] Sontag não esperava conhecer melhor o novo país tanto quanto desejava entender o império em que já vivia. Ela se encontrou, mesmo estando entre aquilo que considerou a bondade do povo vietnamita, sequiosa pela "assombrosa variedade de prazeres estéticos e intelectuais" que seu "antiético" país natal oferecia. "No limite, claro, um americano não tem como incorporar o Vietnã em sua consciência",[56] finalizou.

Sontag evidentemente não foi a única americana a fazer essa viagem com finalidade jornalística e sentir-se frustrada. Dois anos antes, Mary McCarthy havia pousado em Hanói e publicado seu relato na *New York Review of Books*. Sua análise da situação foi de algum modo mais direta que a de Sontag e o livro resultante, um documento menos reflexivo de modo geral.

> Confesso que, quando fui ao Vietnã em fevereiro passado, estava buscando material prejudicial aos interesses norte-americanos e o encontrei, embora com frequência por acidente ou informada por um oficial.[57]

A objetividade de McCarthy voltou-se contra ela. Sua franqueza foi vista como demonstração de credulidade com as reivindicações norte-vietnamitas. Também foram percebidos deslizes factuais em seu relato. Em seu ensaio na *New York Review*, Fitz-Gerald delicadamente sugeriu a McCarthy "fazer o trabalho de um etnólogo cuidadoso, que vigia atentamente as evidências".[58] Nenhum dos livros foi considerado um sucesso naquele momento. Sontag mais tarde pareceu constrangida por ele, chegando a dizer: "Eu era muito burra naquela época".[59]

Ainda assim, McCarthy escreveu para Sontag na ocasião da publicação, ansiosa para salientar os paralelos no pensamento de ambas. "É interessante que você também tenha sido impelida a um exame de consciência",[60] escreveu McCarthy. "Possivelmente egotismo feminino..."

> Com certeza você será censurada por escrever sobre Susan Sontag em vez de escolas, hospitais etc. Penso que está certa e mais certa do que eu, pois levou isso ao limite, não teve dúvidas em dizer: "Este livro é sobre mim".

McCarthy realmente detectou algo na transformação do estilo de Sontag. Dez anos antes, uma jovem Sontag tinha se repreendido em seu diário. "Meu 'eu' é fraco, cauteloso, sóbrio demais. Bons escritores são egoicos ruidosos, às raias da petulância."[61] O ensaio de Hanói foi um experimento para uma escritora que quase nunca usara a primeira pessoa antes. Havia ali um novo tipo de confiança. Mesmo os críticos que não gostavam dela — Herbert Mitgang, do *New York Times*, ao começar uma crítica a chamou de "pin-up literária do ano passado"[62] — tiveram de admitir que havia entregado um trabalho cuidadosamente pensado.

McCarthy também pareceu reconhecer isso. Ela adicionou um atipicamente acanhado P.S. às três páginas de sua carta: "Estou assumindo que leu o meu livro. Caso não tenha lido, é no último capítulo que a reavaliação se dá".[63] Não era uma carta de inimizade, mas havia nela um leve ar de incredulidade, como se perguntasse: "Como é que continuamos nos encontrando desse jeito, na prosa?".

Enquanto isso, a frustração de Sontag com sua reputação pública de ensaísta crescia. "Não escrevo mais ensaios",[64] ela contou a um entrevistador em outubro de 1970.

> Isso é algo que pra mim ficou no passado. Tenho feito filmes há dois anos. É um peso ser considerada primeiramente como ensaísta. Tenho certeza de que Norman Mailer não gostou de ser conhecido por vinte anos como o autor de *Os nus e os mortos* mesmo tendo feito várias outras coisas depois. É como se referir a Frank Sinatra como o "Frankie" de 1943.

Mas Sontag também não tinha como escapar de seu "Frankie". Seus filmes foram ferozmente atacados pelos críticos. Eram abstratos, maçantes. E pior: empobreceram Sontag, que trabalhou com orçamentos reduzidos fora do país e raramente fez algum dinheiro com eles. Ela contraiu dívidas e em poucos anos teve de recuar. Escreveu em seu diário que sua autoconfiança estava abalada pela péssima recepção de seus filmes. Para ganhar algum dinheiro, propôs livros para a Farrar, Straus e Giroux que nunca concluiu, incluindo um sobre a China que, segundo ela, seria lido como uma mistura de Hannah Arendt e Donald Barthelme.[65]

De súbito, Sontag também começou a falar mais livremente sobre feminismo e o movimento das mulheres.[66] Sua carreira estava decolando quando os expoentes da segunda geração feminista começaram a aparecer, no fim dos anos 1960. Como movimento organizado, o feminismo estivera dormente por quase quarenta anos. A energia das sufragistas havia sido esmagada pelo novo comportamento hedonista das mulheres, como veriam os historiadores: uma vez que o voto feminino estava assegurado, as jovens em particular tinham dificuldades em se relacionar com as lutas de suas predecessoras. Isso significava que não perguntavam a uma escritora — como é comum hoje — se ela era ou não "feminista". Parker e West haviam ambas declarado sua simpatia pelo movimento sufragista, mas as feministas exigiram pouco delas. Para McCarthy e Arendt, não havia maiores questionamentos sobre seu envolvimento, como escritoras, em qualquer tipo de movimento feminista organizado, porque eles não existiam durante a maior parte de suas carreiras.

Mas no início dos anos 1970, quando Sontag ascendia como a mais proeminente intelectual, o movimento feminista estava explodindo, com marchas, comícios e coletivos despontando por toda parte, especialmente na cidade de Nova York. O Mulheres Radicais de Nova York, um coletivo formado, entre outras, pela crítica e jornalista Ellen Willis, se destacava. Círculos de conscientização estavam em voga e, gradualmente, com o debate começando a dominar a mídia, era esperado que Sontag declarasse algum tipo de fidelidade.

A intelectualidade de Nova York olhava para a fervilhante e caótica energia do movimento com repulsa. Não conseguia entendê-lo. Consideravam-no no máximo vulgar. Foi então que Sontag começou a demonstrar sua contrariedade, não muito distinta daquela demonstrada pela escritora que "nunca foi importante para ela", Mary McCarthy. Ela abraçou o movimento plenamente e com mais liberdade que qualquer outro membro dos quadros da *Partisan Review* e da *New York Review of Books*.

Sontag falou abertamente como simpatizante feminista em 1971. Ela compareceu a um painel feminista organizado na prefeitura em desagravo ao artigo desdenhoso ao movimento publicado por Norman Mailer na *Harper's*, intitulado "O prisioneiro do sexo". Como um garoto de escola, mesmo que aos 48 anos, Mailer ainda tentava atrair a atenção das mulheres desferindo insultos contra elas. O ensaio o lançou em uma contenda com as principais figuras do movimento feminista, cujo nível de atratividade ele nunca deixou de avaliar enquanto as ofendia e proferia suas ideias. Durante suas viagens, chamou Kate Millett — uma proeminente crítica feminista e autora do polêmico *Política sexual* — de "vaca enfadonha".[67] E chamou Bella Abzug, advogada e futuramente deputada, de "machado de guerra".

Sontag estava assistindo ao painel aquela noite. Ela se levantou com uma questão para Mailer. "Norman, é verdade que você fala com as mulheres de uma forma que, com a maior boa vontade, elas consideram paternalista",[68] disse calmamente, sem nenhum tom autoritário. "Uma das coisas é seu uso de 'mulher' como adjetivo. Não gosto de ser chamada de 'escritora mulher', Norman. Sei que parece uma cortesia para você, mas não parece certo para nós. É um pouco melhor ser chamada apenas de escritora. Não sei por quê, mas você entende que as palavras importam. Somos escritores, entendemos isso."

Mais tarde, Sontag deu uma longa entrevista à *Vogue* em que insistiu que havia sentido os efeitos da discriminação em sua vida de escritora. O entrevistador tentou dizer que tinha a impressão, até aquela noite, de que ela "compartilhava do desdém de Mailer por intelectuais mulheres".

De onde tirou essa ideia? Metade das pessoas inteligentes que conheci são mulheres. Eu não poderia ser mais simpática aos problemas das mulheres ou ficar mais irritada com sua condição. Mas essa raiva é tão antiga que no dia a dia não a sinto. Me parece a história mais antiga do mundo.[69]

Para reforçar sua posição, Sontag publicou de imediato um ensaio na *Partisan Review*, originalmente destinado à incipiente iniciativa da revista *Ms*. Mas o novo empreendimento de Gloria Steinem — a revista — achou o ensaio muito didático, de modo que ele foi direcionado aos "rapazes" e publicado com o título "O terceiro mundo das mulheres". Entre as recomendações no ensaio estava a de que elas deveriam se engajar em revolta direta contra o patriarcado: "Devem assobiar para os homens na rua, invadir concursos de beleza, fazer piquetes contra fabricantes de brinquedos sexistas, se converter em grandes números ao lesbianismo militante, providenciar aconselhamento feminista ao divórcio, criar centros de remoção de maquiagem, adotar o sobrenome de suas mães".[70] No ensaio, ela parecia fazer um desabafo; foi a única vez em que abraçaria diretamente o feminismo em sua produção intelectual.

O projeto que de fato reverberaria foi imaginado durante um almoço com Barbara Epstein, em 1972. Ela havia acabado de assistir à exposição das fotos de Diane Arbus no MoMa. Ao ver Sontag reclamando das fotos, Epstein sugeriu que ela escrevesse algo sobre a exposição para a *New York Review of Books*. Ao longo dos próximos cinco anos, Sontag escreveria seis ensaios que ao final seriam publicados juntos em *Sobre fotografia*.

Um crítico sugeriu que *Sobre fotografia* deveria ter sido chamado de *Contra fotografia*, pois em vários momentos Sontag parecia questionar a prática de fotografar em si. "É uma gramática e, mais importante, uma ética do olhar",[71] escreveu Sontag, sobre a fotografia. E, frequentemente, não via muito que recomendar nessa ética. Fotografias muitas vezes se apresentam como realidade, observou ela. Mas sempre há intenções escondidas na forma como são enquadradas. A grande popularidade da fotografia também foi atacada: "Como forma de certificação da experiência, tirar fotos é também um jeito de recusá-la — ao limitar a experiência a uma busca pelo fotogênico, ao converter a experiência em uma imagem, um souvenir".[72]

Para manter o dinheiro entrando, Sontag começou a escrever regularmente para a *Vogue*, sem nunca incluir esses ensaios em suas coletâneas futuras. Em um texto de 1975, escrito com seu filho David Rieff, então com 33 anos, ela aconselhava os leitores sobre "como ser otimista". "Admitam que nascemos para morrer, que sofremos inutilmente, que, em algum lugar, estamos sempre com medo."[73] Em outro artigo, chamado "A beleza de uma mulher: Humilhação ou fonte de energia?", ela exortava as leitoras da mais popular revista de moda dos Estados Unidos a considerar "que a maneira como as mulheres são ensinadas a lidar com a beleza encoraja o narcisismo, além de reforçar a dependência e a imaturidade".[74] O texto continuava:

> O que é aceito pelas mulheres como uma lisonjeira idealização de seu sexo é um jeito de fazê-las se sentirem inferiores ao que de fato são — ou evoluiriam para ser. Pois o ideal de beleza é administrado como uma forma de opressão a si próprio.

Sempre que seus princípios feministas eram desafiados, Sontag costumava revidar com força. Uma das pessoas que o fizeram foi a poeta Adrienne Rich, que havia se envolvido profundamente no movimento feminista. Ao ler na edição de fevereiro de 1975 do *New York Review of Books* o ensaio de Sontag sobre Leni Riefenstahl, "O fascismo fascinante", Rich encontrou o argumento de que Riefenstahl era incluída em muitos festivais de cinema porque "doía para as feministas ter de sacrificar a única mulher que fazia filmes que todos consideravam de alta qualidade".[75] Então ela questionou por que as feministas estavam sendo acusadas.

Sontag claramente se sentiu ofendida e respondeu com 2 mil palavras à "elogiosa carta de censura"[76] de Rich nas páginas da *New York Review*. Observou que o ensaio não era sobre feminismo, mas sobre a estética fascista, e que a prontidão de Rich em destacar somente a passagem que a incomodou era emblemática do tipo de pensamento cego que ela abominava no movimento feminista. "Como todas as verdades morais rígidas, o feminismo é um pouco simplista",[77] argumentou Sontag.

As duas se reconciliariam depois, por carta, concordando que entre elas havia pontos em comum que valia explorar. "Seu intelecto tem me interessado há muitos anos — embora muitas vezes pensemos de formas distintas", escreveu Rich para Sontag. Em entrevistas mais tarde, Sontag defenderia as palavras que dirigiu a Rich. Muitos pareciam ver nelas uma prova objetiva de que era contra o feminismo, crença que persistia apesar de tudo o que escrevera sobre gênero, política e feminismo. Em certo momento, Sontag simplesmente começou a esbravejar com os entrevistadores. "Já que também sou feminista, essa situação dificilmente pode ser descrita como uma dificuldade entre mim e 'elas'",[78] disse.

Tudo entrou em suspensão quando, no outono de 1975, Sontag foi diagnosticada com câncer de mama. Os médicos disseram a David Rieff que não havia esperança de cura. Era um tumor de estágio quatro e, embora Sontag não tenha sido diretamente informada de que estava morrendo, parecia saber dos riscos. Optou por uma mastectomia radical, na esperança de que, ao remover mais tecidos do que o necessário, conseguisse sobreviver. A estratégia funcionou e o câncer retrocedeu. A experiência, no entanto, transformou-a profundamente. O tratamento, escreveu Sontag, a deixou em estado de choque e desgastada, como se tivesse enfrentado a Guerra do Vietnã sozinha.

> Meu corpo é invasivo, colonizador. Estão usando armas químicas em mim. Tenho de torcer.[79]

Naquele momento, ela se sentiu "achatada", notou-se "opaca para mim mesma".[80] Preocupava-se que parte de sua repressão — da raiva que tinha de sua mãe, de seu lesbianismo, de seus sentimentos de desespero artístico — tivesse causado o câncer. Tinha plena consciência de que era um pensamento irracional, mas superou a doença sentindo que a única coisa a fazer era se purificar completamente.

A escrita de *Doença como metáfora* constitui o processo de expurgo. Esse longo ensaio, publicado como livro em 1978, tecnicamente não é uma memória. Sontag discute nele como a humanidade estetizou a tuberculose e o câncer de forma inteiramente abstrata, sem menções específicas aos seus tratamentos ou a quaisquer experiências de sentimentalismo ou crueldade por parte de seus médicos. Quando interpelada, porém, ela dizia claramente que havia imaginado o texto como um gesto de revolta:

> Eu não estava minimamente distanciada. O livro foi escrito no calor da raiva, do medo, da angústia, do terror, da indignação — num momento em que eu estava muito doente e minha evolução era lenta [...]. Mas não me tornei uma idiota só porque tive câncer.[81]

O livro se tornou o veículo de lamúrias de Sontag, principalmente em relação às metáforas que escritores e romancistas fizeram da doença, tendendo a culpar a vítima — como ela mesma havia feito, brevemente, no leito da enfermidade. Sontag dirigiu sua raiva aos "cancerófobos"[82] como Norman Mailer, que recentemente explicara que se não houvesse esfaqueado sua esposa (e transformado em ato um ninho de sentimentos assassinos) teria contraído câncer e "ele mesmo estaria morto em poucos anos". Ela escreveu sobre Alice James, irmã mais nova do romancista Henry James, morrendo em seu leito em consequência de um câncer de mama, cem anos antes. Nesses momentos, embora jamais adotasse a primeira pessoa do singular, o texto é claramente pessoal e a raiva é bastante palpável.

Muitos resenhistas, incluindo John Leonard, esporádico crítico do *New York Times*, rechaçaram Sontag por ter usado a metáfora do câncer em um ensaio sobre o estado do país. (Em 1967, a raça branca era "o câncer da história humana" para Sontag.) Porém, todos viram a raiva por trás da escrita, e mesmo que tivessem reservas sobre a execução do livro, curvaram-se a ele. No *New York Times*, o crítico irlandês Denis Donoghue comentou:

> Achei *Doença como metáfora* perturbador. Eu o li três vezes, e ainda acho que suas acusações não são comprovadas. Mas tem algumas percepções extraordinárias sobre nossas atitudes: como enxergamos a insanidade, por exemplo, ou uma doença cardíaca.[83]

Donoghue vai adiante e diz que o estilo de Sontag é rude e que "sua escrita é combativa". Ainda que para alguns isso possa soar como crítica, considerando-se o estilo cerebral e a sensibilidade distanciada da produção inicial dela, houve um avanço. Sontag ainda não conseguia escrever em primeira pessoa, mas estava enlouquecida de raiva: e as pessoas ouviram — por trás das camadas de intelecção, todas as referências a obras de arte e filósofos com quem provavelmente não tinham familiaridade até que ela os introduzisse — o registro de uma experiência humana amedrontadora e ameaçadora. O estilo sério de *Doença como metáfora* alinhava-se com a maneira como Sontag sempre quisera se ver: uma pensadora séria. Mas seria sempre "Notas sobre o *camp*" que a perseguiria, que ligaria seu nome à cultura popular. Ela não gostava daquilo. Sua amiga Terry Castle comentou sobre uma festa no fim dos anos 1990, em que um convidado teve o azar de dizer a Sontag que amava tal ensaio.

Com as narinas fumegando, Sontag fixa nele seu olhar de lagarto. Como ele pode dizer algo tão idiota? Ela não tem nenhum interesse em discutir esse ensaio e nunca terá. Ele nunca deveria ter tocado no assunto. Ele está lá atrás, intelectualmente morto. Será que nunca leu nenhum dos outros trabalhos dela? Não acompanha as novidades? Enquanto Sontag escorrega num túnel negro de raiva — que ia se tornar bem familiar para nós nas próximas duas semanas —, o resto de nós observa, horrorizado, transfixado.[84]

A frustração com a maneira como "Notas sobre o *camp*" persistia era parcialmente devida à sua vontade de fugir de seu trabalho da juventude. Mas também era evidentemente a forma como ele havia sido lido que a perturbava. Nos anos 1980 e 1990, Sontag testemunharia uma onda de interesse intelectual sobre a cultura pop enquanto a arte de vanguarda começava a definhar. Ela sentiu que tinha alguma responsabilidade nisso, ainda que não integralmente. Sontag teve companheiras de viagem no apoio à cultura pop, e uma delas era nada menos que uma crítica de cinema chamada Pauline Kael.

9.
Kael

Pauline Kael aguardava por uma oportunidade fazia tempo quando Robert Silvers, editor da *New York Review of Books*, a procurou, em agosto de 1963. Será que ela poderia atender a uma demanda de última hora e resenhar um romance para o jornal?[1] O livro em questão era *O grupo*, de Mary McCarthy.

Kael, apenas sete anos mais nova que McCarthy, era fã da escritora havia muito. Ela tinha 23 anos quando *Dize-me com quem andas* foi publicado — a idade perfeita para apreciar sua franqueza sexual. E, no momento em que *O grupo* fazia um estrondoso sucesso, Kael já vinha trabalhando havia bastante tempo como uma crítica de cinema atirada ao estilo McCarthy, mas sem o reconhecimento e o sucesso no mainstream. Ela tinha 44 anos e começava a duvidar se algum dia os intelectuais da Costa Leste iam procurá-la. Até então, nada tinha vindo facilmente para ela.

Quando Silvers telefonou para encomendar o texto, ela aceitou imediatamente. Ele queria 15 mil palavras para já. Kael sentiu que daria conta. O único problema era que não tinha gostado de *O grupo* em particular. A inteligência que a havia atraído em *Dize-me com quem andas* se fora, conforme ela escreveu no rascunho:

> Enquanto grupo, as garotas são frias, calculistas, irracionais, indefensáveis e ineptas — como se criadas por um homem antifeminista. Aqueles que querem acreditar que

o uso da mente é de fato ruim para uma mulher, que a desqualifica para a vida, a bagunça, a torna azeda, sórdida ou amarga (como se disse muitas vezes sobre Mary McCarthy) podem agora encontrar uma confirmação de suas convicções na própria escrita dela.[2]

Àquela altura, Kael já conhecia algumas das consequências do "uso da mente" para uma mulher. Frequentemente, era acusada de ser "azeda, sórdida ou amarga". De fato, no Réveillon de 1963, ela ouviu a crítica de uma ouvinte de seu programa na KPFA, uma estação de rádio de Berkeley. "Srta. Kael", começou a ouvinte, "suponho que você não seja casada. As pessoas perdem essa língua afiada e sórdida quando se preocupam com os outros." Kael ouviu essa passagem com o prazer de um predador em perfeita posição de ataque e então respondeu torrencialmente:

> Me pergunto, sra. Fulana, se em seu protegido e reconfortante estado marital já considerou que se preocupar com os outros possa deixar sua língua afiada. E me pergunto se já considerou quão difícil é para uma mulher nessa era freudianizada — que parece ser uma nova era vitoriana na sua atitude em relação a mulheres que fazem coisas — demonstrar qualquer inteligência sem ser acusada de agressividade artificial, vingança odiosa e lesbianismo. A última acusação é geralmente feita por homens que se veem em dificuldades em discussões; eles gostam de se consolar com a noção de que a mulher é meio masculina.[3]

A palpável frustração revelada era resultado de suas experiências, e não de uma convicção política em si. Ao contrário de Sontag, Kael não era prontamente reconhecida como prodígio por todos que a liam. Ela teve de lutar pelo que tinha. Ainda que seu espírito beligerante nem sempre fosse bem-vindo pelos espectadores, e mesmo que isso lhe provocasse raiva, não desejava se ajustar para atender às expectativas de "se preocupar com os outros" ou coisa que o valha. Kael esperava que o brilho de seu trabalho fosse suficiente, assim como seria para um homem em sua posição.

Mas não foi suficiente durante a primeira metade de sua vida. Ela tinha um brilho inegável que parecia alienar todos à sua volta, à exceção de amigos íntimos. Essa era uma qualidade em comum com Arendt. Kael não era boa em manter relacionamentos e enfrentou dificuldades para se estabelecer como escritora. Precisou da ajuda de Sontag para, após muitos anos de tentativas, finalmente chamar a atenção dos intelectuais de Nova York que povoavam as páginas da *New York Review*. As duas se conheceram em algum lugar esquecido agora, meses antes do lançamento de *O grupo*. Sontag ficou impressionada com Kael. E foi ela quem levou seu nome a Hardwick e Silvers quando procuravam alguém para escrever sobre *O grupo*. Kael deve ter se sentido muito grata quando o telefone tocou: estaria em seu território resenhando Mary McCarthy, e era uma boa oportunidade de finalmente chegar ao lugar no qual sentia que merecia estar — se seu texto fosse aceito.

Ela já havia percorrido uma longa jornada. Nascera em 1919 em uma fazenda avícola em Petaluma, Califórnia. Seus pais eram judeus de Nova York que haviam migrado para a região em busca de algum tipo de comuna agrícola progressista. Já tinham quatro filhos quando Kael veio. Ela sempre falou de sua infância na fazenda como um idílio — tanto quanto o trabalho constante e o convívio com pais cujo casamento era perturbado por instabilidade financeira e infidelidade podiam ser um idílio para uma criança. A família conseguiu ficar em Petaluma apenas até 1927, quando Isaac Kael perdeu todo o dinheiro com uma quebra na bolsa de valores. A família então foi para San Francisco, onde ele tentou — e na maior parte do tempo falhou — encontrar trabalho fixo.

No ensino médio, o talento de Kael começou a emergir. Ela era boa aluna, tocava violino na orquestra da escola e estava na equipe de debate. Como Sontag, foi estudar filosofia em Berkeley. Mas, ao contrário dela, não saiu da Califórnia tão rápido. Amava o estado. Em uma resenha para a *Hud*, escreveu entusiasmada sobre o inconsciente igualitarismo praticado em sua casa de infância. "As refeições comunitárias envolvendo os ranchos mexicanos, indígenas e nossa família não eram motivadas por uma culpa condescendente. Era assim que as pessoas do Oeste viviam",[4] escreveu. Além disso, San Francisco era cosmopolita o suficiente para satisfazer suas inclinações artísticas; lá havia muitos cinemas, artistas e clubes de jazz. Depois da aula, Kael se bandeava para os bairros boêmios da cidade, sonhando com o poeta Robert Horan, que era seu amigo e com quem ela trabalhava em vários projetos. Horan era gay, e Kael sabia disso. Mesmo tendo sido amantes em certa ocasião, segundo o biógrafo Brian Kellow, ela não se incomodava com a atração dele por homens.

Em novembro de 1941, Horan e Kael se mudaram para Nova York no clássico estilo dos aspirantes a artista: de carona, sem um centavo no bolso, com a expectativa de encontrar algum sustento ao chegar. Eles passaram fome e tiveram de se abrigar na Estação Central. Horan saiu em busca de trabalho e foi rapidamente cooptado por um casal gay que conheceu na rua. Kael não era parte daquele arranjo. Subitamente, foi obrigada a cuidar de si, pois Horan voltava toda a sua atenção aos seus novos benfeitores. Talvez não surpreenda que, após esse evento, Kael tivesse dificuldades em acreditar que um dia Nova York ia aceitá-la.

Naqueles primeiros anos ela teve de trabalhar como governanta e em uma editora, pois seus esforços de publicar seu próprio trabalho foram todos infrutíferos. Kael observava de perto os intelectuais de Nova York e mantinha estima especialmente alta pelo jornal *Politics*, criado por Dwight Macdonald, amigo de McCarthy e Arendt. Mas não conseguia abrir espaço para si. Culpava a cena de Nova York por isso. "Este lugar está entulhado de jovens poetas 'promissores' que agora têm 35 anos ou quarenta e escrevem como quinze anos atrás ou muito pior",[5] ela escreveu a um amigo. Em 1945, Kael desistiu e voltou para San Francisco.

Voltando à estranha boêmia de sua cidade, Kael conheceu o poeta e cineasta experimental James Broughton. Ele gostava de explicar que passara a vida superando uma mãe dominadora, de modo que tendia a ter relacionamentos amorosos curtos em vez de compromissos duradouros. Broughton fazia filmes experimentais, como *Dia das Mães* (1948), onde se via uma criancinha loira pelada perambulando enquanto uma voz de mulher alternadamente a elogiava e repreendia. Quando Kael engravidou, ele a abandonou e negou a paternidade da criança. Gina James nasceu em setembro de 1948. Kael não registrou a criança como filha de Broughton.

Gina mudou sua vida, como os filhos costumam fazer. Por causa dela, Kael precisava desesperadamente de uma vida estável. Porém, ela era forçada a trabalhar como freelancer, pois não tinha com quem deixar a filha se precisasse ir ao escritório todos os dias. Ela resenhou livros. Tentou escrever peças de teatro. Fez o argumento de um roteiro, que foi rejeitado. Então conheceu um homem em um café que queria uma crítica de *Luzes da ribalta* para sua nova e pequena revista de cinema, *City Lights*. (Esse homem, Lawrence Ferlinghetti, depois fundaria a livraria City Lights, em San Francisco.) Lançado em outubro de 1952, o filme era o esforço de um envelhecido Charlie Chaplin, com cujo trabalho Kael nunca tinha se importado muito.

De todo modo, ela encontrou algo a dizer sobre aquele homem e escreveu a resenha. "O Chaplin de *Luzes da ribalta* não é um palhacinho irreverente; sua reverência às suas próprias ideias seria impressionante mesmo se elas merecessem consideração",[6] escreveu Kael. "Mas não merecem — e o contexto do filme explicita isso a todo momento." Ela também chamou Chaplin de "pensador de domingo", frase que se encaixa perfeitamente em uma observação de Sócrates sobre os artistas: "Pela força de sua poesia, eles acreditavam ser os homens mais sábios em coisas sobre as quais não tinham sabedoria".

Essa que foi a primeira crítica de cinema publicada por Pauline Kael saiu na edição do inverno de 1953 da *City Lights* e revelou diversas coisas sobre ela. A primeira foi que Kael via os filmes como algo que ia além do sentido estético. Apesar de mais tarde ficar conhecida como defensora do gosto popular, tinha questões maiores em relação à qualidade das ideias que representavam e a como se encaixavam no amplo quebra-cabeça da vida cultural e intelectual nos Estados Unidos. A segunda coisa que revelou sobre ela foi a exuberante energia que ao final ia se tornar sua marca registrada. Como crítica, Kael não escrevia muito na primeira pessoa. Um pequeno fragmento do "eu" escapava aqui e ali. Porém, sua personalidade aparece predominantemente no vigor com que analisa um objeto, revirando-o e buscando pistas. A terceira coisa foi que, apesar de genuinamente interessada no público de massa, Kael nunca teria medo de atacar um fenômeno popular. Charles Chaplin estava no final de sua carreira, enrugado e grisalho, mas ainda era o vagabundo da América. Mas Kael acreditava que seu papel como crítica era atropelar a politicagem das reputações, o que não a tornou muito popular.

Em sua primeira viagem a Nova York, ela ficara impressionada com a forma como as pessoas se vestiam e com sua conduta austera. "Quando eu era nova, pensava que tinha muita gente brilhante que escrevia coisas maçantes porque era corrupta",[7] disse a um entrevistador. "Demorou bastante para perceber que a maior parte simplesmente não conseguia escrever melhor mesmo." Após a publicação da crítica de *Luzes da ribalta*, as portas da cidade, que sempre tinham estado fechadas para ela, se abriram — ainda que apenas uma fresta. De repente, Kael recebia respostas entusiasmadas do editor da *Partisan Review*, Philip Rahv, embora ainda achasse que alguns dos textos dela eram longos demais. Em Berkeley, ela herdou a posição de crítico de cinema da KFPA de um amigo, o poeta Weldon Kees, que já a havia chamado para participar do programa como convidada. "Pauline, vamos começar num tom positivo",[8] dizia ele às vezes, ao começar a transmissão. Em 1955, Kees cometeu suicídio e a estação de rádio ofereceu a vaga a Kael. Não pagavam nada, mas ela aceitou o convite e criou um público próprio. Suas análises eram sempre sistêmicas e contra a opinião geral. Tal qual West e McCarthy, ela às vezes gostava de mirar nas preocupações de outros críticos:

> Eu gostaria de falar sobre o colapso da crítica cinematográfica neste país, já que não há diretrizes inteligentes tanto para diretores quanto para o público, e do motivo pelo qual nossos jovens diretores ficam cuspindo bolinhas de papel em vez de fazer filmes.[9]

Um de seus ouvintes era Edward Landberg, proprietário de um pequeno cineclube em Berkeley chamado Cinema Guild. Levemente excêntrico, com uma dose saudável de autoestima e uma teimosa devoção a seus próprios gostos, ele tinha formado um pequeno público frequentador de seu estabelecimento na Telegraph Avenue, onde exibia apenas filmes de que gostava pessoalmente. Landberg ligou para dizer a Kael que apreciava o programa. Eles começaram a sair e se casaram logo depois, em dezembro de 1955. Não está claro quanto foi por amor. Claramente, tratava-se de uma aliança entre duas pessoas profundamente devotadas ao cinema.

Mesmo antes do casamento, Kael basicamente geria o Cinema Guild junto com Landberg. Ela se envolveu muito com a programação, mas sua grande inovação foi acrescentar críticas aos folhetos de divulgação que o cineclube distribuía na rua, esperando assim atrair clientes. Apesar de ser apenas um material de marketing, ela nunca temia atacar os figurões. Em sua descrição de *Cidadão Kane*, diz: "Welles não apenas perturba sua mídia fílmica com um leve estilo 'vamos tentar tudo ao mesmo tempo' como perturba pesadamente seu próprio tema".[10] Esse estilo impactante de resumir os filmes ajudou de fato a vendê-los mesmo quando o tom era de deboche. Com os esforços de Kael, o Cinema Guild se tornou popular o suficiente para ter uma segunda tela.

Mas aquela união não estava destinada a durar. Landberg se ressentia da obstinação de sua esposa. E, sem dúvida, ela sentia o mesmo em relação a ele. O que os colocou no caminho do divórcio, disse Landberg a um documentarista, foi ela ter colocado um símbolo de copyright em seu próprio nome nos folhetos. Em outubro de 1960, ele a demitiu do único trabalho bem-sucedido que ela tivera até então. Kael reagiu asperamente. Primeiro, incluiu uma carta de demissão na circular que seria enviada aos 7 mil nomes da lista de correspondência regular do Cinema Guild.

> Por cinco anos e meio fiz essa programação e seus anúncios, e falei com milhares de vocês pelo telefone. Acho que o Cinema Guild tem sido o único no país em que o gosto e o julgamento de uma pessoa — o escritor — tem sido o maior determinante na seleção de um filme. É com grande pesar que devo anunciar que diferenças inconciliáveis com os donos deixaram minha posição insustentável: este é o último programa que prepararei.[11]

Ao enviar a circular, Landberg censurou a carta. Kael então o processou em 59 mil dólares por salários atrasados e divisão de lucros.[12] Também o acusou de ter embolsado fundos para despesas pessoais. Ela perdeu o processo, e Landberg manteve a posse do Cinema Guild, deixando-a de novo sem renda.

Ao menos já lhe era mais fácil publicar suas críticas. Kael esboçou o primeiro de seus grandes textos, um ensaio chamado "Fantasias do público do cinema de arte", para a revista *Sight and Sound*. Foi a primeira articulação daquilo que viria a ser sua mais profunda reflexão como crítica. Resumidamente, ela acreditava que aqueles que insistiam em assistir a filmes estrangeiros, acreditando que se tratava de uma arte mais elevada e aprimorada, e evitavam as salas de cinema popular eram esnobes. E ela não tinha medo de atacar filmes queridinhos, entre eles *Hiroshima, meu amor*, que Susan Sontag admirava bastante.

Muitas das objeções de Kael a esse filme tinham a ver com o roteiro de Marguerite Duras, que considerou repetitivo e muito centrado nos sentimentos da personagem feminina:

> Começou a parecer *Confissão de mulher* nos níveis superiores de comunhão espiritual e sexual; e eu decidi que a melhor lição para todos nós era calar a boca. Essa mulher (lindamente interpretada por Emmanuelle Riva) expôs uma das maiores falhas da mulher moderna e inteligente, falando abertamente de suas emoções, como se a cama fosse o lugar para demonstrações de sensibilidade. É lamentável que o que as pessoas acreditam ser as coisas mais importantes para elas, suas mais íntimas verdades e segredos, meu ou seu eu verdadeiro, que nós revelamos quando alguém demonstra simpatia, seja provavelmente o fluxo de nonsense que em geral não temos o menor escrúpulo de esquecer. O verdadeiro eu ou você, que ocultamos porque pensamos que os outros não vão aceitar, é um rejeito sentimentaloide — e por que alguém deveria aceitar isso?[13]

Esse é um argumento revelador, ainda que não intencionalmente. A exposição de sentimentos na arte era e é um tópico muito debatido, pois, como aponta Kael, a questão acaba entrando na esfera do gênero. Entre escritoras, trata-se de uma guerra familiar. Sempre houve quem insistisse que a confissão total de cada defeito e sentimento é a única forma honesta de escrever, e há aquelas como Kael, que argumentam que esse recurso reforçou estereótipos terríveis sobre as mulheres e deu voz às suas piores qualidades enquanto seres humanos inteligentes. No entanto, a selvageria da última linha — a insistência de que o eu interior era fraco a ponto de ninguém realmente sensível querer saber dele — não podia ser simplesmente Kael falando sobre arte, *Hiroshima* ou Marguerite Duras. Era a declaração de alguém que via isso em si mesma.

A força de toda a sua crítica deixa claro que Kael não se considerava particularmente sentimental. Com certeza não apreciaria ser analisada postumamente com doçura. Ela odiava o páthos. E, ainda assim, esse estranho senso de selvageria aparecia às vezes em sua frustração com seus oponentes. Kael queria que eles fossem pensadores lineares, claros e diretos. Pessoas que não pensavam assim a tiravam do sério. Ela parecia procurar escritores que estavam precisando de uma dose saudável de senso comum.

Ainda que parecesse um paradoxo, ela também menosprezava os teóricos de grande escala, que produziam análises tão claras quanto os míopes. Por exemplo, no texto de 1962 "Existe cura para a crítica de cinema?", publicado na *Sight and Sound*, Kael desmontou Siegfried Kracauer, um teórico alemão que havia escrito um longo e empolado tratado sobre a natureza dos filmes. Aquilo ela não podia tolerar, nem o fato de o texto parecer contaminar toda a escrita sobre filmes em geral:

> Existe, em toda arte, uma tendência a transformar as preferências de alguém em uma teoria monomaníaca. Na crítica de cinema, quanto mais confuso, unilateral e comprometido (com proposições insustentáveis) for o teórico, maiores são as chances de ser considerado sério, importante e "profundo", em contraste com homens mais relaxados e de bom senso, cujas abordagens pluralistas são desconsideradas por não ter suficiente fundamentação.[14]

Ela comparou Kracauer àqueles pretendentes chatos cujo amor não tem apelo ao ser amado. Se ele estava certo sobre o "cinema", escreveu, então ela ia rejeitá-lo. Foi apenas um aquecimento para o golpe que daria no crítico novato Andrew Sarris, que havia publicado um artigo chamado "Notas sobre a teoria do autor", na edição do inverno 1962-3 da revista *Film Culture*. Kael achou seu texto tão absurdo que prontamente escreveu a inflamada resposta "Círculos e quadrados".

Uma das ironias deste famoso duelo é que Sarris não inventou a ideia que sustenta seu modesto ensaio. A "teoria do autor" veio dos franceses, que de certa forma haviam inventado a crítica de cinema. Resumidamente, a teoria defende a ideia de que um diretor de cinema tem um estilo indefectível, que pode ser identificado e analisado mesmo no contexto de uma produção comercial de Hollywood. Basicamente, a ideia era tão inquestionável que nem Kael podia discordar por completo. Ela também se inclinava a atribuir a um diretor um alto grau de controle sobre o filme finalmente produzido, uma presunção que estendia ao trabalho de todos, de Orson Welles a Brian De Palma. Mas Kael achou tola e pomposa a forma como Sarris construiu um sistema a partir da teoria. Ela abominava aquela forma empolada e excessivamente determinista de avaliar a arte.

Sarris havia aberto o flanco ao tentar identificar premissas claras da análise de autor, que quando expostas de forma abstrata de fato soavam um tanto obscuras: "A segunda premissa da teoria do autor é a personalidade distinta dele como critério de valor".[15] Kael reagiu à evidente fragilidade do conceito: "O cheiro de um gambá é mais discernível que o perfume de uma rosa, mas isso o torna melhor?".[16] Essa ia se tornar sua técnica favorita: sempre demonstrar mais sensibilidade que os pretensiosos críticos que detestava e nunca deixar uma ideia se estender por um parágrafo se pudesse ser resumida a uma única frase contundente.

Kael não tinha medo de direcionar o sexismo latente dos escritores contra ela. A propósito de quase nada, o ensaio de Sarris havia resmungado algo en passant sobre um "dispositivo narrativo essencialmente feminino". "Círculos e quadrados" termina com um baque retórico, voltando a ideia de "feminino" e "masculino" contra ele:

> Os críticos de autor são tão dominados por suas fantasias narcisistas masculinas [...] que parecem incapazes de abandonar suas noções juvenis da experiência humana. (Se há alguma praticante feminina da crítica do autor, ainda não a descobri.) Podemos concluir que, na Inglaterra e nos Estados Unidos, a teoria do autor é uma tentativa de homens adultos de justificarem sua permanência no interior da pequena gama de experiências de sua infância e adolescência, aquele período em que a masculinidade parecia tão grande e importante, mas em que a arte era algo que apenas farsantes, impostores e tipos sensíveis e femininos falavam a respeito? Será sua maneira de fazer um comentário sobre nossa civilização sugerir que o filme trash seja o verdadeiro exemplo de arte? Pergunto, mas não sei.

Sarris reagiu como uma criança repreendida. Ele se queixou da injustiça daqueles comentários pelo resto de sua vida. "Pauline agiu como se eu fosse a grande ameaça à crítica americana",[17] disse ao biógrafo dela. Mas seu verdadeiro sentimento naquela época foi de que o texto tinha sido pouco lido e mal remunerado — e de que o ataque que recebera fora desproporcional à influência real do ensaio. (Sua crítica no *Village Voice* seria publicada um pouco mais tarde.) Confundiu-o ainda mais o fato de que, por mais que "Círculos e quadrados" demolisse suas ideias, Kael não estava brava no nível pessoal. Posteriormente, ela comentaria com alguma frequência ter achado interessantes alguns de seus outros escritos. Quando Kael chegou a Nova York um ano após a publicação de "Círculos e quadrados", ligou para Sarris e o convidou para jantar.

Ele contaria algumas versões diferentes dessa história — escreveu sobre esse acontecimento mais de uma vez —, mas basta dizer que ficou surpreso com o telefonema. Sarris se queixava que ela presumira que ele era gay. (Sarris se casou depois com Molly Haskell.) A princípio, morando na periferia do Queens, ele hesitou em ir até Manhattan. Kael perguntou: "Qual é o problema? Seu amante não deixa você ir?".[18] Ele também deixou bem claro que a achou áspera e agressiva, e que falava de sexo além da conta. Aparentemente, o encontro nunca se repetiu.

A graça dessa pequena controvérsia é que, ainda que hoje seja vista como algo que prendeu a atenção do mundo do cinema por meses, não houve muita confusão na época. Certamente a mídia não acompanhou a discussão, e mesmo o palavrório nos jornais especializados parece não ter tido longo alcance. Outros homens se sentiram claramente atingidos por aquele último parágrafo — principalmente os editores da revista britânica *Movie*, que Kael havia ridicularizado por serem devotos de filmes ruins. Eles se queixaram de que no último parágrafo Kael os havia implicitamente tachado de homossexuais: "Se fôssemos inferir (sem quase nenhuma justificativa), a partir do feminismo radical da srta. Kael, que ela é lésbica, isso seria igualmente irrelevante para sua capacidade como crítica",[19] choramingaram eles. Entretanto, segundo esses editores, o gênero era relevante para a capacidade de um indivíduo como crítico. "Quando a srta. Kael diz que não há críticos de autor mulheres, ela está certa", escreveram. "Poderia ter ido além: não há, infelizmente, nenhuma crítica mulher."

Esse foi um erro tático. Kael respondeu violentamente. Ela listou uma porção de críticas mulheres e perguntou: "E por que esse hipócrita e ofensivo 'infelizmente', como se os editores da *Movie* lamentassem que as mulheres não fossem intelectualmente capazes de suportar os rigores de seu tipo de crítica?".[20]

Cartas acaloradas nas páginas dos jornais especializados nunca teriam dado conta de fazer desse debate o eterno impasse que ia se tornar. O que o manteve vivo foi Sarris, que ao longo dos anos requentou a discussão, diligentemente fritando cada um dos novos livros de Kael e mencionando repetidamente sua contenda com ela — que terminou com um texto arrasador em 1980. Kael nunca lhe respondeu. Em 1991, ela disse a um entrevistador: "Sempre me surpreendeu um pouco ele ter levado tanto para o lado pessoal".[21] Brian Kellow, único biógrafo dela até o momento, a acusa de carreirismo[22] por escrever "Círculos e quadrados", acusação que parece equivocada à face da confissão de Sarris de sua própria obscuridade naquele momento. Ela não poderia ter tentado eclipsá-lo, pois segundo o próprio, ele nem sequer tinha um status como crítico que justificasse o ataque.

Mas é verdade que a publicação de "Círculos e quadrados" aconteceu na iminência de uma mudança na carreira de Kael. No mesmo ano de sua publicação, 1963, ela conseguiu uma bolsa do Guggenheim. Foi recomendada, entre outros, por Dwight Macdonald, que, na resposta ao requerimento, anotou ironicamente: "Apesar de sua implacável perseguição a mim na imprensa, eu, como bom ateu cristão, mostrei a outra face e escrevi uma enfática recomendação ao seu projeto para a equipe do Guggenheim".[23] O projeto era a compilação do livro *Perdi no cinema*, reunião de vários artigos de Kael para *Film Quarterly*, *The Atlantic* e *Sight and Sound*.

Mas 1963 foi também o ano em que Bob Silvers encomendou a resenha de *O grupo*, texto que supostamente marcaria sua aceitação dentro da cena intelectual nova-iorquina. Kael rapidamente escreveu um esboço e o enviou. Ela esperava que fosse sua entrada no meio intelectual a que desejava pertencer desde seus vinte anos. Mas Hardwick rejeitou o texto por carta, dizendo simplesmente que achava "infrutífero se preocupar com quão justa ou injustamente o sexo feminino é tratado neste ou em qualquer outro livro".[24] Talvez tenha sido porque Mailer havia, então, aceitado resenhá-lo. Mas talvez Hardwick estivesse sendo sincera.

Kael ficou magoada. Ela encaminhou a carta de rejeição para Sontag — que não guardou o seu lado dessa troca de correspondência —, assim como uma cópia do esboço da resenha. Sontag escreveu dizendo que havia detestado a visão de Mailer sobre McCarthy. "Ele pegou muito pesado na personalidade dela e muito leve, de um modo perverso, no livro em si."[25] Sontag disse que pensava que havia espaço para aprimoramentos no texto de Kael também. Ela não achava os argumentos sobre feminismo a melhor forma de abordar o livro. "Para mim, o que você fala sobre o romance e como os personagens são desenvolvidos e a relação entre fato e ficção é mais interessante e original que sua indignação — embora eu concorde inteiramente nisso — com a calúnia de McCarthy contra as mulheres", acrescentou Sontag.

Talvez atendo-se a esse pequeno encorajamento, Kael guardou o esboço da resenha. E foi nesse ponto que parou de comentar a relação entre os sexos em seu trabalho. O assunto para de aparecer tanto em suas críticas. Começaram a dizer e acreditar que Kael não tinha mais vínculos com o feminismo por conta desse silêncio. Uma crítica feminista que a conheceu nos anos 1970 disse ao seu biógrafo: "Eu achava que Pauline era surda ao feminismo, e não hostil. Que era apenas algo que ela não conseguia ouvir".[26] Provavelmente era verdade, conforme a segunda onda do movimento feminista foi crescendo, nos anos 1970. Mas também é possível que alguém cuja opinião ela respeitasse tivesse dito que comentários sobre gênero não eram sérios, e Kael tenha aceitado a premissa e decidido seguir sua carreira como uma crítica de olhar menos voltado para a defesa das mulheres. Ela não conseguia abandonar seu desejo de ser levada a sério.

Porém, Kael não abandonou totalmente *O grupo*. Quando soube que seria feito um filme a partir do romance, rapidamente conseguiu que a revista *Life* a contratasse para cobrir o assunto. Ela incorporou suas observações sobre o livro de McCarthy — principalmente o trecho em que o acusava de caluniar mulheres inteligentes — às questões endereçadas tanto ao diretor do filme quanto a seu produtor, Sidney Lumet e Sidney Buchman. Também escreveu que eles não se importavam tanto com os temas do romance e ficou alarmada quando Buchman apresentou seu resumo da história: "A educação superior não prepara as mulheres para a vida".

> Não estando acostumada com o papel de observadora (nunca me acostumei com isso), disparei de volta: "E o que prepara? E a educação superior prepara os homens para a vida?".[27]

Levaria um tempo até que o produtor desse uma resposta adequada. Evidentemente, ele sentia que a educação corrompia a todos, mas acrescentou: "Sabe, Pauline, eu não entendo do que aquele maldito livro trata". Aparentemente, ela se manteve respeitosa sobre o que entendeu como deficiência do diretor até a festa de encerramento das filmagens. Segundo o diretor, Sidney Lumet, no meio de uma acalorada discussão sobre o papel do crítico, Kael disparou: "Meu trabalho é mostrar a ele [Lumet] qual caminho seguir".[28] O texto mostrava as frustrações que sua autora sentiu ao escrevê-lo. Era tão longo e opinativo que a *Life* se recusou a publicá-lo. Restou a Kael inseri-lo em um de seus livros.[29]

Quando *Perdi no cinema* foi finalmente publicado, em 1965, ninguém esperava que uma coleção de crítica cinematográfica pudesse ser um sucesso. Mas, de algum modo, se tornou um best-seller. A *Atlantic* publicou a introdução do livro, com o título "Os filmes estão desmoronando?" em dezembro de 1964. Nela, falando como um arauto de cidade medieval, Kael se queixou de que a vitalidade estava desaparecendo do cinema, culpando, em parte, os executivos dos estúdios por isso. Como de costume, ela culpou também os críticos, que haviam se tornado tão prolixos e contra o significado que estavam defendendo filmes com fetiche técnico sem transmitir conteúdo. Kael destacou uma escritora para criticar:

> Na *Nation* de 13 de abril de 1964, Susan Sontag publicou um ensaio extraordinário sobre *Criaturas flamejantes*, de Jack Smith, intitulado "Um banquete para os olhos abertos", em que ela enuncia um novo princípio crítico: "Assim, a técnica crua de Smith serve lindamente à sensibilidade encarnada em *Criaturas flamejantes* — de sensibilidade baseada em indiscriminações, sem ideias, além da negação". Acho que ao tratar a não discriminação como valor ela se mostrou uma pessoa verdadeiramente volúvel.[30]

Naquele momento, as duas mulheres já se conheciam, então isso tudo foi bem curioso. A verdade é que Sontag não era o tipo de crítica em que Kael acreditava. Ela não escrevia de forma coloquial. E, embora não fosse exatamente uma proponente de grandes teorias, Sontag era para ela, por todos os ângulos disponíveis, a própria ideia de esnobe: interessada principalmente em "cinema", em filmes estrangeiros, em forma e estilo predominando sobre o conteúdo. (É importante ter em mente que Sontag ainda não publicara "Notas sobre o *camp*", em que ela demonstrava pelo menos algum afeto pela cultura popular.) E ali, impresso, mais de um ano após as estranhas transações com a *New York Review of Books*, Kael continuou sacudindo Sontag como um cão agarrado a um osso: "A srta. Sontag está trabalhando em alguma coisa, e, se continuar e montar como o peão Slim Pickens, será o fim da crítica — pelo menos". Como observaria posteriormente o crítico Craig Seligman, Kael atingiu Sontag em cheio: a versão do ensaio que foi publicado em *Contra a interpretação* tem uma alteração nas palavras. Em vez de louvar a "indiscriminação", ela louva uma sensibilidade que "renuncia às ideias".[31] Essa ligeira alteração afasta o argumento de Sontag do alcance da navalha de Kael.

Em todos os níveis, o argumento de Kael capturou a atenção dos jornais e, quando o livro saiu, os críticos o adoraram. O editor da revista de filmes do *New York Times* escreveu, empolgado, que estava provado que "ela é a crítica de cinema mais sã, mais saborosa e mais cheia de recursos em atuação nos Estados Unidos".[32] Ele admirou especialmente a forma como Kael organizou sua abordagem em "Círculos e quadrados".

> Acredito que respondemos mais e melhor ao trabalho em qualquer forma de arte [...] quando somos pluralistas, flexíveis e capazes de relativizar nossos julgamentos — quando somos ecléticos. Ecletismo não é o mesmo que falta de escrúpulos; ecletismo é a seleção dos melhores padrões e

princípios de variados sistemas. Para ser pluralista se requer mais cuidado e mais método do que ao se aplicar uma teoria única.[33]

Era mais ou menos assim que Pauline Kael ia continuar escrevendo pelo resto de sua vida, de forma consistentemente inconsistente, tendendo a temas passionais, insistindo que o único princípio que valia a pena defender era o prazer. Algumas pessoas, naturalmente, achavam isso "exasperante", como um crítico da *Sight and Sound* que se queixou da "emotividade destrutiva de seus textos polêmicos".[34] Mesmo assim, o livro foi um sucesso. Com o dinheiro que ganhou, Kael voltou para Nova York.

Pela primeira vez em seus 46 anos de existência, ela conseguia ganhar a vida escrevendo. Sua filha a acompanhou, e as duas foram morar no Upper East Side. Kael se lançou ao trabalho, aparentemente com a convicção de que a única coisa que viria após o sucesso era mais sucesso. Agarrou o que parecia ser um emprego regular: uma posição na *McCall's* (onde Dorothy Parker havia escrito cerca de quarenta anos antes), avaliando filmes para 15 milhões de assinantes. O editor a contratou porque sabia que o público da revista estava mudando, e ele tinha expectativa de que a vivacidade de Kael pudesse atrair os mais jovens. Seu contrato era de seis meses.

É possível que esse homem não tivesse lido o suficiente da obra de Kael para entender seu projeto. Talvez por ela ter uma vez defendido filmes trash ele esperasse que pudesse encontrar a redenção de todo filme ruim. Em um evento, tempos depois, ele se declarou estarrecido ao vê-la criticar um dos filmes menores de Lana Turner — *Madame X* — pelo fato de ter desempenhado um papel para o qual a cinquentenária era jovem demais. Kael recomendava algo como *Masculino-Feminino*, de Godard, então fritava *Doutor Jivago*. A última gota, amplamente repercutida na mídia, foi uma crítica sobre *Dominique*, em que aproveitou a oportunidade para demolir *A noviça rebelde*. Kael mencionou que na indústria aquele tipo de musical era agora conhecido como "O som do dinheiro", então continuou:

> A quem aquilo poderia ofender? Apenas àqueles que, apesar do fato de poder reagir, odeiam ser manipulados dessa forma e estão conscientes de quão autoindulgentes, baratos e pré-fabricados são esses estímulos que somos obrigados a sentir. E, quando nos ouvimos murmurando aquelas músicas enjoadas e fofas, podemos nos tornar ainda mais conscientes da forma como fomos usados e transformados em imbecis emocionais e estéticos.[35]

Esse texto, escrito no terceiro mês do contrato, foi a gota d'água para o editor. Quando ele a demitiu, a mídia espalhou a notícia como se ela tivesse sido dispensada por pressão dos estúdios. Seria a primeira vez, e certamente não a última, que ela apareceria na manchete "The Perils of Pauline" [Os perigos de Pauline]. Seu editor fez uma rodada de explicações na imprensa, dizendo à *Variety* que "A srta. Kael se tornara cada vez mais crítica às motivações das pessoas que estavam fazendo filmes, em vez de se ater aos filmes em si".[36]

Kael se recuperou rapidamente, chegando à *New Republic* como substituta do cavalheiresco crítico Stanley Kauffman, que havia sido contratado pelo *New York Times* como crítico de teatro. No começo parecia um arranjo melhor; a *New Republic* atendia um público com maior tolerância a dissensos intelectuais que a *McCall's*. Mas pagava muito menos. Após um ou dois trabalhos, ela já se desentendia com seus editores, que frequentemente cortavam seu texto. A ruptura veio quando o longo ensaio que escrevera sobre um novo filme chamado *Bonnie e Clyde: Uma rajada de balas* foi inteiramente rejeitado pela revista. Kael renunciou de sua posição e por um breve momento parecia que voltaria a ser freelancer e compor sua renda aos bocados, às vésperas de completar cinquenta anos. Mas então foi posta em contato com William Shawn, da *New Yorker*. Nos anos 1960, ela já não era mais a simples revista de humor que fora sob a direção de Harold Ross. Quando Shawn assumiu a editoria, em 1952, seu tom mudou drasticamente. Ele já estava em idade de se aposentar, tinha gostos idiossincráticos e, quando realmente gostava de um escritor, *realmente* gostava de um escritor. Podia dar-lhe uma oportunidade na revista a troco de nada. Muitos mantinham seu emprego na *New Yorker* pela vida toda, ao contrário do que acontecia em outras revistas. Escritores de que o "sr. Shawn" gostava gozavam de um tipo de distinção que sempre lhes permitia retornar àquele lugar.

Kael já estava na mira de Shawn. Alguns meses antes havia publicado seu primeiro texto na *New Yorker*, chamado "Filmes e televisão", uma longa articulação de sua queixa de que o estilo raso da TV estava infectando o cinema. Shawn havia apreciado o texto e sentira o mesmo ao receber as 7 mil palavras do ensaio sobre *Bonnie e Clyde*. Publicou o ensaio em outubro de 1967, mesmo que àquela altura o filme já fosse notícia velha, tendo sido lançado em agosto. Apesar de seu bom desempenho de bilheteria, seu prestígio estava afundando devido ao ataque da crítica por glamorizar a violência. Kael ajudou o filme a emergir. "Como fazer um bom filme neste país sem ser atacado?",[37] escreveu ela. A reação negativa lhe provou que a maior parte das pessoas era hostil à arte. "Ao público de *Bonnie e Clyde* não são dadas bases simples e seguras de identificação", ela argumentou. "Ele é induzido a sentir, mas não é orientado sobre *como* sentir." As pessoas podem não ter gostado que *Bonnie e Clyde* tenha tornado a violência entretenimento, mas isso não torna o filme ruim. Tinha mais a ver com o público do que com a arte. No entanto, Kael ainda acreditava que a moralidade tinha um papel a desempenhar. "Toda a questão" do filme, disse, "é esfregar nosso nariz nele, fazer-nos pagar por termos rido." A essa altura Kael havia dominado sua forma idiossincrática de crítica de cinema. Ela se mantinha com um olho no que os outros críticos escreviam, nas falhas e complacências de sua lógica, e mantinha outro no público e em sua reação ao que estava sendo exibido na tela, pois acreditava que a experiência de ir ao cinema era tão importante quanto o filme em si; e, finalmente, um terceiro olho se detinha sobre a capacidade de divertir. Essa pode ser uma qualidade subjetiva, mas Kael tinha convicção de que se tratava do maior valor de um filme, de um modo que outros críticos mais eruditos — incluindo Sontag — não concordavam. Tal convicção lhe rendeu a vida toda acusações de grosseria, descuido e simplificação. Mas em seu estilo manifestamente "eclético", diversão era a única coisa a que Kael se devotava com consistência. Ela fez disso uma crença.

Shawn, que não era normalmente lembrado como um homem inclinado ao divertimento, gostou tanto do estilo dela na crítica de *Bonnie e Clyde* que a convidou para ser uma das duas resenhistas regulares de filmes na *New Yorker*, posição que Kael ocuparia até sua aposentadoria. Por ter encerrado inúmeros contratos pouco antes, ela fez uma exigência: queria uma garantia de que seu texto não pudesse ser substancialmente alterado sem sua permissão. Shawn concordou, mas, quando chegou a hora, voltou atrás e fez o que fazia com todos os demais textos da revista, passando um pente-fino nos rascunhos dela. Kael teve muitos atritos com ele por conta disso. Entre outras coisas, sua teimosia a impedia de ser muito popular na redação. Shawn havia instituído um tom burguês ali, e o gosto dela por palavrões e sua prosa "deliberadamente crua",[38] segundo sua própria caracterização, eram tópicos perenes de discussão entre os dois. Eles pareciam encontrar algum tipo de trégua na argumentação. Mas outros não compartilhavam isso:

> Me lembro de receber uma carta de um eminente escritor de Nova York sugerindo que eu estava manchando as páginas da revista com botas cobertas de estrume e que deveria ir embora com elas.[39]

Shawn manteve seu apoio a ela, embora às vezes ligasse no meio da noite para discutir a posição de uma vírgula. Kael finalmente se sentia segura, e continuou a publicar livros que reuniam seus textos. Seu segundo, *Kiss Kiss Bang Bang*, foi quase tão bem quanto *Perdi no cinema*. Nele estava o texto que ela havia escrito sobre *O grupo* para a revista *Life*. Tendo se tornado uma crítica regular de filmes, ela havia adquirido não apenas uma reputação de exuberância como também de frases cortantes. Partindo de sua sinecura na *New Yorker*, Kael começou a consolidar um consenso e tendia a fazer isso com um toque de drama. Desde o começo do novo trabalho estava claro que se tratava de uma força a ser respeitada.

Algumas pessoas tinham maneiras mais elogiosas do que outras de descrever sua abordagem. Por exemplo, Kael enviou uma cópia de *Kiss Kiss Bang Bang* para a estrela do cinema mudo Louise Brooks, com quem se correspondia havia muito tempo. Brooks respondeu: "Sua foto na capa me fez lembrar da jovem Dorothy Parker em um momento de felicidade".[40] "Irascível" parecia ser um adjetivo que Kael levava adiante em sua persona impressa, mas seus inimigos, que constituíam uma lista crescente, a tacharam de impertinente demais para aquele negócio. Uma manchete na edição de 13 de dezembro de 1967 da Variety dizia:

> Pauline Kael: entusiasmada, mas sem modos; ela atropela homens educados[41]

Era um exagero descrevê-la assim. William Shawn definitivamente era um "homem educado". Mas tinha uma grande força de vontade, e não queria ensaios gerais sobre o estado da arte do cinema ou uma crítica muito especializada, interferindo junto a Kael apenas o suficiente para impedir que isso aparecesse em sua revista também educada. Ela, por seu lado, sentiu que deveria se posicionar como um tipo de resenhista mais comum. Publicou apenas mais um ensaio longo nos anos 1960, que foi publicado na edição de fevereiro de 1969 da *Harper's*, intitulado "Trash, arte e filmes".

Assim como "Notas sobre o *camp*" de Sontag era às vezes caracterizado equivocadamente como uma defesa integral do *camp*, esse ensaio de Kael é muitas vezes erroneamente descrito como uma defesa do trash como arte. Ela gasta a maior parte de seu tempo explicando que há diferenças cruciais entre as duas coisas. Kael queria explicar por que, em certo nível, questões técnicas são irrelevantes:

> O crítico não deveria desmontar uma obra apenas para demonstrar que sabe como ela foi feita. O mais importante é revelar o que é novo e belo, e não como foi feita.[42]

Esse argumento não está tão distante das sistemáticas afirmações de Sontag sobre as interações entre forma e conteúdo. De fato, a melhor maneira de resumir "Trash, arte e filmes" é usando termos emprestados de "Contra a interpretação", de Sontag. Kael argumenta longamente a favor do erotismo no lugar da hermenêutica. Como sempre, está interessada na reação, e não na estética. Segundo ela, o público responde melhor aos filmes que o agradam, mesmo quando são trash, e não artísticos. Mas ela também argumenta que a arte:

É o que sempre achamos de bom nos filmes, e ainda mais. É o gesto subversivo levado adiante, os momentos de excitação sustentados mais longamente e distendidos em novos significados.

O problema com o jogo entre o trash e a arte, preocupava-se Kael, é que cada vez mais significava que as pessoas estavam dispostas a chamar a arte de trash quando não havia necessidade. Provavelmente poucos discordavam dela de que esse tipo de pretensão era prejudicial. Foi então que Kael recomeçou ter atritos com alguns críticos, a maioria homens, ao classificar o trabalho de Hitchcock como trash. Ela se irritou com eles também quando insistiram que o trash precisava de algum tipo de justificativa. "Mas por que esse prazer necessita de justificativa?", ela perguntou. Não é que não enxergasse o trash corrompendo, em algum nível, todo o ambiente cultural: "Certamente inibe e limita as oportunidades para os artistas". Mas também o considerava uma espécie de estimulante, conforme a linha final de sua famosa formulação: "O trash nos deu um apetite pela arte".

A analogia com as ideias de Sontag sobre o *camp* e sobre a interpretação não é simétrica. Sontag havia escrito que existia um tipo de prazer na análise, em se extrair e recolocar elementos, coisas que Kael nunca conseguiu tolerar. Sontag acreditava em uma versão menos popularizada do prazer e não se importava com como o espectador médio fazia para encontrar altos valores morais; uma admissão do puro deleite do trash — não mediada pelas ironias do *camp* — estava além do seu alcance. Estranhamente — e apesar de seu interesse mútuo na questão do que fazia da arte a arte —, Sontag e Kael nunca mais duelaram. Nem sequer escreveram uma palavra sobre a outra, exceto em uma breve troca em 1964. Kael parecia perder o interesse nesses pronunciamentos grandiosos. Suas avaliações, embora ainda autênticas e brilhantes, se acomodaram em um formato mais convencional. Ela nunca mais escreveria nada como "Trash, arte e filmes", passando a evitar esse tipo de ensaio mais longo.

Havia uma razão para isso. O único grande projeto que persuadiu William Shawn a publicar na *New Yorker* foi um longo ensaio sobre *Cidadão Kane*, de Orson Welles. Originalmente, ela ia apenas escrever a introdução a uma edição do roteiro. Mas o texto cresceu, em suas mãos, para um tratado de 50 mil palavras sobre a relação do escritor com o processo global de produção de filmes. A *New Yorker* o publicou em duas partes em outubro de 1971, sem dúvida acreditando que seria uma oportunidade de exibir a joia da coroa que Kael havia se tornado, como uma das mais famosas críticas de cinema do país, uma figura de popularidade quase cult. Mas, em vez disso, foi um desastre em sua carreira.

No ensaio, *Kane* foi posto de lado quase imediatamente. Kael definiu o filme como uma "obra-prima superficial",[43] o que, de acordo com sua escala pessoal de valores, não fazia dele ruim. Ela se ateve em outra questão: queria saber, exatamente, quem era responsável pelo brilho que poderia ser encontrado em *Kane*. Kael atribui muito da genialidade não ao muito laureado Welles, e sim ao relativamente desconhecido roteirista Herman Mankiewicz. Ele tinha sido um frequentador da Round Table, que como Dorothy Parker recebeu ofertas para trabalhar em Hollywood e aceitou pelo dinheiro. Ao explicar sua carreira, Kael logo se entusiasmou com as conquistas dos roteiristas dos anos 1920 e 1930:

> Apesar de, aparentemente, todos terem experimentado uma sensação de prostituição de seu talento — uma alegre prostituição em alguns casos —, e apesar de mais de um deles se apaixonar pelos filmes e então sofrer não apenas por sua frustração pessoal como também pela corrupção da grande

e ainda nova arte, eles ainda assim foram responsáveis por sustentar a façanha mágica que chamamos de "comédias dos anos 1930". *Cidadão Kane* era, a meu ver, seu ápice.

Kael incluiu Dorothy Parker nesse grupo explicitamente. E, ainda que reconhecesse que em Hollywood a maioria desses escritores tivesse se tornado alcoólatra, admite que eles conseguiram pôr pra fora alguns bons filmes, forçando sua escrita a se tornar mais crua e dura, menos rígida, menos elegante e mais iconoclasta. Essa era a base, parecia, de toda a sua fé em Mankiewicz, que retratou como uma figura trágica eclipsada pelo ego gigante da estrela Orson Welles. Embora Kael não colocasse Welles como vilão, ele parecia agir como tal, usando sua reputação para deliberadamente jogar o roteirista para segundo plano.

Num primeiro momento o público amou sua inovadora visão sobre *Kane*. O escritor canadense Mordecai Richler elogiou no *New York Times* seu relato sobre a produção do filme e apreciou especialmente sua alegação de que se tratava de "um trabalho raso, uma obra-prima superficial".[44] Mas também considerou que ela superestimava o talento da Algonquin Round Table, relembrando a Kael a azeda avaliação de Parker de que eram "apenas um bando de pessoas contando piadas e dizendo um ao outro quão bons eles eram".[45]

Foi então que alguns críticos descontentes — muitos dos quais amavam *Kane* e idolatravam Welles como um inquestionável autor — começaram a verificar os fatos. Kael não era repórter nem pesquisadora profissional. Ela não tinha a sistemática requerida para o exercício dessas atividades. Por isso, havia furos em seu texto. Orson Welles ainda estava vivo, mas ela não o entrevistara. Posteriormente explicou que já sabia o que ele diria sobre quem escreveu o roteiro e que ele obviamente ia se defender com vigor. Em vez disso, ela havia aprendido sobre o envolvimento de Mankiewicz conversando com John Houseman, um produtor que havia trabalhado com Welles, e com um acadêmico da UCLA chamado Howard Suber, a quem pagou por sua pesquisa. Essas pessoas estavam convencidas de que Welles não encostara no roteiro; Pauline reproduzira a visão deles sem confrontá-la com outras.

Isso inflamou seus inimigos. Mais uma vez ela era acusada de carreirismo. Eles alegaram que o verdadeiro objetivo de seu ensaio era diminuir a figura de Welles. Como existia um amplo consenso sobre a grandeza do cineasta, os críticos correram para defendê-lo. Andrew Sarris, por sua vez, acreditou num novo ataque pessoal a ela e suas proposições sobre o autor. Ele mostrou seu ressentimento no *Village Voice*:

> Orson Welles não é tão significantemente diminuído como o autor de *Cidadão Kane* pelas chocantes revelações da srta. Kael sobre Herman J. Mankiewicz quanto ele é diminuído como autor de *Soberba* pelo fato de que todas as melhores frases e cenas foram escritas por Booth Tarkington.[46]

Sarris não foi a única pessoa a ver que Kael estava montando um ataque indireto à própria noção de "autor", reforçando o que já havia dito em "Círculos e quadrados". Metáforas belicosas surgiram mesmo entre os críticos mais refinados. O simpático Kenneth Tynan, no *Observer* de Londres, viu Kael em uma cruzada: "Apoio a guerra dela, mas nessa ocasião sinto que escolheu o campo de batalha errado".[47]

Orson Welles, após se queixar abertamente com seus advogados[48] e considerar a abertura de um processo contra Kael (depois ele voltou atrás), escreveu ao *Times* de Londres insistindo que o roteiro havia sido um processo colaborativo. Depois — e essa informação é amplamente conhecida — recrutou um representante para defendê-lo na *Esquire*, o então redator e agora diretor de cinema Peter Bogdanovich. Intitulado "O motim de Kane", seu artigo mal se refere a *Cidadão Kane*: concentra-se em desmantelar cada parte do ensaio de Kael, aparentemente com grande auxílio de Welles. Veio de Bogdanovich o ataque que de fato a atingiu: ele a criticou duramente por não ter dado crédito ao trabalho de Suber, por cuja pesquisa havia pago. E, para piorar, Suber estava claramente furioso com ela. Ele disse a Bogdanovich que nem sequer tinha certeza de que Mankiewicz havia escrito o roteiro sozinho.

O artigo de Bogdanovich tinha um segundo propósito: serviria também de publicidade para o livro que estava escrevendo sobre Welles. Ele citou frases de entrevistas que vinha conduzindo com o diretor desde 1969, em que Welles era relativamente generoso em seu reconhecimento das contribuições de Mankiewicz ao roteiro. (O livro seria publicado somente em 1992.) Bogdanovich menciona inclusive uma frase de Welles que dizia: "A contribuição de Mankiewicz [...] foi enorme [...] eu o adorava. As pessoas também. Ele era muito admirado, sabe?".[49] Bogdanovich desmontou quase todas as frases do ensaio de Kael com refutações de Welles — embora também citasse algumas outras fontes. Bogdanovich também finalizava com uma nota na qual enfatizava quanto aquela especulação havia machucado Welles, usando uma citação do próprio diretor:

> Odeio pensar no que meus netos, se algum dia eu tiver algum, e se algum dia se derem ao trabalho de olhar algum desses livros, vão pensar de seu antepassado: algo bem especial na linhagem dos piolhos megalomaníacos... Vai ser muito duro limpar os rastros da srta. Kael.

Não importava que, nas análises que fizera do trabalho de Wells, Kael o tivesse saudado como um visionário que fizera coisas maravilhosas. Quase tudo o que ela escrevera sobre o trabalho dele era louvado superlativamente. Isso foi deixado de lado, tornado irrelevante devido ao ensaio sobre *Kane*. Evidentemente havia alguma responsabilidade dela nisso. Kael se propôs à quase impossível missão de determinar com firmeza a autoria de um trabalho colaborativo. Ela mesma hesitara. Antes da caçada de Sarris e Bogdanovich, já dissera a um entrevistador da *Saturday Review* que não desejava diminuir o papel de Welles; ele era a figura-chave do filme, admitiu.

Ainda que o roteiro de Mankiewicz fosse maravilhoso, poderia ter saído um filme ordinário com outro diretor... e certamente com outro ator como Kane.[50]

Essa ponderação não ajudou muito, em parte porque no início da controvérsia já não mais importava o que Kael realmente pensava sobre o assunto. Seus erros expuseram uma vulnerabilidade em sua boa reputação, e as pessoas que discordavam de tudo o que ela defendia não deixariam passar a oportunidade de derrubá-la. Kael gostava de brigar no impresso e dificilmente acharia ruim que outros fizessem o mesmo. Via de regra, avançava com seus argumentos como a vanguarda dos exércitos, marchando sem pausa. Ao longo de sua vida profissional, aprendeu que escrever com autoridade implicava projetar uma confiança extrema, quase sobre-humana.

No entanto, isso ainda era apenas uma projeção. Kael era arrogante, mas também precisa. Sua capacidade de se editar era lendária. Conforme definiu seu amigo e às vezes protegido James Wolcott, ela era "uma funileira tão fanática quanto qualquer histérico da academia de elfos de E. B. White".[51] É possível que tivesse sido desleixada com os fatos, mesmo sempre dispensando uma ampla atenção aos detalhes? Sem dúvida a resposta é sim. Curiosamente, em uma carreira repleta de contra-ataques e discussões em carta, esse se provou o único momento em que Kael escolheu não levar seus argumentos adiante. Ela jantou com Woody Allen logo após ler o ensaio de Bogdanovich e perguntou a ele se deveria responder. "Não",[52] teria dito Allen. Era claro que Kael estava magoada, mas demonstrou ter aprendido uma lição ali: de que não deveria mais se envolver em reportagens. Também parou de se envolver com pessoas que não gostavam de seu trabalho.

Mas essa polêmica a marcou. Alguns anos depois, Kael estava numa festa do Oscar com um roteirista chamado John Gregory Dunne. Quando escreveu sobre o fato, ele colocou de imediato a renomada crítica de cinema no contexto daquilo que claramente acreditava ser sua maior desgraça. Quando *Criando Kane* foi finalmente publicado como livro, disse, Dunne tinha recusado a oportunidade de resenhá-lo. Em sua visão, era "um livro arrogantemente bobo que me fez soltar risadinhas assim como qualquer outro livro que li sobre Hollywood".[53] Mas ele teve medo de criar atritos com alguém que poderia atacar os filmes em que estava trabalhando. Então manteve suas opiniões para si e aproveitou para dar novas cores à sua imagem da escritora do livro. Na festa onde se conheceram, Kael usava "um Pucci arrasador e sapatos ortopédicos". Quando ele se apresentou, ela sabia seu nome. E logo pediu para conhecer sua esposa, Joan Didion.

10.
Didion

As figuras de Didion e Kael seriam muitas vezes associadas a Sontag, já que todas eram da Califórnia — uma notável coincidência, segundo os círculos intelectuais de Nova York. Mas elas não gostavam da forma como seus nomes eram relacionados. O fato é que Didion e Kael jamais sentiram muita afinidade entre si. John Gregory Dunne escreveu que, quando Kael pediu para conhecer Didion, ele só conseguia pensar em como ela odiara um dos romances de sua esposa e o filme baseado nele, considerando-o "uma fantasia de princesa".[1] "Sei que minha tolerância para esse tipo de coisa é menor do que a da maioria das pessoas; mas será possível tolerar isso? Achei o romance de Joan Didion ridiculamente presunçoso, e o li tendo ataques de risos incrédulos." De todo modo, Dunne as apresentou, vendo traços em comum entre as duas — ainda que elas mesmas não pudessem reconhecê-los: "São duas figuras difíceis, com os instintos de um lêmure e um amável desdém pelo trabalho da outra, fazendo o tipo boa moça das antigas".[2]

"Difícil" não é um termo muito associado a Didion. "Elegante" e "glamorosa" são descrições mais comuns, embora nem sempre sejam usadas como elogios: eram recorrentes as críticas ao seu estilo "ridiculamente presunçoso", como Kael fizera. Mas, como bem sabia Didion, as palavras podem ser enganosas. Embora seu estilo não fosse coloquial ou diretamente combativo como o de Kael, ela também dominava a arte de demolir as autoilusões alheias. A diferença é que tendia a atacar com a elegância de uma lâmina de aço, sem muito apreço por instrumentos de impacto.

Didion nasceu em 1931 em uma família de classe média em Sacramento. Seu pai, Frank, não era um avicultor idealista como o de Kael, nem um sonhador como o de McCarthy, West ou Sontag. Era um homem prático e estável que até a Segunda Guerra Mundial vendia seguros. Então, em 1939, se juntou à Guarda Nacional. A família se mudou com ele para as bases de Durham, na Carolina do Norte, e em seguida, para Colorado Springs. Sob qualquer perspectiva, Joan Didion teve uma infância americana normal e tranquila. Mais tarde, ela diria que haviam sido as constantes mudanças que a induziram a se sentir como alguém de fora. Além disso, Didion também era uma criança naturalmente tímida, fato que não a ajudava nessa dinâmica. Entretanto, mesmo com toda a sua timidez, ela sonhava com uma vida pública. Seu primeiro sonho foi ser atriz, e não escritora — como também acontecera com McCarthy. "Eu não percebia até então que era o mesmo impulso", relatou Didion a Hilton Als. "É fazer e acreditar. É performance."[3]

Mas havia algumas coisas sobre seu pai, Frank, a respeito das quais Joan Didion nunca escreveu. Ela fez seu nome como uma ensaísta intimista, levando muitos à conclusão de que era o tipo de pessoa que se expunha incansavelmente. No entanto, até quase completar setenta anos, não publicou uma única palavra sobre um evento disruptivo de sua juventude: em seu primeiro ano como estudante de inglês em Berkeley, seu pai foi internado em um hospital psiquiátrico em San Francisco.

A mãe dela era menos melancólica, mais alinhada ao tipo de espírito aguerrido dos pioneiros da Califórnia que Didion passaria a vida articulando e defendendo. Mas Eduene Didion não era despojada de uma vida interior ou de sonhos. Joan disse que foi ela quem a avisou de que a *Vogue* daria uma viagem a Paris como prêmio em um concurso de ensaios e disse que poderia vencê-lo. Quando isso de fato aconteceu, em 1956, e Joan dirigiu de Berkeley até a casa dos pais para contar a novidade, ela só disse "Sério?".[4]

Foi o segundo prêmio que Didion ganhou no começo de seus vinte anos. Ela já havia passado o verão de 1955 como editora convidada da revista *Mademoiselle*, em Manhattan. (Era o mesmo programa que havia recebido a poeta Sylvia Plath alguns anos antes, o qual a poeta descreve e ridiculariza em seu romance autobiográfico *A redoma de vidro*.) Para a *Vogue*, Didion tinha escrito um perfil caprichado da romancista Jean Stafford, que havia se divorciado do poeta Robert Lowell. Ela descreveu as reflexões de Stafford sobre aspectos comerciais dos romances em relação aos contos de modo bastante responsável, com o controle e o apuro de uma excelente estudante. Ainda não havia nenhum traço da voz que as pessoas viriam a ouvir em seus textos.

Didion não foi a Paris. Em vez disso, embora ainda estivesse cursando a faculdade, pediu à revista um trabalho em Manhattan. Ela foi colocada no departamento de copidesque e se mudou para a cidade no outono de 1956. As duas idas para Nova York são fundidas, de alguma forma, na abertura do famoso ensaio "Goodbye to All That", sobre a eventualidade de sair de lá novamente. Didion escreve que tinha vinte anos quando viu Nova York pela primeira vez — na viagem da *Mademoiselle*. Mas a maior parte do que ela discute é a experiência da segunda chegada, desde seus empregadores que a mandaram se vestir na Hattie Carnegie até sobre ficar tão sem dinheiro que precisava empacotar as compras de outras pessoas no mercado da Bloomingdale's para depois se permitir alguns prazeres, como muitos jovens quebrados fazem.

A fusão entre as duas chegadas é propositadamente sutil. Muitos dos que algum dia chegaram a Nova York podem atestar que os sentimentos que Didion descreve — "nada era incontornável, tudo estava ao alcance"[5] — são uma fonte renovável da qual sempre é possível beber. Mas há aqui algo a aprender sobre seu estilo: muitas vezes conscientemente, ela tece algo a partir de suas experiências que representa mais que uma revelação nua e crua.

Na *Vogue*, Didion foi inicialmente alocada no departamento de publicidade e mais tarde pegou a posição outrora ocupada por Dorothy Parker de redatora de legendas. Naquele momento, a empertigada gestão da editora da época de Parker, Edna Woolman Chase, havia acabado. A *Vogue* tinha se tornado mais ambiciosa, especialmente em relação às roupas exibidas em suas páginas. Mesmo assim, o tom intelectual na redação não havia mudado tanto. A revista era feita por pessoas inquestionavelmente mais ricas que Didion, mas não particularmente literatas ou intelectuais. Elas caçavam tendências, o que às vezes as conduziam a bons escritores.

Didion sempre dizia que assinou seus primeiros textos na *Vogue* por acidente. Em certa ocasião, um texto que entraria na edição não chegou e ela precisou redigir algo para preencher o buraco. O texto que preparou, uma breve meditação sobre a natureza do ciúme, não tem a mesma força das suas convicções. A tese é de que o ciúme tem algum impacto na vida:

> Fale com qualquer pessoa cujo trabalho envolva investimento, como um escritor ou um arquiteto. Você vai ouvir sobre quão bom o escritor X era antes que Nova York o arruinasse; ou como o segundo romance de Y, não importa o que Diana Trilling tenha dito, só podia ser uma decepção para aqueles que conheciam seu verdadeiro potencial.[6]

Se isso soa como uma escritora juntando forças para uma carreira brilhante, é importante lembrar que na época Didion não estava escrevendo para uma revista que angariava muito respeito literário e intelectual. Os temas de seus ensaios, aos quais a *Vogue* deu mais espaço em 1961-2, às vezes refletiam suas frustrações interiores. Eram sobre respeito próprio, a habilidade de ouvir "não" como resposta e chantagem emocional. Nesse período, Didion escrevia não apenas para a *Vogue*. Também tinha acordos com a *Holiday* e a *Mademoiselle*. "Eu escrevia esses textos e então mandava",[7] ela disse a entrevistadores. "Não tinha muito controle sobre eles." De fato, são textos que podem ser lidos como experimentos de uma escritora que está aprendendo seu ofício. Ela não os incluiu depois em sua coletânea de ensaios, por não considerar que estivessem entre seus melhores trabalhos.

Didion também contribuiu ocasionalmente com a revista conservadora *National Review*, escrevendo principalmente colunas sobre livros e cultura. Lá ganhou espaço para elaborações mais consistentes sobre assuntos menos suscetíveis a acusações de perfumaria ou autoajuda em estilo literário. Ela resenhou *Franny e Zoey*, de J. D. Salinger, e o criticou vigorosamente. Em uma festa, disse:

> Havia uma garota bem previsível da Sarah Lawrence que tentou me envolver em uma discussão sobre a relação entre J. D. Salinger e o zen. Como demonstrei indiferença, ela começou a usar uma linguagem que pensou que eu compreenderia: Salinger era, declarou, a única pessoa no mundo capaz de entendê-la.[8]

Esse depoimento hoje soa bastante irônico, considerando-se que Didion ia se tornar uma escritora capaz de articular em seus ensaios os pensamentos mais íntimos das próximas gerações de mulheres. Mas não era esse tipo de popularidade que ela buscava quando decidiu se tornar escritora. Na verdade, ela viu em Salinger a oportunidade de derrubar um grande homem. *Franny e Zoey* era um livro "espúrio", disse. Salinger seduzia seus leitores, fazendo com que se sentissem parte de uma elite que sabia viver melhor que os outros, quando na verdade ele não fazia nada além de enfocar suas trivialidades. Salinger fortalecia a obsessão alheia com coisas menores e superficiais e, desse modo, podia apenas lhes oferecer algo semelhante à autoajuda.

Na *Harper's*, Mary McCarthy concordou com Didion nessa questão. Um ano antes da desgastante recepção de *O grupo*, ela tratou o livro de Salinger com suas lâminas mais afiadas. Também se queixou de que ele dedicava tempo demais a trivialidades: ora bebia-se de um copo, ora acendia-se um cigarro. No entanto, era a visão de mundo salingeriana que McCarthy detestava: a ideia de que apenas as pessoas de dentro de seu círculo de confiança eram reais, enquanto todos os outros eram mentirosos. Ela não tolerava a ambiguidade do suicídio de Seymour Glass, que assombrava as páginas de *Franny e Zoey*. Queria saber o motivo pelo qual o personagem havia se matado, fosse a resposta porque havia se casado mal ou porque ele era feliz demais. McCarthy finalizou a crítica com uma frase inesquecível:

> Ou porque ele estava mentindo, ou seu autor estava mentindo, e tudo era terrível e ele era uma farsa?

Salinger estava então no auge de sua popularidade e prestes a se tornar um recluso. A irritação compartilhada por McCarthy e Didion em relação a ele era reveladora: havia algo em Salinger que sugeria apenas superficialidades. É engraçado que ambas viriam, cada uma a seu tempo, a ser tachadas da mesma forma: como donas de um estilo impecável e cujas ideias e observações nunca estariam à altura da beleza de sua prosa.

A crítica de Kael sobre a imagem ostentadora de Didion, por exemplo, ia nessa mesma linha. Mas ela também sabia que

Didion era habilidosa, e admitia isso mesmo quando a atacava mencionando seus lampejos de genialidade: "Daquelas frases geladas e secas emana o fumo da criação".[9] Kael queria apenas que ela fosse menos melancólica, menos melindrada, menos vítima. Ainda assim, isso parece apenas uma implicância com seu estilo. A própria Kael passaria a vida fugindo de qualquer admissão de falha ou fraqueza, particularmente em sua prosa.

Kael e Didion tiveram um motivo claro para se tornar rivais em termos profissionais, embora a ocasião raramente seja lembrada dessa forma. Por um curto período nos anos 1960, Didion foi crítica de cinema da *Vogue* e Kael na *New Yorker*. A primeira tinha muito menos espaço que a segunda, e demonstrava pouco interesse nas batalhas mortais da crítica cinematográfica. Mas, como Kael, era cética em relação a tabus populares e desconfiava das licenças sentimentais praticadas pelos diretores. Ao menos uma vez, Kael ecoou Didion. Em 1979, a *New York Review of Books* pediu que a segunda escrevesse algo sobre *Manhattan*, de Woody Allen. Ela fez algo não muito distinto de Kael em sua contundente estreia criticando *Luzes da ribalta*. "A autoabsorção é geral", começou Didion, "assim como a insegurança."[10]

> "Em relacionamentos com mulheres, sou o vencedor do prêmio August Strindberg", diz o personagem de Woody Allen em *Manhattan*. Mais tarde, em uma frase frequentemente citada e admirada, ele diz a Diane Keaton: "Nunca tive um relacionamento com uma mulher que durou mais que o de Hitler e Eva Braun". Essas frases não significam nada e não têm graça: são apenas "referências", da mesma forma que Harvey, Jack, Anjelica e *A educação sentimental* são referências. A intenção desse papo esperto é passar a mensagem de que o orador conhece literatura e história — sem mencionar show business.

Apesar de frequentemente ter impulsionado Woody Allen, Kael compartilhava a irritação de Didion com *Manhattan*, expondo a mesma preocupação de que toda aquela conversa profunda estava mascarando uma superficialidade fundamental. "Que homem aos quarenta, além de Woody Allen, poderia fazer da predileção por adolescentes uma busca por valores verdadeiros?",[11] perguntou ela um ano depois, ao atacar *Manhattan* em sua resenha sobre *Memórias*.

Didion obviamente não via nenhum problema em usar o "eu" quando não estava escrevendo ficção. Mas, por volta de 1964, apenas três anos após começar a produzir seus ensaios exploratórios para a *Vogue*, ela estava bastante ansiosa para escrever sobre algo além dela mesma. Sua vida estava mudando. Ela havia publicado o pequeno romance *Run River*, cujo percurso até as livrarias tinha sido uma decepção. O título fora escolhido pela editora, que havia alterado inteiramente a forma do romance, tornando sua estrutura experimental algo mais convencional. Também havia se casado com John Gregory Dunne, um amigo esporádico, após tê-la apoiado durante o término de um longo relacionamento. O casal decidiu largar o trabalho nas revistas e se mudar para a Califórnia, onde tinham uma vaga intenção de fazer carreira na TV.

A *Vogue*, aparentemente indisposta a cortar o vínculo com Didion, pediu que começasse a fazer críticas de filmes. Em sua coluna de estreia em 1964, publicada um mês antes de se casar, Didion declarou que sua abordagem seria democrática.

> Que fique claro: gosto de filmes e os abordo com uma tolerância tão afetuosa que pode lhes parecer simplória. Para que prenda minha atenção, um filme não precisa ser um clássico de seu gênero, nem precisa ser *A aventura*, *Rio vermelho*, *Casablanca* ou *Cidadão Kane*: peço apenas que tenha seus momentos.[12]

Ela foi adiante levantando pontos positivos de *Núpcias de escândalo*, *Águia solitária* e *Charada*. Kael ainda não havia começado a avaliar filmes comerciais e *Perdi no cinema* ainda não tinha sido publicado, mas podemos ver, nas palavras de Didion, uma abordagem relativamente similar à dela, que também insistiria, ao longo de toda a sua carreira, que havia momentos de brilho mesmo em obras inquestionavelmente ruins.

Didion se alternava com outro escritor na coluna, fato que parece tê-la impedido de avaliar alguns filmes memoráveis. Apesar do espaço pequeno que tinha, ela tentava escrever com charme: a maior parte das suas resenhas é animada, coisas engraçadas que mais parecem de Parker. Ela odiou *A Pantera Cor-de-Rosa*: "Possivelmente a única sedução filmada (David Niven contra A Princesa) com toda a banalidade da coisa real".[13] Gostou de *A inconquistável Molly*, mas comentou que Debbie Reynolds "tende a atuar como se o Oeste tivesse sido conquistado por meio de pulos e gritos".[14] Também confessou uma queda por filmes se surfe adolescentes, "um entusiasmo que eu tento chamar de sociológico".[15] Como Kael, detestou *A noviça rebelde*, que disse que era:

> Mais constrangedor que a média, talvez apenas por sugerir que a história não precisa acontecer para pessoas como Julie Andrews e Christopher Plummer. Apenas assobie uma música animada e deixe a Anschluss para trás.[16]

Porém, gradualmente, Didion ficou entediada. Agora que estava na Califórnia, percebeu que talvez não pudesse morder a mão de quem achava que pudesse vir a alimentá-la. Ou talvez quisesse apenas escrever textos mais longos — arranjo que ela e Dunne rapidamente conseguiram com o *Saturday Evening Post*.

No *Post*, a escrita de Didion passaria por uma grande mudança de tom. Continha ainda traços da voz característica e elegíaca da escrita de "On Self-Respect" e dos outros ensaios publicados nas edições de verão da *Vogue*. O *Post* estava pronto para enviá-la a campo, e Didion seguiu um novo caminho. A Califórnia dos anos 1960 era um campo fértil para histórias inusitadas, que lhe davam a oportunidade de investigar uma notícia para além de uma ou duas colunas de texto. Começou escrevendo sobre Helen Gurley Brown (a qual achava tola) e John Wayne (o qual não achava). Foi sua primeira matéria sobre crime que prendeu a atenção dos leitores da revista e passou a ser considerado o primeiro texto verdadeiramente seu.

O título era "How Can I Tell Them There's Nothing Left?", mas o que ficou mesmo famoso foi o que ela usou em sua coletânea: "Some Dreamers of the Golden Dream". Embora nominalmente dedicado à crônica de um assassinato local, envolvendo uma mulher acusada de queimar seu marido dentro do carro, Didion imediatamente enxergou ali, em grande-angular, tudo o que estava afligindo a Califórnia — e o resto dos Estados Unidos:

> Essa é a Califórnia onde é fácil encontrar um Disque-Devoção mas é difícil comprar um livro. Esse é o país em que a crença na interpretação literal do Gênesis derivou imperceptivelmente para uma crença na interpretação literal de *Pacto de sangue*; é o país do penteado e das calças capris, das meninas para quem todas as promessas da vida se resumem ao comprimento do vestido de casamento e ao nascimento de uma Kimberly, Sherry ou Debbi, um divórcio em Tijuana e um retorno à escola de cabeleireiras.[17]

A mulher foi condenada pelo assassinato de seu marido, mas naturalmente os moradores do San Bernardino Valley — a parte da Califórnia que Didion descreveu se seu longo parágrafo de abertura — não acharam legal a forma como estavam sendo caracterizados. "Estou preocupado com Joan Didion", escreveu o morador Howard B. Weeks, que também informou sua profissão: vice-presidente de relações públicas e desenvolvimento da Universidade Loma Linda. "Reconhecemos esses sentimentos como sintomas recorrentes nos jovens escritores de Nova York que se aventuram no Grande Desconhecido além do Rio Hudson."[18] A carta demonstra que Didion ainda não havia entrado de fato no circuito comercial; Howard B. Weeks não sabia que estava falando sobre assuntos de sua terra natal com a mulher que ia se tornar a mais proeminente escritora californiana a tratar dos assuntos locais.

Didion não encontrou sua voz imediatamente. O próximo texto que escreveu, "The Big Rock Candy Figgy Pudding Pitfall", ainda parecia a um passo de qualquer coisa que pudesse incomodar alguém. Apesar de ter criticado Helen Gurley Brown e J. D. Salinger por serem pessoas essencialmente triviais, é possível supor que ela tenha escrito esse texto apenas pelo dinheiro. Nele, detalha seus esforços para cozinhar vinte pudins de figo e fazer vinte pirulitos em forma de árvore. Tudo isso parecia refletir seu estado de angústia com a maneira como estava realizando seus trabalhos domésticos:

> Sou fraca, preguiçosa e despreparada para qualquer coisa além daquilo que sou paga para fazer, que é sentar sozinha e teclar com um único dedo. Gosto de me ver como o tipo de mulher que "faz", capaz de consertar a cerca do curral, de fazer compota de pêssego para o inverno todo e então ganhar uma viagem para Minneapolis no torneio de culinária de Pillsbury. O dia em que eu parar de acreditar que, se me dedicar, posso ganhar o torneio de Pillsbury, será um sinal de que alguma coisa morreu.[19]

Dunne aparece nesse artigo como uma figura benevolente e cômica que, ao ser confrontada com aqueles ingredientes, pergunta: "Que tipo de terapia vamos fazer esta semana?". Mas em nenhum momento do artigo Didion menciona que, no começo daquele ano, os dos haviam adotado uma criança e dado a ela o nome de Quintana Roo Dunne. A ansiedade de ser algum tipo de deusa doméstica — "o tipo de mulher que faz pirulitos em forma de árvores ornamentais e pudins de figo" — parece estar relacionada àquilo que as revistas femininas chamam de "espírito materno".

Em uma das primeiras edições do ano seguinte, Didion escreveu um ensaio intitulado "Farewell to the Enchanted City". (Gerações posteriores de leitores o conheceram como "Goodbye to All That".) Foi então que começou a insinuar-se mais explicitamente sua duradoura obsessão com as histórias que contamos a nós mesmos. Didion sugere que a Nova York de sua imaginação dominou a cidade real durante todo o tempo em que vivera lá:

> Algum instinto, programado por todos os filmes a que assisti e todas as músicas que escutei sobre Nova York, me informou que a cidade nunca seria a mesma novamente. E, de fato, nunca foi. Algum tempo depois, havia uma música nos jukeboxes do Upper East Side que dizia assim: "Mas onde está aquela menina da escola que eu costumava ser?". Bem tarde da noite, eu refletia sobre isso. Sei que quase todo mundo pensa em coisas assim, mais cedo ou mais tarde, não importa o que esteja fazendo. Mas uma das confusas bênçãos de se ter vinte e poucos anos é a convicção de que algo assim — apesar de todas as evidências ao contrário — jamais ocorreu a alguém antes.[20]

Esse ensaio é tão famoso que se diz que deu origem a seu próprio gênero de ensaios sobre deixar Nova York. Assim como a música na jukebox, ele expressa sentimentos comuns a uma experiência comum. O que é brilhante no ensaio é que, no próprio ato de escrevê-lo, Didion revive um clichê emocional — o narrador diz a seu eu pregresso quão tolo e estúpido ele fora ao acreditar em uma história em que todos acreditam. Esse estilo autoconsciente, no qual um assunto íntimo é tratado com certo distanciamento, ia se tornar a marca de Didion. Mesmo quando escrevia sobre algo tão pessoal quanto seu divórcio, ela removia o tema de contexto, revolvia-o em suas mãos e o polia até que seu brilho ocultasse certa aspereza que residia em seu interior.

Dunne e Didion logo passaram a dividir uma coluna regular no *Saturday Evening Post*, se alternando para assiná-la. Isso parece estranho ao olhar contemporâneo, especialmente por conta da ilustração que a revista usava no topo de cada coluna, com desenhos dos dois. Se Dunne tivesse escrito a coluna, a ilustração mostraria seu rosto na frente de Didion; se fosse o contrário, o rosto dela ficaria na frente. Dunne sempre insistiu que não tinha nenhuma inveja de sua esposa famosa.

Didion fazia nessas colunas suas explorações mais interessantes. Seu ensaio sobre a enxaqueca seria publicado ali, assim como sua reportagem sobre a desativação de Alcatraz e o devastador perfil de Nancy Reagan, então primeira-dama da Califórnia:

> Ela me disse que o governador nunca usou maquiagem em seus filmes e que a política é um negócio mais pesado que o cinema, porque não se tem o estúdio como proteção [...]. "Ter um lugar bonito para trabalhar é importante para um homem", me aconselhou. E me mostrou o jarro de pirulitos que mantém sempre cheio na mesa do governador.[21]

Essa técnica — deixar o assunto simplesmente fluir sem interrupções a partir de suas ponderações e pensamentos — se tornou o modus operandi de Didion. Seria assim que ela faria em suas famosas explorações em Haight-Ashbury. Seus longos ensaios começavam com um longo preâmbulo sobre como "o centro não se sustenta mais", e então mergulharia nesse abismo em expansão para encontrar pessoas que pudessem se revelar em uma ou duas linhas — como duas fãs do Greatful Dead:

> Pergunto a duas garotas o que elas fazem.
> "Só meio que venho muito aqui", disse uma delas.
> "Só meio que conheço o Dead", disse a outra.[22]

A superficialidade das respostas falava por si só. A maior parte dos leitores do *Saturday Evening Post* concordava com Didion, e as cartas que enviavam transmitiam a grande aprovação de suas reflexões sobre os bárbaros do "culto hippie", como eram popularmente chamados na época. Havia algumas objeções, como as de Sunnie "The Daisy" Brentwood, que continuava insistindo que a "maioria deles são bons moços e estão tentando fazer do mundo um lugar melhor onde viver".[23]

No fim, prevaleceu a visão de Didion, não apenas porque esse ensaio daria título à sua coletânea de 1968, *Slouching Towards Bethlehem*, que estabeleceu sua reputação. Em sua resenha para o *New York Times*, seu amigo Dan Wakefield argumentou que ela era "uma das menos celebradas e mais talentosas escritoras da minha geração".[24] Ele apontou que Didion era mais fácil de interpretar que Susan Sontag, outra escritora em ascensão naquele momento. A total celebração do livro feita por Wakefield foi ecoada por praticamente todos os outros resenhistas. Alguns deles se detiveram em analisar a questão do brilho de Didion e seu gênero: Melvin Maddocks, do *Christian Science Monitor*, comentou enigmaticamente, num aparente elogio:

O jornalismo feito por mulheres é o preço que o mundo dos homens paga por tê-las decepcionado. Em seu melhor, elas são o olhar que não perdoa, o ouvido que não esquece, o alfinete de chapéu oculto.[25]

Essa é uma forma de olhar para a questão. Embora a referência ao alfinete de chapéu seja claramente usada para trivializar, a noção de que as ideias eram um "preço", e não um talento, é um tanto reveladora. A persona literária que Didion desenvolvera estava tão desiludida com as mulheres — Gurley Brown, as fãs do Greatful Dead, Nancy Reagan e os desafios domésticos do pudim de figo — quanto com o "mundo dos homens", independentemente do que fosse isso. Sua voz não era tão feminina quanto perceptiva e afiada. Ainda que algumas portas da percepção talvez sejam mais abertas às mulheres, isso não quer dizer que os homens — caso se acalmassem, ouvissem e olhassem — não podiam enxergar o que as mulheres estavam apontando.

Após *Bethlehem*, já nos anos 1970, apareceram escritores de todos os lados e em massa para fazer o perfil de Didion. Após entrevistá-la, eles adicionavam belas fotos de sua figura delicada a manchetes como "Joan Didion: Writer With Razor's Edge" [Joan Didion: uma escritora afiada como navalha],[26] e "Slouching Towards Joan Didion" [Arrastando-se para Joan Didion].[27] Alfred Kazin, velho amigo de Hannah Arendt, rapidamente foi enviado para a Califórnia. Ele encontrou Didion e seu marido muito bem na casa em que morava em Malibu, onde escreviam juntos um roteiro baseado em *Play It as It Lays* — romance de 1970 dela que recebera críticas entusiasmadas sobre uma atriz insatisfeita chamada Maria Wyeth. Kazin notou a diferença entre o modo como Didion falava de si em seus textos — frágil, doente, às portas do divórcio na famosa coluna da *Life* em 1969 — e a maneira como era pessoalmente: sensível, mas sólida.

Joan Didion é uma criatura de muitos recursos, pois está claro em suas próprias crenças que teve a sensibilidade de nascer e crescer em Sacramento antes que tantas coisas desconcertantes começassem a acontecer naquela região.[28]

Kazin continuou sua catalogação de discrepâncias: a voz de Didion era "muito mais forte do que a da sua filhinha". Embora o endereço de Malibu pudesse sugerir um ambiente de relaxamento, ele achou o ruído das ondas quase ensurdecedor: "Pessoas que moram em casas na praia não sabem quanto isso as afeta". Kazin a chamou de moralista e disse que tinha uma obsessão com a seriedade. Observou também que sempre escrevia como uma crítica da cultura, mesmo em sua ficção, buscando diagnósticos para os males de quaisquer assuntos que fossem — propensão que compartilhava com Mary McCarthy, embora a voz de cada uma na ficção fosse bastante distinta. Kazin chegou até a encontrar aproximações entre Didion e Arendt, que uma vez lhe disse que os americanos tendiam a se desesperar mais que os europeus.

Quando o perfil de Kazin foi publicado, Didion já era uma estrela. No entanto, tinha um novo problema. O *Saturday Evening Post*, que havia permitido que ela escrevesse liricamente sobre enxaquecas e voltar para sua casa em Sacramento, e que a tinha enviado ao Havaí para escrever uma matéria, fechara. Didion procurou outros lugares. A *Life* lhe ofereceu uma coluna, mas essa relação azedou rapidamente: Didion pediu para ir a Saigon, pois muitos escritores — incluindo Sontag e McCarthy — tinham ido. Seu editor se recusou, dizendo a ela: "Alguns dos caras já estão indo".[29] A raiva dela com a informalidade da recusa deu origem à hoje famosa coluna sobre sua visita ao Havaí durante um período de alerta de maremoto:

Meu marido desliga o aparelho de televisão e olha pela janela. Evito seus olhos e penteio o cabelo do bebê. Na ausência de um desastre natural, nos confrontamos novamente com nossos próprios desconfortos. Estamos aqui nesta ilha no meio do Pacífico, prestes a assinar o divórcio.[30]

Por um momento esse ensaio parece o cúmulo da autorrevelação. Mas o foco da dissolução conjugal termina aqui. Didion começa a descrever quão desconectada do mundo se sente e quão difícil é sentir. Ela confessa ter se tornado, como um antigo namorado havia previsto, alguém que não sente nada. O texto é tão implacavelmente pesado e desesperador que não é de espantar que os editores da *Life* pareçam ter ficado surpresos. Então, deram-lhe um título que refletia sua perplexidade: "A Problem of Making Connections". Os artigos subsequentes, profundamente pessoais, também não estavam ao gosto dos editores, que, por fim, não os publicaram, o que motivou Didion a romper com o contrato. Muitos anos depois, ela narraria a indiferente recusa do editor em *O ano do pensamento mágico*.

Essa é mais uma importante pista sobre o trabalho dela: mesmo quando descreve um interminável desespero e sente sua vida ruindo juntamente com seu país, existe outro motor em funcionamento dentro de Didion. Nenhum indivíduo tão deprimido e perdido, como ela alegava estar, poderia escrever uma prosa tão exata, com palavras dirigidas tão precisamente ao coração do tema. No caso da confissão de seu potencial divórcio, o motor foi a raiva de ter sido impedida de usar toda a sua capacidade por um editor que a considerou menos audaciosa profissionalmente que os "caras" que estavam a caminho de Saigon. Foi um erro que hoje consta no museu das más decisões editoriais.

Didion se voltou para a produção de romances. Contribuiu ocasionalmente com a *Esquire*, mas teve problemas em se adaptar a essa revista também. Evidentemente era um dos rapazes, no sentido de que haviam reconhecido sua escrita e queriam publicá-la. Mas não conseguia seguir as regras deles.

Mesmo assim, voltar a escrever em revistas femininas teria sido intolerável para ela, justamente quando o movimento de liberação da mulher estava no auge. Como Sontag, Didion vinha sendo questionada quanto à sua lealdade aos círculos de conscientização que de repente estavam por toda parte. Ela só fez um comentário mais direto em 1972, em um ensaio publicado com o título de "The Women's Movement" nas páginas do *New York Times*. Nele, listou dezesseis livros inspiradores. Mas era claro que aquilo que a movia era sua frustração com a "edição especial sobre mulheres" que a *Time* publicara alguns meses antes.

Didion não pretendia dar muito espaço ou significado ao nascente movimento feminista. Direcionou a ele alguns dos insultos mais contundentes de sua carreira. "Parece bem Nova Inglaterra essa paixão febril e cerebral",[31] disse, referindo-se aos escritos feministas radicais de Shulamith Firestone. Mencionou também alguns dos métodos do movimento como stalinistas, destacando a relação, feita pela escritora inglesa Juliet Mitchell, entre práticas maoistas e as sessões de conscientização. Também defendeu Mary McCarthy das teóricas feministas que desconstruíam as heroínas de *Dize-me com quem andas* e *O grupo* até transformá-las em caricaturas ultrapolitizadas e irreconhecíveis: "Escravizada, pois insiste em procurar sua identidade em um homem".[32]

No entanto, em seu artigo, Didion não rejeitava completamente o feminismo. Ela se preocupava que aquilo que via como um movimento único e unificado estivesse concentrando seus argumentos em assuntos triviais, como a divisão de tarefas domésticas e quem lavava a louça.

> É claro que essa ladainha sobre trivialidades era crucial para o movimento no começo, uma técnica-chave para politizar as mulheres que talvez estivessem condicionadas a ponto de obscurecer seu ressentimento até perante elas mesmas [...]. Mas essas descobertas seriam inúteis se houvesse uma recusa em se perceber o cenário maior ou não acontecesse o salto do pessoal para o político.[33]

Didion também pensava que em seus livros as feministas tinham construído um tipo de autoilusão, que ela chamava de Toda Mulher, "perseguida até pelo ginecologista", "estuprada em todos os encontros". Didion não negava que as mulheres eram vítimas de condescendência e de estereotipação. De fato, seria difícil imaginar que pudesse negar tal realidade, dada a maneira como escreviam sobre ela naquele período, dada sua inabilidade de se encaixar em uma revista em um mundo dominado por homens. Mas isso não a impedia de achar extremamente infantis os desejos expressos pelas principais escritoras do movimento.

> São convertidas que não querem uma revolução, e sim "romance"; que acreditam não na opressão das mulheres, mas em suas próprias mudanças para uma nova vida nos moldes exatos da anterior.

Didion já havia abordado a condição das mulheres várias vezes, geralmente quando escrevia sobre Doris Lessing. Escreveu sobre ela em duas ocasiões: uma para a *Vogue* e outra para a *New York Times Book Review*. Na *Vogue*, teve espaço somente para dizer que não compartilhava da visão de Lessing de que havia algum tipo de "injustiça" em ser mulher. Na época em que foi designada para resenhar a ficção científica *Briefing for a Descent into Hell*, Didion já havia suavizado seu julgamento de Lessing, em parte porque Lessing, por sua vez, havia suavizado sua visão da política feminista. *Briefing* era, conforme Lessing apontou, uma "ficção espacial interior", mais voltado para a loucura e para a alienação que para uma crítica às modernas estruturas sociais. E, embora não tenha apreciado o livro em particular, Didion se esforçou em congratular Lessing naquilo que viu como uma desilusão da autora com todas as formas cegas de ação e pensamento político — que é como Didion enxergava o feminismo:

> O impulso para encontrar soluções tem sido não apenas seu dilema, mas a ilusão que orienta seu tempo. Não é um impulso pelo qual eu tenha a maior das considerações, mas existe, de todo modo, algo bastante tocante na tenacidade da sra. Lessing.[34]

Aqui há alguma luz entre Didion e sua rejeição ao feminismo. Parece que, de alguma maneira velada, ela tinha simpatia pelos objetivos e pelas esperanças das feministas — cujas táticas ainda assim detestava. Não era muito, mas era alguma coisa.

Mas a recíproca não era verdadeira. Várias ativistas feministas escreveram ao *Times* para reclamar. Entre elas, Susan Brownmiller, cujo *Against Our Will* estava listado no ensaio. Ela enfatizou que Didion jamais se posicionara firmemente como esquerdista e que já havia escrito para a *National Review*, e continuou, um tanto enigmaticamente:

> Não é engraçado que as mais bravinhas estejam sempre do outro lado? Prefiro, em qualquer dia da semana, bota e calça jeans a unhas bem-feitas.[35]

Esse texto excluiria Didion do movimento feminista para sempre. E inauguraria uma queixa comum contra ela: que, a seu modo, estava agindo de acordo com algum tipo de feminilidade estereotipada. Apesar de sua defesa da complexidade, Didion teve medo de reconhecer que havia um bom número de lutas ideológicas internas no movimento que descrevia, com a romancista Alix Kates Shulman de um lado da cerca e Shulamith Firestone de outro. Na visão de Didion, eram todas a mesma coisa — e tratadas como Toda Mulher —, todas capazes de fazer escolhas diferentes das que haviam feito.

Pelo resto dos anos 1970, Didion se dedicou principalmente à produção de filmes e ficção. Ela e Dunne trabalhariam na versão cinematográfica de *Play It as It Lays* (*O destino que Deus me deu*), e em uma nova versão de *Nasce uma estrela*. Didion também publicou *A Book of Common Prayer*. Ocasionalmente escrevia artigos para a *Esquire*, mas sua energia para tal parecia limitada. O casal, que havia escapado do divórcio mais de uma vez nos anos que se sucederam, gostava de oferecer grandes festas, o que consumia tempo. Somente no fim da década ela publicaria sua segunda coletânea de não ficção, chamada *O álbum branco*.

O ensaio que intitulava a coletânea começa com o famoso mantra "Nos contamos histórias para poder viver",[36] e é um texto fragmentário. Embora a linha inicial seja frequentemente citada como frase de autoajuda, nesse ensaio Didion lista suas fantasias frustradas, concluindo que os escritores são especialmente culpados por impor à existência um tipo de ordem narrativa que "congela a inconstante fantasmagoria de nossa experiência".

Alguns dos elementos do ensaio incluíam projetos fracassados de Didion ao longo dos anos. Ela destaca um encontro com Linda Kasabian, a jovem de 23 anos que dirigira o carro com os membros da família Manson que assassinaram Sharon Tate e seus convidados em agosto de 1969.

Visto de fora, a história de Kasabian parecia um tema perfeito para Didion. Ali estava uma pessoa que havia se envolvido com as promessas de amor e curtição que o movimento hippie usava para seduzir — promessas sobre as quais Didion havia escrito longamente para provar que eram falsas. Kasabian tinha ido tão longe que se vira no meio dos mais notáveis assassinos dos Estados Unidos, selvagens a ponto de se destacar em um país que tratava o crime como entretenimento noturno. Mas Didion nunca conseguiu levar o projeto adiante. Os assassinos e Linda Kasabian se tornaram mais um elemento onírico no pântano político e social dos estertores dos anos 1960 — quando Didion, conforme escreveu, mal sabia o que se passava em sua própria cabeça:

> Lembro-me com clareza de toda a confusão daquela época, e também me lembro disso, embora não quisesse. Lembro-me de que ninguém ficou surpreso.[37]

Em *O álbum branco*, Didion nunca revela o que a tirou de seu desespero com a condição de esvaziamento moral e filosófico dos anos 1960, ou pelo menos não explicitamente. Podem ter sido os filmes que ela estava fazendo ou o fato de finalmente estar sendo reconhecida como uma escritora de respeito. *A Book of Common Prayer* foi muito bem recebido. Pode ser que, sem a violência e a anomia dos anos 1960, ela de repente se visse curtindo a vida de novo. Quintana estava crescendo, seu casamento tinha atravessado a fase mais difícil e ela estava fazendo um bom dinheiro.

Nos anos 1970, ela teve muita sorte. Conheceu um editor que, aos moldes do *Saturday Evening Post*, estava preparado para deixar seu talento fluir livremente nos artigos de não ficção. Bob Silvers, que era agora um dos editores-chefe da *New York Review of Books*, deu toda a liberdade para Didion se movimentar pelas páginas da revista. Seu primeiro texto foi uma resenha sobre as críticas cinematográficas de

Stanley Kauffmann na *New Republic*, embora ela tivesse outros alvos em mente.

Eu me pergunto como Pauline Kael, digamos, consegue escapar com frases vagas como "agora que os estúdios estão entrando em colapso", ou como ela consegue interpretar tão mal as características labirínticas das noites da indústria, a ponto de caracterizar as "esposas de Hollywood" como mulheres "cujas mandíbulas ficavam rijas das noites em que tinham de se sentar soberbamente nas festas até a hora de levar seus gênios para casa".[38]

Didion seguiu zombando daqueles que, como Kael e Kauffmann, escreviam sobre cinema sem ter a mínima ideia de como um filme era criado e produzido. Ela disse que o máximo que podiam esperar era levar um tipo específico de inteligência ao cinema, mas que era um efeito do tipo "bordado no lenço de papel que raras vezes sobrevive a muito escrutínio".

Ao ler a resenha, Kauffmann descobriu que era pouco mencionado nela e que as quatro citações que Didion usara pertenciam a outro livro que ele havia escrito. Escreveu então uma objeção à *New York Review*, adicionando:

> Uma possível razão: na edição de 9 de dezembro de 1972 da *New Republic*, avaliei o filme da sra. Didion, *O destino que Deus me deu*. Também me referi ao livro que lhe deu origem e deixei bem claro quanto havia detestado ambos. (Da mesma forma como ela faz em seu artigo: o filme pretendia tratar questões sérias, mas era de fato apenas um produto da indústria.) Talvez a sra. Didion não gostasse da minha escrita da mesma forma se eu tivesse elogiado o seu trabalho. Mas seus leitores podem se interessar em saber de um possível olho por olho.[39]

A resposta de Didion foi, como de costume, cortante: ainda que ele tivesse avaliado seu trabalho positivamente ela continuaria sem gostar do trabalho dele, e passaria a "ter dúvidas sobre o meu".

"A autoabsorção é geral, assim como a insegurança"[40] é a memorável abertura do texto de Didion sobre Woody Allen. Suas queixas contra ele eram basicamente iguais às que dirigira, dezoito anos antes, a J. D. Salinger. Os personagens de Allen eram "crianças espertas" que faziam comentários espertinhos que nenhum adulto sério poderia sustentar com facilidade. Estavam obcecados com trivialidades quando incluíam, em sua lista de razões para viver, Willie Mays e Louis Armstrong:

> Essa lista de Woody Allen é o suprassumo do consumo, e a quantidade de vezes que foi citada e aprovada sugere uma nova classe nos Estados Unidos, um submundo de pessoas tensas com a apreensão de que vão morrer por usar o tênis errado, por errar o nome de uma sinfonia, por preferir *Madame Bovary*.

Ela então expôs a única personagem de *Manhattan* que ainda estava no ensino médio. Tracy, interpretada por Mariel Hemingway, construída, nas palavras de Didion, como "mais uma fantasia adolescente". Didion achou Tracy perfeita demais, sem uma família de verdade para impedi-la de sair com o neurótico de quarenta anos interpretado por Allen. Um homem escreveu para protestar longamente sobre como Didion havia desrespeitado aquele que era obviamente seu cineasta predileto. A resposta dela foi: "Ah, nossa".[41]

Kael e Didion ficaram amigas. James Wolcott relatou em suas memórias que a primeira adorava rir de uma frase que Didion dissera a Alfred Kazin: "Fico espantada com a expedição Donner".[42] Foi uma pena que não tenham abordado juntas outros assuntos além de Woody Allen, já que nessa época Didion também começou a ser submetida aos bizarros ataques pessoais que vêm na esteira do sucesso.

Um deles veio da escritora Barbara Grizzuti Harrison, uma resenhista esporádica da *Nation*, que escreveu um texto chamado "Only Disconnect". Embora fizesse algumas boas observações sobre o implacável sentimento de angústia que Didion muitas vezes transmitia, Harrison prejudicou seu próprio argumento ao caçoar do nome de Quintana logo no início do texto.

Outro ataque veio um pouco depois, de um endereço mais familiar: Mary McCarthy. Didion era bastante fã dela; citava-a com frequência em seus ensaios sobre mulheres, mencionando explicitamente a ficção de McCarthy em seus ataques a Helen Gurley Brown e ao movimento feminista. Mas, quando ela se referiu a Didion ao resenhar seu romance de 1984 *Democracia*, foi uma decepção:

> Talvez todos os elementos do quebra-cabeça tenham sido retirados do cinema. Talvez Joan Didion quisesse ser uma roteirista de antigamente, em vez de romancista. Se for assim, estou irritada. Para ser potente, é preciso ir mais fundo que isso.[43]

Nesse momento, Silvers parece ter decidido que a refinada inteligência de Didion precisava de alvos melhores, de assuntos nos quais pudesse gastar horas em explorações. Didion e Dunne conversavam havia meses sobre ir à América Latina. Ela declarou a um entrevistador que a ideia de ir era sua.

Quando chegaram a El Salvador, em 1982, não havia dúvidas de que o governo comunista do país era um regime violento. Um arcebispo tinha sido morto no púlpito; massacres eram documentados por fotojornalistas. Alma Guillermoprieto registrava tudo para o *Washington Post*. Tom Brokaw disse aos Didion-Dunne que ali era o único país em que jamais se sentia seguro. Conforme Sontag e Mary McCarthy haviam feito antes dela no Vietnã, Didion decidiu se aventurar no coração das trevas para ver o que poderia encontrar. Porém, diferentemente das outras duas, Didion encontrou poucas razões para examinar sua própria consciência em El Salvador. Havia muitas coisas em volta esperando por sua incômoda apreciação.

Há um tipo especial de informação que o visitante de El Salvador adquire imediatamente, da mesma forma como visitantes de outros lugares ficam sabendo de taxas de câmbio ou horários dos museus. Em El Salvador, aprende-se que os abutres atacam primeiro os tecidos moles, os olhos, a genitália, a boca aberta. Então aprende-se que uma boca aberta serve a propósitos específicos, pois pode ser preenchida com algo emblemático como, digamos, um pênis, ou, se for uma questão fundiária, a terra em disputa.[44]

Foi em El Salvador que Didion começou a questionar suas técnicas. Em um centro comercial que "encarnava o futuro do qual El Salvador estava presumivelmente sendo salvo", começou a se perguntar se era uma boa ideia catalogar todos os bens de consumo que estavam à venda ali, ou se seria incongruente com todos os assassinatos e horrores lá fora. A ironia com que ela poderia apresentá-los em seu texto já não tinha mais graça ou mordacidade. Didion falaria sobre isso explicitamente no ensaio que produziu sobre sentir-se cada vez menos testemunha de uma história, mas de uma *noche obscura*.

Esse foco na simplicidade da narrativa era um ponto sobre o qual Didion já havia falado em seu ensaio "O álbum branco". Para contar uma história era preciso ferver os eventos até sobrarem apenas seus elementos supostamente essenciais, embora nem sempre fossem a melhor representação do todo. Esse é um ponto que ela havia aprendido, inicialmente, ao escrever sobre sua própria vida. Didion escreveria sobre o que, a seus leitores, pareciam ensaios confessionais sobre o divórcio, seu hábito de manter um caderno de anotações e respeito próprio. Mas ela sabia que estava selecionando e se segurando; sabia que certos elementos de sua história estavam sendo omitidos. A disposição do público em aceitar a imagem que ela projetava havia claramente lhe ensinado algumas coisas.

Ao longo dos anos 1980, Didion escreveria extensamente sobre política. Os Estados Unidos haviam deixado para trás os alucinógenos e oníricos anos 1960 e feito a virada conservadora dos anos Reagan. Os sinais disso estavam na propaganda política "Morning America" e na ascensão da máquina midiática, que, apesar de apenas se insinuar nas eleições presidenciais dos anos 1960 e 1970, havia se tornado mais sofisticada. Didion começou a escrever sobre política na *New York Review of Books* por sugestão de Bob Silvers, que parecia compreender que a reportagem era o melhor campo para ela, e em nenhum lugar as histórias eram mais bizarras que na política doméstica, uma percepção que viria à tona repetidamente.

Era quase como se a política americana não tivesse aprendido algo com o trabalho prévio de Didion. O fato de que "nos contamos histórias para poder viver", conforme escreveu em "O álbum branco", não era exatamente laudatório. Há certo dano infligido aí, pois as histórias são, afinal, decepções. Nós as usamos para esconder um elemento da verdade sobre nós mesmos, porque toda a verdade é, de certa forma, insuportável, e, especificamente no caso da política, ingerenciável.

Os repórteres da fracassada campanha presidencial de Michael Dukakis em 1988 eram, em sua visão, muito crédulos, muito propensos a pegar a história fornecida e levá-la ao público sem a devida apuração independente. Aquela versão dizia que Dukakis estava "se tornando presidenciável". Mas os elementos dessa transformação eram vagos, e os redatores políticos aparentemente esperavam que os leitores aceitassem sem questionamentos o que lhes era dado. "A reportagem é feita de muitos desses entendimentos, acordos tácitos, pequenos e grandes, para escamotear o que é nitidamente observável em nome do interesse em se obter um enredo dramático para uma história",[45] escreveu Didion. Essa crítica ao jornalismo raras vezes era vista naquela época, porque só poderia ser feita por alguém com o status de Didion. Suas observações não eram suficientes para impedir os conluios entre repórteres e relações-públicas envolvidos nas campanhas políticas; mas certamente ajudaram a sociedade a se tornar mais consciente desse problema.

Embora a crítica de Didion à subserviência dos repórteres políticos fosse brilhante, havia algo ainda mais animador nisso — um pouco de sua perspectiva pessoal sobre a vida de jornalistas políticos. Muitos anos antes, em uma festa, ela tinha conhecido e se tornado amiga de uma jovem escritora chamada Nora Ephron, que ia se casar com Carl Bernstein, um dos jornalistas que haviam provocado a deposição de Nixon com suas reportagens sobre o escândalo de Watergate. O namoro deles não havia sido muito feliz, mas o casamento, a princípio, parecia muito sólido. Bernstein não era, conforme sua investigação do caso Watergate sugeria, o tipo de servo obediente da orientação da Casa Branca que Didion abominava. Os dois se tornaram amigos. Quando, no fim dos anos 1980, Bernstein escreveu as memórias de seus pais comunistas, Didion foi uma das primeiras pessoas a quem mostrou o texto.

Mas as coisas entre Ephron e Bernstein não iam terminar bem.

II.
Ephron

O único romance que Nora Ephron publicou foi sobre Carl Bernstein e a forma como ele acabou com a vida dela. Eles se conheceram na agitada Nova York dos anos 1970 e talvez tenham combinado muito bem por terem ambos espírito combativo, de uma forma ou de outra. Bernstein ainda gozava de seu sucesso pelo papel desempenhado no caso Watergate; Ephron era uma escritora feminista de best-sellers, com presença constante na televisão, já consagrada pelo público como uma espécie de sábia. Para usar uma expressão das revistas de celebridades, era o destino promovendo o encontro entre duas pessoas brilhantes. Rapidamente se tornaram A Dupla, e se casaram em 1976. Ambos estavam no topo do mundo — até que ele a traiu e então os dois caíram de lá.

Ou ao menos essa é a situação a que somos introduzidos em *O amor é fogo*: o final violento daquilo que poderia ter sido um casamento perfeito. "O primeiro dia não achei que foi divertido", escreve a narradora, Rachel Samstat. "Tampouco achei divertido o terceiro dia, mas acabei fazendo uma piadinha a respeito."[1] O diminutivo não se aplica, pois *O amor é fogo* é uma piada bastante longa, interrompida por receitas, sobre o desespero inerente ao fato de deixar o marido que a traiu quando tinha dois filhos pequenos para criar. A narradora não se perdoa por não ter compreendido antes a situação, e é mais rígida ainda com o marido. "O sujeito é capaz de fazer sexo com a veneziana da janela", escreveu Ephron.

O livro é autoconsciente em relação à forma como a autora ataca o próprio marido:

> Todo mundo sempre pergunta se ele ficou bravo por eu ter escrito o livro. E eu tenho de dizer que sim, sim, ele ficou. E ainda está. É uma das coisas mais fascinantes, para mim, nessa história toda: meu marido me enganou e depois começou a se comportar como se só ele tivesse sido enganado, por eu ter escrito a respeito!

O amor é fogo era a síntese do estilo que Ephron sempre utilizou para descrever a seu mote: "Tudo é cópia". Ela tivera uma experiência terrível e soubera transformá-la em algo de que todos gostaram. Embora tenha recebido alguns poucos comentários mais céticos na imprensa, o livro foi um best-seller. Ephron ganhou certo dinheiro com ele e provocou o afastamento de Bernstein. Assim, o livro atendeu a vários objetivos, com exceção de um: ela passaria a ser definida a partir dessa experiência. E Nora Ephron não gostava, de modo algum, de se alongar muito em relação que lhe fosse desconfortável. "Acima de tudo, seja a heroína, e não a vítima da sua vida",[2] diria mais tarde diante de uma turma de formandos de Wellesley.

Isso pode soar como uma frase feita de autoajuda, mas o fato é que Ephron conhecia, sim, alguma coisa sobre ser vítima. De todas as pessoas abordadas nesse livro, ela foi a única que teve uma relação direta com Dorothy Parker. Seus pais, roteiristas de cinema, foram amigos dela em Hollywood. As lembranças da própria Ephron sobre isso eram um tanto nebulosas, embora Parker estivesse sempre entrando ou saindo de sua casa quando criança: "Ela era frágil, miúda e simpática".[3] A pequena Ephron passou a idolatrá-la, ou pelo menos sua figura. Ficou encantada com a ideia de que Parker fosse "a única mulher à mesa", a presença espirituosa e genial que dava vida a todas as festas bem faladas de Manhattan. Ela queria isso também. Chamava inclusive de sua "síndrome de Dorothy Parker". Obviamente, uma biografia publicada mais tarde acabaria com todas as suas ilusões sobre a vida de Parker, abordando o alcoolismo e seu papel de "vítima". Ephron afirmou ter então abandonado o sonho, ainda que de forma relutante. "Antes de alguém considerar tudo com atenção, era um mito admirável, e tive muita dificuldade de abandoná-lo."

A explosão dessa bolha lhe pareceu mais familiar do que Ephron admite. Nascida em 1941, era a mais velha das filhas de Phoebe e Henry Ephron. Por uma combinação de temperamento e talento natural, a família produziu inúmeros textos sobre si mesma. As quatro irmãs se tornaram escritoras, e três delas escreveram memórias. Henry Ephron também o fez. A arte de falar sobre si mesmos começava, a rigor, na mesa dos Ephron. De noite, havia uma espécie de concurso para ver quem era o mais engraçado deles. Nos anais familiares, e em particular nos registros que Nora deixou, essas ocasiões são retratadas como divertidas. Elas lhe ensinaram o poder libertador do humor.

A mais divertida era a mãe, Phoebe. Como a mãe de Rebecca West, era uma mulher de muitos talentos. E, também como ela, provavelmente se casara com o homem errado.

Phoebe Ephron cresceu no Bronx e trabalhou como vendedora de loja. Quando Henry, então ainda um aspirante a roteirista, a conheceu em uma festa, foi atrás dela. Antes de concordar em se casar, ela insistiu que primeiro teria de ler o trabalho dele, para ver se era bom o bastante.[4] Essa era uma história que a família guardava com carinho. Phoebe era uma presença imponente, sempre centralizando as atenções. Às filhas, dizia que não havia nenhum valor mais importante do que a independência. Nora se lembra dela lhes dizendo, quando ainda eram muito jovens: "Se eu não tivesse educado vocês a tomarem suas próprias decisões, de nada valeria dizer o que penso".⁵ Phoebe viveu como uma espécie de exceção. Ela era uma das poucas roteiristas mulheres em Hollywood, ao lado de Parker, e insistia em fazer coisas que só homens faziam:

> Não era doutrinária ou dogmática em relação a isso; embora tenha tirado meu nome da heroína de *A casa de bonecas*, não se sentia bem quando chamada de feminista. Ela simplesmente era, e, apenas com seu exemplo, todas crescemos com uma fé cega em nossas próprias capacidades e em nosso destino.⁶

Tudo isso soa adoravelmente encorajador, uma história feminista perfeita de alguém que odiava o mundo. (Há também uma bela coincidência aqui, no fato de tanto West quanto Ephron terem seu nome tirado de Ibsen.) Mais tarde, Ephron revelaria que, quando ela estava com quinze anos, a mãe começou a beber exageradamente. "Num dia, ela não era alcoólatra", escreveu Ephron. "No dia seguinte, era uma bêbada."⁷ Com o álcool chegaram os gritos e as brigas. (Henry também bebia, além disso, era muito galanteador.) Ephron admitiu que, nos últimos anos de vida da mãe, chegava a ter medo dela. Em uma visita a Wellesley, faculdade onde Ephron estudava, a filha ficou o tempo todo na expectativa. Para suas colegas, Phoebe era uma figura glamorosa; os pais de Ephron tinham escrito uma peça que havia feito muito sucesso na Broadway. Ela passou a noite em pânico, temendo que a mãe tivesse um de seus ataques de fúria por causa da bebida. O vício perduraria por quinze anos, de forma mais ou menos ininterrupta, até a morte de Phoebe aos 75 anos, em consequência de cirrose hepática.

No panegírico que fez para ela, Nora Ephron não menciona nada disso, pois muitos anos foram necessários para que ela própria digerisse os fatos. A frase "tudo é cópia" foi cunhada por Phoebe Ephron. Mas no começo nem tudo era cópia. Foi somente já com mais de setenta anos que Ephron admitiu por escrito que havia desejado a morte da mãe durante muitos anos. Antes disso, a história havia sido mais tranquila, mais idílica, a simples passagem do talento para o dito espirituoso de uma geração para outra. Ephron contou várias vezes uma anedota sobre o leito de morte da mãe:

> Acho que ela sabia que estava morrendo. Virou-se para mim e disse: "Você é uma repórter, Nora. Anote". Isso fez a voz dela soar mais forte do que ela realmente se sentia. Ela era forte — e isso era bom —, mas também era calma, um pouco mística e intensamente orgulhosa.[8]

A menção ao "anote" seria repetida por Ephron inúmeras vezes, mas o detalhe sobre o lado tranquilo — e as contradições da mãe — praticamente desapareceu até que escrevesse sobre o alcoolismo dela em uma de suas últimas coletâneas de ensaios, em 2011. Dessa forma, Phoebe Ephron, forte e divertida como era, também transmitiu à filha alguma coisa sobre humanidade.

Quando era ainda muito pequena, Ephron teve de construir uma espécie de persona. Seus pais viam a ideia de que "tudo é cópia" como uma falha. Quando ela ainda era bebê, os dois escreveram uma peça sobre sua experiência vivendo no Bronx com os pais de Phoebe intitulada *Three Is a Family*. Era apenas uma farsa leve, mero entretenimento noturno, mas as reações foram negativas. Quando a peça virou o filme *Três é demais*, Bosley Crowther, o poderoso resenhista de filmes do *Times* que Pauline Kael tanto odiava, classificou-o como "totalmente infantil".[9] Mais tarde, quando Ephron estava em Wellesley, suas cartas para casa inspiraram outra peça, que foi na verdade o último real sucesso de seus pais: *Take Her, She's Mine*, que daria origem ao filme *Papai não sabe nada*. Declaradamente orgulhosos da sabedoria da filha, eles não conseguiram resistir a citá-la diretamente na peça:

> P.S. Sou a única da classe que ainda usa aparelho nos dentes. Não é o tipo de coisa com que eu gostaria de me distinguir dos outros. Por favor, perguntem ao dr. Schick se isso é mesmo essencial. Se ele disser que sim, provavelmente vou perder esse negócio.[10]

A peça estreou na Broadway quando Ephron ainda estava em Wellesley, em Massachusetts. Os críticos logo gostaram. O *Women's Wear Daily* a chamou de "tempestade de jovialidade".[11] A *Variety* aprovou, dizendo que a peça era "contada de forma interessante, com risadinhas e gargalhadas substanciosas apimentando o diálogo".[12] Permaneceu em cartaz por quase um ano, entre 1961 e 1962. No campus, todos tiveram conhecimento dela.

Ephron falaria sobre isso com a indolência que era sua marca registrada. Mas, ainda muito jovem, tivera a oportunidade de experimentar a frustração decorrente do fato de servir de alimento para uma obra de outra pessoa e de ter sua vida sendo explorada em peças e roteiros. Como disse Joan Didion, numa famosa citação: "Os escritores estão sempre vendendo alguém".[13] Ephron aprendeu essa regra muito mais cedo do que a maioria. Nunca falou a esse respeito como algo que a tenha incomodado, mas esteve na base de tudo o que fez.

De todo modo, Ephron claramente não fora feita para olhar para trás. Quando deixou Wellesley e foi para Nova York, em 1962, dizia estar voltando para casa. A maior parte de sua infância foi passada em Beverly Hills, mas ela insistia que nunca havia gostado dali. Não escreveu muita coisa sobre o colégio, e algumas fotografias dessa época mostram uma adolescente desajeitada, sem nenhuma elegância no modo de se vestir. Não parecia ter nenhuma ambição profissional específica; diferentemente de Sontag, não passara a adolescência pensando numa Europa imaginária. Quando chegou a Nova York, simplesmente se dirigiu a uma agência de empregos e anunciou que queria ser jornalista. Havia algumas vagas abertas na *Newsweek*, mas o agente lhe disse que mulheres não escreviam para a revista.

Jamais passaria pela minha cabeça a ideia de contestar aquilo ou dizer "você está enganado em relação a mim". Era dado como óbvio, naquele tempo, que, se você era mulher e queria fazer certas coisas, seria uma exceção à regra.[14]

Ephron morava com uma amiga na Sullivan Street, na área que então constituía o sul de Greenwich Village. Ela se mudou para lá em meio à Festa de Santo Antônio organizada pela vizinhança.

O trabalho na *Newsweek* não era de repórter, mas de pesquisadora. De certo modo, era um malogro em termos de escrita. O mais próximo que Ephron chegou de um texto foi vê-lo na mesa do editor-chefe para quem trabalhava. Como em vários outros casos abordados neste livro, a grande mudança se deu não a partir de um editor de uma revista estabelecida, e sim de uma pequena publicação, no caso uma revista de humor chamada *Monocle*. O editor em questão era Victor Navasky, que mais adiante passaria à *Nation*. Ephron o conheceu numa das várias festas dadas pela revista. Ele a achou divertida. No fim de 1962, com a revista fortalecida, ele lhe pediu para escrever uma paródia de uma coluna de fofocas bastante conhecida na época, a Lyon's Den, escrita por Leonard Lyons. O texto chamou a atenção dos editores do *New York Post*, que a convidaram para trabalhar ali como repórter.

Foi a proprietária do *Post*, uma socialite chamada Dorothy Schiff, quem se impressionou com ela e sugeriu que a contratassem. Schiff incorporava um tipo de mulher endinheirada e independente tal qual Katharine Graham, proprietária do *Washington Post*. Mais tarde, Ephron escreveria um tributo sarcástico a Schiff, tão medíocre que se sentiu obrigada a introduzi-lo dizendo: "Sinto-me mal com o que farei aqui".[15] Mas, sem Schiff, a Nora Ephron que os Estados Unidos viria a conhecer jamais existiria. Ser primeiro repórter e depois escritora constituía grande parte da persona de Ephron naqueles anos. Ela sempre mencionava pessoas diferentes ao dizer quem a inspirara a se tornar jornalista. Às vezes dizia ter sido Hildy Johnson na comédia *Jejum de amor*, dos anos 1930. Ephron gostava de piadas e de comédia. Via ambas como essenciais para a sobrevivência. E isso diz muito a respeito de como sabia que queria ser menos uma participante do que uma observadora da vida pública:

> As pessoas que se voltam para o jornalismo normalmente, por causa de seu cinismo, de seu distanciamento emocional, de sua timidez ou o que for, não poderiam ser outra coisa que não testemunha dos acontecimentos. Algo as impede de se envolver, de se comprometer, e as leva a permanecer separadas. O que me separa daquilo que escrevo é, suspeito, um senso do absurdo que torna difícil levar muitas coisas a sério.[16]

Aparentemente, havia absurdo de sobra no *New York Post*. Embora sempre tenha creditado ao jornal o fato de ter aprendido a fazer uma reportagem e escrever com rapidez, Ephron não gostava das instalações. O lugar era sujo; os repórteres não tinham mesas fixas e precisavam disputar os melhores postos todos os dias. Mas Nora tinha uma força inata, talvez herdada de sua mãe ou até mesmo cultivada por ela. Parecia crescer diante dos desafios. Escrevia qualquer coisa: uma reportagem sobre um crime importante, perfis de políticos locais e até mesmo a respeito de uma jovem escritora chamada Susan Sontag. (Trata-se de um texto fraco, em que elas conversam a respeito de como era a vida sob os holofotes e o padrasto de Sontag, que lhe dizia que ela jamais ia se casar caso continuasse a ler tanto.)[17]

Mas a situação no trabalho nem sempre era agradável. Schiff, que não era especialmente séria em relação à reputação do seu jornal ou à sua própria, era uma fonte permanente de extravagâncias e ansiedade. Ela era vulgar e não fazia questão de ser generosa com seus funcionários. Era a única mulher dona de um jornal em Nova York naquela época, mas não era feminista. Não gostava de Betty Friedan porque acreditava que ler *A mística feminina* encorajara sua filha a deixar o marido e entrar na vida política. Certa vez, Dorothy Schiff tentou fazer com que Ephron investigasse se o diretor Otto Preminger, seu vizinho, havia instalado uma sauna em seu apartamento. Como uma evidência, mencionou que ouvia água escorrendo o dia inteiro. Ephron, pacientemente, enviou-lhe um memorando em que dizia que saunas não usam água corrente. Schiff passou a investigação a outro repórter, que, ao final, não encontrou nenhum sinal daquela suposta instalação.

Cabe mencionar que, se conhecemos tantas histórias sobre os absurdos de Dorothy Schiff — absurdos que, de outro modo, escorreriam pelo ralo da história —, é porque a própria Ephron os registrou. Muito tempo depois de deixar o *Post*, ela listou não só todas as qualidades negativas de Schiff, mas também as deficiências do jornal em uma coluna que escrevia para uma revista. Nela, afirmou que, embora tivesse recentemente feito as pazes com Schiff depois de ter contado o caso de Preminger na rádio, ia atacá-la novamente. Principalmente porque o *Post* era "um jornal ruim" e porque Schiff era a Maria Antonieta que o dirigia: "Como quem diz 'que leiam lixo'".[18]

O mesmo distanciamento que fizera de Ephron uma boa repórter também a tornava propensa a atacar seus patrões. Ao longo dos anos, sua inclinação a odiar as pessoas que conhecia e atacá-las, como faziam Kael, West e suas predecessoras, acabou por se tornar um trunfo profissional. A ferocidade de seus comentários sobre, digamos, Julie Nixon Eisenhower — "Para mim, ela é uma aranha"[19] — foi o que a levou à televisão, construindo sua reputação como crítica social. Isso foi bem antes de ficar conhecida como uma autora tranquila e mais tolerante de comédias românticas nos anos 1980, mas o hábito, em certo nível, nunca deixou de existir. "Acredito que ela se devotava mais à linguagem do que às pessoas",[20] disse, certa vez, a atriz Meg Ryan.

Depois de sair do *Post*, Ephron trabalhou como freelancer. Sentindo que havia ali uma boa resenhista em formação, a *New York Times Book Review* foi a primeira publicação a fazer uso de seu talento. Foi ali que Ephron publicou uma paródia do estilo de prosa de Ayn Rand, que via como "um Hemingway com traumatismo craniano":

> Vinte e cinco anos atrás, Howard Roark deu uma risada. De pé e nu na beira de um penhasco, com o rosto pintado, o cabelo com cor de casca de laranja brilhante, seu corpo formado por linhas e ângulos retos e precisos, cada curva quebrando em planos suaves e precisos, Howard Roark deu uma risada.[21]

Qualquer que fosse o tema que lhe passavam, Ephron o agarrava com enorme apetite. Dick Cavett, o apresentador de um programa de entrevistas em que escritores se pronunciavam sem que ele, com seu belo penteado, os compreendesse verdadeiramente, foi alvo de um dos primeiros perfis dela. O diretor chamava Cavett de sr. Televisão, o que inicialmente parecia incomodá-lo. Mas seu repúdio ao título e sua autocrítica ficavam pequenos diante de quatro longos parágrafos cheios de trivialidades que Ephron citou na íntegra a fim de demonstrar o egocentrismo de Cavett:

> Também recebo cartas me perguntando por que uso sempre a mesma gravata. Não é verdade. Uso duas.[22]

Ao fazer uma resenha sobre Rex Reed, jornalista que mais tarde ia se tornar crítico de cinema, ela o chamou de "um homem insolente, bisbilhoteiro e traiçoeiro, que enxerga com olhos afiados e consegue fazer com que todos nós viremos voyeurs".[23] Essas eram qualidades que ela apreciava em um escritor, esclareceu Ephron.

No entanto, não restou uma quantidade significativa desses textos iniciais. Ao lê-los depois à luz de seus trabalhos posteriores, é possível supor que o problema era que, normalmente, os temas a ela passados pelo editor eram bastante banais. Em 1969, ela escreveu para o *New York Times* um texto intitulado "Where Bookmen Meet to Eat", em que discorre sobre o assunto fácil de parodiar que são os longos almoços a que acorrem agentes, editores de livros e escritores. O texto se aprofunda no tema com delicadeza, apesar de, no final, Ephron convencer um agente a admitir que "o almoço são duas horas fora do mundo que poderiam ser utilizadas retornando telefonemas".[24]

É claro que Ephron tinha de ser cautelosa também, a fim de preservar sua própria sobrevivência. Em entrevistas dadas nesse período e mesmo mais tarde, ela descreve a si mesma como possuindo o suficiente apenas para o dia a dia, não mais do que 10 mil dólares por ano, até 1974.[25] Como Sontag antes dela, Ephron escreveu para revistas femininas apenas por dinheiro, em especial a *Cosmopolitan*. Nem sempre gostava de escrever esses textos, pois, como ela mesma disse, não podiam ser elaborados "no nível intelectual que mais me satisfaz como escritora". Há razões para suspeitar que foram eles que acabaram por atraí-la para o movimento feminista, por causa da clara frustração por lhe passarem esse tipo de coisa, especialmente com Helen Gurley Brown. As oportunidades, ali, não fugiam do esperado: envolviam textos sobre mudanças de visual, viagens, sexo ou as coristas do Copacabana.

Mas foi também Gurley Brown quem levou Ephron a fazer algo que rompia com o tom normalmente festivo da *Cosmopolitan*. Talvez por se sentir ferida pela forma como o tabloide sobre moda *Women's Wear Daily* costumava se referir a ela — a carreira de editora de Gurley Brown sempre fora tratada por essa publicação em termos nada lisonjeiros —, a editora permitiu que Ephron escrevesse a seu respeito. Ela liquidou a sua linha editorial. Era uma publicação bisbilhoteira em frangalhos, escreveu, voltada para um público diminuto de "senhoras", cuja vida mimada expunha ao ridículo sem nenhuma compaixão: "Havia um pequeno incômodo em relação ao fato de não fazer nada o tempo todo, com um almoço no meio".[26] Para Ephron, a publicação era uma "meretriz", uma espécie de pretexto para se divertir com as aparências dos famosos chamando aquilo de jornalismo.

Ephron atacava a revista usando o estilo da própria publicação, que costumava adotar uma persona confiante e zombadora para encobrir seus próprios comentários destruidores sobre mulheres executivas, o visual que adotavam, a forma como lidavam com encontros e a maneira como conduziam seus assuntos profissionais. Ephron escreveria mais tarde que, sem captar essas irônicas semelhanças de tom e de estilo, a *Women's Wear Daily* ameaçou entrar com uma ação.

Mas — e talvez Helen Gurley Brown devesse ter adivinhado isso —, ao escrever para a *Cosmopolitan*, ela também estava reunindo material sobre a própria revista, e, mais especificamente, sobre sua editora. Os textos de Ephron chamaram a atenção da

Esquire. Ali, o primeiro texto que Ephron publicou foi um perfil de Gurley Brown, que destacava seus piores traços de personalidade. Nele, Ephron adota a visão de que o problema de Gurley Brown não era seu costume de chorar quando confrontada com alguma crítica, tampouco a potencial ruptura moral que seus críticos sempre identificaram nela quando dava conselhos a mulheres mais jovens, no sentido de namorar homens casados, por exemplo. Ela se referiu à sua antiga editora com algo que somente uma ex-colaboradora da revista poderia enxergar tão claramente: a forma como Gurley Brown insultava a inteligência das mulheres de uma maneira geral:

> Ela demonstra, com bastante eficácia, que existe mais de 1 milhão de mulheres que se dispõem a pagar sessenta centavos para ler não sobre política, não sobre o movimento de libertação feminina, não sobre a guerra no Vietnã, mas simplesmente sobre como pegar um homem.[27]

Essa posição guarda alguma semelhança com a visão que Didion tinha de Helen Gurley Brown. Em seu texto, Didion atacou a vulgaridade de uma editora de uma revista popular que almeja ser "a princesinha, a mulher que concretizou a promessa sugerida pelos seus próprios livros e por toda a publicidade, a menina para quem tudo acontece".[28] Mas Ephron não estava escrevendo numa posição de superioridade e de desdém; diferentemente de Didion, ela compreendia o apelo exercido por essa frivolidade. Assim, olhava para Gurley Brown a partir de um posicionamento mais democrático. Admitia ter estado entre as leitoras e colaboradoras da *Cosmopolitan*. "Como você pode ter raiva de alguém que tem seu número?", perguntava Ephron. Quem não manteve nenhum olhar simpático foi a própria Gurley Brown. Ela odiou o texto e em especial a fotografia que o acompanhava, mas perdoou Ephron alguns dias depois.[29]

Os alvos seguintes da ira da escritora foram Erich Segal, o professor de línguas clássicas de Yale que escrevera o romance best-seller *Love Story*, e o poeta Rod McKuen. Ephron se dizia fã de ficções sem grande valor literário, em especial dos romances de Jacqueline Susann. "Nunca achei que o kitsch fosse algo mortal",[30] confessou certa vez. Mas não conseguia se conformar com o sentimentalismo de Segal e de McKuen. Da mesma forma, não conseguia suportar as personas públicas de ambos, em especial de Segal. Naquele momento, o romance *O complexo de Portnoy*, de Philip Roth, competia com *Love Story* por um espaço na lista de mais vendidos, e Segal pegou o hábito de dar declarações atacando as descrições sobre sexo feitas por Roth. (De uma forma talvez inabitual no caso de livros de baixa qualidade, o livro dele não continha nenhuma cena de sexo.) Ephron não conseguia acreditar naquilo:

> Todos gostam das declarações de Segal. Todos menos Pauline Kael, a crítica de cinema, que ouviu uma versão anterior desse tipo de discurso por parte de Erich durante um almoço com autores em Richmond, Virginia, e lhe disse, ao final, que ele estava ferindo a liberdade de opinião e apenas adulando seu próprio público. Ao que Erich respondeu: "Estamos aqui para vender livros, não é?".

Essa habilidade de falar a partir de dentro sobre um acontecimento abrangente, em saber como ele fornece e revela os aspectos mais elementares de determinada personalidade e a partir daí ser capaz de criticá-la da perspectiva de alguém de dentro, faria de Ephron a melhor cronista dos anos 1970 — e especialmente do movimento feminista. Ela estava dentro e fora ao mesmo tempo; uma pessoa à parte, mas que sempre se imiscuía em tudo. Tinha uma capacidade inata de discernimento que foi muito bem utilizada naqueles anos. É claro que sua fama como cineasta acabaria ofuscando quase toda a sua obra como escritora. Mas foi sua escrita que deixou a marca indelével de sua personalidade, sua capacidade de colocar as pessoas para cima e, quando realmente precisavam disso, jogá-las para baixo com toda a sua pose. Isso fez dela o tipo de amiga que as pessoas se orgulhavam de ter, que queriam agradar e de que sentiam certo medo. E tornou suas obras iniciais um conjunto brilhante.

Na maior parte de sua carreira, Ephron escreveu em primeira pessoa, e durante toda a vida, devido à formação precoce como repórter, sempre se sentiu um pouco indecente por fazê-lo. Originalmente, precisava do encorajamento de seus editores, tendo sido treinada no *Post* a não transformar a si mesma em assunto. Mas, quando reuniu seus primeiros textos em um livro intitulado *Wallflower at the Orgy*, em 1970, confessou que de alguma forma se agastara muito com aquela restrição.

> Há momentos em que sou tomada por um desejo quase incontrolável de me expor no meio de uma entrevista. "Eu, eu, eu. Chega de só você. E eu, nada sobre mim?"[31]

Anos mais tarde, depois de ter sido entrevistada inúmeras vezes como uma pessoa realmente famosa, esses momentos de vaidade juvenil a deixavam constrangida. Mas nenhum texto proporcionaria um conhecimento tão completo dela mesma, de seu estilo e de sua perspectiva, quanto o artigo que escreveria em 1972 para a *Esquire* com o título "A Few Words about Breasts".

O tema merece um comentário prévio: Ephron tinha seios muito pequenos. Aparentemente, era uma característica da família; ela se lembrava de sua mãe, sempre cáustica, respondendo a uma das filhas que lhe pedira para comprar um sutiã: "Por que não usa um band-aid no lugar?".[32]

Ephron escrevia que as mulheres costumavam se engajar em "comentários competitivos sobre o tamanho dos seios". Ela admitia ter criado uma obsessão pelo tema, que cresceu a ponto de comprar produtos enganadores bastante difundidos nos anos 1970 e 1980 para fazer crescer o busto. A mãe de um namorado dela na faculdade chegou a lhe dizer que por causa dessa incapacidade física ela jamais conseguiria satisfazer um homem sexualmente. Ephron conclui o texto com uma nota que ia se tornar uma de suas marcas: uma avaliação sobre todos os argumentos que iam de encontro à sua própria experiência, com pessoas que insistiam em dizer que seios menores na verdade permitiam que as roupas caíssem melhor no corpo, propiciando menos incômodo. Era um gesto em prol da objetividade jornalística, algo em que Ephron dizia não acreditar, mesmo antes de ter medo de escrever assumidamente na primeira pessoa. Então, ela resumia tudo da seguinte forma:

> Refleti bastante sobre suas observações, tentei me colocar no seu lugar, ponderei seus pontos de vista. Acredito que tudo não passa de merda.

Deve significar alguma coisa o fato de que esse texto, publicado na *Esquire* em maio de 1972, foi o primeiro que Ephron publicou depois da morte de sua mãe, tendo-o enviado à revista pelo correio.

Depois dele, a *Esquire* ofereceu uma coluna a Ephron. Ao longo de vários anos, versões contraditórias circularam sobre se a ideia de que a coluna fosse focada nas mulheres foi de Ephron ou dos editores. Seja de quem for o mérito, funcionou muito bem.

Quando começou a escrevê-la, ela já acumulava algum tempo de participação no movimento das mulheres, o que significa que já reunira uma grande quantidade de observações. A primeira coluna explorava uma questão que se encontra nos textos de quase todas as feministas, embora poucas, naquele momento, ousassem falar publicamente sobre ela: poderia a revolução feminista provocar uma mudança na forma como homens e mulheres fantasiavam uns sobre os outros? Ephron ainda se considerava de certa forma pudica para expor em detalhes como eram suas próprias fantasias, mas envolviam dominação, e ela já sabia que as feministas não deveriam admitir a ideia de ser dominadas pelos homens no ato sexual. Ephron deixou o final da coluna em aberto, sem nenhuma resposta clara, mas escreveu um último parágrafo bastante autoconsciente:

> Entendo que escrever uma coluna sobre mulheres na *Esquire* é um pouco como contar uma piada de judeus para um grupo de católicos irlandeses. As críticas que eu poderia fazer ao movimento seriam vistas como duplamente desleais; nesse contexto, o humor com que espero tratar do assunto parecerá chocante.[33]

Ephron, de fato, avançava em território inimigo, pelo menos em certo sentido. A *Esquire* daquela época era menos voltada para celebridades do que hoje e via a si mesma mais como uma revista literária do que de moda. Mas as colunas de Ephron eram sem igual. Diferentemente de Sontag e Didion, ela não acompanhava o movimento à distância, fazendo-lhe críticas abstratas. Tampouco se aprofundava excessivamente no assunto, já que não via suas colunas como um esforço no sentido de reforçar essa ou aquela plataforma.

O primeiro ataque que sofreu foi de outra escritora, Alix Kates Shulmann, autora do romance popular *Memoirs of an Ex-Prom Queen*. A história desse best-seller começava com a personagem principal relatando ter sido agredida pelo primeiro marido. Então avançava para seu verdadeiro tema: os perigos da beleza em uma cultura dominada pelo masculino: "Se eu pudesse ter certeza de que ainda era bonita, acredito que teria sido mais fácil partir".[34] Para Shulman, objetivamente as pessoas bonitas tinham tantos problemas quanto as feias, mesmo sendo diferentes entre si. Ela mencionava Marilyn Monroe como exemplo de uma mulher bela e sofrida, entre outras.

Sem nunca ter sido considerada muito bonita, Ephron achou essa linha de argumentação difícil de aceitar. "Não existe uma única menina feia nos Estados Unidos que não trocaria seus problemas pelos de quem é bonita",[35] inclusive ela mesma, alegou.

> "Elas dizem que ser feia é pior", escreve Alix Shulman. Sim, elas dizem isso mesmo. E estão certas. É também pior ser pobre, órfã, gorda. Não é apenas diferente de ser rica, magra ou ter família — é mesmo pior.

O texto rompia com uma linha de pensamento muito popular no próprio movimento das mulheres, no qual Shulman era uma figura consagrada que tinha tornado público, na revista *Ms.*, o contrato de casamento que fizera com seu marido, no qual se enumeravam todas as possíveis tarefas domésticas e quem era responsável por cada uma. Ninguém chegou perto dela em algo semelhante, embora Didion tenha apresentado o contrato de casamento de Shulman como uma prova da crescente obsessão do movimento das mulheres por questões menores. Mas Ephron não estava usando Shulman como pretexto para rejeitar o conjunto; na verdade, procurou concluir esse trecho mais contundente do texto com uma nota simpática. Disse que havia sido injusta com Shulman e até mesmo com o movimento em geral. "Tenho pensado nisso", afirmou. "Como todas as coisas referentes à libertação, a irmandade é algo difícil."

"A irmandade é difícil" poderia até ser um título alternativo para a coletânea dessas colunas. (Ephron optou por *Crazy Salad*, quando a publicou, em 1970.) O fato é que na maior parte dos seus ensaios ela tinha dificuldade de descrever o movimento — não os princípios subjacentes do feminismo, mas a maneira como vinham sendo articulados pelas mulheres no mundo todo — em termos positivos. Ephron usou uma coluna inteira para contar como Gloria Steinem e Betty Friedan haviam se confrontado na Convenção Democrata de 1972, em Miami. O objetivo das ativistas feministas na convenção era obter algumas concessões no programa do partido, mas, como observou Ephron, elas conseguiram muito pouca coisa além de brigar entre si. O que estava acontecendo não era nada reconfortante, e Ephron tinha de descrevê-lo, em especial a ira de Friedan em relação à forma como a geração mais jovem a isolava:

> É a cria dela, poxa. O movimento dela. Deveria simplesmente ficar parada e deixar que uma bela e magra senhora se apropriasse dele e saísse correndo?[36]

Gloria Steinem, então no auge de sua visibilidade como líder feminista, não se saía muito melhor quando vista pela lente de Ephron. Embora fosse mais autoritária do que Friedan, tinha amigas que faziam o trabalho sujo por ela. Quando foi enganada por George McGovern, que lhe havia feito algumas promessas em relação ao programa do Partido Democrata, ela chegou a chorar. Ephron não foi tão crítica em relação ao choro de Steinem quanto fora no caso de Helen Gurley Brown, mas se mostrou confusa quanto a isso ter ocorrido numa ocasião como aquela. "Nunca na minha vida chorei por causa de algo remotamente político; honestamente, não faço ideia do que devo dizer."

Ephron contou a um entrevistador que essa simples referência — a menção às lágrimas de Steinem — rendeu "urros e gritos" de várias amigas. Algumas delas alimentaram essa raiva por muitos anos.

Para muitos, porém, o tom simpático, ainda que cético, adotado por Ephron funcionava bem. Temos um costume, nos dias de hoje, de assumir que as pessoas têm um só tipo de reação diante do movimento das mulheres: totalmente a favor ou totalmente contra. Mas a segunda onda não era uma frente única, como Didion e outros críticos às vezes a enquadram. A política interna continha facções com teses diferentes quanto à maneira como idade, raça ou quaisquer defeitos das próprias mulheres impactavam a questão de "ser mulher". Qualquer pessoa real, ao olhar para tudo isso, tinha de ter visões conflitantes sobre o conjunto. Era possível sentir momentos incontroláveis de forte esperança e, ao mesmo tempo, decepção.

Esses sentimentos conflitantes talvez tenham permitido que Ephron fosse tão ouvida em relação a tudo isso: ela podia ser cortante em relação aos absurdos e aos elementos negativos do movimento, mas o fazia como alguém que estava dentro dele. E, embora fosse gentil, às vezes aplicava correções nos ataques perpetrados pela crítica ao movimento. Numa coluna, ela procurou se distanciar da insistência de Didion de que a vida da mulher envolveria "sangue, parto e morte",[37] definição que chamou de "extraordinária e confusa". As duas tinham se tornado amigas e frequentavam os mesmos círculos. Talvez Ephron fosse uma influência positiva. Questionada sobre sua posição acerca do movimento das mulheres nos anos 1990, Didion pareceu corrigir sua crítica:

> Creio que aquele texto dizia respeito a um momento específico. Eu achava que o movimento das mulheres estava patinando na trivialidade, que estava indo numa direção que não era a ideal, que tinha entrado num impasse e continuava falando de coisas menores. As trivialidades acabaram

desaparecendo por si sós, e o movimento conseguiu sobreviver, não mais como um movimento, mas como uma nova forma de vida.[38]

Ephron, obviamente, não tinha nenhuma dificuldade de falar sobre o corpo feminino, haja vista seu texto sobre seios. No começo de 1973, ela também tinha escrito uma longa reportagem investigativa intitulada "Dealing with the Uh, Problem", que explorava de forma jocosa a produção, o uso e o marketing dos sprays para o odor feminino — ou seja, "um desodorante para a área genital externa (ou, mais precisamente, a área perineal externa)".[39] Seu distanciamento foi de grande utilidade nesse caso, pois, sem emitir muita opinião, conseguiu fazer com que aquilo parecesse ridículo.

Se era fácil escrever sobre as coisas absurdas que os homens faziam e diziam para as mulheres, ficava mais difícil escrever sobre as coisas absurdas que elas faziam a si mesmas. A certa altura, Ephron se viu discutindo com Susan Brownmiller sobre o uso de maquiagem. As divisões dentro do movimento em relação a isso eram evidentes, e ela mencionara a experiência no texto sobre Shulman, sem citar nomes:

> Uma vez tentei explicar a uma colega feminista por que gostava de maquiagem; então ela explicou por que não gostava. Nenhuma de nós entendeu nada do que a outra estava falando.[40]

Outra coluna tratava diretamente da oscilação de seu entusiasmo e da sua ambiguidade em relação ao movimento. Ela achava difícil ser escritora e estar comprometida com ele ao mesmo tempo. Uma das "ironias recorrentes desse movimento é que não há como dizer a verdade sobre ele sem, de alguma forma, parecer atacá-lo".[41] Ephron afirmava achar difícil resenhar livros de mulheres sobre a segunda onda, porque, embora concordasse com suas ideias, não gostava nem um pouco da maneira como elas escreviam. Obviamente, sabia que, no balanço final, o correto, para ela, seria considerar mais as boas intenções dos textos:

> Isso é o que se chama no movimento das mulheres de "irmandade", e é a política correta, imagino, mas não uma boa forma de fazer crítica. Ou de ser honesta. Ou de dizer a verdade. (Mais ainda: é algo tão condescendente quanto o tipo de crítica que os homens adotam hoje ao falar de livros sobre as mulheres — aquele tom inconscientemente paternalista que trata as obras de mulheres e sobre elas como uma espécie de subgênero literário, marginal, pouco relevante, na linha "é interessante como essas mulheres atuam; realmente devemos tentar entender o que quer que estejam querendo".)

Havia aí, obviamente, uma espécie de autocrítica, já que em última instância existia também uma espécie de paternalismo no fato de que a *Esquire* separava suas análises sobre mulheres do restante da revista, sem dizer que o público-alvo da publicação era masculino e que ela não tinha uma circulação tão ampla em meio ao outro gênero. Também havia algo de perdulário em manter Ephron escrevendo apenas sobre isso. Mais tarde ela contaria ter sido sua a ideia de abandonar a coluna, porque tinha ficado cansada daquilo, já que dissera o que tinha para dizer.

Mas o assunto continuou a persegui-la por algum tempo depois, quando foi cooptada pela revista *New York*, onde continuaria a escrever sobre ele. Em seu primeiro texto, Ephron atacou uma amiga, a escritora Sally Quinn, dizendo que sempre usara o flerte como instrumento para fazer suas reportagens. Analisando a raiva que Quinn sentiu diante do comentário,

Ephron mencionou o que uma recente entrevistadora e futura amiga tinha a dizer sobre o problema das mulheres e da competição profissional:

> "Dashiell Hammet costumava dizer que eu tinha o ciúme mais indecente de todos", disse a srta. [Lillian] Hellman. "Eu não tinha ciúme do trabalho, não tinha ciúme do dinheiro. Tinha ciúme apenas das mulheres que tiravam vantagens dos homens, porque eu não sabia fazer isso."[42]

Na *New York*, Ephron começou a retomar uma forma de texto que já era conhecida dela: a simples humilhação de figuras de destaque na mídia. Bob Guccione, dono da *Penthouse*, decidiu lançar em 1973 uma revista para mulheres chamada *Viva* com o seguinte slogan: "Feita para você por homens que não têm vergonha de gostar de mulheres". No texto, podemos quase enxergar a excitação de Ephron em revelar a ignorância de Guccione, citando-o extensamente e sem aspas, como já havia feito com Dick Cavett e Helen Gurley Brown:

> Tanto quanto possível, levando tudo em conta, odeio dizer isso, mas acho que é verdade: conheço mais as mulheres do que elas mesmas.[43]

A *Viva* duraria sete anos, mas sem ter se tornado uma publicação emblemática citada pelas mulheres em suas conversas, ao contrário do que Guccione esperava e sonhava.

A outra figura que Ephron perseguiu foi Julie Nixon Eisenhower, que ela considerava uma mistificação. Depois do caso Watergate, a loira atraente passara a ser a pessoa da família que os Nixon colocavam para falar com a imprensa. Segundo o relato de Ephron, a imprensa de Washington estava quase que apaixonada por ela:

> Como disse um jornalista, o problema não é que alguém acredite no que ela diz, mas simplesmente que as pessoas acreditem que ela mesma acredita no que diz. Dirão que ela é uma pessoa acessível, o que é verdade, e que é aberta, o que não é verdade [...]. É quase como se fosse a única mulher nos Estados Unidos acima dos vinte anos que ainda acredita que seu pai é exatamente aquilo que ela achava que ele era quando tinha seis anos.[44]

Essas afirmações podem conter um tom amargo de caráter pessoal, pois, quando Phoebe Ephron morreu, Henry Ephron passou a ser um fardo para suas filhas. Ele começou a escrever suas memórias, com o título *We Thought We Could Do Anything*, título que tirou diretamente do discurso que a filha fez em homenagem à mãe. Mais tarde Ephron insistiria em dizer que aquelas memórias eram carregadas de coisas sem sentido.[45] Mais do que isso, pareciam uma tentativa aberta de capitalizar a crescente fama da filha mais velha, o que deve tê-la irritado bastante.

Nora Ephron era, agora, uma mulher famosa. Aparecia nas colunas da publicação de fofocas que ela mesma atacara alguns anos antes, a *Women's Wear Daily*, com bastante frequência, até mais do que Helen Gurley Brown. Aparecia frequentemente na televisão. Em um programa, o entrevistador levantou a maneira como ela costumava encostar as pessoas na parede:

> Apresentador: Você consegue ser bastante maldosa, não?
> Ephron: Ah, com certeza.
> Apresentador: É divertido ser maldosa, não?
> Ephron: Não, você...
> Apresentador: Vou lhe falar de um caso em que você foi maldosa. Em seu texto sobre Julie Nixon.
> Ephron: Você tem uma visão cândida de Julie Nixon.

> Apresentador: Sim, gosto da Julie.
> Ephron: Bem, eu não. Acho que ela é uma aranha com cobertura de chocolate.[46]

Esse foi o modelo que quase todos os textos de Ephron adotariam dali por diante. A tal ponto que ela acabaria voltando para a *Esquire*, onde, em vez de mulheres, seu alvo passou a ser a mídia, e várias pessoas que conhecia: a revista *People*, Theodore White, a presunção de alguns autores da *New Yorker*. (Ela não menciona Kael nesse texto.) Certa vez, chamada a opinar sobre uma disputa entre a *Esquire* e o escritor Richard Goodwin, Ephron atacou a própria revista. Escreveu uma coluna criticando sua decisão de pôr panos quentes no caso, surgida de um perfil sobre Goodwin que ela mesma havia editado para a publicação.

Esse lado da vida de Ephron — aquilo que alguns chamaram de sua mesquinhez — não parecia transparecer aos leitores naquele tempo. Às vezes, ela própria tinha dificuldade de enxergá-lo. Entrevistada pela Associated Press por ocasião do lançamento de *Crazy Salad*, em 1975, Ephron disse:

> Você pode escrever o mais lindo texto do mundo sobre alguém e a única palavra que eles lerão é "gorducho" [...]. Você aprende muito cedo que não está nesse negócio para ficar amiga das pessoas sobre as quais escreve. Ou então começa a maneirar.[47]

O dilema que Ephron descreve aí foi sentido por ela de forma aguda em sua própria escrita. Quando seu nome estava no auge, os homens às vezes pareciam aproveitar suas colunas para atirar contra ela, chamando-a de inteligente e graciosa em vez de brilhante, declarando que gostariam de dormir com ela. Ephron percebeu que isso influenciava naquilo para que era chamada a escrever e começou a pensar a respeito de sua carreira como ensaísta. Em 1974, ela disse numa entrevista que "há algumas revistas que não pedem textos para mulheres ou que nem sequer pensam em mulheres quando se trata de temas como economia ou política".[48]

"Ser solteira dá muito trabalho", disse uma Ephron recém-divorciada na mesma entrevista de 1974. (Ela chegara a ter um breve casamento com um escritor cômico, Dan Greenburg, no começo dos anos 1970.) "O que eu quero dizer é que uma das coisas boas do casamento, tanto para os maridos quanto para as esposas, é que ele liberta você de ter de empregar toda aquela energia em encontros. Você então pode usá-la no trabalho. Não precisa se preocupar com quem vai à festa do dia seguinte. Ser solteira ocupa muito do nosso tempo, me parece." Bernstein acabou com isso.

A relação com ele ocorreu ao mesmo tempo que subitamente o interesse dela em escrever para revistas começara a diminuir. Com efeito, na segunda metade dos anos 1970, a produção de Ephron caiu quase a zero, ao mesmo tempo que suas atenções se voltaram para roteiros. Ela começou colaborando com Alice Arlen em *Silkwood: O retrato de uma coragem*, e, depois daquilo que foi aparentemente uma espécie de galanteio vacilante, casou-se com Carl Bernstein. "A decisão de casar aconteceu num domingo; nos casamos na quarta-feira, e o mais perfeito foi que tomamos a decisão de casar enquanto estávamos num voo da Eastern",[49] declarou a um entrevistador. Mas ela também lhe disse que "o teste para saber se um casamento deu certo não é necessariamente ele durar para sempre".

Como ficamos sabendo em *O amor é fogo*, esse casamento não durou para sempre. "Eu me sinto mal inventando mentiras", diria Ephron quando seus entrevistadores lhe perguntavam se tinha intenção de escrever ficção. Mas ela também declarou que, ao deixar o segundo marido, sabia, de alguma maneira, que acabaria escrevendo sobre aquela experiência. Então o marido da mulher com quem Bernstein a vinha traindo — ele se chamava Peter — a convidou para um almoço:

> Nos encontramos do lado de fora de um restaurante chinês na Connecticut Avenue e nos abraçamos, chorando. "Ah, Peter", eu lhe disse, "não é terrível?"
> "É terrível", ele disse. "O que está acontecendo com este país?"
> Eu chorava histericamente, mas ao mesmo tempo pensava que aquilo daria uma história engraçada.[50]

Ephron acabaria afinal entendendo que aquilo que sua mãe repetira a vida inteira, "tudo é cópia", era uma questão de controle:

> Quando você escorrega numa casca de banana, as pessoas riem de você; mas, quando conta às pessoas que escorregou numa casca de banana, é você quem ri. Então, você vira o herói, e não a vítima da piada.
> Acho que era isso que ela queria dizer.[51]

O amor é fogo virou um grande best-seller, deixando Ephron rica. Ela escreveu o roteiro para sua versão cinematográfica, *A difícil arte de amar*, que seria dirigida por seu amigo Mike Nichols. Bernstein ficou furioso. Ele colocou como condição para o divórcio que o filme o retratasse apenas como um pai amoroso. Alguns amigos dela também acharam o gesto de Ephron de mau gosto; em um texto cheio de fofocas publicado pela *New Yorker* pouco antes do lançamento do romance, seu primeiro marido, Dan Greenburg, afirma ao repórter: "Nora é uma pessoa muito mais fina e uma escritora bem melhor do que o livro dá a entender".[52]

O livro virou uma espécie de lenda, e o filme derivado jamais atingiu o mesmo nível de sagacidade, talvez porque Bernstein impôs condições, na adaptação, para preservar seus filhos, e talvez porque não seja fácil o cinema reproduzir a consciência de um narrador tão engraçado como o do romance. Muita coisa dependia de Rachel conseguir soar como Nora, com seu olhar agudo e penetrante do mundo e de sua própria situação, e até mesmo para Meryl Streep era difícil levar esse mundo interior para a tela. De todo modo, tratou-se de um dos maiores gestos populares de vingança feminista, algo que nem mesmo os filmes água com açúcar que Ephron faria no final de sua carreira foram capazes de atenuar.

12.
Arendt, McCarthy e Lillian Hellman

Nos últimos anos de sua vida, Hannah Arendt lecionava e publicava em ritmo invejável, possível apenas a quem alcançou um lugar de grande conforto na vida. Mas isso mudou em outubro de 1970. "HEINRICH MORREU DE UM ATAQUE CARDÍACO NO DOMINGO",[1] dizia o telegrama enviado por Arendt a McCarthy. A autora de *O grupo*, que vivia em Paris com seu último marido, o diplomata Jim West, voou para Nova York imediatamente.

Arendt e Blücher estavam juntos havia trinta anos. Ela ficou desolada sem ele. "Estou aqui sentada no quarto de Heinrich, usando sua máquina de escrever", disse a McCarthy, pouco tempo após sua morte. "É algo em que posso me segurar."[2] A verdade é que ela não duraria muito sem ele. Em 4 de dezembro de 1975, morreu de um ataque cardíaco enquanto jantava com amigos.

McCarthy foi designada executora literária de Arendt, e se colocou como responsável pela negociação dos trâmites funerários com a família. Isso pareceria estranhamente íntimo em qualquer outro tipo de amizade. Mas naquele tipo era a melhor amiga quem comandava o processo de luto. Em Nova York, McCarthy fez um discurso em que falou de Arendt algumas vezes como se fosse um amante, elogiando sua aparência e o modo como se deitava no sofá para pensar. Chegou até a falar das pernas e dos tornozelos dela, o que provocou zombaria. Mas o discurso coube bem ao momento, se considerarmos que McCarthy descreveu a amiga como alguém que era, literalmente, o pensamento encarnado:

> A primeira vez que a ouvi falar em público — quase trinta anos atrás, durante um debate — me recordei do que Bernhardt deve ter sido, ou a Berma de Proust, um magnífico quinto estágio, que sugere uma deusa. Talvez uma ctônica, feroz. Ao contrário de outras personalidades que falavam bem em público, Arendt não era uma oradora. Parecia mais uma mímica, uma tespiana, atuando em um drama da mente, naquele diálogo entre si e si mesmo que evoca tantas vezes em seus escritos.[3]

McCarthy abriu mão de dois anos de seu próprio tempo de escrita para trabalhar na compilação e na edição do último projeto de Arendt. Deveria ser um tratado em três volumes chamado *The Life of the Mind*. O primeiro volume ia abordar o ato de pensar; o segundo, o ato de querer; o terceiro, o ato de julgar. Arendt tinha concluído substancialmente apenas esboços das duas primeiras partes, e deixou para a terceira apenas duas epígrafes em uma folha de papel, que ainda estavam em sua máquina de escrever quando morreu. Embora o alemão de McCarthy não fosse bom e ela não fosse exatamente uma teórica, finalizar o livro se tornou uma questão de honra. E ela foi adiante, ainda que a editora só lhe pagasse um quarto do adiantamento e dos direitos autorais, sendo o resto destinado à família de Arendt.

Foi um ato de extraordinária generosidade. Tempo é aquilo que os artistas mais cobiçam; conforme Sontag comentaria em certa ocasião, é aquilo em que gastam seu dinheiro. Mas, nos últimos vinte anos de sua vida, McCarthy não produziu tanto quanto costumava. Ela concluiu um romance, *Canibais e missionários*, que seria seu último. A morte de Arendt e, mais tarde, a de Robert Lowell, a deprimiu. Ela ainda era uma figura de considerável influência — e, embora *Canibais e missionários* não fosse seu melhor trabalho, conseguiu algumas boas críticas —, mas tinha dificuldades em encontrar uma ocupação real.

Talvez isso explique o que aconteceu então com Lillian Hellman.

Hellman era, para dizer o mínimo, uma pessoa complicada. Seu primeiro grande sucesso foi com uma peça chamada *The Children's Hour*, na qual crianças acusam duas professoras de serem lésbicas. O sucesso da peça e os contratos em Hollywood decorrentes desse sucesso fizeram de Hellman uma mulher rica. O dinheiro e a fama, entretanto, eram uma combinação estranha à sua orientação política. Como Parker, de quem se tornara amiga em Hollywood, Hellman foi uma ativista de esquerda na juventude. Mas, ao contrário de Parker, ela costumava mentir sobre isso. Acredita-se que Hellman tenha mentido ao Comitê de Atividades Antiamericanas nos anos 1950, quando declarou não ter nenhum vínculo com o Partido Comunista ou com "qualquer grupo político". Esse depoimento impediu que fosse para a prisão, o que aconteceu com testemunhas mais honestas, como o companheiro de Hellman, Dashiell Hammett. Isso a tornou muito impopular entre os tipos intelectuais, como McCarthy e seus amigos.

McCarthy tinha encontrado Hellman apenas duas vezes. A primeira em um almoço no Sarah Lawrence College, onde McCarthy lecionou brevemente em 1948. Lá, escutou Hellman criticar John Dos Passos para um grupo de estudantes, dizendo que ele tinha abandonado os antifascistas durante a Guerra Civil Espanhola porque odiava comida espanhola. McCarthy, que nunca perdia a oportunidade de retificar uma informação, lembrou que Dos Passos, em seus escritos, dizia que havia se desiludido com o movimento após o assassinato de um amigo. McCarthy percebeu a raiva de Hellman naquele momento, e escreveu para um amigo, em 1980:

> Me lembro que em seus braços nus ela tinha uma grande quantidade de braceletes de ouro e prata, que começaram a tremer — estava furiosa e acuada, acredito, por ter sido flagrada em plena lavagem cerebral.[4]

Parece que nenhuma das duas esqueceu o episódio. Então, subitamente, durante a fase de divulgação de *Canibais e missionários*, McCarthy resolveu trazer a história à tona. Primeiro, a um entrevistador francês. Depois, no *The Dick Cavett Show*, quando perguntaram a ela que escritores considerava superestimados.

> McCarthy: A única que me vem à cabeça é Lillian Hellman, que acho tremendamente superestimada, uma má escritora, desonesta. Ela ficou no passado, o passado de Steinbeck — não que seja uma escritora como ele.
> Cavett: Mas desonesta em que sentido?
> McCarthy: Todos. Eu disse uma vez em uma entrevista que cada palavra que ela escreve é uma mentira, incluindo "e" e "o".[5]

Muitas pessoas diriam mais tarde aos biógrafos de McCarthy que ela foi "descuidada"[6] ao lançar um insulto direto "com aquele seu sorriso".[7] Aparentemente, Hellman estava assistindo ao programa e ligou para Dick Cavett furiosa, conforme ele contaria mais tarde:

> "Talvez eu nunca a tenha considerado uma pessoa indefesa, Lillian", tentei argumentar.
> "Corta esse papo. Eu vou processar todos vocês." Nesse momento, pelo menos, ela demonstrou ser uma mulher de palavra.[8]

McCarthy pensou que estava simplesmente dizendo algo que todos já sabiam. Mas ela teve de enfrentar um processo sem ter recursos para se defender. O processo legal concluiu que McCarthy sabia que sua declaração era falsa e que a acusação de que Hellman mentia era maliciosa. Hellman acionou McCarthy, o *Dick Cavett Show* e a emissora PBS como réus e exigiu 2,25 milhões de dólares em danos morais. O *New York Times* pediu a Hellman um comentário sobre o processo. Ela especulou sobre as motivações de McCarthy:

> Não a vejo há mais de dez anos e nunca escrevi nada sobre ela. Temos vários amigos em comum, mas isso não deveria motivar os comentários dela. Acho que nunca gostou de mim. Isso deve vir desde a época da Guerra Civil Espanhola, em novembro ou dezembro de 1937, depois que voltei daquele país.[9]

De sua parte, McCarthy disse ao *Times*:

> Eu mal a conhecia [...]. Minha visão se baseia em seus livros, principalmente *Scoundrel Time*, que me recusei a comprar, mas peguei emprestado. Não gostei do papel que deu a si mesma nesse livro.

Norman Mailer, que nunca perdia uma oportunidade de aparecer, resolveu arbitrar a questão. "Ambas são escritoras excelentes", declarou. "Mas os talentos delas são tão diferentes que é natural que se odeiem. Escritores têm muito em comum com os animais."[10] Ele considerou o comentário de McCarthy "grosseiro" e comentou que seria "melhor que não tivesse sido dito". Vindo de um homem que considerava o pugilismo uma virtude essencial, era um posicionamento notável. Mas ninguém deu ouvidos a ele.

Martha Gellhorn, pioneira do jornalismo feminino e ex-mulher de Ernest Hemingway, também suspendeu sua aposentadoria para produzir dezesseis páginas de ataques a Lillian Hellman na *Paris Review*, destacando que praticamente cada data em seu romance *An Unfinished Woman* estava errada. Gellhorn conhecia particularmente bem as atividades de Hemingway durante a Guerra Civil Espanhola, e meio que destruiu as alegações de Hellman sobre elas. "Em meus estudos amadores sobre a apocrifia", concluía ela, "a sra. Hellman se destaca sublimemente."[11]

Em privado, McCarthy estava preocupada. Nem tanto com o desfecho do processo, pois estava silenciosamente juntando materiais que comprovariam as mentiras de Hellman. Mas ela soube de um exemplo concreto, pouco conhecido até então, em um trecho das memórias de Hellman — *Pentimento* — que fora transformado no filme hollywoodiano *Julia*, com Jane Fonda. Segundo Hellman, Julia era uma amiga de infância que fora uma espécie de Zelig do começo do século XX. Analisada por Freud, estivera heroicamente no front da Guerra Civil Espanhola e morrera na Segunda Guerra Mundial.

Acontece que Julia era pura ficção, baseada em parte na vida de uma mulher chamada Muriel Gardiner, que havia escrito para Hellman sobre as similaridades entre sua vida e a de Julia — e não recebera nenhuma resposta. Nada disso era de conhecimento público quando McCarthy foi ao programa de Cavett, mas todos suspeitavam: Martha Gellhorn, em particular, acreditava que a maioria das declarações de Hellman era pura mentira.

Com ou sem provas, os custos legais eram preocupantes. McCarthy não tinha um best-seller desde *O grupo*, em 1963. Hellman, por outro lado, era bastante rica e estava determinada a levar o processo até o fim. Ela chegou a ganhar as duas primeiras instâncias, e conseguiu que o juiz decidisse contrariamente à contestação do caso por McCarthy.

Mas Hellman morreu em junho de 1984, antes que pudesse concluir sua vingança. Alguém que morreu não pode sofrer calúnia e difamação, portanto os danos se tornaram questionáveis. Em agosto, o processo já havia se encerrado. Mas o espetáculo tinha se tornado lendário. Hoje, é provavelmente a única lembrança pública sobre Mary McCarthy. Mais tarde, ainda obcecada pelo assunto, Nora Ephron escreveu uma peça para teatro inteiramente sobre aquela inimizade, intitulada *Imaginary Friends*. Durante uma época ela gozara da amizade e do apoio de Hellman:

> Demorou um tempo até que eu percebesse que as histórias fabulosas que ela contava para os amigos eram, sendo gentil, apenas histórias. Quando processou McCarthy, anos mais tarde, não fiquei surpresa. Ela estava doente e praticamente cega. Sua raiva — que era seu acessório predileto — tinha se tornado enfadonha até mesmo para aqueles que lhe eram leais.[12]

A peça de Ephron estreou na Broadway em 2002. Mas não foi um sucesso, tendo sido encenada 76 vezes ao longo de três meses. Ephron estava afastada do cinema devido a uma série de fracassos, e aquele era um projeto passional, uma espécie de alívio, um retorno à forma. "Pude escrever sobre o assunto que me interessou desde meus dias de jornalista em revistas: as mulheres e o que elas fazem umas às outras." Mas Ephron não conseguiu passar sua paixão adiante: quando morreu, em 2012, a peça já tinha sido completamente esquecida.

13.
Adler

O ano de 1980 foi de muita luta para Renata Adler. Já com seus quarenta anos, ela vislumbrou a veterana Pauline Kael como alvo. Kael tinha acabado de voltar para a *New Yorker* após uma rápida passagem — que durou menos de um ano — por Hollywood como produtora, junto com Warren Beatty. Tudo tinha dado errado. Suas responsabilidades se desintegraram assim que chegara a Los Angeles, onde tinha ido para trabalhar especificamente em um filme de James Toback chamado *Amor & dinheiro*. Como o acordo não funcionou, ela acabou trabalhando no estúdio como produtora executiva.

É suficiente dizer que Kael não era adequada para o trabalho. Diria mais tarde que os executivos de Hollywood achavam que ela era uma espiã. Quando quis voltar para a *New Yorker*, William Shawn teve de ser convencido a aceitá-la novamente. Conforme outro editor relatou à *Vanity Fair*, "O sr. Shawn achava que Pauline tinha manchado a reputação dela".[1] Mas, de todo modo, aceitou-a.

No verão daquele ano, uma nova coletânea de críticas de Kael, *When the Lights Go Down*, foi publicada e recebeu resenhas radiantes. A polêmica sobre *Cidadão Kane* já completava dez anos e ficara para trás. Apesar da experiência fracassada em Hollywood, Kael ainda era vista como alguém no auge de seu ofício. Ela tinha fãs.

Renata Adler, por outro lado, encontrava-se do lado das dissidentes. Na *New York Review of Books*, caiu em cima de

Kael com uma ferocidade incomum até mesmo entre críticos famosos:

> Foi lançada agora uma coletânea com seus últimos cinco anos de avaliações e críticas. Para minha surpresa, o livro — sem exagero à la Kael ou [John] Simon — simplesmente, absurdamente, linha por linha e sem interrupções, não vale nada.[2]

Esse julgamento surge ao longo do texto, após uma extensa discussão sobre as partes da escrita que lhe agradavam. Adler atribuiu a decadência do estilo de Kael nem tanto às suas falhas como pessoa, mas à repetitividade do trabalho de um crítico de redação, que requer a produção de tantos textos e o consumo de tantos filmes que suas avaliações naturalmente sofrem de exaustão e repetição. Mas não importa quantos superlativos Adler tenha escrito antes de seu ataque selvagem — ela tinha claramente declarado guerra a Kael e apresentado um bom argumento.

O trabalho cirúrgico de Adler foi em sua maior parte dirigido ao estilo de prosa de Kael, e não à sua perspicácia como crítica. O que a incomodava no trabalho de Kael era a forma como ela o escrevia, que Adler sentia como puramente bombástico, despido de ideias:

> Ela tem um vocabulário com cerca de nove palavras favoritas, às quais recorre centenas de vezes, com frequência em uma mesma página neste livro de quase seiscentas: "puta" (e seus derivativos), aplicada a muitos contextos, mas quase nunca à prostituição em si; "mito", "emblema" (também "mítico" e "emblemático"), utilizados com intenção intelectual escancarada, mas sem significado determinado; "pop", "tira de quadrinhos", "trash", palavras usadas como julgamento

(geralmente para aprovação), mas também passíveis de ser intercambiáveis com "mítico"; "poética urbana", que significa algo mais violento; "leve" (pejorativo); "tensão", significando, aparentemente, qualquer estado desejável; "ritmo", em geral usado como verbo, mas que significa harmonia ou velocidade; "visceral"; e "nível".

Adler repetiria essa técnica muitas vezes em sua carreira, usando o artifício da contagem de palavras para fazer um assunto parecer tolice. Contra Kael, que tinha muito material disponível para análise — e escrito com a estrutura de uma crítica de cinema —, esse recurso foi devastador. Tantos que muitos se sentiram impelidos a defendê-la. As páginas de cartas da *New York Review of Books* ficaram cheias de argumentos em seu favor. Incluindo uma de Matthew Wilder, adolescente de treze anos que chamou o ensaio de Adler de "tirada deprimente, vingativa e incessante".[3] John Leonard, do *New York Times*, também a censurou: "Tenham certeza de que os críticos de redação são tão rigorosos com eles mesmos quanto a sra. Adler é com a sra. Kael. Eles se preocupam com seus adjetivos. Falam a partir de suas 'mentes de oitocentas palavras'".[4] Outros amigos de Kael, incluindo James Wolcott, se adiantaram para defendê-la publicamente. Mas o estrago estava feito. As palavras de Adler constariam em todos os obituários de Kael em 2001.

A jovem Kael dos tempos de "Círculos e quadrados" teria respondido de forma intimidadora. Mas ela não escreveu nada ou deu qualquer entrevista falando sobre o incidente. Ela não foi além de dizer a um repórter: "Sinto muito que a sra. Adler não tenha sensibilidade para minha escrita. O que mais posso dizer?".[5] Procurado pelos jornais, William Shawn simplesmente disse que era assim que Adler escrevia. E ele sabia do que falava. Naquela época, ela escrevia para a *New Yorker*, de forma intermitente, já havia dezessete anos. E havia gasto boa parte daquele tempo no mesmo tipo de ataque. Adler é uma escritora implacavelmente analítica, que pode se tornar um cão raivoso quando sente que existe uma lógica falaciosa. Qualquer um que tivesse lido sua produção anterior sabia de duas coisas: que costumava ser mais esperta que aqueles à sua volta e que gostava de demonstrar isso em seus textos.

Para alguém que frequentemente argumenta de forma clara, a biografia de Adler é cheia de estranhas contradições. Um perfil da *New York* uma vez a definiu como "assertiva e publicamente 'privada' como Woody Allen",[6] comparação que hoje soa estranha, dado o tanto que sabemos sobre ele. Mas é verdade que Adler, paradoxalmente, viveu ao mesmo tempo com muita e nenhuma exposição. De sua infância sabemos pouco, exceto que é filha de refugiados alemães e nasceu em Milão em 1937. Seus pais chegaram a Connecticut em algum momento da Segunda Guerra Mundial, com a filha a tiracolo.

Desde a infância, a ansiedade dominou sua vida. Ela teve dificuldade de aprender inglês, disse certa vez em uma entrevista para uma revista. Quando seus pais a puseram na escola primária, ficou ainda mais nervosa. A ansiedade a acompanhou até Bryn Mawr, um colégio só de mulheres na Pensilvânia, onde ela se tornou o tipo de pessoa que denunciava suas próprias violações de conduta, como fumar. A situação piorou a ponto de consultar psiquiatras e pedir a seu irmão que escrevesse os trabalhos para ela. A princípio, Adler pensou em cursar direito, mas acabou indo para Harvard estudar filosofia, assim como Sontag fizera antes. E, tal como Sontag, nunca finalizou o curso — embora tenha passado um ano em Paris com uma bolsa Fullbright, onde estudou com o famoso antropólogo Claude Lévi-Strauss.

Adler não queria ser uma acadêmica, embora alegue que tenha saído desse caminho quase por acidente. Em Harvard, conheceu o agora esquecido escritor da *New Yorker* S. N. Behrman e traduziu uma de suas peças de teatro. Foi ele quem sugeriu que ela fizesse a entrevista para trabalhar na *New Yorker*, e foi quase por acaso que ela acabou sendo contratada. Mas a escrita ainda não vinha muito facilmente para Adler. Mais tarde, ela diria que seus primeiros textos foram escritos principalmente para impressionar seu noivo Reuel Wilson, filho já adulto de Edmund Wilson e Mary McCarthy.

Quando McCarthy conheceu Adler em um verão na Itália, a escritora veterana descreveu a nora como a personagem de um romance: "A namorada magra, de aspecto de judia bíblica" de Reuel, "é rústica ou uma beldade, dependendo do gosto".[7] Não há registro de que houve qualquer hostilidade entre elas, qualquer rivalidade entre intelectos poderosos — como ocorrera entre McCarthy e Sontag. Adler, mais tarde, diria que não tinha lido nada de McCarthy até conhecê-la. "Eu era tímida naquela época, e ela foi extraordinariamente gentil comigo", disse. "Mais tarde, quando li seus escritos e reconheci aquela temível inteligência crítica, fiquei surpresa."[8] Esse tipo de desconexão viria a definir Adler. Poucos que a conheceram pessoalmente — ansiosa e de fala macia — conseguem relacionar seu temperamento com a maneira feroz com que escrevia.

Essa habilidade de oferecer uma opinião contundente e certeira foi seu talento desde o começo. O primeiro texto que publicou com seu próprio nome (em sua primeira tentativa ela adotou um pseudônimo, pois seu editor desfigurara o texto) foi a resenha de um livro de um escritor da *New Yorker*. John Hersey, famoso por seu texto de grande fôlego *Hiroshima*, havia organizado seus artigos em uma coletânea. O título, *Here to Stay: Studies in Human Tenacity*, transmitia certa impressão de autoimportância. É seguro dizer que Adler não gostou dos escritos dele:

Seu livro começa com uma declaração — "Os grandes temas são amor e morte; sua síntese é a vontade de viver, e é disso que esse livro trata" —, a qual ilustra perfeitamente a retórica meio popularesca e sem sentido que caracteriza a obra toda.[9]

Àquela altura, Adler trabalhava integralmente na equipe da *New Yorker*. Ela se limitava a escrever a coluna Talk of the Town de forma anônima. Mas seu assunto principal ali eram os livros e o mundo editorial, que considerava indescritivelmente tolo. Em um texto não assinado, foi atrás da lista de best-sellers, que ela havia notado que recentemente:

> tinha incluído um livro de colorir para adultos, um diário de uma criança, um panfleto com fotos de jornal e legendas bem-humoradas, a autobiografia de um gerente de time de beisebol, as memórias de um advogado de defesa em um sensacional julgamento em Hollywood, uma discussão sobre dietas e um estudo das atividades sexuais de mulheres não casadas.[10]

Adler adicionaria, francamente, que não havia nenhuma razão para confiar naquilo. Era meramente um "guia útil para semiliteratos ansiosos"; e sugeriu então que o *Times* parasse de publicar aquilo de uma vez por todas. Ao final, os comentários sobre a cena literária permitiram a ela que assinasse algumas colunas sobre livros para a *New Yorker*. Em 1964, aos 27 anos, ela se iniciou no perene tema da pobreza das resenhas de livros. Como suas precursoras, Adler não suportava as falhas no raciocínio dos resenhistas contemporâneos. Tampouco abraçava integralmente a chamada "nova crítica" que havia aparecido para substituí-las, pois o gênero lhe parecia demasiadamente pautado pela busca de polêmicas:

Na crítica literária, as polêmicas têm vida curta. Nenhum outro ensaio se torna tão rapidamente obsoleto quanto uma resenha desfavorável. Se a obra visada tiver valor, sobrevive aos comentários adversos. Se não, a polêmica morre com seu alvo.[11]

Foi sua primeira polêmica contra as polêmicas, algo que ia se tornar um tema em sua escrita. Apesar de seu estilo ter sido acusado de hiperbólico e seus argumentos apontados como excessivamente severos, Adler criticava essa mesma abordagem em outros escritores. (Sua implicância com os textos tardios de Kael era por serem excessivamente polêmicos.) Ela não se limitava às fronteiras tradicionais de uma resenha. Nesse artigo, em teoria, estava resenhando livros de Irving Howe e Norman Podhoretz. Mas, gradualmente ao longo do texto, sua crítica veio a se expandir e alcançou a maior parte dos jovens intelectuais que haviam lançado a *Partisan Review*. Ela argumentou que o movimento das pequenas revistas estava agora experimentando dores de crescimento: "Depois da Segunda Guerra Mundial, as velhas questões começaram a sair de cena, os velhos protegidos se deram bem e escritores expositivos com pouca tolerância para complexidades ficaram em baixa".[12] Não havia mais lugar para um Irving Howe, relíquia de uma era anterior. E, mesmo com alguém mais jovem, como Norman Podhoretz, o grande inimigo de Hannah Arendt, Adler tinha pouca paciência.

Arendt ia se tornar mentora de Adler. Quando *Eichmann em Jerusalém* saiu e provocou furor nas páginas de opinião, Adler até tentou convencer William Shawn a publicar uma resposta. Ela tinha sido seguidora de Arendt por algum tempo, após ler a biografia de Rahel Varnhagen. Mas, a princípio, Shawn não queria que Adler escrevesse nada, pois a *New Yorker* costumava ignorar qualquer controvérsia que pudesse macular algum de seus artigos. Mas Adler insistiu e, quando o *New York Times* publicou a danosa resenha escrita por Michael Musmanno, Shawn cedeu. Eles esperavam que o *New York Times* fosse imprimir a resposta de Adler na seção de cartas, mas ela foi recusada. Então a própria *New Yorker* publicou o texto, cujo tom era de protesto:

> Ao documento tranquilo, moral e racional da sra. Arendt, [Musmanno] opôs exclamações retóricas como "Himmler!", "Hitler!", como se fossem declarações esclarecedoras na filosofia da história [...]. A recusa da escuta, a amedrontadora quebra da comunicação, não é nada nova; nós nos acostumamos com isso na vida e nas manchetes. Mas a própria essência da literatura é comunicação, e encontrar tamanha falha disso na seção literária de um jornal tão importante é uma profunda decepção.[13]

Depois de ler esse artigo, Arendt convidou Adler para um chá. "Se havia uma pessoa disposta, segundo a frase de Lillian Ross, a se sentar devotamente aos seus pés", escreveu Adler mais tarde, "esse alguém era eu."[14] Adler também caiu de amores por Heinrich Blücher. O casal falava em alemão com ela e a tomou como sua protegida. Adler chamou Arendt de "mãe severa".[15] Ambos sempre a encorajavam a voltar para a universidade para concluir seu doutorado, talvez por saber quão difícil tinha sido para Blücher se sustentar no ensino sem ter um diploma.

Ela conseguiu o espaço que Susan Sontag parecia querer. Arendt, insistia Adler, "não se importava com a sra. Sontag".[16] Quando questionada sobre as razões disso, Adler disse: "Não é que Hannah Arendt odiasse Sontag. Ela apenas não tinha interesse pelo trabalho de Sontag — e acredito que essa é uma posição convincente".[17] E era. Mas talvez Adler e Sontag também estivessem competindo sem saber. Ela ganhou o mesmo prêmio da *Mademoiselle* que Sontag ganhara três anos antes. Com sua sinecura na *New Yorker*, tinha mais estabilidade financeira que Sontag. Mas não era uma estrela da mídia — certamente não da forma explosiva que Sontag era.

Então, quando Adler se voltou para Podhoretz, em 1964, deparou com alguém que havia discordado profundamente de *Eichmann em Jerusalém*. Por isso havia um tom de deleite no seu texto quando desmontava o livro dele. Sua forma de atacar era precisa e implacável. Podhoretz tendia a repetir certas frases, e escolheu as de um bufão. Essa técnica, a mesma que usaria contra Kael, lhe permitia revelar os cacoetes e hipocrisias em uma sequência devastadora. Quanto ao ensaio de Podhoretz contra a *New York Review of Books*, intitulado "Book Reviewing and Everyone I Know", Adler eviscerou-o com uma única observação:

> Primeiro, "todo mundo que eu conheço" ocorre catorze vezes (além do título) e "alguém que eu conheço", "ninguém que eu conheço" e "alguém que eu não conheço" aparecem uma vez cada um. Embora tenhamos de admitir que a repetição é um dispositivo retórico que, de todo modo, sempre foi uma preferência aleatória do sr. Podhoretz ("o que realmente aconteceu nos anos 1930" ocorre nove vezes em outro ensaio e "não diz nada sobre a natureza do totalitarismo" ocorre várias vezes em seguida), parece seguro dizer que "Book Reviewing and Everyone I Know" está impregnado de um senso de camaradagem e solidariedade. O sr. Podhoretz claramente não se considera uma voz isolada.[18]

Ela também podia ir além de apenas acusá-lo de uma infeliz repetição de palavras. Adler argumentava que o resultado dessa pompa era que os "novos resenhistas" formavam um pequeno clube, todos falando, elogiando e insultando uns aos outros, em geral à custa do intelectualismo. Eles estavam se tornando celebridades, sem consideração pelos livros que analisavam. Essa conclusão, claro, expunha Adler a críticas de que ela estava fazendo a mesma coisa — assim como Kael havia sido acusada de carreirismo quando escreveu "Quadrados e círculos". O escritor conservador Irving Kristol, escrevendo na *New Leader* durante a fase socialista antes de sua conversão ao republicanismo, comentou:

> Embora eu possa ter lido coisas da sra. Adler antes, não me lembro de nada. É sua resenha — escrita fielmente de acordo com as prescrições de Podhoretz — que fez dela, para mim, uma "personalidade literária".[19]

Kristol certamente estava correto quanto à importância desse ensaio na consolidação da Renata Adler que viria a ser conhecida na imprensa. O texto traz diversas marcas do estilo dela, presentes desde o começo de sua carreira. A voz falando com o leitor nunca é insinuante, engraçadinha ou distraída por sua própria personalidade. É análise e razão puras, é séria e objetiva, como nos negócios. Com frequência aparece um "eu", mas nunca é pessoal: é mais analítico, como em Sontag. Adler escreve como um raio laser, menos interessada em deslumbrar o leitor com sua beleza do que em perfurar sua mente com uma ideia. Ela raramente conta algum tipo de história, mas reúne evidências para uma tese e se joga no assunto com a determinação de um bull terrier. Muitas vezes parece mais uma procuradora da Justiça do que uma contadora de histórias.

O ensaio de Podhoretz, entre outros, fez William Shawn perceber que Adler tinha mais a oferecer. Ela também desejava fazer o que ele chamava de textos factuais: os longos e ambiciosos artigos que tinham se tornado a matéria-prima da *New Yorker* nos anos 1960. Para a primeira série de artigos, Adler foi enviada para observar as marchas de Selma a Montgomery no Alabama, em 1965. Talvez devido ao nervosismo de produzir seu primeiro texto como repórter, há algo de bem mais superficial na prosa de Adler nesse artigo — que oferece menos análise e muita observação. Suas frases são mais curtas, às vezes até concisas. Ela tampouco estava muito suscetível à efervescente retórica das marchas. Em vez de expressar dúvida de que as marchas tivessem uma demanda clara, ela se limitou a relatar o que viu:

> Chegou a notícia de que a sra. Viola Liuzzo havia sido baleada. Alguns dos manifestantes voltaram para Selma. Outros pegaram um avião para casa. Na saída para o aeroporto de Montgomery, havia uma placa oficial de sinalização, onde se lia: "Que bom que você pôde vir. Vá embora rápido".[20]

O efeito do conjunto do movimento era curiosamente desarticulado e distante.

Adler se saía bem mais confiante e crítica quando escrevia sobre diferenças geracionais. Ela era uma jovem brilhante vivendo em plenos anos 1960. Ainda assim, sua sensação geral de alienação das pessoas a seu redor a fez suspeitar de seus movimentos políticos, de sua devoção ao amor livre, de sua antipatia pelas realidades concretas da vida. Alguns a chamavam de "Joan Didion da Costa Leste",[21] embora seu estilo fosse mais direto e menos vulnerável. Didion tendia a evocar as fraquezas dos hippies e andarilhos na configuração de seus diálogos e contextos, e falava bastante sobre si e seus humores. Adler, como sempre, parecia estar montando um argumento, evitando revelar muito de si nesse processo:

> No momento, entretanto, há uma crescente margem de órfãos, vagamente comprometidos com a deriva moral que

surgiu para eles a partir dos confrontos na Sunset Strip e do clima geral dos eventos. Essa deriva é o amor; e essa palavra, conforme sua utilização entre os adolescentes da Califórnia (e conforme aparece nas letras de suas canções), encarnava sonhos de liberação sexual, doçura, paz na terra, igualdade — e, estranhamente, drogas.[22]

Esse "estranhamente, drogas" revela mais do que ela queria, pois em 1967 as drogas não eram exatamente uma coisa estranha para alguém de sua idade. Adler tinha acabado de completar trinta anos. Como filha de refugiados, não compartilhava de uma imagem dos Estados Unidos contra a qual pudesse se rebelar durante os anos 1960. E, ainda assim, sempre se posicionava à margem dos acontecimentos, sem se envolver emocionalmente. Isso fez dela uma observadora poderosa, não há dúvida. A acuidade dos detalhes nos textos de Adler sobre o Verão do Amor é frequentemente espantosa, assim como sua habilidade em retratar comportamentos estranhos como se fossem atitudes corriqueiras. "Ele começou um canto tirolês", escreveu sobre um jovem que conheceu na Sunset Strip, como se as pessoas simplesmente fizessem isso quando instruídas. Adler tinha dificuldade em entender de forma mais abrangente o que acontecia à sua volta. Quase todos os textos que escreveu terminavam com um toque de ambivalência. Em seu ensaio sobre a Sunset Strip, acabou chegando a um lugar chamado Human Be-In, sobre o qual comentou: "Não havia polícia nenhuma ao redor".

Adler retornaria ao Mississippi para testemunhar mais manifestações por direitos civis. Viajaria para Israel para cobrir a Guerra dos Seis Dias e iria também para Biafra. Mas em toda situação o problema era o mesmo: ambivalência. Mais tarde, quando reuniu seus textos em uma publicação, ela veria a ambivalência como um fenômeno nítido da época sobre a qual estava escrevendo. Mesmo ao articular essa observação, Adler teve de cobrir sua retaguarda. Ela escreveria:

> Acredito que eu seja parte de uma faixa etária que, embora ignorada, embora sem uma voz geracional, foi impelida em direção à América mais profunda. Mesmo agora (estamos nos nossos trinta anos), não publicamos jornais nossos, não compartilhamos de nenhum exílio, nenhuma briga, nenhuma anedota, nenhuma guerra, nenhuma solidariedade, nenhuma marca. Na universidade, na era Eisenhower, éramos conhecidos ou por nada ou por nossa apatia. O núcleo de ação parece ter fugido de nós.[23]

Novamente, a mulher escrevendo essa análise mal completara trinta anos e já estava desconectada de boa parte das questões políticas e sociais correntes no país. Às vezes ela parecia conservadora em relação ao caos social dos Estados Unidos dos anos 1960. "Nossos valores são cafonas", escreveu ela, sem especificar quem estava contemplado no pronome coletivo, "racionalidade, decência, prosperidade, dignidade humana, contato, a mais ampla e refinada América." Ainda assim, o mais curioso nessa análise é a forma como Adler se exclui completamente desse "nossos" que evoca. De fato, sua trajetória pelo país não tinha sido típica. Nos anos 1960, apenas cerca de metade dos americanos cursava o ensino superior; e estes certamente não começaram a escrever para publicações de grande importância nacional aos 22 anos. Adler foi um prodígio no mesmo nível de Dorothy Parker, que escrevia da mesma forma desde o começo de sua carreira — com um estilo que podia ser reconhecido desde os primeiros textos em Talk of the Town até os últimos trabalhos que publicou nos anos 1990. Mas sua distância em relação ao que se passava com as massas significava que não conseguia alcançar nem tocar as vastas correntes emocionais dos Estados Unidos nos anos 1960. Só podia olhar.

Talvez isso explique por que, em 1969, Adler bruscamente abandonou a *New Yorker*. O *New York Times* a procurou em busca de um crítico de cinema. Estavam todos fartos do bolorento Bosley Crowther, o nêmesis de Pauline Kael. Não fica claro se o *Times* chegou a sondar a possibilidade de trazer a própria Kael da *New Yorker*, mas Adler vinha escrevendo sobre filmes ocasionalmente, quando Kael e a crítica com quem alternava, Penelope Gilliatt, não o faziam. Ela era jovem, já tinha criado sua marca na crítica e escrevia aqueles textos elegantemente alienados sobre os anos 1960. Parecia perfeita para o trabalho.

Se o *New York Times* esperava a chegada de alguém ingênuo, não foi o que aconteceu. Adler chegou afiada para sua missão. Ela não facilitaria para ninguém. Seu primeiro texto, sobre um filme alemão hoje completamente esquecido, começava no tom trovejante de suas resenhas de livros — ecoando a pressão que colocou em John Hersey:

> Mesmo que sua ideia de diversão seja assistir a um monte de alemães de meia-idade, alguns deles bem gordos, corados, fazendo caretas, suados e se jogando sobre Elke Sommer, acho que vocês não devem ver *As maliciosas aventuras de uma loira*. Este primeiro filme do ano é horrível em muitas maneiras desinteressantes.[24]

Esse trecho era tão engraçado que gerou expectativas: anunciava uma jovem crítica com sede de sangue. O próximo filme que ela avaliou foi *Wild 90*, de Norman Mailer. Adler estava de volta ao território confortável e familiar das personagens literárias. O público que apreciava Mailer, "entre as pessoas mais carinhosas, clementes e, por fim, paternalistas e destrutivas de nosso tempo",[25] estava tão propenso a tolerar esse filme quanto seus outros trabalhos. Não era exatamente um elogio. Adler deixou claro que ela achava os fãs de Mailer um grupo bem pouco impressionante intelectualmente. Por exemplo, ela não conseguia imaginar que essa "escola permissiva, que trata Mailer como o protagonista cativante de uma luta adolescente à la Peter Pan para se libertar e se descobrir, um dia daria as boas-vindas a um trabalho sólido, compacto e livre de culpa".

Assim como ela faria mais tarde em "The Perils of Pauline", Adler parecia ao mesmo tempo não ter nenhuma influência de Kael — a prosa de seus primeiros trabalhos é o produto conciso de seu relato dos fatos — e estar em completa afinidade com o espírito belicoso dela. O universo de críticas de cinema de Adler é repleto de acusações contra a pretensão e o sentimentalismo. Os filmes de que "pessoas sérias" gostam, *A primeira noite de um Homem*, *A sangue frio*, ou *Adivinhe quem vem para jantar,* são suspeitos para ela, mesmo sendo tão palatáveis para o público burguês. Seu status de intrusa era uma dádiva que a mantinha longe da pressão de ter que acompanhar o gosto popular. Isso inclusive a preveniu de ter que declarar, como a maioria dos críticos da época, seu partido nas guerras autor/antiautor. Ela simplesmente fazia seus próprios julgamentos e deixava os argumentos sistemáticos para os outros.

Adler foi submetida, nos catorze meses em que trabalhou no *Times*, a uma série de provocações feitas pelos estúdios — assim como aconteceu com Kael na *McCall's*. A mais famosa foi feita pela United Artists, em um anúncio que destacava que, como Adler tinha detestado muitos daqueles filmes populares, o público não precisava lhe dar atenção:

Renata Adler, do *New York Times*, não gostou de
A sangue frio
Teve reservas sobre

> *A primeira noite de um homem. Adivinhe quem vem para jantar. O planeta dos macacos.*
> Não estava segura sobre como se sentiu a respeito de
> *Bonnie e Clyde: Uma rajada de balas*
> A maioria dos outros críticos gostou desses filmes.
> E, mais importante, o público gostou desses filmes.
> Agora ela não gosta de
> *A arte de conquistar um broto.*
> Que recomendação![26]

Embora desde o começo e frequentemente se dissesse que ela era um problema para os produtores de Hollywood, a verdade é que a princípio a indústria esteve neutra em relação a ela, conforme reportou a *Variety* em janeiro, dois meses após o começo de suas atividades no *Times*. Um artigo mais longo, publicado em março de 1968, dizia que as reações estavam divididas:

> Tanto seus apoiadores quanto seus detratores concordam em um veredito: ela é muito mais literária que cinematográfica em sua crítica [...]. Não compartilha da ideia de que o diretor é definitivamente o criador de um filme. Se em pelo menos seis críticas nem cita seu nome, como pode sequer avaliar sua contribuição?[27]

As pessoas que falaram à *Variety* também disseram que a consideravam melhor ensaísta do que crítica de cinema, pois frequentemente apreciavam seus esforços aos domingos em elucidar o "culto à morte" nos filmes, ou a pertinência da violência retratada neles. Esse assunto, entretanto, tendia a se descolar do cinema em si e se dirigir às preocupações dela:

> Uma das coisas para as quais a democracia pode ser o sistema menos equipado é a revolução enquanto exercício

estético. Não está previsto em nenhuma filosofia da história que um grupo de jovens de classe média, contra os quais o sistema não cometeu nenhuma injustiça — e que na verdade estava educando para ocupar as posições de poder —, deva querer derrubá-lo para se divertir.[28]

As avaliações de Adler eram tenazes e sérias, sem espaço para bobagens. Ela podia ser devastadora com um alvo, mas tentava dar o devido valor aos bons elementos de um filme ruim. Deu crédito a Barbra Streisand por subir o nível de *Funny Girl: Uma garota genial*; gostou das elegantes cenas de baile de *Romeu e Julieta* de Franco Zeffirelli — embora tenha achado que por fim comunicasse mais ou menos o mesmo que *Amor, sublime amor*. Quando *Barbarella* saiu, Adler teve de reclamar sobre a maneira como os filmes retratavam mulheres mais velhas: "Talvez seja um reflexo antimamãe: nenhuma mulher boa e decente estaria na tela".[29] Apesar disso, elogiou Jane Fonda por fazer o que podia.

Mas observadores externos notaram muitos erros factuais em suas críticas. A *Variety* divulgou que a *Esquire* estava preparando uma exposição deles. Também foi noticiado que Darryl F. Zanuck, da Fox Studios, soube por um executivo que Adler tinha assistido a apenas metade de *A estrela,* um filme meloso com Julie Andrews. Zanuck havia disparado uma queixa ao diretor do *Times*. Mas nada aconteceu até Adler abandonar sua posição, no fim de fevereiro de 1972. Ela escreveu mais alguns textos sobre Cuba depois da revolução, então voltou para a *New Yorker*. Em entrevistas posteriores, insistiu que não foi demitida. Certamente os crimes dos quais acusaria Kael sugerem que Adler simplesmente se cansou da pressão. Tinha sido bom, disse ela, aprender a escrever com um prazo.[30]

Depois que saiu do *Times*, Adler escreveu alguns textos de não ficção. O melhor foi publicado na *Atlantic*. Era um longo texto, em que analisou o inquérito de impeachment feito pelo Comitê Church e atestou a fraca investigação dos crimes de Nixon. Vasculhando meticulosamente os arquivos do comitê, encontrou um número de itens que deveriam ter sido objeto de análise posterior. Ela concluiu que o inquérito do impeachment havia se tornado parte da estratégia de acobertamento de Nixon.

Mas esse tipo de artigo não era mais o que desejava fazer. Renata Adler tinha decidido que queria escrever ficção.

Adler passou boa parte dos anos 1970 ignorando o jornalismo e escrevendo seus dois romances, *Speedboat* e *Pitch Dark*. Ambos são escritos em um estilo fragmentado e epigramático. Ambos os protagonistas podem ser entendidos como versões da própria Adler. Dos dois livros, somente *Pitch Dark* soa, às vezes, como crítica social. Embora seu estilo literário em nada se assemelhe ao de Mary McCarthy, ela tinha uma similar inabilidade de deixar sua vida fora do trabalho. De fato, McCarthy aparece em *Pitch Dark*, disfarçada na personagem Viola Teagarden, que:

> falava com algum deslumbre sobre aquilo que chamava de "minha raiva" como se fosse uma criatura viva, uma posse premiada, um puro-sangue para ser usado como garanhão, ou como um homem — que se casou com uma linda e imprevisivelmente desagradável mulher, muito mais rica e jovem que ele — diria "minha esposa".[31]

Embora lindamente escritos, esses livros às vezes carregam a marca da grande dificuldade que Adler teve em fazê-los. *Speedboat* começou a aparecer em excertos na *New Yorker* em 1975. Quando foi publicado, em 1976, recebeu grande aclamação. Adler ganhou com ele o prestigioso Prêmio PEN/Hemingway.

Então foram mais sete anos para produzir *Pitch Dark*, e após isso ela pareceu abandonar a ficção de vez.

Como convinha a alguém que nunca se satisfaz inteiramente com um assunto, Adler entrou na Escola de Direito de Yale e conseguiu um diploma. Sua mente era quase perfeitamente adequada para operar como uma advogada. Ela já tinha usado a argumentação de um promotor em seu texto sobre os novos resenhistas, isolando o testemunho de Podhoretz e condenando-o a partir de uma única palavra ou frase. A disposição metódica dos argumentos legais provocaria uma inflexão em "The Perils of Pauline", que também podia ser lido como uma peça jurídica. Foi aí que sua escrita se tornou combativa, sempre buscando destruir.

Sua combatividade também se estendia aos tribunais. Quando a *Vanity Fair* foi reativada no começo dos anos 1980 como um projeto passional, a intenção inicial era de que fosse uma publicação séria e intelectual, mais aos moldes da *Partisan Review* do que da *People*. Renata Adler foi contratada pelo editor Richard Locke para trabalhar no projeto. Ela manteve sua posição na *New Yorker*, por isso se falou em "consultoria de edição".

O novo regime na *Vanity Fair* não durou muito. Richard Locke foi demitido após a primeira edição e Adler saiu logo depois. Mas um obscuro jornal de comércio chamado *Washington Journalism Review* publicou um artigo dizendo que ela havia sido demitida por incompetência. Também dizia que Adler tinha sido desonesta com a revista a respeito de suas contribuições — ela publicou um trecho de *Pitch Dark* com um pseudônimo. Adler decidiu processá-los. E venceu.

Assim começou a fase legal da carreira de Adler, em que seus escritos sobre a lei começaram a se misturar com eventos reais da Justiça americana. Ela ficou obcecada por dois casos contra a mídia. O primeiro, Westmoreland contra a CBS, era um processo contra um documentário para a TV sobre a Guerra do

Vietnã. Essencialmente, acusava o general do Exército William C. Westmoreland de manipular dados de inteligência para aprofundar a presença americana na guerra. No segundo, Sharon contra a *Time*, o militar e político israelense Ariel Sharon processava a revista por insinuar em um artigo que ele tinha sido responsável pelos massacres no Líbano em setembro de 1982.

Em ambos os casos, havia pouca dúvida de que os repórteres tinham se equivocado. Foi demonstrado que os fatos reportados estavam incorretos. Mas, também em ambos, a questão era se os repórteres haviam cometido esses erros com "verdadeira malícia", nível requerido para provar difamação segundo a lei americana. É algo extremamente difícil de atender. Adler argumentou que esse padrão se tornou uma espécie de cobertor de proteção para a mídia divulgar falsidades. Ela com frequência parecia simpatizar com a acusação nesse aspecto:

> Fossem lá quais fossem seus outros motivos (orgulho, raiva, honra, política doméstica), os autores estavam claramente processando por princípios, e esse princípio, ao menos na mente de cada um dos generais, era a verdade; não a justiça, mas a pura verdade factual [...]. Acontece que os tribunais americanos não são desenhados ou mesmo permitidos pela Constituição a resolver de forma abstrata assuntos desse tipo e decidir pela história o que é verdadeiro ou falso.[32]

No decurso das meditações filosóficas desse imbróglio, Adler também criticou pesadamente os jornalistas em questão — tanto que inspirou sua ira. Ela inicialmente publicou seus achados sobre o julgamento na *New Yorker* no verão de 1986. (Na gestão de William Shawn, escritores com frequência eram autorizados a trabalhar num único artigo por anos e recebiam salário por isso — um arranjo que era impossível de conseguir em outro lugar.) Os artigos seriam reunidos em um livro chamado

Reckless Disregard. No entanto, antes de seu lançamento, em setembro, tanto a *Time* quanto a CBS apresentaram uma notificação de processo por calúnia contra a *New Yorker* e a editora. O livro ficou parado por alguns meses até finalmente ser publicado.

Nesse meio-tempo, o inferno se abriu nas resenhas de *Reckless Disregard*. Adler havia levantado a possibilidade de alguns jornalistas serem pouco confiáveis no manejo dos fatos. Então, outros jornalistas concentraram sua atenção em verificar se ela havia cometido algum erro. E, de acordo com eles, tinha. Mesmo um crítico tão predisposto a ser simpático quanto o acadêmico de direito Ronald Dworkin, ao escrever na *New York Review of Books*, louvou a perspicácia geral de Adler, mas também escreveu:

> ela frequentemente se rende aos vícios jornalísticos que deplora. *Reckless Disregard* é deformado pela mesma reportagem unilateral, em particular no que tange a Westmoreland, e sua coda demonstra a mesma intransigência à luz de evidências contrárias que corretamente iríamos condenar na imprensa institucional.[33]

A reputação de Adler depois desse caso ficou um tanto deteriorada. Os verificadores de informações na *New Yorker* alegaram que ela os tinha enganado.[34]

Aparentemente, o furor que *Reckless Disregard* inspirou não diminuiu o apetite de Adler para brigas. Nesse ínterim as coisas de súbito pioraram para ela, porque William Shawn — o homem que a apoiara em muitas das suas controvérsias, incluindo a balbúrdia em torno de seus textos de *Reckless Disregard* — tinha sido demitido. A *New Yorker* fora comprada pela Condé Nast, e seu dono, S. I. Newhouse, tinha decidido que era hora de mudar. Não abrigaria mais tantos artigos longos e enfadonhos com um editor diferente.

O que Newhouse não antecipou foi a revolta de funcionários que se seguiu à demissão de Shawn. Ele não honrou a condição exigida por Shawn de poder nomear seu sucessor. Em vez disso, contratou uma pessoa de fora, Robert Gottlieb, experiente editor da Alfred A. Knopf, para dirigir a revista remodelada. Petições foram lançadas, muitas reuniões da equipe foram realizadas e por um momento pareceu que a *New Yorker* ia implodir com a tensão da transição. Por fim, a revista não perdeu muitos escritores. A maioria não conseguiu achar um abrigo para seus trabalhos em outro lugar.

A reação de Adler a essa mudança foi particularmente negativa. Ela ficou revoltada com a presunção de Newhouse e decepcionada com a péssima qualidade do tratamento dispensado a Shawn. Além disso, não considerava Gottlieb um substituto adequado. Ela o achava "comicamente sem curiosidade".[35] Ele queria mudar as coisas. Levou consigo Adam Gopnik, a quem Adler não suportava:

> Eu tinha aprendido, ao longo das conversas com o sr. Gopnik, que suas questões não eram questões, nem mesmo sondagens. Seu propósito era fazer com que o aconselhasse a fazer o que ele, de qualquer maneira, passaria por cima de todos para fazer.

Em 1999, uma boa década após todos esses eventos, Adler escreveu um livro sobre aquele período chamado *The Last Days of the New Yorker*. Era uma espécie de memória intelectual, que combinava perfis desagradáveis de certos membros da revista com louvor excessivo a outros. Começava com uma longa crítica a dois outros livros desse tipo sobre a *New Yorker*, escritos por Lillian Ross e Ved Mehta, que Adler tinha lido e achado insuficientemente representativos da atmosfera de séria consideração pela escrita que sentia que o sr. Shawn tinha cultivado.

Fale com qualquer funcionário da *New Yorker* daquela época e apresentarão várias objeções ao livro. De novo, Adler cometeu alguns erros, em geral na grafia dos nomes. Uma funcionária me disse que achava que, no período abordado no livro, Adler não esteve na redação da *New Yorker* o suficiente para entender o que realmente acontecia. Mas talvez a melhor forma de ver *Gone* não seja apenas como uma história da dissolução da *New Yorker* de William Shawn, e sim como a biografia intelectual de alguém que nunca poderia ter sido a escritora que foi ou se tornado a força que era dentro de outro tipo de revista. Trata-se de um livro raivoso, movido pela traição. E, às vezes, parece que mesmo seus críticos, incluindo o próprio Robert Gottlieb, não tiveram coragem de relevar completamente os sentimentos de traição que Adler expunha:

> Em grande parte, este livro é uma explosão de dor e raiva de alguém preso à dinâmica de uma família altamente disfuncional. E o que deve ter doído mais foi que não havia lugar nela para uma filha.[36]

Gone foi um ponto de inflexão na carreira de Adler. Durante toda a sua carreira como escritora ela esteve do lado ofensivo, razoavelmente confiante de que, mesmo que atacasse, saberia como pousar suavemente em algum lugar. De repente, tinha atacado a revista mais prestigiosa dos Estados Unidos. Mesmo aqueles que ainda a apoiavam discordaram dela. E outros, que queriam se aproximar dos novos editores da *New Yorker*, decidiram que finalmente era chegado o momento de um bom e verdadeiro contra-ataque.

Adler contabilizou que seu livro foi objeto de oito artigos diferentes no *Times* ao longo de janeiro de 2000. Os primeiros quatro eram apenas sobre a *New Yorker*. E os quatro últimos se detinham em uma frase jogada no meio do livro, sobre o juiz John Sirica — que havia presidido o processo do Watergate. Adler tinha escrito que "apesar de sua reputação de herói, Sirica era na verdade uma figura corrupta, incompetente e desonesta, estreitamente ligada ao senador Joseph McCarthy e com laços evidentes com o crime organizado".[37]

Ele escreveu ao editor de Adler com objeções e depois para repórteres, que começaram a ligar para Adler. Foi o caso de Felicity Barringer, então correspondente de mídia do *Times*, que começou a insistir repetidamente para Adler revelar suas fontes nas acusações a Sirica. Adler se recusou, mas Barringer continuou a pressioná-la.

> Se eu não queria "revelar" minhas "fontes" para ela em uma entrevista, disse Barringer, "por que não as posta na internet?"
> "Você publica vários textos seus na internet, não, Felicity?[38]

A jornalista foi adiante e publicou um texto acusando Adler de esconder suas fontes. O veículo encarregou John Dean, um dos conselheiros mais bem reputados de Nixon, a escrever seu próprio editorial sobre a misteriosa frase e sugerir que a fonte no livro de Adler tinha sido o amargo G. Gordon Liddy. Ela se divertiu com isso:

> O mais notável, no entanto, era menos o conteúdo do artigo do que as palavras com que o *Times* identificou seu autor. Na legenda, integralmente, lia-se assim:
> *John. W. Dean, banqueiro de investimento, ex-conselheiro do presidente Richard M. Nixon e autor de* Blind Ambition.
> Se é assim que Dean vai entrar para a história, então todos os artigos do *Times* nesse episódio peculiar têm valor.

Aconteceu que, quando Adler finalmente escreveu seu próprio artigo sobre o "episódio peculiar", ela revelou que a fonte da conexão entre Sirica e McCarthy era a própria autobiografia do juiz. Também reportou a conexão com o crime organizado por meio do rastreamento do filho de um dos parceiros de negócio do pai de Sirica. Depois que suas descobertas saíram na edição de agosto de 2000 da *Harper's*, o *Times* não publicou nenhuma resposta. Talvez tenham declinado de reagir, por conta da maneira como Adler terminou o escrutínio de suas táticas:

> O *Times*, financeiramente bem-sucedido, é uma instituição poderosa, mas não muito saudável no momento. O problema não é um livro nem oito artigos. O problema é o estado de toda a chaminé cultural, com seu arquicensor, de muitas formas ainda o maior jornal do mundo, advogando a favor dos gases mais explosivos e do corte de ar.

O caso custou a Adler a maior parte de sua reputação profissional. Ela já não era mais uma escritora vital para o editor da *New Yorker*. Quando ligou para a revista perguntando se eles aceitariam um texto seu sobre o Relatório Starr e os casos de Bill Clinton, o então editor David Remnick disse que estava farto de matérias sobre Monica Lewinsky. Adler deu um jeito de publicá-lo na *Vanity Fair*.

É um trabalho brilhante, que abocanha com apetite as mil páginas do relatório, dissecando a lógica própria do documento com a técnica advocatícia que era sua grande força desde que largara a ficção.

> Os seis volumes do relatório de Kenneth W. Starr para o Congresso dos Estados Unidos — que consiste, até agora, em um único volume de referência e cinco volumes de apêndices e materiais suplementares — são, de muitas formas,

um documento totalmente absurdo: impreciso, descuidado, tendencioso, desorganizado, nada profissional e corrupto. Textualmente, é um trabalho volumoso de pornografia demente, com muitos personagens fascinantes e muitas linhas de histórias largamente negligenciadas. Em termos políticos, é uma tentativa de pôr de lado ou mesmo mascarar os relativamente monótonos requerimentos das evidências reais e dos procedimentos constitucionais por meio de uma preocupação ilimitada com o material sexual.[39]

O texto ganhou um prêmio para comentários em revistas. Mais tarde naquele mesmo ano, a *New Yorker* rompeu seus antigos laços contratuais com Adler, encerrando seu seguro-saúde. Ela escreveu mais dois textos — um para a *New Republic*, um pouco antes do Onze de Setembro, que questionava a Suprema Corte, outro debatendo mais um erro do *Times*. Mas ela estava no ostracismo, e por anos se sentiu à deriva sem uma instituição que lhe desse suporte, como acontecia na era Shawn.

"Sempre disse, do meu jeito: se você está na Condé Nast e eles esquartejam seu texto, aguente firme. Faça sua arte no seu próprio tempo, mas não desista, ou então vai estar na rua, vulnerável. Quando saí da *New Yorker*, fiquei livre",[40] Adler disse a um entrevistador em 2013, quando seus romances estavam sendo reeditados e o interesse por ela se reacendeu. O consenso da excelência de seus romances entre os críticos lhe propiciou uma nova proeminência. Mas o ponto de vista analítico e a habilidade ferina de criticar o argumento dos outros não encontraram um lugar similar. Adler não publicou nenhum ensaio inédito a partir de 1999.

14.
Malcolm

Embora a carreira de Janet Malcolm tenha sido tão ligada à *New Yorker* quanto a de Renata Adler, ela era tranquila enquanto Adler era impetuosa, uma flor tardia enquanto Adler fora um prodígio. Como Hannah Arendt, Malcolm teve de aguardar até os quarenta anos para publicar algo sério. E seu nome só iria se tornar realmente conhecido depois do perfil de 1983 de um homem do qual quase ninguém havia ouvido falar: um especialista em sânscrito que se tornara psicanalista chamado Jeffrey Moussaieff Masson e que fora demitido havia pouco tempo da direção dos Arquivos Sigmund Freud.

Masson tinha completado quarenta anos, ostentava uma cabeleira avantajada e uma saudável dose de amor-próprio quando Malcolm o entrevistou. Na primeira vez em que se encontraram, ele lhe disse:

> Quase todos no mundo da análise teriam feito de tudo para se livrar de mim. Eles me invejavam, mas acredito que também sentiram, francamente, que eu era um erro, um incômodo, um potencial perigo para a psicanálise — um perigo realmente crítico. Achavam que eu poderia, sozinho, pôr todo o negócio abaixo — vamos falar sério, há muito dinheiro em jogo nesse negócio. E tinham razão de ter tanto medo, porque o que eu estava descobrindo era uma bomba.[1]

Malcolm estava interessada no confronto que Masson havia detonado com essa bomba, uma discussão acerca da "tese da sedução", sobre a natureza do relacionamento entre pais e filhos, que fora definido inicialmente como de atração sexual, mas que depois Freud rejeitou e reviu. Ao seguir em frente no debate, Malcolm se viu diante de um homem que parecia não ver limites no autoelogio.

Ela tende a expor as coisas a partir de inferências, mais do que por meio de declarações diretas. Embora tenha levantado pontos negativos sobre Masson, nunca o insultou diretamente. Apenas expunha suas declarações, como a citada acima, que o faziam parecer um louco. Ela deixou que ele explicasse, por exemplo, que se voltara para a psicanálise para curar a si mesmo de uma "promiscuidade absoluta". Masson lhe contou que já tinha ido para a cama com mil mulheres quando ainda cursava a universidade, o que foi incluído no texto. Para abrandar o relato sobre as atividades de Masson, Malcolm citou uma carta escrita por Freud no século XIX sobre outra pessoa: "Tudo o que ele disse e pensou possuía uma plasticidade, um fervor e um sentido de importância que apenas escondiam a ausência de uma substância mais profunda".[2]

Isso tudo era importante porque Malcolm estava investigando as circunstâncias da demissão de Masson. Se ele era instável, pomposo e egoísta, isso era relevante. Mas Masson também era mais uma coisa: litigioso. Acabaria, mais adiante, por entrar com uma ação contra Malcolm. O processo se arrastou por anos e acabou na Suprema Corte, com Masson afirmando que ela o citara equivocadamente. Depois de anos, foi concluído que ela não o fizera.

O modo indireto e sutil, porém devastador, de Janet Malcolm estava relacionado à sua história e à sua personalidade. Nascida Jana Wienovera, em Praga, Tchecoslováquia, em 1934, ela fora criada para ser uma pessoa sempre gentil e obediente. A família deixou o país quando a guerra começou e se estabeleceu no Brooklin, onde Janet e sua irmã, Marie, aprenderam inglês. Não foi um processo simples. Ela se lembrava da "professora do jardim de infância dizendo 'Tchau, crianças' no fim do dia e da inveja que sentia da menina que eu achava que se chamava Crianças. Meu desejo secreto era de que um dia a professora dissesse: 'Tchau, Janet'".[3]

O pai era psiquiatra (o que sem dúvida pesou no interesse que Malcolm viria a ter pelo assunto) e a mãe, advogada. Ambos conseguiram encontrar trabalho nos Estados Unidos. Ele mudou o nome da família para Winn, bem mais fácil para os americanos pronunciarem. Depois que dominou o inglês, Janet se tornou uma boa aluna e entrou na Universidade de Michigan. Não nutria grandes pretensões. Como muitas moças dos anos 1950, fora educada para agradar aos homens, casar e constituir família. "Durante meus quatro anos de faculdade, não tive uma única professora", contou à *Paris Review*. "Não havia nenhuma ali, até onde sei." Nesse aspecto, Malcolm às vezes lembra uma personagem de Alice Munro: inteligente, estudiosa, mas não muito ambiciosa, encaminhando-se para o casamento porque era o que se esperava dela.

Sua aproximação da carreira que abraçaria se deu lentamente. Ela não surgiu com uma voz já pronta, como Adler ou Parker. Na faculdade, conheceu um jovem chamado Donald Malcolm, que tinha como mentor Kenneth Tynan, então crítico de teatro da *New Republic*. O talento de Donald era amplamente reconhecido, e ele vinha sendo tratado como um gênio; enquanto isso, ela era uma jovem encantadora cujas tentativas de se tornar escritora eram repetidas vezes frustradas por seu professor de escrita criativa. Quando Donald Malcolm se formou e começou a trabalhar para a *New Republic*, Janet Winn o seguiu e começou a escrever para a revista. O primeiro texto que publicou, em 1956, era uma espécie de paródia de uma resenha de filme, escrita no tom de uma adolescente excitada:

> Fui ver *Ama-me com ternura* na noite passada e gostei enormemente. Elvis Presley não é nada obsceno nem lascivo; é apenas diferente. Com certeza se destaca de todos os demais na cena — ela se desenvolve nos tempos da Guerra Civil, quando ainda não existia o rock and roll —, e não só por sua forma de cantar e sua virilidade, mas também por sua atuação.[4]

Não há como levar esse texto a sério; ele se encerra com um desejo de que Marilyn Monroe filme *Os irmãos Karamázov* com Elvis como protagonista, porque seria "muito legal". O humor pode se perder um pouco para o leitor moderno, pois paródias tendem a não envelhecer bem. Mas alguma coisa do olhar sarcástico da jovem Janet Winn deve ter impressionado, pois, seis meses depois, ela começou a escrever resenhas mais sérias para a *New Republic*, ainda que de forma intermitente. Ela não se mostrava sempre disposta a gostar daquilo que Hollywood oferecia. Atacou o *Santa Joana* de Otto Preminger por ter diluído a complexidade moral que George Bernard Shaw havia atribuído em seu texto original à história de Joana d'Arc. Tampouco lhe agradou *A embriaguez do sucesso*, de Alexander Mackendrick, achando-o óbvio demais. E chamou mais ainda a atenção dos leitores ao expor a reação que tivera diante de *O nascimento de uma nação*, que tinha voltado aos cinemas pouco antes. Ela achou o filme não só racista, mas focado em estabelecer uma divisão rígida demais entre o bem e o mal:

> Do lado de fora da sala, a poucas quadras dali, uma lei de direitos civis, ainda que não muito boa, estava sendo aprovada; e a algumas quadras na outra direção, exibia-se o filme

I Was a Teenage Werewolf; não consegui evitar me sentir feliz e segura de que, em termos de cinema ou não, tínhamos avançado muito.[5]

Os leitores reagiram energicamente a suas críticas enérgicas. Um deles escreveu a respeito. Dizia que a srta. Winn tinha grande conhecimento e emitia ótimas avaliações, mas acrescentava: "É difícil falar sobre isso, porque a srta. Winn está decididamente na companhia dos anjos e suas avaliações chegam a nós vestidas com a armadura de Deus. Seus padrões parecem *tão* altos".[6] Outro leitor, autodenominado "estudioso de filmes", escreveu para corrigir a srta. Winn. Suas apreensões em relação a ela eram mais abrangentes e foram expostas com a abundância de referências que as pessoas empoladas costumam tomar, equivocadamente, como sinal de inteligência. Ele queria informar à srta. Winn que "as maiores autoridades de todos os lugares teceram os mais altos elogios à obra de Griffith".[7] Ele observava que Lênin também havia gostado do filme e a instava a demonstrar mais "caridade" em seus julgamentos de filmes antigos. A resposta que ela deu foi muito simples:

O sr. Kaufman é um "estudioso de filmes". Eu não. Como poderíamos estar de acordo?

Naquele momento, Malcolm começava a deslocar seu talento crítico para os livros e o teatro. Ela fez uma resenha de uma coletânea de cartas de D. H. Lawrence, e nada atraiu tanto sua verve crítica quanto a introdução do livro, escrita por ninguém menos que Diana Trilling, ex-colega de McCarthy e Arendt e a principal crítica da *Nation* naquele momento. Malcolm ridicularizou o egocentrismo de Trilling, acusando-a de uma "chatice terrível",[8] comentando que havia "envelhecido mal" e dizendo que a autora "não tinha um intelecto de verdade" — pontuando, ainda, que, em um livro de crítica literária, não havia nenhuma importância saber se a esposa de um escritor era ou não má pessoa.

Essas resenhas, embora indignas de nota em si mesmas, fortaleceram a autoconfiança da jovem escritora. Paralelamente às cartas sem real valor, ela começava a receber elogios — incluindo o de certo Norman Mailer, cuja participação em um programa de televisão ao lado de Truman Capote e de Dorothy Parker havia sido registrada por Malcolm na revista. Mailer achava que ela não o citara corretamente a respeito de sua discussão com Capote. Ao mesmo tempo, parecia escrever seu comentário num tom de flerte:

> Cabe acrescentar que o relato da srta. Winn foi maravilhosamente bem escrito, sofrendo apenas de um equívoco insignificante que é o fato de ter colocado na minha boca palavras que jamais foram ditas por mim.[9]

Naquele período, ela vivia com Donald Malcolm, com quem se casara no verão de 1959. Donald conseguira um trabalho na *New Yorker* em 1957, e Janet então voltara ao Brooklin para morar com ele. Ao longo de sete anos, ela não publicou uma única palavra, optando por cuidar da única filha do casal, Anne Olivia.

Quando questionada sobre o começo de sua carreira, Janet Malcolm costuma dizer que se tornou escritora na *New Yorker*. Ela lera uma quantidade impressionante de livros para a filha pequena, e, ao final, Shawn, que ela conhecia por intermédio de seu marido, sugeriu que escrevesse quais eram seus preferidos para a edição de dezembro de 1966 da *New Yorker*. Malcolm o fez com uma energia que superou as expectativas dele. Entregou-lhe um ensaio com 10 mil palavras resumindo e analisando seus livros infantis prediletos. O texto começa bem mais pesado do que o tom jocoso de suas colaborações da juventude para a *New Republic*:

> Nossas crianças são o reflexo de uma crença e um campo de testes para a filosofia. Se as educamos para que sejam felizes e não ligamos muito para o comportamento delas, evidentemente acreditamos na bondade essencial dos homens e nas infinitas possibilidades de felicidade que a vida oferece.[10]

Na esteira desse artigo, Shawn lhe pediu para repetir a fórmula em 1967 e 1968. O texto de 1967 foi tão denso quanto o de 1966, mas, em 1968, algo acabou introduzindo Malcolm no reino da polêmica. No meio do artigo, ela se envolve numa discussão com um psiquiatra que insiste em dizer que a realidade deveria ser apresentada de forma "menos monstruosa" para as crianças.

> Não sei como o dr. Lasagna propõe que se transforme a realidade em algo menos monstruoso, nem tenho certeza de que a realidade seja mais monstruosa do que era antes. Há mais conhecimento e mais preocupações com os problemas sociais hoje, mas isso não significa que existem mais ou piores problemas sociais agora. Seria possível alegar que a realidade era bem mais dura nos tempos em que se enforcava uma criança por ter roubado um pedaço de pão. (Hoje eles deveriam enforcar as pessoas que produzem nosso pão.)[11]

A partir daí Malcolm sugere que talvez fosse melhor que as crianças lessem "livros factuais" sobre drogas, a fim de prevenir seu uso. Também recomendava livros sobre sexo, que eram "bem mais transparentes do que aquilo que se publicava antes, e não seguem todas as noções que as famílias têm de como a informação deveria ser apresentada". Ainda resenhou livros sobre a história dos negros adaptada para crianças, explicando que ela própria aprendera com eles.

Aparentemente tendo captado um talento em pleno florescimento, Shawn lhe deu uma coluna sobre mobiliário. Malcolm escreveu esses textos mesmo que o assunto não fosse de seu interesse, porque acreditava que eram um bom treinamento. Ao mesmo tempo, constituíam sua primeira incursão fora da crítica. Ela começou devagar, falando sobre comerciantes de móveis e design de interiores. Em 1970, sentiu-se motivada a escrever algo sobre o movimento emergente de liberação das mulheres, do qual todos estavam falando.

O texto foi publicado na *New Republic*. Seu nome saiu com um erro na assinatura (Janet Malcom), mas a postura jocosa estava de volta. Ela ironizava a ideia, então prevalecente no movimento feminista, de que a plena realização só poderia ser encontrada fora do lar.

> Uma mulher que opte por deixar seu bebê sob os cuidados de outra pessoa para poder seguir em sua carreira jamais deveria ser hipócrita em relação a essa decisão dizendo a si mesma que está fazendo isso para o bem da criança. Ela está fazendo isso para si mesma. Pode até mesmo estar fazendo a coisa certa — decisões egoístas são, muitas vezes, as mais acertadas —, mas deveria ver muito bem o que está fazendo e se dispor a pagar o preço, em termos de afeto, que a negligência parental muitas vezes cobra.[12]

Não se trata apenas de um desconforto passageiro com esse tipo de postura. Sua afirmação de que "o novo feminismo pode ser uma causa até mais odiosa de infelicidade e descontentamento" era bastante comum naquela época — Didion também adotou essa linha muitas vezes, ao expor sua preocupação com a "leviandade" do movimento —, mas há certo constrangimento nessa argumentação. Ela não vinha de uma pessoa que estava construindo gradualmente sua independência como escritora, e sim de alguém que considerava a maternidade uma experiência invejável e não queria abrir mão de nada de bom que disso proviesse, independentemente da escolha que tivesse de fazer para isso. Seu texto não lembra em nada a presença lúdica dos ensaios que ela vinha publicando na *New Yorker*, os quais tinham se tornado fluxos de consciência elegantes e completos. Quando os editores da *New Republic* lhe pediram para responder às cartas iradas que chegavam, ela escreveu uma resposta tipicamente sarcástica:

> Quanto àqueles que levantam questões de fundo, elas requerem considerações bem mais trabalhadas do que minhas obrigações domésticas me permitem. Assim que minha situação melhorar, espero poder apresentar outro ensaio sobre alguns dos pontos em questão.[13]

Talvez o desconforto fosse circunstancial. Na época em que Malcolm escreveu isso, seu marido, Donald, estava gravemente doente. Os médicos não conseguiam definir o que ele tinha; mais tarde, Malcolm concluiu que Donald sofria da doença de Crohn, ainda que não tivesse sido diagnosticado. Em pouco tempo, ele já não conseguia trabalhar. Embora naquele período a *New Yorker* fosse generosa com seus autores em termos financeiros, a situação causou sérias dificuldades para a família. Logo ficaria claro que ele estava morrendo.

Malcolm continuava a escrever sua coluna mensal sobre mobiliário, sem falhar. Muitos desses textos eram apenas registros catalográficos e descrições de artigos de que gostava. Em março de 1972, ela saiu pela primeira vez dos padrões. Para escrever uma coluna sobre mobiliário moderno, foi visitar o artista Fumio Yoshimura, "que até agora é mais conhecido por ser marido de Kate Millett do que por sua própria obra".[14] Millett ficara famosa, em 1972, por causa de seu best-seller *Política sexual*, uma espécie de libelo arrasador que procurava alçar o feminismo ao grau de crítica literária. Ao descrever o encontro com Yoshimura, Malcolm conta ter sido distraída por Millett. E a conversa acabou se encaminhando para a questão da liberação feminina.

> Observei que os pais temem que meninos que não gostam de esportes se tornem homossexuais quando crescerem. "Um destino pior do que a morte", murmurou Kate Millett, sem tirar os olhos do seu correio. Mais tarde entendi que a saída de Kate Millet da conversa expressava mais tato do que falta de educação.

Nesse ponto, Malcolm não consegue se segurar; o texto se transforma numa espécie de entrevista com Millett, a quem ela se refere pelo primeiro nome.

> O tom indireto, irônico e acadêmico de *Política sexual* está totalmente ausente na conversa com Kate Millett [...]. As esculturas de Kate Millett se parecem ou são exatamente como Kate Millett. Possuem uma personalidade quadrada, pesada, forte e otimista.

Esta foi a primeira reportagem na linha que tornaria Janet Malcolm ao mesmo tempo venerada e polêmica. Nesse pequeno texto a partir de uma entrevista, ela começou a construir seu "eu", a respeito do qual diria mais tarde que não era necessariamente confiável, mas que se tratava de um truque necessário. Era provável que os leitores ignorassem, naquele tempo, que estavam lendo uma entrevista de uma grande feminista feita por uma grande cética do movimento, mas que claramente já tinha lido a obra de Millett.

No último ano de vida de Donald — ele morreria em setembro de 1975 —, talvez suspeitando de que precisava construir uma carreira mais firme para si mesma, Janet Malcolm começou a diversificar seus interesses, passando a se voltar à fotografia. Ela ainda não tinha lido a obra de Susan Sontag sobre o tema, que vinha sendo publicada em capítulos, lentamente, na *New York Times Review of Books*. Só o fez nos anos 1980, quando se tornou amiga de Sontag e a convidou para almoçar. Ambas conversaram sobre as metáforas estigmatizantes das doenças.

Antes disso tudo, Malcolm fizera uma resenha a respeito de um livro sobre Alfred Stieglitz para a *New Yorker* e outra para o *Times* sobre uma retrospectiva da obra de Edward Weston. Nesta última, foi cautelosa e usou jargões demais. Tratava-se, no fim das contas, de um teste para se tornar a crítica de fotografia do *New York Times*. Ofereceram-lhe o cargo, mas William Shawn lhe disse que ela poderia ser a crítica de fotografia da própria *New Yorker*.

Ao publicar numa coletânea seus textos sobre fotografia, em 1980, com o título *Diana and Nikon*, Malcolm admitiu que levara um bom tempo para encontrar seu foco. "Relendo esses ensaios", escreveu, "penso numa pessoa que está tentando cortar uma árvore sem nunca ter feito isso antes, não é forte e tem um machado sem gume, mas é muito obstinada."[15] Malcolm acreditava que só começara a se firmar em 1978, com o ensaio "Two Roads", em que explorava as qualidades do registro instantâneo da fotografia. Esse texto se iniciava com a autora falando sobre a fotografia em termos morais, modelo que havia servido tão bem a Sontag. Com tal forma de ver as coisas, ela conseguia explicar mais facilmente o que lhe parecia ser tão perturbador em muitas fotografias:

O livro de [Walter] Evans não é a antologia da virtude e da ordem, mas poderia sê-lo. É uma obra repleta de caos e desordem, de confusão e bagunça monstruosas, de pessoas com olhos mortiços, vítimas e perdedores esmagados pela máquina indiferente do capitalismo, habitantes de uma terra tão exaurida espiritualmente quanto é erodido fisicamente seu solo.[16]

Também se podia encontrar uma Malcolm mais relaxada em relação ao mesmo tema, com frases cada vez mais prazerosas de se ler:

Abrir ao acaso o livro *Georgia O'Keeffe: A Portrait*, publicado pelo Metropolitan Museum por ocasião de sua exposição de fotografias, é como pegar uma estradinha no interior e desembocar de repente em Stonehenge.[17]

Ao mesmo tempo que já dominava o tema da fotografia, Malcolm começava a se cansar do assunto. Casara-se de novo, com seu editor na *New Yorker*, Gardner Botsford. E estava tentando parar de fumar, como ela mesma contou várias vezes, quando disse a Shawn que achava que precisava fazer algum "texto factual". Como tema, escolheu a terapia familiar. Talvez se possa recorrer a uma visão freudiana para explicar isso, já que seu pai era psiquiatra. Mas o casamento entre a escritora e o tema da psicanálise resultou numa combinação memorável.

A psicanálise já era assunto, é claro, havia quase um século quando Malcolm começou a escrever a respeito. Mas, nos anos 1970, abordar a psiquiatria não era algo comum. A psicofarmacologia crescia; revistas faziam frequentes referências ao "pequeno ajudante da mãe", o Valium. O movimento feminista, em grande parte, abominava a psicanálise, vendo nas ideias de Freud a base da repressão estrutural das mulheres. Mas a terapia ganhava cada vez mais popularidade, embora seus dias áureos nos Estados Unidos só fossem chegar no fim dos anos 1980 e 1990. Os livros do psicoterapeuta existencialista Rollo May, que fazia uma conexão entre as ideias dos filósofos existencialistas e a prática clínica, eram extremamente populares, em especial em meio à elite cultural, que, em tese, assinava a *New Yorker*. Isso tudo despertava muita curiosidade sobre o assunto.

Malcolm inaugurou seus trabalhos sobre a prática da psiquiatria moderna com um texto sobre terapia familiar intitulado "The One-Way Mirror", segundo o qual essa prática punha um fim ao pensamento psicanalítico. Ao acrescentar mais pessoas na equação, a terapia se tornava mais conflitiva, mais estratégica, e era impossível manter a confidencialidade. Malcolm tratava de tudo isso com um olhar cético, mas também permitia que o terapeuta familiar se expressasse no texto, soando como um vendedor ambulante vestindo um paletó surrado:

> Dentro de uma ou duas décadas, a terapia familiar vai se impor à psiquiatria, por tratar do homem em seu contexto. É uma terapia do nosso século, enquanto a terapia individual é algo do século XIX. Não se trata de uma afirmação pejorativa. Ocorre apenas que as coisas evoluem e mudam, e que em qualquer período histórico certas formas de olhar e de reagir às questões da vida começam a aflorar por todos os lados. A terapia familiar é para a psiquiatria aquilo que Pinter é para o teatro ou que a ecologia é para a ciência da natureza.[18]

O texto não tinha um caráter de crítica à psicanálise como um todo. Esse papel estaria reservado para a reportagem seguinte, com um terapeuta típico que ela chamou de Aaron Green, um nome fictício. Malcolm usou suas longas entrevistas com ele como pretexto para elaborar uma crítica aos psicanalistas e à psicanálise de modo geral. Em resumo, *ela* o analisava. Até mesmo o divã do terapeuta aparecia no texto:

> O divã, vazio, olhava para a sala com um ar expressivo. "Não sou um velho sofá de espuma qualquer", parecia dizer. "Sou o divã."[19]

Esse toque delicado revela algo importante sobre a técnica de escrita de Malcolm. Mesmo adotando uma perspectiva crítica, ela não usa de crueldade. Ilustra um problema e pondera sobre suas possíveis soluções. Mas, como observou um resenhista, ela é mais "maliciosa".[20] Aaron Green oscila entre um ser ansioso e um tanto apatetado, mas, ao mesmo tempo, é bastante simpático. Sob o questionamento de Malcolm, ele chega a admitir que sua atração pelo ofício tem o caráter de uma falha em sua própria psicologia:

> Fui atraído pelo trabalho psicanalítico justamente por causa da distância que ele criaria entre mim e as pessoas que eu trataria. É uma situação de abstinência bastante confortável.[21]

Malcolm prossegue, então, se aprofundando nas imprecisões e hipocrisias dessa "profissão impossível": a forma como sua duração parece se tornar cada vez mais longa; o fato de que o que o paciente provavelmente obterá da psicanálise não será uma cura, mas uma "transferência", fenômeno pelo qual se redirecionam para a relação com o terapeuta os sentimentos reais e os desejos sublimados da infância atrás de cuja solução o paciente estava quando buscou a terapia. Para Malcolm, a maior parte desses problemas era gerada pelas próprias escolas de formação psicanalítica, que seriam procuradas pelos terapeutas como uma espécie de pai substituto. Essa formação, pondera Malcolm delicadamente, insiste em que um bom psicanalista deva ser, ele próprio, amplamente analisado.

Mas ela não transforma Green numa caricatura de si mesmo. Ele parece infeliz e confuso, e muito possivelmente sente necessidade de mudar de trabalho. Mas não é uma pessoa maldosa.

Publicado no livro *Psicanálise: A profissão impossível*, o perfil de Aaron Green provocou fortes reações de todos os cantos. Parecia até que quase todos os cidadãos norte-americanos já tinham experimentado em algum momento dos anos 1970 a psicanálise para depois abandoná-la com repulsa, sentindo-se confusos em relação ao que poderia ter aportado a eles. O texto de Malcolm falava desse paradoxo de forma tão bela que todos os resenhistas, inclusive psicanalistas, se mostraram encantados.

Entusiasmada, ela entabulou um segundo projeto relacionado à psicanálise. Seria mais um longo perfil de um profissional. Porém, em vez de extrair seu personagem da abundante seleção de terapeutas de Manhattan, Malcom foi ao encontro de Jeffrey Moussaieff Masson. A "bomba" de Masson estava no conjunto não publicado de cartas trocadas entre Freud e um de seus discípulos, Wilheim Fliess. Masson apressou-se em declarar aos jornais ter descoberto nessa correspondência que Freud não havia de fato abandonado aquilo que era conhecido como a "tese da sedução". Em sua forma original, a teoria sustentava que as experiências sexuais da infância, frequentemente com um elemento de sedução por parte de um dos pais, eram a fonte das neuroses da maioria dos pacientes. Ao negar essa teoria, em 1925, Freud explicou que tinha chegado à conclusão de que, ao relatar essas experiências, muitas vezes os pacientes não descreviam literalmente o que de fato teria acontecido, e sim uma verdade de ordem psíquica. De acordo com Masson, Freud estaria certo originalmente, ao suspeitar de que um abuso sexual da criança — tal como os usos e costumes contemporâneos o reconheceriam — estaria no centro da maior parte dos transtornos psicológicos.

Malcolm se interessou por Masson por causa dessa posição. Enquanto produzia outra reportagem em Berkeley, decidiu lhe telefonar. Ele falava bem e tinha um talento para frases reveladoras. Contou-lhe de seus casamentos. Contou-lhe de seus casos. Contou-lhe que Anna Freud e seus outros mentores tinham dúvidas a respeito dele. "Eu era como um gigolô intelectual",[22] disse ele, em conversa gravada. "Você se satisfaz com ele, mas não o leva a público." É claro que Masson estava disposto a encontrar com seu público, pois preparava naquele momento um livro sobre a revelação que dizia ter encontrado na correspondência Freud-Fliess. Mas tanto Anna Freud quanto Kurt Eissler — o homem que contratou Masson para trabalhar nos Arquivos Sigmund Freud — disseram a Malcolm que acreditavam que Masson tinha perdido completamente a cabeça e que lera as cartas de forma equivocada.

Foi o cerco que sofreu de seus antigos companheiros que levou Masson a acreditar que Malcolm serviria como uma espécie de amiga. Ele sabia que ela planejava escrever sobre o que lhe contara. Mesmo assim, estava preparado para falar com Malcolm horas a fio, detalhadamente, sobre suas atividades sexuais, seus ressentimentos na profissão e os vários elementos que constituíam seu poderoso senso de autovalorização. Grande parte do texto que ela acabou publicando consiste em longas citações dele, explicações alternadas entre a leitura idiossincrática de Freud e o número de mulheres com as quais havia dormido. Eis um trecho significativo:

> Sabe o que Anna Freud me disse uma vez? "Se meu pai estivesse vivo, não gostaria de ser analista." Juro que foram essas as palavras dela. Não. Espere. Isso é importante. Eu é que disse a ela: "Srta. Freud, tenho a sensação de que,

se seu pai estivesse vivo, ele não seria um analista". E ela disse: "Você tem razão".[23]

A quase totalidade dos leitores dos textos, intitulados "Trouble in the Archives", achou que Malcolm apresentara Masson deliberadamente como uma espécie de bufão, destruindo assim sua credibilidade. Até mesmo um admirador tão inteligente e perspicaz como o crítico Craig Seligman chamou o resultado de "obra-prima em termos de assassinato de um personagem". Não há dúvidas de que ninguém sai da leitura de *Nos arquivos de Freud* — título do livro que a Knopf publicou mais tarde reunindo essa série de artigos — vendo em Jeffrey Mousaieff Masson um cidadão íntegro. Até mesmo Malcolm, ao final, falando para um dos analistas envolvidos no caso, acabou por fazer uma leitura negativa de Masson: "Eu me pergunto se em algum momento ele realmente se preocupou com alguma coisa".[24]

Mas isso me parece ser uma leitura equivocada daquilo que Malcolm almejava. Apesar da polêmica surgida em torno do livro — voltaremos a ela mais adiante —, ela reproduziu quase exatamente aquilo que Masson lhe dissera ao gravador. Além disso, não tinha alternativa, considerando o material que Masson lhe passara; não estava distorcendo a verdade, e sim divulgando a entrevista tal e qual. "Assassinato do personagem" implicava dizer que não houve cooperação entre a repórter e o sujeito em questão.

Se Malcolm tinha ou não a obrigação de expor a forma como se desenvolvia a autodestruição de Masson se tornou uma questão que acabaria ocupando toda a década seguinte de sua vida.

Depois do lançamento do livro, Masson, como era de esperar diante de sua reserva ilimitada de narcisismo, ficou furioso. Escreveu uma carta ao *New York Times Book Review* queixando-se de que fora difamado. Malcolm, de seu lado, retrucou de forma ferina:

> O perfil é baseado em mais de quarenta horas de conversas gravadas com o sr. Masson, iniciadas em Berkeley, Califórnia, em novembro de 1982, durante uma semana de entrevistas, que prosseguiram ao telefone durante os oito meses seguintes […]. Tudo o que reproduzi como tendo sido dito pelo sr. Masson foi de fato dito por ele, quase palavra por palavra. (O "quase" se refere a mudanças introduzidas em nome da sintaxe.)[25]

Masson entrou com uma ação por difamação no valor de 10,2 milhões de dólares. Desse montante, 10 milhões eram por danos morais. Era uma soma absurda, assim como era absurda, de certa forma, a própria ação. Como observaram vários comentaristas ao longo de todo o processo[26] — que, para tristeza de Malcolm, se estendeu por uma década inteira —, Masson teve de mudar vários detalhes em sua acusação. Muitas vezes, ele incluiu em sua queixa declarações que com certeza havia feito e tinham sido gravadas; Malcolm conseguiu comprová-lo várias vezes no tribunal.

Mas havia alguns poucos pontos pertinentes. Um deles era a tal expressão "gigolô intelectual", que não foi encontrada em nenhuma das gravações. Malcolm também alterou algumas citações, embora a maior parte delas fosse com o objetivo de tirar algumas afirmações mais extravagantes de Masson, como ela explicou em carta à revista. Isso deixou a questão mais espinhosa no tribunal. Como no caso de Hellman contra McCarthy, o problema acabou sendo não tanto se Malcolm acabaria vencendo o processo, como de fato aconteceu, mas quanto isso custaria a ela enquanto estivesse em curso.

Em 1987, a ação inicial de Masson foi rejeitada. "Eu deveria saber, tendo escrito aquele perfil, que ele não desistiria tão facilmente",[27] diria Malcolm depois. Mas ela decidiu voltar suas energias para outro projeto.

A primeira linha de *O jornalista e o assassino*, publicado inicialmente em três partes na *New Yorker* em 1989, é bastante conhecida. "Qualquer jornalista que não seja demasiadamente obtuso ou cheio de si sabe que o que ele faz é moralmente indefensável",[28] escreveu Malcolm. Essa frase foi explosiva. Muitas pessoas parecem nem sequer ter lido o livro a que se seguia. Da primeira vez que vi Malcolm pessoalmente, foi vinte anos depois de ter escrito essa frase, e ela estava sobre um palco bastante alto no New Yorker Festival falando sobre sua obra. Um jovem, no meio do público, levantou-se e a questionou sobre a frase, furioso. Depois de algum tempo de silêncio, ela respondeu: "Bem, foi um pouco de retórica, você entende".[29] O jovem não pareceu ter entendido.

Essa foi uma pequena amostra daquilo que viria a acontecer por ocasião da publicação do longo estudo de Malcolm sobre uma disputa que ocorreria entre o jornalista Joe McGinniss e o assassino Jeffrey MacDonald. McGinniss acertara com MacDonald o acesso exclusivo a ele e seus advogados de defesa durante seu julgamento, em 1979, pelo assassinato de sua família. MacDonald concordou com isso, achando que sairia ganhando alguma coisa. McGinniss já era conhecido, à época, por ter escrito um livro intitulado *The Selling of the President 1968*, que reportava de uma forma nada lisonjeira as tentativas da campanha de Nixon de tornar seu candidato mais apresentável, por assim dizer. McGinniss angariou bastante respeito com essa obra.

Infelizmente para MacDonald, ao final do julgamento McGinniss decidiu que ele era culpado pelos crimes de que era acusado. O livro que resultou daquele acordo, uma obra comercial intitulada *Fatal Vision*, foi um enorme best-seller, mas afirmava que MacDonald era um psicopata que havia assassinado friamente a família inteira. Então ele processou McGinniss, alegando que o jornalista o enganara com relação à natureza de seu projeto. E, de fato, em relação a vários padrões de atuação jornalística, McGinniss realmente avançara o sinal. Por exemplo, MacDonald tinha cartas em que McGinniss afirmava à sua fonte que achava que sua condenação significava uma grave injustiça.

O começo do relato de Malcolm a respeito prossegue da seguinte forma:

> Ele é uma espécie de confidente, que se nutre da vaidade, da ignorância ou da solidão das pessoas, ganhando sua confiança e depois as traindo sem nenhum remorso. Tal qual a viúva crédula, que desperta um belo dia e descobre que aquele jovem encantador sumiu com todas as suas economias, o sujeito que consente em ser objeto de um texto de não ficção aprende — quando a reportagem ou o livro saem — sua dura lição.[30]

Considerando que esse parágrafo fora escrito a partir da perspectiva da pessoa traída, muitos que leram o texto consideraram que Malcolm estava construindo ali uma acusação contra o jornalismo. Quando os artigos de Malcolm saíram, em 1989, as fileiras do jornalismo estavam lotadas de futuros Woodwards e Bernsteins convencidos de que seu ofício poderia realmente assumir as rédeas do poder. Como resultado disso, muitos sentiram que ela estava atacando sua honra. Seguiu-se, assim, uma saraivada excepcionalmente prolongada de críticas.

"A srta. Malcolm parece ter criado uma serpente que engole o próprio rabo: ataca a ética de todos os jornalistas, incluindo a si mesma, depois fracassa ao revelar quanto ela mesma foi longe no passado desempenhando o papel de jornalista confidente",[31] esbravejou um colunista do *New York Times*, que também acusou Malcolm, equivocadamente, de aceitar "invencionices". Christopher Lehmann-Haupt, um dos críticos literários mais importantes da época, acusou-a de absolver MacDonald ao denunciar McGinniss violentamente. Um colunista do *Chicago Tribune*, sentindo-se injuriado, olhou ao seu redor na redação e viu "colegas trabalhadores registrando as ações dos políticos, noticiando avanços na medicina [...] Alguém pode me dizer o que há de errado com qualquer uma dessas tarefas jornalísticas normais?".[32]

Mas Malcolm também teve quem a defendesse. No *Los Angeles Times*, David Rieff lhe fez muitos elogios.[33] Para ele, a posição de Malcolm era muito próxima daquela expressa por Joan Didion numa frase amplamente festejada segundo a qual "os escritores estão sempre vendendo alguém, como numa liquidação". Em entrevista à *Columbia Journalism Review*, Nora Ephron, que ficara amiga de Malcolm algum tempo antes, declarou: "O que Janet Malcolm disse me parece tão razoável que fiquei espantada que alguém pudesse fazer barulho por causa disso".[34] "Acredito que, para ser um bom jornalista, você precisa estar disposto a fazer esse tipo de ato que Janet descreve como uma traição." Não era uma atitude tão distante, no fim das contas, daquela de Phoebe Ephron, para quem "tudo é cópia". O outro lado da história é que às vezes as pessoas não querem sê-lo.

(Jessica Mitford, célebre jornalista investigativa que trouxera à tona a indústria da morte em 1963 e que pertencia a uma família cujas mulheres poderiam ser chamadas de "afiadas", concordava com Nora Ephron: "Achei maravilhosos os textos de Malcolm".)[35]

Outra questão em debate era a da identificação das semelhanças entre o que acabara de acontecer entre Masson e Malcolm e a situação que ela havia analisado em *O jornalista e o assassino*. Vendo ali uma oportunidade para voltar ao assunto, Masson disse a um repórter da revista *New York* que havia lido a primeira parte do texto como se fosse uma carta aberta dirigida a ele próprio, uma espécie de confissão dos pecados de Malcolm.[36] Naquele período, ele também decidira recorrer contra o arquivamento de sua ação. O processo que se seguiu passou por todas as etapas até chegar à Suprema Corte. Em 1994, por fim, Masson foi derrotado no tribunal.

Mais tarde, Malcolm disse compreender por que as pessoas a atacaram tanto na ocasião:

> Quem não sentiria prazer em assistir à queda de alguém tão arrogante? O fato de que quem estava sendo tragada pelo lamaçal era uma autora da *New Yorker* só incrementava aquele contentamento perverso. Na época, a revista ainda vivia em seu confortável casulo de superioridade moral que irritava muito os que trabalhavam em outras publicações. Não ajudei muito a mim mesma ao me comportar da maneira como os autores da *New Yorker* achavam que tinham de se comportar quando abordados pela imprensa: como pequenas réplicas de William Shawn, que era avesso a qualquer publicidade. Então, em vez de me defender contra as falsas acusações que Masson fazia numa sucessão de entrevistas, mantive-me em um silêncio ridículo.[37]

Esse silêncio não foi, porém, absoluto. Enquanto o recurso impetrado por Masson era analisado, Malcolm publicou o livro *O jornalista e o assassino* com um posfácio inédito. Nele, nega que seus problemas com Masson se refletissem na análise do caso McGinniss-MacDonald. E afirma que sentia certa compaixão por Masson, que estaria sendo mais uma vez usado por jornalistas, que o procuravam para obter citações que pudessem ser usadas para atacá-la, mas depois voltariam a derrubá-lo.[38]

Nesse posfácio, Malcolm também defendeu a edição de citações. Era uma questão presente no processo: Masson afirmara que, ao usar frases soltas e trocá-las de ordem, Malcolm ultrapassara a fronteira que lhe cabia como jornalista. Ela defendeu essa prática com um argumento que repetiria várias vezes ao longo de sua carreira: escrever em primeira pessoa seria sempre passível de desconfiança:

> Diferentemente da primeira pessoa de uma autobiografia, que em tese representa o próprio autor, a primeira pessoa no jornalismo só se liga ao autor de uma forma tênue — a forma, digamos, como o Super-Homem se liga a Clark Kent. O "eu" jornalístico é um narrador superconfiável, um funcionário ao qual se atribuem tarefas essenciais de narração, argumentação e tom, uma criação ad hoc, como o coro numa tragédia grega. É uma figura emblemática, a encarnação da ideia de um observador desapaixonado da vida. No entanto, leitores que admitem facilmente a ideia de que o narrador da ficção não é a mesma pessoa que o autor do livro resistem teimosamente à ideia do "eu" inventado do jornalismo; e até mesmo entre os jornalistas existem aqueles que têm dificuldade de se distinguir do Super-Homem de seus textos.[39]

Esse convite à descrença em relação ao próprio autor é fundamental para os efeitos almejados pela obra de Malcolm. Acrescenta algo à figura rígida da primeira pessoa que vinha se consolidando ao longo do século, desde Rebecca West até Didion e Ephron: certo nível de incerteza. A experiência da leitura de um texto de Janet Malcolm deve ser sempre relacionada a esse senso de incerteza, tanto em relação ao tema abordado — seria McGinniss de fato tão mau assim, ou Masson realmente um idiota? — quanto a com qual tipo de truque ardiloso o narrador possa estar nos envolvendo.

Em Malcolm, há sempre um significado adicional de sentido, algum truque. Assim como um psicanalista induz seu paciente a analisar e atentar para suas reações e sentimentos habituais, Malcolm provoca uma resposta emocional que leva muitos jornalistas a refletir sobre aquilo que de fato conhecem sobre sua profissão.

No final das contas, o furor gerado em torno de *O jornalista e o assassino* não fez mais do que demonstrar a tese que Malcolm propunha. O tema do livro é o próprio jornalismo, no sentido amplo da palavra. Sua tese é de que o sujeito tematizado sempre se sentirá traído por aquilo que outra pessoa escrever sobre ele. O próprio "jornalismo" se sentiu traído pelas assertivas de Malcolm a seu respeito. Por um golpe do destino, as coisas avançaram nessa direção; *O jornalista e o assassino* é lido hoje na maior parte das faculdades de jornalismo. Como a própria Malcolm diria caso perguntassem, no fim ficou provado que ela estava certa.

Toda a obra posterior de Malcolm acabou ficando marcada pelas mesmas preocupações de *O jornalista e o assassino*. Para onde quer que seus olhos se voltassem, ela encontrava histórias cheias de contradições. Escreveu sobre julgamentos de homicídios (em *Iphigenia in Forest Hills*) e sobre malversações no mundo corporativo (em *The Crimes of Sheila McGough*), com a atenção concentrada nas versões conflitantes contadas pelos dois lados e suas inconsistências aparentemente irreconciliáveis. Escreveu sobre o artista plástico David Salle (em "Forty-One False Starts"),[40] e a partir daí pareceu questionar a própria utilidade de continuar fazendo jornalismo. Adotou um claro ceticismo em relação às narrativas, de forma muito semelhante a Didion — um olhar cheio de dúvidas sobre as histórias que contamos para nós mesmos —, em suas análises sobre as pessoas que encarregamos, antes de quaisquer outras, de nos contar histórias: os escritores, os artistas, os pensadores.

O melhor exemplo disso talvez seja *A mulher silenciosa*, uma série de reportagens para a *New Yorker* depois reunidas em livro sobre a vida de Sylvia Plath. Plath fora uma poeta e uma ficcionista precoce que publicara muitas obras na casa dos vinte anos, embora nunca tivesse se tornado muito famosa. Acabou por se mudar para a Inglaterra e casar com o também poeta Ted Hughes, com quem teve dois filhos. Ela publicou um livro de poemas, mas continuou se sentindo frustrada profissionalmente. Então, em 1963, depois que Hughes a trocou por outra mulher, cometeu suicídio. Alguns anos depois de sua morte, seu virulento livro de poesia assim chamada confessional, *Ariel*, foi publicado e recebeu enorme aclamação. Seu romance *A redoma de vidro*, igualmente póstumo, também se tornou um clássico.

E foi aí que o problema começou.

Os admiradores póstumos de Plath passaram a ver na obra uma exposição clara do sofrimento que a levara ao suicídio, e culparam Hughes. Havia algumas justificativas para a sua má reputação. Nos últimos meses de vida de Plath, ele a trocara por outra mulher, deixando-a sozinha em um país estrangeiro, sem familiares e com duas crianças pequenas. O sucesso de Plath em meio ao espectro feminista como autora da cáustica poesia de *Ariel* significava que uma grande quantidade de ira fora canalizada em Hughes. Em consequência, ele e sua irmã, Olwyn, tornaram-se muito reticentes e cautelosos em relação a quem dariam autorização para escrever biografias, as quais poderiam controlar por meio da autorização ou não de citações de sua obra não publicada.

O interesse de Malcolm pelo assunto foi despertado pela biógrafa Anne Stevenson, à qual eles forneceram esse acesso. Malcolm disse que a conhecera na Universidade de Michigan.

> Ela chamou minha atenção certa vez na rua: magra e elegante, com um ar de intensidade desajeitada e paixão, gesticulando muito, cercada por rapazes de visual interessante. Naqueles

dias, eu admirava enormemente tudo o que se referia à arte, e Anne Stevenson era uma das figuras que brilhavam com uma incandescência especial em minha imaginação.[41]

A biografia de Plath por Stevenson, *Amarga fama*, foi, no entanto, muito atacada. Numa nota, a autora agradecia enfaticamente a Olwyn Hughes, o que sugeria que ela havia não apenas lido, mas também comentado e depois pedido mudanças no original antes de sua publicação. Isso foi visto como um golpe contra a integridade de Stevenson como biógrafa, considerando-se que a biografia seria mais objetiva se os herdeiros não tivessem lido o manuscrito antes da publicação. Malcolm também tinha reticências sobre o livro, mas eram de outro tipo. Ela se sentia incomodada com a postura fingida de absoluto equilibrio assumida por Stevenson como biógrafa. Comparada com as pessoas que concordaram em falar no livro sobre suas próprias experiências com Plath — e uma delas a odiava de fato —, essa necessidade de ponderar cautelosamente sobre esse ou aquele testemunho era algo enfadonho.

Essa preferência por vozes mais fortes com experiências pessoais levou Malcolm a simpatizar com Hughes e sua irmã. Ela descobriu cartas que ele escrevera para alguns dos principais personagens de toda a história se queixando da maneira como tinham transforado sua experiência em "história oficial — como se eu fosse um quadro na parede ou algum prisioneiro da Sibéria". Para Malcolm, era um argumento convincente, e ela afirmou isso mesmo considerando que vários personagens — as outras pessoas que se diziam testemunhas diretas da personalidade de Plath — podiam ser questionados em suas motivações. O livro se encerra com uma demolição total das declarações daquela que poderia ser chamada de uma das testemunhas-chave do caso Plath. Não vou dizer de quem se trata; você terá que ler. A questão, para Malcolm, mais uma vez, é que não é preciso acreditar em ninguém, não é preciso reagir às suas afirmações sobre os fatos com o que ela chamou, em dois contextos diferentes, de "serenidade bovina".

Nesse caminho, porém, Malcolm acabou por fazer uma revelação sobre si mesma. Ela foi visitar o crítico Al Alvarez, que havia sido um dos últimos amigos de Plath. Inicialmente, ele conversou de forma amável, contando coisas sobre as festas na casa de Hannah Arendt nos anos 1950; depois se pôs a explicar que Plath se tornara uma mulher "grande" demais para que se sentisse atraído por ela:

> Vi aonde ele queria chegar, e isso me deixou bastante desconfortável. Assim como Alvarez havia me tomado, lisonjeiramente, por engano, como alguém que poderia ter sido convidada para as festas de Hannah Arendt nos anos 1950 (tenho dúvidas até mesmo se eu sabia quem era Hannah Arendt na época), agora, de forma constrangedora, me tomava equivocadamente como uma pessoa que poderia ouvir suas observações sobre mulheres que não achava atraentes sem me sentir angustiada. Senti-me como um judeu que se vê incluído por acaso no meio de uma conversa antissemita porque ninguém sabe de sua origem.[42]

Vê-se, aqui, um sinal explícito de feminismo, uma insatisfação declarada com a maneira como os homens falam sobre as mulheres até mesmo com uma mulher. Trata-se de um tema que levou um longo tempo para aparecer na obra de Malcolm. Ela se aproximou gradualmente do feminismo depois de escrever essa extensa crítica, nos anos 1970. Ao mesmo tempo, travou amizade com algumas escritoras. Chegou a conhecer um pouco Sontag, embora seus escritos para Sontag revelassem traços de profunda insegurança.

Como Didion, Malcolm ficaria amiga de Nora Ephron. E o feminismo era um de seus assuntos constantes. Com Ephron já idosa, ambas participaram de um clube do livro sobre *O carnê dourado* apenas para entender do que se tratava.

Em 1986, Malcolm publicou "A Girl of the Zeitgeist", um perfil de Ingrid Sischy, concluído durante o primeiro processo movido por Masson. Uma de suas motivações era a maneira como uma mulher de forte personalidade continuou a traçar o seu próprio caminho em meio às negativas que lhes eram impostas por um grupo de homens de personalidade igualmente forte. A certa altura, Sischy conta a Malcolm sobre um sujeito que ela conheceu num almoço que não demonstrou muito interesse nela por causa de sua aparência. Malcolm imediatamente se imaginou como aquele homem:

> Tive a ideia de escrever a respeito dela depois de ver a *Artforum* se transformar de uma publicação de uma opacidade sem vida em uma revista com uma contemporaneidade tão rebelde e assertiva que só seria possível imaginar sua editora como uma espécie de modelo moderno combativo, uma nova sensibilidade feminina admirável perdida no mundo. E quem estivera em minha casa fora uma jovem mulher agradável, inteligente, despretensiosa, responsável e ética que não tinha o menor traço das qualidades teatrais que eu intimamente esperava e a quem, como o político no almoço, eu teria dado as costas decepcionada.[43]

As expectativas que as mulheres têm umas em relação às outras e a maneira como cada uma de nós forma uma opinião sobre as demais embutem muitas expectativas em relação às outras e muitos momentos de decepção. Isso parece fazer parte do fato de ser uma mulher que pensa e que fala publicamente sobre o pensar.

Posfácio

Ao escrever este livro, pude refletir longamente sobre o que exatamente as pessoas queriam dizer quando se referiam a essas mulheres como afiadas. Muitas pessoas usavam o termo de forma elogiosa, mas havia um leve sentido de pavor subjacente a ele. Um objeto afiado, no final das contas, corta. Quanto mais eu pensava sobre isso, mais considerava quanto havia de fantasia em curso quando tais mulheres eram chamadas não só disso, mas de maldosas ou misteriosas, ou recebiam qualquer outro rótulo de tom vagamente ameaçador. A fantasia era de que eram destrutivas, perigosas e voláteis.

Meu esforço, aqui, foi mostrar que elas não eram nada disso. Nem sempre estavam certas, mas tampouco erravam com mais frequência do que seria de imaginar, e às vezes estavam muito, muito certas. A dificuldade é que as pessoas têm problemas com mulheres que não sejam "legais", que não se ajoelhem, que tenham coragem de, às vezes, errar em público.

Elas tendiam a não ser palatáveis ao movimento que deveria identificar esse enigma. "Não sou feminista", disse Mary McCarthy a uma multidão em San Francisco que se reunira para ouvi-la falar poucos anos antes de sua morte. Depois, ela voltou atrás.

> Acredito que as mulheres extraordinárias de minha geração certamente se aproveitaram — se pensar nisso dessa maneira — do fato de que as mulheres em geral eram vistas com

inferioridade. Então, se [os homens] encontravam uma para a qual não olhavam de cima, acabavam por enxergá-la um tanto quanto mais acima do que talvez merecesse ser vista. Sou feminista o bastante para não gostar do tipo de elogio que diz "ela tem cabeça de homem". Sempre detestei isso.[1]

Acreditar que alguém possa se destacar do conjunto não é considerado algo fraternal. Pensei muitas vezes sobre isso enquanto fazia a pesquisa deste livro. Por necessidade, estive com muitas pessoas que gostariam de apagar essas mulheres da história justamente porque tiravam vantagem de seu talento e o fizeram sem direcioná-lo ao apoio explícito do feminismo. Isso é visto como um lapso imperdoável.

A versão mais conhecida desse tipo de acusação veio de Adrienne Rich, uma velha rival de Sontag. Quando leu *A condição humana*, um dos últimos livros que Hannah Arendt concluiu, ela se sentiu ao mesmo tempo intrigada e decepcionada:

> Ler um livro como esse, de uma mulher de mente tão abrangente e grande erudição, pode ser dolorido, porque ele traz em si a tragédia que é uma mente feminina nutrida por ideologias masculinas. Na verdade, nós é que saímos perdendo, porque o desejo de Arendt de abordar questões morais profundas é o tipo de preocupação de que necessitamos [...]. O poder que a ideologia masculina tem de se apoderar dessa mente feminina, de desconectá-la do corpo feminino que a contém e que é nela contido, é mais chocante no livro arrogante e coxo de Arendt do que em qualquer outro lugar.[2]

Era justo afirmar isso, na medida em que Arendt se colocou resolutamente contra o feminismo até o fim da vida. Ela não tinha quase nada a dizer sobre a questão de gênero, de longe a que menos o tinha entre todas as outras mulheres presentes neste livro. Chegava até mesmo a ser sarcástica em seu desprezo pelas feministas de seu tempo. Uma professora minha, Jennifer Nedelsky, que esteve entre os últimos alunos de Arendt, conta a história de quando entrou num elevador junto com ela. Nedelsky estava usando um broche da União pela Libertação das Mulheres de Chicago. Arendt fitou-a, olhou para o broche e, apontando para ele, disse com seu forte sotaque alemão: "Isso não é sério".

Parker, West, Sontag, Kael, Ephron e Malcolm se sentiam mais confortáveis em relação a esse rótulo, embora oscilassem a respeito. Parker não foi exatamente uma sufragista. Sontag entabulou uma discussão com a própria Rich sobre a "estreiteza mental"[3] dos deslizes do feminismo. Kael tentou fazer uma leitura feminista de *O grupo*, mas o texto fracassou a tal ponto que a partir daí ela parece ter abandonado inteiramente a questão da libertação da mulher. Didion mais tarde voltaria atrás em relação a seu ensaio contra a libertação feminina, afirmando numa entrevista que "aquele texto se referia a um momento específico".[4] Malcolm também se diz feminista hoje, apesar da crítica que escreveu no passado na *New Republic*.

Ao longo deste livro, procurei mostrar que existe espaço nessa profunda ambiguidade e até mesmo hostilidade em relação ao feminismo para se extrair disso uma mensagem feminista. O feminismo deve dizer respeito, sim, à sororidade. Mas irmãs também discutem, por vezes chegando a grandes desavenças. O que nos define não é apenas termos nascido iguais. Se aprendemos alguma coisa com os debates sobre a intersecção de gêneros, é que a experiência que chamamos de "ser mulher" é profundamente influenciada por ideias em torno de raça, classe e outras referências de caráter sociológico. Assim como pela personalidade individual.

Algumas de nós não são naturalmente propensas a se alinhar da forma que o movimento em geral requer. Algumas de nós preferem ficar do lado de fora, sem conseguir evitar ser uma daquelas que perguntam: "Por que tem de ser assim?".

"Quando você está só é difícil saber se ser diferente é uma ofensa ou um elogio",[5] escreveu Arendt a respeito de *Rahel Varnhagen*. "Quando você não tem nada a que se apegar, acaba escolhendo se apegar, no final, a algo que o destaque em relação aos demais." Ela defendia a ideia de que se tratava, sim, de um elogio, e estava certa.

Só é possível falar com sua própria voz. E essa voz tem uma tonalidade e uma inflexão que lhes são dadas por toda a experiência que se tem acumulada. Parte dela será, inevitavelmente, referente ao fato de ser uma mulher. Todas nós somos tocadas umas pelas outras e pela história daquelas que nos precederam. Você pode traçar seu próprio caminho, mas sempre fará isso seguindo aqueles abertos por outros, independentemente de gostar ou não deles, de concordar ou discordar deles, desde que tenha a capacidade de transcender esses aspectos.

Esta é, certamente, uma lição que todas as mulheres deste livro têm a nos ensinar.

Sobre as fontes

Muitos livros foram utilizados na preparação deste. As fontes das citações diretas estão relacionadas nas Notas, mas ele não poderia ter sido escrito sem o trabalho de outros biógrafos. Apoiei-me plenamente neles, que foram fundamentais para a composição da cronologia de *Afiadas*. Relaciono as biografias e fontes secundárias na Bibliografia, mesmo no caso de não terem sido citadas diretamente no livro.

Devido ao fato de ter analisado as personas dessas mulheres tal como se faziam presentes em seus escritos, trabalhei fundamentalmente com base em seus textos publicados. Pesquisei coleções de cartas e, em alguns casos, fiz pesquisas diretas em arquivos, tateando em busca do esclarecimento de certas questões que outros biógrafos não chegaram a explorar integralmente.

Embora minha intenção jamais tenha sido a de escrever algo parecido com uma biografia dessas mulheres, tive a sorte de poder fazer uma rápida entrevista com Janet Malcolm em 2014 e de encontrar Renata Adler em uma apresentação das minhas pesquisas em 2015. Algumas coisas que disseram e fizeram nesses encontros foram incluídas aqui.

Bibliografia selecionada de fontes secundárias

BOYD, Valerie. *Wrapped in Rainbows: The Life of Zora Neale Hurston*. Simon and Schuster, 2004.
BRIGHTMAN, Carol. *Writing Dangerously: Mary McCarthy & Her World*. Clarkson Potter, 1992.
DAUGHERTY, Tracy. *The Last Love Song: A Biography of Joan Didion*. St. Martin's, 2015.
GIBB, Lorna. *The Extraordinary Life of Rebecca West*. Counterpoint, 2014.
GLENDINNING, Victoria. *Rebecca West: A Life*. Knopf, 1987.
GOTTLIEB, Robert. *Avid Reader: A Life*. Farrar, Straus and Giroux, 2016.
HELLER, Anne. *Hannah Arendt: A Life in Dark Times*. New Harvest, 2015.
HERRMANN, Dorothy. *With Malice Toward All: The Quips, Lives and Loves of Some Celebrated 20th-Century American Wits*. Putnam, 1982.
KEATS, John. *You Might As Well Live: The Life and Times of Dorothy Parker*. Simon & Schuster, 1970.
KELLOW, Brian. *Pauline Kael: A Life in the Dark*. Penguin, 2011.
KIERNAN, Frances. *Seeing Mary Plain: A Life of Mary McCarthy*. Norton, 2000.
LASKIN, David. *Partisans: Marriage, Politics, and Betrayal Among the New York Intellectuals*. University of Chicago Press, 2000.
MEADE, Marion. *Dorothy Parker: What Fresh Hell is This?*. Penguin, 1989.
MILFORD, Nancy. *Zelda: A Biography*. Harper Perennial, 2001.
MOYLAN, Virginia Lynn. *Zora Neale Hurston's Final Decade*. University Press of Florida, 2012.
ROLLYSON, Carl. *Rebecca West: A Life*. Scribner, 1996.
_____; PADDOCK, Lisa. *Susan Sontag: The Making of an Icon*. Norton, 2000.
SCHREIBER, Daniel. *Susan Sontag: A Biography*. Northwestern University Press, 2014.
WILSON, Reuel K. *To the Life of the Silver Harbor*. University Press of New England, 2008.
YAGODA, Ben. *About Town: The "New Yorker" and the World It Made*. Da Capo, 2001.
YOUNG-BRUEHL, Elisabeth. *Hannah Arendt: For the Love of the World*. 2. ed. Yale University Press, 2004.

Notas

1. Parker [pp. 15-49]

1. Frank Crowninshield, "Crowninshield in the Cubs' Den", *Vogue*, 15 de setembro de 1944.
2. "The Old Gentleman", *Collected Stories* (Penguin Classics, 2002).
3. "The Art of Fiction No. 13: Dorothy Parker", entrevista com Marion Capron, *Paris Review*, verão 1956.
4. Ibid.
5. Fotocópias de várias anotações sobre a infância de Parker estão disponíveis nos arquivos de Marion Meade na Universidade Columbia.
6. Ver Larry Tye, *The Father of Spin: Edward L. Bernays and the Birth of Public Relations* (Picador, 1998).
7. "In *Vanity Fair*", *Vanity Fair*, março de 1914.
8. "Any Porch", *Vanity Fair*, setembro de 1915.
9. "The Art of Fiction No. 13: Dorothy Parker".
10. De uma seção da *Vogue*, 1º de outubro, de 1916, p. 101. As legendas na *Vogue* nunca eram assinadas, mas especialistas acreditam que os exemplos usados aqui são de autoria de Parker.
11. "The Younger Generation", *Vogue*, 1º de junho 1916.
12. Alexander Woollcott, *While Rome Burns* (Grosset and Dunlap, 1934), p. 144.
13. "Why I Haven't Married", *Vanity Fair*, outubro de 1916 (como Dorothy Rothschild).
14. "Interior Desecration", *Vogue*, 15 de abril de 1917 (como Dorothy Rothschild).
15. "Here Comes the Groom", *Vogue*, 15 de junho de 1917.
16. "A Succession of Musical Comedies", *Vanity Fair*, abril de 1918.
17. "Mortality in the Drama: The Increasing Tendency of Our New Plays to Die in Their Earliest Infancy", *Vanity Fair*, julho de 1918.
18. "The Star-Spangled Drama: Our Summer Entertainments Have Become an Orgy of Scenic Patriotism", *Vanity Fair*, agosto de 1918.

19. "The Dramas That Gloom in the Primavera: The Difficulties of Being a Dramatic Critic and a Sunny Little Pollyanna at the Same Time", *Vanity Fair*, junho de 1918.
20. "The Art of Fiction No. 13: Dorothy Parker".
21. Ver "Inside Stuff", *Variety*, 5 e 12 de abril de 1923.
22. "The Art of Fiction No. 13: Dorothy Parker".
23. Citado em Dorothy Herrmann, *With Malice Toward All: The Quips, Lives and Loves of Some Celebrated 20th-Century American Wits* (Putnam, 1982).
24. O. O. McIntyre, "Bits of New York Life", *Atlanta Constitution*, 29 de outubro de 1924.
25. "The Oriental Drama: Our Playwrights Are Looking to the Far-East for Inspiration and Royalties", *Vanity Fair*, janeiro de 1920.
26. "The Art of Fiction No. 13: Dorothy Parker".
27. Ver Edmund Wilson, *The Twenties* (Douglas and McIntyre, 1984), pp. 32-4.
28. Ibid., pp. 44-5.
29. Ibid., pp. 47-8.
30. "The Flapper", *Life*, 26 de janeiro de 1922.
31. "Hymn of Hate", *Life*, 30 de março de 1922.
32. Heywood Braun, "Paradise and Princeton", *New York Herald Tribune*, 11 de abril de 1920.
33. "Once More Mother Hubbard", *Life*, 7 de julho de 1921.
34. Nancy Milford, *Zelda: A Biography* (Harper Perennial, 2001), p. 66.
35. Ver Scott Donaldson, "Scott and Dottie", *Sewanee Review*, inverno de 2016.
36. "What a 'Flapper Novelist' Thinks of His Wife", *Baltimore Sun*, 7 de outubro de 1923.
37. Ver, por exemplo, Maureen Corrigan, *So We Read On: How the Great Gatsby Came to Be and Why It Endures* (Little, Brown, 2014).
38. Sterling North, "More than Enough Rope", *Poetry*, dezembro de 1928.
39. Edmund Wilson, "Dorothy Parker's Poems", *New Republic*, 19 de janeiro de 1927.
40. "The Art of Fiction No. 13: Dorothy Parker".
41. Wilson, "Dorothy Parker's Poems".
42. "Resumé", *Enough Rope* (Boni and Liveright, 1926).
43. "Constant Reader", *The New Yorker*, 29 de outubro de 1927.
44. Ernest Hemingway, "To a Tragic Poetess", em *Complete Poems* (University of Nebraska Press, 1983).
45. "Reading and Writing", *The New Yorker*, 29 de outubro de 1927.
46. Ben Yagoda, *About Town: The "New Yorker" and the World It Made* (Da Capo, 2001), p. 77.
47. James Thurber, *The Years with Ross* (Harper Perennial, 2000), pp. 4-5.
48. Constant Reader, *The New Yorker*, 22 de outubro de 1927.

49. Joan Acocella, "After the Laughs", *The New Yorker*, 16 de agosto de 1993.
50. Constant Reader, *The New Yorker*, 8 de fevereiro de 1928.
51. "The Art of Fiction No. 13: Dorothy Parker".
52. La Mar Warrick, "Farewell to Sophistication", *Harper's*, 1º de outubro de 1930.
53. "Big Loira", *Bookman*, fevereiro de 1929.
54. O telegrama é datado de 28 de junho de 1945, e uma imagem dele pode ser vista na internet. Veja, por exemplo, "I Can't Look You in the Voice", *Letters of Note* (17 de junho de 2011), disponível em <http://www.lettersofnote.com/2011/06/i-cant-look-you-in-voice.html>.
55. "NY Pickets Parade Boston Streets in Bus", *New York Herald Tribune*, 12 de agosto de 1927.
56. "Incredible, Fantastic... and True", *New Masses*, 25 de novembro de 1937.
57. *New Masses*, 27 de junho de 1939.
58. "The Art of Fiction No. 13: Dorothy Parker".
59. Rebecca West, "What Books Have Done to Russia", *New York Herald Tribune*, 28 de outubro de 1928.

2. West [pp. 50-82]

1. "Marriage", *Freewoman*, 19 de setembro de 1912.
2. Ibid.
3. Carta a Letitia Fairfield, 18 de abril de 1910, citada em *Selected Letters of Rebecca West*, org. de Bonnie Kime Scott (Yale University Press, 2000).
4. *The Fountain Overflows* (New York Review Books, 2003), p. 85.
5. Ver Lorna Gibb, *The Extraordinary Life of Rebecca West* (Counterpoint, 2014), p. 36.
6. "I Regard Marriage with Fear and Horror", *Hearst's International*, novembro de 1925, em *Woman as Artist and Thinker* (iUniverse, 2005).
7. Esse título saiu no *Los Angeles Times* de 2 de dezembro de 1906.
8. "A Reed of Steel", em *The Post-Victorians*, org. de W. R. Inge (Ivor Nicholson and Watson, 1933).
9. Entrevista na rádio BBC com Anthony Curtiss, 21 de dezembro de 1972, citada em Gibb, *Rebecca West*.
10. V. S. Pritchett, "One of Nature's Balkans", *The New Yorker*, 21 de dezembro de 1987.
11. Carta de Rebecca West ao editor, *Freewoman*, 14 de março de 1912.
12. Rebecca West sobre Wells, ICDR 0019053, Yale's Beinecke Library, citado em Gibb, *Rebecca West*.
13. H. G. Wells, *H. G. Wells* em *Love: Postscript to an Experiment in Autobiography* (Faber and Faber, 1984), pp. 94-5.

14. Carta de Rebecca West a H. G. Wells, *c.* março de 1913, em *Selected Letters of Rebecca West*.
15. "At Valladolid", *New Freewoman*, agosto de 1913.
16. "The Fool and the Wise Man", *New Freewoman*, outubro de 1913.
17. Carta de Rebecca West a Sylvia Lynd, *c.* 1916, em *Selected Letters of Rebecca West*.
18. "The Duty of Harsh Criticism", *New Republic*, 7 de novembro de 1914.
19. Essa propaganda saiu no *New York Times* em 7 de novembro de 1914.
20. "The Duty of Harsh Criticism".
21. "Reading Henry James in Wartime", *New Republic*, 27 de fevereiro de 1915.
22. *Henry James* (Nisbet and Co, 1916).
23. *Observer*, 23 de julho de 1916.
24. Fanny Butcher, "Rebecca West's Insulting Sketch of Henry James", *Chicago Tribune*, 2 de dezembro de 1916.
25. Citado em *Living Age*, 18 de agosto de 1922.
26. "Fantasy, Reality, History", *Spectator*, 21 de setembro de 1929.
27. "Mr. Shaw's Diverted Genius", *New Republic*, 5 de dezembro de 1914.
28. "Redemption and Dostoevsky", *New Republic*, 5 de junho de 1915.
29. "The Dickens Circle", *Living Age*, 18 de janeiro de 1919.
30. "Notes on Novels", *New Statesman*, 1º de abril de 1920.
31. "Women of England", *Atlantic*, 1º de janeiro de 1916.
32. *Westminster Gazette*, 23 de junho de 1923.
33. Carta de Rebecca West a Winifred Macleod, 24 de agosto de 1923, em Gibb, *Rebecca West*.
34. Carta de Rebecca West a Winnie Macleod, 2 de novembro de 1923, em Gibb, *Rebecca West*.
35. "Rebecca West Explains It All", *The New York Times*, 11 de novembro de 1923.
36. Ibid.
37. "Impressions of America", *New Republic*, 10 de dezembro de 1924.
38. Carta de Rebecca West a Winifred Macleod, 2 de novembro de 1923, em Gibb, *Rebecca West*.
39. Carta de Rebecca West a Gordon Ray, Pierpont Morgan, sem data, em Gibb, *Rebecca West*.
40. "Rebecca West: The Art of Fiction No. 65", entrevista a Marina Warner, *Paris Review*, primavera de 1981.
41. *The Diary of Virginia Woolf, Volume Four (1931-1935)* (Mariner Books, 1983), p. 131.
42. *Black Lamb and Grey Falcon: A Journey Through Yugoslavia* (Penguin Classics, 2007), p. 403.
43. *A Train of Powder* (Viking, 1955), p. 78.
44. "Rebecca West: The Art of Fiction Nº 65".

45. De uma caderneta de anotações do arquivo Tulsa, em Gibb, *Rebecca West*.
46. "A Letter from Abroad", *Bookman*, abril de 1930.
47. Anaïs Nin, *Incest, From "A Journal of Love": The Unexpurgated Diary of Anaïs Nin, 1932-1934* (Harvest, 1992), em 27 de abril de 1934, p. 323.
48. Ibid., em 12 de agosto de 1935, p. 130.
49. Gibb, *Rebecca West*, p. 183.
50. *Black Lamb and Grey Falcon*, p. 37.
51. Ibid., p. 124.
52. Ibid., p. 59.
53. Katharine Woods, "Rebecca West's Brilliant Mosaic of Yugoslavian Travel", *The New York Times*, 26 de outubro de 1941.
54. Joseph Barnes, "Rebecca West in the Great Tradition", *New York Herald Tribune*, 26 de outubro de 1941.
55. "Housewife's Nightmare", *The New Yorker*, 14 de dezembro de 1941.
56. "A Day in Town", *The New Yorker*, 25 de janeiro de 1941.
57. "The Crown Versus William Joyce", *The New Yorker*, 22 de setembro de 1945.
58. "William Joyce: Conclusion", *The New Yorker*, 26 de janeiro de 1946.
59. *A Train of Powder*, p. 83.
60. *The Meaning of Treason* (McMillan and Company, 1952), p. 305.
61. "Shoulder to Shoulder", *New York Times*, 21 de outubro de 1975.
62. Carta de Rebecca West a Emanie Arling, 11 de março de 1952, em Gibb.

3. West e Zora Neale Hurston [pp. 83-9]

1. "So. Carolina Man Lynched in Cruel Mob Orgy", *Los Angeles Sentinel*, 20 de fevereiro de 1947.
2. "Lynch Mob Rips Victim's Heart", *New York Amsterdam News*, 27 de fevereiro de 1947.
3. "Opera in Greenville", em *A Train of Powder*, p. 88.
4. Ibid., p. 82.
5. Ibid., p. 109.
6. Ibid., p. 99.
7. Ibid., p. 112.
8. Os detalhes da história de Hurston foram extraídos de Valerie Boyd, *Wrapped in Rainbows: The Life of Zora Neale Hurston* (Simon and Schuster, 2004).
9. *Pittsburgh Courier*, 12 de maio de 1938.
10. "What White Publishers Won't Print", *Negro Digest*, abril de 1950.
11. "Ruby McCollum Fights for Life", *Pittsburgh Courier*, 22 de novembro de 1952.
12. Ver Virginia Lynn Moylan, *Zora Neale Hurston's Final Decade* (University Press of Florida, 2012).

4. Arendt [pp. 90-120]

1. "Shadows", em *Letters, 1925-1975: Martin Heidegger and Hannah Arendt*, org. de Ursula Lutz, trad. Andrew Shields (Harcourt, 2004).
2. Elisabeth Young-Bruehl, *Hannah Arendt: For the Love of the World*, 2. ed. (Yale University Press, 2004), p. 50.
3. "Shadows", em *Letters, 1925-1975*.
4. Citado em Young-Bruehl, *Hannah Arendt*, p. 40.
5. Daniel Maier-Katkin, *Stranger from Abroad: Hannah Arendt, Martin Heidegger, Friendship and Forgiveness* (Norton, 2010), p. 27.
6. "Heidegger at 80", *The New York Review of Books*, 21 de outubro de 1971.
7. Carta de Martin Heidegger a Hannah Arendt, 10 de fevereiro de 1925, em *Letters: 1925-1975*.
8. Carta de Martin Heidegger a Hannah Arendt, 27 de fevereiro de 1925, em *Letters: 1925-1975*.
9. Carta de Hannah Arendt a Karl Jaspers, 9 de julho de 1946, em Robert e Rita Kimber, *Correspondence: 1926-1969*, org. de Lotte Kohler e Hans Saner (Harvest, 1992).
10. "What Remains? The Language Remains: A Conversation with Günter Gaus", em *Hannah Arendt: The Last Interview and Other Conversations*, trad. de Joan Stumbaugh (Melville House, 2013), p. 18.
11. Young-Bruehl, *Hannah Arendt*, p. 77.
12. Traduzido pelo Arendt Center de Gunther Anders, *Die Kirschenschlacht*.
13. Carta de Hannah Arendt a Martin Heidegger, *c.* 1929, em *Letters, 1925--1975*, p. 51.
14. *Rachel Varnhagen: The Life of a Jewish Woman* (Harvest, 1974), p. 3.
15. *Varnhagen*, p. xv.
16. Seyla Benhabib, "The Pariah and Her Shadow: Hannah Arendt's Biography of Rahel Varnhagen", *Political Theory*, fevereiro de 1995.
17. *Varnhagen*, p. 214.
18. Ibid., p. xviii.
19. "What Remains", p. 5.
20. Ibid., pp. 8-9.
21. Carta de Martin Heidegger a Hannah Arendt, *c.* inverno de 1932-3, em *Letters, 1925-1975*.
22. "What Remains", p. 10.
23. Ibid., p. 19.
24. Carta de Hans Blücher a Hannah Arendt, 29 de julho de 1948, em *Within Four Walls: The Correspondence Between Hannah Arendt and Heinrich Blücher, 1936-1968*, org. de Lotte Kohler, trad. de Peter Constantine (Harcourt, 1996), pp. 93-5.

25. Young-Bruehl, *Hannah Arendt*, p. xi.
26. "Walter Benjamin" em *Men in Dark Times* (Houghton Mifflin Harcourt, 1995), p. 176.
27. Carta de Walter Benjamin a Gershom Scholem, 20 de fevereiro de 1939, em *The Correspondence of Walter Benjamin, 1910-1941*, org. de Gershom Scholem e Theodor W. Adorno, trad. de Manfred R. Jacobson e Evelyn M. Jacobson (University of Chicago Press, 1994), p. 596.
28. Citado em Howard Eiland's *Walter Benjamin: A Critical Life* (Harvard University Press, 2014).
29. "Walter Benjamin", p. 181.
30. Ibid., p. 192.
31. Citado em Gershom Scholem, *Walter Benjamin: The Story of a Friendship* (New York Review Books, 2003), p. 283.
32. "Theses on the Philosophy of History", em *Illuminations: Essays and Reflections* (Schocken Books, 1969), p. 254.
33. "We Refugees", em *The Jewish Writings*, org. de Jerome Kohn e Ron Feldman (Schocken, 2007), p. 265.
34. "We Refugees", p. 268.
35. Carta de Heinrich Blücher a Hannah Arendt, 26 de julho de 1941, em *Within Four Walls*, p. 65.
36. "French Existentialism", *Nation*, 23 de fevereiro de 1946.
37. *The Origins of Totalitarianism* (Harvest, 1973), p. viii.
38. Ibid., p. 459.
39. Young-Bruehl, *Hannah Arendt*, p. 250.
40. "People Are Talking About", *Vogue*, maio de 1951.
41. Janet Malcolm, *The Silent Woman* (Vintage, 1995), p. 50.
42. William Barrett, *The Truants: Adventures Among the Intellectuals* (Doubleday, 1983), p. 103.
43. Ver Anne Heller, *Hannah Arendt: A Life in Dark Times* (New Harvest, 2015), p. 25.
44. Alfred Kazin, *New York Jew* (Knopf, 1978), p. 195.
45. Dwight Macdonald, "A New Theory of Totalitarianism", *New Leader*, 14 de maio de 1951.
46. Carta de Mary McCarthy a Hannah Arendt, 26 de abril de 1951, em *Between Friends: The Correspondence of Hannah Arendt and Mary McCarthy, 1949-1975* (Harcourt Brace, 1995).

5. McCarthy [pp. 121-55]

1. Eileen Simpson, "Ode to a Woman Well at Ease", *Lear's*, abril de 1990, em Frances Kiernan, *Seeing Mary Plain: A Life of Mary McCarthy* (Norton, 2000), p. 223.
2. Young-Bruehl, *Hannah Arendt*, p. 197.
3. Elizabeth Hardwick, "Mary McCarthy in New York", *The New York Review of Books*, 26 de março de 1992.
4. *Memories of a Catholic Girlhood* (Harcourt, Brace & Company, 1957), p. 61.
5. *The Company She Keeps* (Harcourt, Brace & Company, 1942), p. 263.
6. Ibid., p. 194.
7. *Memories of a Catholic Girlhood*, p. 16.
8. *The Company She Keeps*, p. 264.
9. *Memories of a Catholic Girlhood*, p. 102.
10. Ibid., p. 111.
11. Ibid., p. 121.
12. Ibid., p. 111.
13. "Mary McCarthy in New York".
14. Kiernan, *Seeing Mary Plain*.
15. Diana Trilling, *The Beginning of the Journey* (Harcourt Brace, 1993), pp. 350-1.
16. *The Company She Keeps*, p. 276.
17. *How I Grew* (Harvest Books, 1987), p. 56.
18. Ibid., p. 61.
19. Ibid., p. 78.
20. "The Vassar Girl", *Holiday*, 1951, em Kiernan, *Seeing Mary Plain*.
21. *The Group* (Harcourt Brace, 1963), p. 30.
22. Elinor Coleman Guggenheimer, em Kiernan, *Seeing Mary Plain*, p. 67.
23. Lucille Fletcher Wallop, em Kiernan, *Seeing Mary Plain*, p. 67.
24. Carta de Mary McCarthy a Ted Rosenberg, 1º de novembro de 1929, em Kiernan, *Seeing Mary Plain*, p. 69.
25. "The Crystal-Gazing Novelists", *Con Spirito*, fevereiro de 1933, em Kiernan, *Seeing Mary Plain*.
26. "My Confession", em *On the Contrary* (Noonday, 1961).
27. Adam Kirsch, "What's Left of Malcolm Cowley", *City Journal*, primavera de 2014.
28. *Intellectual Memoirs 1936-1938* (Harcourt Brace Jovanovich, 1992), p. 9.
29. "Coalpit College", *New Republic*, 2 de maio de 1934.
30. "Mr. Burnett's Short Stories", *Nation*, 10 de outubro de 1934.
31. "Pass the Salt", *Nation*, 30 de janeiro de 1935.
32. "Our Critics, Right or Wrong, Part I", *Nation*, 23 de outubro de 1935.
33. "Our Critics, Right or Wrong, Part III", *Nation*, 20 de novembro de 1935.

34. "Our Critics, Right or Wrong, Part IV", *Nation*, 4 de dezembro de 1935.
35. John Chamberlin, "Books of the Times", *The New York Times*, 12 de dezembro de 1935.
36. F. P. Adams, "The Conning Tower", *New York Herald Tribune*, 13 de dezembro de 1935.
37. "Our Critics, Right or Wrong, Part V", *Nation*, 18 de dezembro de 1935.
38. *How I Grew*, p. 267.
39. "My Confession", em *On the Contrary*, p. 78.
40. Ibid., p. 86.
41. Ibid., p. 77.
42. Ibid., p. 100.
43. Isaiah Berlin, citado em Kiernan, *Seeing Mary Plain*.
44. "My Confession", em *On the Contrary*, p. 102.
45. "Philip Rahv (1908-1973)", em *Occasional Prose* (Harcourt, 1985), p. 4.
46. Isaiah Berlin, em Kiernan, *Seeing Mary Plain*.
47. Entrevista de Dwight Macdonald a Diana Trilling, *Partisan Review*, 1984, em *Interviews with Dwight Macdonald*, org. de Michael Wreszin (University Press of Mississippi, 2003).
48. "Philip Rahv (1908-1973)", em *Occasional Prose*, p. 4.
49. *Theatre Chronicles, 1937-1962* (Farrar, Straus and Giroux, 1963), p. ix.
50. "Theatre Chronicle", *Partisan Review*, junho de 1938.
51. "Theatre Chronicle", *Partisan Review*, março-abril de 1940.
52. "Theatre Chronicle", *Partisan Review*, abril de 1938.
53. "Wartime Omnibus", *Partisan Review*, primavera de 1944.
54. *How I Grew*, p. 16.
55. Ibid., p. 260.
56. *Intellectual Memoirs*, p. 97.
57. David Laskin, *Partisans: Marriage, Politics, and Betrayal Among the New York Intellectuals* (University of Chicago Press, 2000), p. 88.
58. Reuel K. Wilson, *To the Life of the Silver Harbor* (University Press of New England, 2008), p. 53.
59. *The Company She Keeps* (Harcourt Brace & Company, 1942), p. 84.
60. Ibid., p. 112.
61. George Plimpton, em Kiernan, *Seeing Mary Plain*, p. 181.
62. Carta de Vladimir Nabokov a Edmund Wilson, 6 de maio de 1942, em *Dear Bunny, Dear Volodya: The Nabokov-Wilson Cartas, 1940-1971*, org. de Simon Karlinsky (University of California Press, 2001).
63. Pauline Kael, em Kiernan, *Seeing Mary Plain*, p. 181.
64. William Abrahams, "Books of the Times", *The New York Times*, 16 de maio de 1942.
65. Resenha de Lewis Gannett, *New York Herald Tribune*, 15 de maio de 1942.

66. Malcolm Cowley, "Bad Company", *New Republic*, 25 de maio de 1942.
67. *The Company She Keeps*, p. 194.
68. Ibid., p. 223.
69. Cowley, "Bad Company".
70. Lionel Abel, citado em Kiernan, *Seeing Mary Plain*, p. 180.
71. "The Weeds", em *Cast a Cold Eye* (Harcourt Brace & Company, 1950), p. 35.
72. Mary McCarthy em *Contemporary Authors*, New Revision Series, v. 16 (1984), em Kiernan, *Seeing Mary Plain*, p. 208.
73. Margaret Shafer, em Kiernan, *Seeing Mary Plain*, p. 267.
74. People Are Talking About, *Vogue*, julho de 1947.
75. Alfred Kazin, "How to Plan Your Reading", *Vogue*, julho de 1947.
76. "The Art of Fiction, Nº 27: Mary McCarthy", *Paris Review* (inverno-primavera 1962).
77. *The Oasis* (Harcourt Brace, 1949), p. 39.
78. William Barrett, *The Truants: Adventures Among the Intellectuals* (Doubleday, 1982), p. 67.
79. Carta de H. William Fitelson a Robert N. Linscott, 3 de maio de 1949, nos arquivos de Mary McCarthy em Vassar.
80. Donald Barr, "Failure in Utopia", *The New York Times*, 14 de agosto de 1949.
81. Carta de Hannah Arendt a Mary McCarthy, 10 de março de 1949, reproduzida em *Between Friends*.
82. Carta de Mary McCarthy a Hannah Arendt, 10 de agosto de 1954, reproduzida em *Between Friends*.
83. Carta de Mary McCarthy a Hannah Arendt, 20 de agosto de 1954, reproduzida em *Between Friends*.
84. Carta de Mary McCarthy a Hannah Arendt, 11 de outubro de 1966, reproduzida em *Between Friends*.
85. Carta de Hannah Arendt a Mary McCarthy, 20 de outubro de 1965, reproduzida em *Between Friends*.

6. Parker e Arendt [pp. 156-66]

1. Marion Meade, *Dorothy Parker: What Fresh Hell Is This?* (Penguin, 1988), p. 699.
2. "Lolita", *The New Yorker*, 27 de agosto de 1955.
3. Ver Galya Diment, "Two 1955 Lolitas: Vladimir Nabokov's and Dorothy Parker's", *Modernism/Modernity*, abril de 2014.
4. Book Reviews, *Esquire*, maio de 1958.
5. Book Reviews, *Esquire*, setembro de 1959.

6. Book Reviews, *Esquire*, junho de 1959.
7. Harry Hansen, "The 'Beat' Generation Is Scuttled by Capote", *Chicago Tribune*, 1º de fevereiro de 1959.
8. Janet Winn, "Capote, Miller, and Miss Parker", *New Republic*, 9 de fevereiro de 1959.
9. "Book Reviews", *Esquire*, dezembro de 1962.
10. "New York at 6:30 p.m", *Esquire*, novembro de 1964.
11. Detalhes extraídos de Christine Firer Hinze, "Reconsidering Little Rock: Hannah Arendt, Martin Luther King Jr., and Catholic Social Thought on Children and Families in the Struggle for Justice", *Journal of the Society of Christian Ethics*, primavera/verão de 2009.
12. "Reflections on Little Rock", *Dissent*, inverno de 1959, p. 50.
13. "Reflections on Little Rock", p. 51.
14. Reflections on Little Rock", p. 46.
15. "The World and the Jug", em Ralph Ellison, *Shadow and Act* (Random House, 1964), p. 108.
16. Ralph Ellison, em Robert Penn Warren, *Who Speaks for the Negro?* (Random House, 1965), p. 343.
17. Carta de Hannah Arendt a Ralph Ellison, 29 de julho de 1965, citado em Young-Bruehl, *Hannah Arendt*, p. 316.
18. "Letter from a Region in My Mind", *The New Yorker*, 17 de novembro de 1962.
19. Carta de Hannah Arendt a James Baldwin, 21 de novembro de 1962.
20. Kathryn T. Gines, *Hannah Arendt and the Negro Question* (Indiana University Press, 2014), p. 5.

7. Arendt e McCarthy [pp. 167-82]

1. Carta de Hannah Arendt a Karl Jaspers, 2 de dezembro de 1960, *Correspondence: 1926-1969*.
2. *Eichmann in Jerusalem* (Penguin, 1963), p. 22.
3. Carta de Hannah Arendt a William Shawn, 11 de agosto de 1960, citado em <http://www.glennhorowitz.com/dobkin/Cartas_hannah_arendt-william_shawn_correspondence1960-1972>.
4. *Eichmann in Jerusalem*, p. 30.
5. Ibid., pp. 51-2.
6. Michael A. Musmanno, "Man with an Unspotted Conscience", *The New York Times*, 19 de maio de 1963.
7. Carta ao editor do *New York Times* por Robert Lowell, 23 de junho de 1963.
8. *Eichmann in Jerusalem*, p. 125.

9. Hilberg afirma que Arendt tinha um grande débito para com ele e sua obra e achava que ela o plagiara. Ver Nathaniel Popper, "A Conscious Pariah", *Nation*, 31 de março de 2010.
10. *Eichmann in Jerusalem*, p. 117.
11. Ibid., p. 12.
12. Norman Podhoretz, "Hannah Arendt on Eichmann: A Study in the Perversity of Brilliance", *Commentary*, 1º de setembro de 1963.
13. Lionel Abel, "The Aesthetics of Evil: Hannah Arendt on Eichmann and the Jews", *Partisan Review*, verão de 1963.
14. Carta de Gershom Scholem a Hannah Arendt, 22 de junho de 1963, reproduzida em "Eichmann in Jerusalem: An Exchange of Cartas between Gershom Scholem and Hannah Arendt", *Encounter*, janeiro de 1964.
15. Ver, por exemplo, carta de Hannah Arendt a Mary McCarthy, 23 de junho de 1964, em *Between Friends*.
16. Carta de Hannah Arendt a Gershom Scholem, 24 de julho de 1963.
17. Carta de Hannah Arendt a Karl Jaspers, 20 de outubro de 1963, em *Correspondence: 1926-1969* (Harcourt Brace, 1992), p. 523.
18. Carta de Hannah Arendt a Mary McCarthy, 20 de setembro de 1963, em *Between Friends*.
19. Carta de Hannah Arendt a Mary McCarthy, em *Between Friends*.
20. Saul Bellow, em Kiernan, *Seeing Mary Plain*, p. 354.
21. Carta de Robert Lowell a Elizabeth Bishop, 12 de agosto de 1963, em *Words in Air: The Complete Correspondence between Elizabeth Bishop and Robert Lowell*, org. de Thomas Travasino e Saskia Hamilton (Farrar Straus and Giroux, 2008), p. 489.
22. Elizabeth Hardwick, "The Decline of Book Reviewing", *Harper's*, outubro de 1959.
23. Mary McCarthy, "Déjeuner sur l'herbe", *The New York Review of Books*, 1º de fevereiro de 1963.
24. Gore Vidal, "The Norman Mailer Syndrome", *Nation*, 2 de outubro de 1960.
25. Norman Mailer, em Kiernan, *Seeing Mary Plain*, p. 189.
26. Carta de Mary McCarthy a Hannah Arendt, 28 de setembro de 1962, em *Between Friends*
27. Norman Mailer, "The Mary McCarthy Case", *The New York Review of Books*, 12 de outubro de 1963.
28. Carta de Elizabeth Hardwick a Mary McCarthy, 3 de agosto de 1963, nos arquivos de Mary McCarthy em Vassar.
29. Carta de Mary McCarthy a Hannah Arendt, 24 de outubro de 1963, em *Between Friends*.
30. Carta de Elizabeth Hardwick a Mary McCarthy, 20 de novembro de 1963, nos arquivos de Mary McCarthy em Vassar.

31. Gore Vidal, em Kiernan, *Seeing Mary Plain*, p. 525.
32. Carta de McCarthy a Katharine White, em Kiernan, p. 524.
33. Carta de Elizabeth Bishop a Pearl Kazin, 22 de fevereiro de 1954, em *One Art: Cartas Selected and Edited*, org. de Robert Giroux (Farrar Straus and Giroux, 1994), pp. 288-9.

8. Sontag [pp. 183-213]

1. Daniel Stern, "Life Becomes a Dream", *The New York Times*, 8 de setembro de 1963.
2. Susan Sontag, *As Consciousness Is Harnessed to Flesh* (Farrar, Straus and Giroux, 2012), p. 237.
3. Carta de Hannah Arendt a Farrar, Straus & Giroux, 20 de agosto de 1963, em Carl Rollyson e Lisa Paddock, *Susan Sontag: The Making of an Icon* (Norton, 2000), p. 73.
4. Carta de Mary McCarthy a Hannah Arendt, 19 de dezembro de 1967, em *Between Friends*, p. 206.
5. Susan Sontag, em Kiernan, *Seeing Mary Plain*, p. 537.
6. Morris Dickstein, em Sheelah Kolhatkar, "Notes on Camp Sontag", *New York Observer*, 10 de janeiro de 2005.
7. *As Consciousness*, p. 8.
8. Esse caso é contado em Kiernan, *Seeing Mary Plain*, p. 538.
9. *As Consciousness*, p. 10.
10. Carta de Mary McCarthy a Susan Sontag, 11 de agosto de 1964, nos arquivos de Mary McCarthy em Vassar.
11. "Project for a Trip to China", *Atlantic Monthly*, abril de 1973.
12. *Reborn: Journals and Notebooks 1947-1963* (Farrar, Straus and Giroux, 2008), p. 5.
13. "Pilgrimage", *The New Yorker*, 21 de dezembro de 1987.
14. Ver Daniel Schreiber, *Susan Sontag: A Biography* (Northwestern University Press, 2014), p. 22.
15. Terry Castle, "Desperately Seeking Susan", *London Review of Books*, 17 de março de 2005.
16. "Susan Sontag, The Art of Fiction No. 143", entrevista com Edward Hirsch, *Paris Review*, inverno de 1995.
17. Entrevista com Harriet Sohmers Zwerling, 30 de novembro de 2015, disponível em <http://lastbohemians.blogspot.com/2015/11/harriet-sohmers-zwerling-ex-nude-model.html>.
18. *Reborn*, p. 28.
19. "Susan Sontag, The Art of Fiction No. 143".

20. Wilhelm Stekel, *The Homosexual Neurosis* (Gotham Press, 1922), p. 11.
21. Carta de Susan Sontag a "Merrill", sem data, encontrada no diário perto de 23 de março de 1950, em Alice Kaplan, *Dreaming in French: The Paris Years of Jacqueline Bouvier Kennedy, Susan Sontag, and Angela Davis* (University of Chicago Press, 2014).
22. *Reborn*, p. 60.
23. *As Consciousness*, p. 362.
24. *Reborn*, p. 79.
25. Ibid., p. 138.
26. Joan Acocella, "The Hunger Artist", *The New Yorker*, 6 de março de 2000.
27. *In America* (Picador, 1991), p. 24.
28. Entrevista com Marithelma Costa e Adelaide López, em *Conversations with Susan Sontag*, org. de Leland A. Pogue (University of Mississippi Press, 1995), p. 227.
29. Sigrid Nunez, *Sempre Susan: A Memoir* (Atlas, 2011), p. 87.
30. Donald Phelps, "Form as Hero", *New Leader*, 28 de outubro de 1963.
31. "The Art of Fiction N⁰ 143: Susan Sontag".
32. Ellen Hopkins, "Susan Sontag Lightens Up", *Los Angeles Times*, 16 de agosto de 1992.
33. "Notes on 'Camp'", *Partisan Review*, outono de 1964.
34. "Not Good Taste, Not Bad Taste — It's 'Camp'", *The New York Times*, 21 de março de 1965.
35. Carta de Philip Rahv a Mary McCarthy, 9 de abril de 1965, nos arquivos de Mary McCarthy em Vassar.
36. "Notes on 'Camp'", *Partisan Review*, setembro de 1964.
37. Ver Terry Castle, "Some Notes on Notes on Camp", em *The Scandal of Susan Sontag*, org. de Barbara Ching e Jennifer A. Wagner-Lawlor (Columbia University Press, 1999), p. 21.
38. "Against Interpretation", *Evergreen Review*, dezembro de 1964.
39. "Sontag and Son", *Vogue*, junho de 1966.
40. Kevin Kelly, "'A' for Promise, 'F' for Practice", *Boston Globe*, 30 de janeiro de 1966.
41. Geoffrey A. Wolff, "Hooray for What Is There and Never Mind Reality", *The Washington Post*, 5 de fevereiro de 1966.
42. Camera Three, entrevista, *c.* outono de 1969, disponível em <https://vimeo.com/111098095>.
43. Carta de Lila Karpf a Susan Sontag, 22 de novembro de 1966, em Schreiber, *Susan Sontag*, p. 133.
44. Robert Phelps, "Self-education of a Brilliant Highbrow", *Life*, 1⁰ de janeiro de 1966.
45. Gore Vidal, "The Writer as Cannibal", *Chicago Tribune*, 10 de agosto de 1967.

46. Beatrice Berg, "Susan Sontag, Intellectuals' Darling", *The Washington Post*, 8 de janeiro de 1967.
47. Carolyn Heilbrun, "Speaking of Susan Sontag", *The New York Times*, 27 de agosto de 1967.
48. James Toback, "Whatever You'd Like Susan Sontag to Think, She Doesn't", *Esquire*, julho de 1968.
49. Howard Junker, "Will This Finally Be Philip Roth's Year?", *New York Magazine*, 13 de janeiro de 1969.
50. Carta de Philip Roth a Susan Sontag, 10 de janeiro de 1969, nos arquivos de Susan Sontag na UCLA.
51. "What's Happening in America: A Symposium", *Partisan Review*, inverno de 1967.
52. William F. Buckley, "Don't Forget — 'Hate America' Seems to Be the New Liberal Slogan", *Los Angeles*, 20 de março de 1967.
53. Lewis S. Feuer, "The Elite of the Alienated", *The New York Times*, 26 de março de 1967.
54. "Trip to Hanoi", *Esquire*, fevereiro de 1978.
55. Frances Fitzgerald, "A Nice Place to Visit", *The New York Review of Books*, 13 de março de 1969.
56. *Trip to Hanoi* (Farrar, Straus and Giroux, 1969), p. 87.
57. Mary McCarthy, "Report de Vietnam I: The Home Program", *The New York Review of Books*, 20 de abril de 1967.
58. Frances FitzGerald, "A Nice Place to Visit", *The New York Review of Books*, 13 de março de 1969.
59. Susan Sontag, em Kiernan, *Seeing Mary Plain*, p. 594.
60. Carta de Mary McCarthy a Susan Sontag, 16 de dezembro de 1968, nos arquivos de Susan Sontag na UCLA.
61. *Reborn*, p. 168.
62. Herbert Mitgang, "Victory in the Ashes of Vietnam", 4 de fevereiro de 1969.
63. Carta de Mary McCarthy a Susan Sontag, 16 de dezembro de 1968, nos arquivos de Susan Sontag na UCLA.
64. Leticia Kent, "What Makes Susan Sontag Make Movies?", *The New York Times*, 11 de outubro de 1970.
65. *As Consciousness*, p. 340.
66. Para informação mais completa a esse respeito como um fenômeno cíclico no feminismo, ver, por exemplo, Susan Faludi, "American Electra", *Harper's*, outubro de 2010.
67. Norman Mailer, "The Prisoner of Sex", *Harper's*, março de 1971.
68. See *Town Bloody Hall* (1979), dir. D. A. Pennebaker e Chris Hegedus.
69. Leticia Kent, "Susan Sontag Speaks Up", *Vogue*, agosto de 1971.
70. "The Third World of Women", *Partisan Review*, primavera de 1973.

71. *On Photography* (Dell, 1978), p. 3.
72. Ibid., p. 9.
73. "How to Be an Optimist", *Vogue*, janeiro de 1975.
74. "A Woman's Beauty: Put Down or Power", *Vogue*, abril de 1975.
75. "Fascinating Fascism", *The New York Review of Books*, 6 de fevereiro de 1975.
76. Ibid.
77. Ibid.
78. Entrevista ao *Performing Arts Journal*, 1977, em *Conversations with Susan Sontag*, org. de Leland Pogue (University Press of Mississippi, 1995), p. 84.
79. De David Rieff, *Swimming in a Sea of Death* (Simon and Schuster, 2008), p. 35. Rieff não incluiu esse registro no diário em *As Consciousness*.
80. Ibid.
81. Entrevista a Wendy Lesser, 1980, em *Conversations with Susan Sontag*, p. 197.
82. Susan Sontag, *Illness as Metaphor* (Vintage, 1979), p. 22.
83. Denis Donoghue, "Disease Should Be Itself", *The New York Times*, 16 de julho de 1978.
84. "Desperately Seeking Susan".

9. Kael [pp. 214-44]

1. Ver carta de Robert Silvers a Pauline Kael, 28 de agosto de 1963, nos arquivos de Pauline Kael na Biblioteca Lilly, na Universidade de Indiana, em Bloomington.
2. Esboço da resenha sobre *The Group*, no arquivos de Pauline Kael em Brian Kellow, *Pauline Kael: A Life in the Dark* (Penguin, 2011), p. 82.
3. Emissão da rádio KPFA, Berkeley, Califórnia, sem data (*c.* 1962-3), disponível em <https://www.youtube.com/watch?v=sRhs-jKei3g>.
4. Pauline Kael, "'Hud': Deep in the Divided Heart of Hollywood", *Film Quarterly*, verão de 1964.
5. Carta de Pauline Kael to Rosenberg, 28 de fevereiro de 1942, em Kellow.
6. *City Lights*, inverno de 1953, reproduzido em *Artforum*, março de 2002, p. 122.
7. Entrevista ao *Los Angeles Reader*, 1982, em *Conversations with Pauline Kael*, org. de Will Brantley (University Press of Mississippi, 1996), p. 76.
8. Ver *Ed and Pauline*, dir. Christian Brando (2014).
9. Ibid.
10. Ibid.
11. "Owner and Employe [sic] feud Over 'Art'; Guess Who Has to Take Powder?", *Variety*, 16 de novembro de 1960.
12. "Wife Wants Artie Operators 'Wages'", *Variety*, 31 de maio de 1961.

13. "Fantasies of the Art House Audience", *Sight and Sound*, inverno de 1961.
14. "Is there a Cure for Film Criticism?", *Monthly Film Bulletin*, primavera de 1962.
15. Andrew Sarris, "Notes on the Auteur Theory in 1962", *Film Culture*, inverno de 1962-3.
16. "Circles and Squares", *Film Quarterly*, primavera de 1963.
17. Em Kellow, *Pauline Kael*, p. 78.
18. A história foi extraída integralmente de Kellow, *Pauline Kael*, p. 78.
19. "Movie vs. Kael", *Film Quarterly*, outono de 1963.
20. Ibid.
21. Entrevista a Allen Barra no *San Francisco Bay Guardian*, 28 de agosto de 1991, em *Conversations with Pauline Kael*, p. 135.
22. Ver Kellow, *Pauline Kael*, p. 78.
23. Carta de Dwight Macdonald a Pauline Kael, 27 de novembro de 1963, nos arquivos de Pauline Kael na Biblioteca Lilly, em Kellow, *Pauline Kael*, p. 70.
24. Carta de Elizabeth Hardwick a Pauline Kael, 14 de setembro de 1963, nos arquivos de Pauline Kael na Biblioteca Lilly.
25. Carta de Susan Sontag a Pauline Kael, 25 de outubro de 1963, nos arquivos de Pauline Kael na Biblioteca Lilly.
26. Karen Durbin, em Kellow, *Pauline Kael*, p. 174.
27. "The Making of *The Group*", em *Kiss Kiss Bang Bang* (Little Brown, 1968), p. 97.
28. Kellow, *Pauline Kael*, p. 91.
29. *Kiss Kiss Bang Bang*.
30. Pauline Kael, *I Lost It at the Movie*s (Dell, 1965), p. 17.
31. Ver Susan Sontag, *Against Interpretation*, p. 229.
32. Richard Schickel, "A Way of Vering a Picture", *The New York Times*, 14 de março de 1965.
33. "Circles and Squares".
34. Geoffrey Nowell-Smith, resenha de *I Lost It at the Movies*, *Sight and Sound*, verão de 1965.
35. "The Sound of...", em Pauline Kael, *Kiss Kiss Bang Bang*, *Atlantic Monthly*, 1968, p. 177.
36. "Sez McCall's Stein: Kael Pans Cinema Profit Motives", *Variety*, 20 de julho de 1966.
37. "Bonnie and Clyde", *The New Yorker*, 21 de outubro de 1967.
38. Entrevista com Marc Smirnoff para a Oxford American em *Conversations with Pauline Kael*, p. 155.
39. Entrevista com Marc Smirnoff para Oxford American em *Conversations with Pauline Kael*, p. 156.
40. Carta de Louise Brooks a Pauline Kael, 26 de maio de 1962, em Kellow.

41. Ver *Variety*, 13 de dezembro de 1967.
42. "Trash, Art, and the Movies", *Harper's*, fevereiro de 1969.
43. "Raising Kane", *The New Yorker*, 20 de fevereiro de 1971.
44. Mordecai Richler, "The Citizen Kane Book", *The New York Times*, 31 de outubro de 1971.
45. "Dorothy Parker, The Art of Fiction No. 13".
46. Andrew Sarris, "Films in Focus", *Village Voice*, 10 de abril de 1971.
47. Kenneth Tynan, "The Road to Xanadu", *Observer*, 16 de janeiro de 1972.
48. Ver Barbara Leaming, *Orson Welles: A Biography* (Limelight Editions, 2004), p. 476.
49. Peter Bogdanovich, "The Kane Mutiny", *Esquire*, outubro de 1972.
50. "Raising Kael", entrevista a Hollis Alpert na *Saturday Review*, 24 de abril de 1971, em *Conversations with Pauline Kael*, p. 13.
51. James Wolcott, *Lucking Out: My Life Getting Down and Semi-Dirty in Seventies New York* (Anchor, 2011), p. 67.
52. Kellow, *Pauline Kael*, p. 167.
53. John Gregory Dunne, "Pauline" em *Quintana and Friends* (Penguin, 2012).

10. Didion [pp. 245-72]

1. Pauline Kael, "The Current Cinema", *The New Yorker*, 11 de novembro de 1972.
2. Dunne, "Pauline".
3. "Joan Didion, The Art of Nonfiction No. 1", *Paris Review*, primavera de 2006.
4. *Where I Was De* (Vintage, 2003), p. 211.
5. "Farewell to the Enchanted City", *Saturday Evening Post*, 14 de janeiro de 1967, reproduzida em como "Goodbye to All That", em *Slouching Towards Bethlehem*.
6. "Jealousy: Is It a Curable Illness?", *Vogue*, junho de 1961.
7. "Telling Stories in Order to Live", entrevista por ocasião do National Book Award, 3 de junho de 2006, anteriormente disponível on-line, cópia dos arquivos da autora.
8. "Finally (Fashionably) Spurious", *National Review*, 18 de novembro de 1961.
9. "The Current Cinema", *The New Yorker*, 11 de novembro de 1972.
10. "Carta de 'Manhattan'", *The New York Review of Books*, 16 de agosto de 1979.
11. Pauline Kael, "The Current Cinema", *The New Yorker*, 27 de outubro de 1980.
12. "Movies", *Vogue*, 1º de fevereiro de 1964.
13. "Movies", *Vogue*, 1º de março de 1964.
14. "Movies", *Vogue*, 1º de junho de 1964.

15. "Movies", *Vogue*, 1º de novembro de 1964.
16. "Movies", *Vogue*, 1º de maio de 1965.
17. "How Can I Tell Them There's Nothing Left", *Saturday Evening Post*, 7 de maio de 1966, reproduzido como "Some Dreamers of the Golden Dream", em *Slouching Towards Bethlehem*.
18. Carta ao editor por Howard Weeks, *The Saturday Evening Post*, 18 de junho de 1966.
19. "The Big Rock Candy Figgy Pudding Pitfall", *The Saturday Evening Post*, 3 de dezembro de 1966.
20. "Farewell to the Enchanted City", *The Saturday Evening Post*, 14 de janeiro de 1967.
21. "Pretty Nancy", *The Saturday Evening Post*, 1º de junho de 1968.
22. "Slouching Towards Bethlehem", *The Saturday Evening Post*, 23 de setembro de 1967.
23. Carta ao editor por Sunnie Brentwood, *The Saturday Evening Post*, 4 de novembro de 1967.
24. "Places, People and Personalities", *The New York Times*, 21 de julho de 1968.
25. "Her Heart's with the Wagon Trains", *Christian Science Monitor*, 16 de maio de 1968.
26. Ver artigo em *Los Angeles Times*, 2 de agosto de 1970.
27. Ver artigo em *Newsday*, 2 de outubro de 1971.
28. Alfred Kazin, "Joan Didion, Portrait of a Professional", *Harper's*, dezembro de 1971.
29. *The Year of Magical Thinking* (Vintage, 2006), p. 111.
30. "A Problem of Making Connections", *Life*, 9 de dezembro de 1969.
31. "The Women's Movement", *The New York Times*, 30 de julho de 1972.
32. Didion foi citada de Wendy Martin (org.), *The American Sisterhood: Writings of the Feminist Movement de Colonial Times to the Present* (Harper and Row, 1972).
33. "The Women's Movement".
34. "African Stories", *Vogue*, 1º de outubro de 1965.
35. Susan Brownmiller, carta ao editor, *The New York Times*, 27 de agosto de 1972.
36. "The White Album", em *The White Album* (Farrar, Straus and Giroux, 1979), p. 11.
37. "The White Album", p. 142.
38. "Hollywood: Having Fun", *The New York Review of Books*, 22 de março de 1973.
39. Carta ao editor, *The New York Review of Books*, 19 de abril de 1973.
40. "Carta de 'Manhattan'", *The New York Review of Books*, 16 de agosto de 1979.

41. "They'll Take Manhattan", *The New York Review of Books*, 11 de outubro de 1979.
42. Wolcott, *Lucking Out*, p. 61.
43. "Love and Death in the Pacific", *The New York Times Book Review*, 22 de abril de 1984.
44. *Salvador* (Vintage, 2011), p. 17.
45. "Insider Baseball", *The New York Review of Books*, 27 de outubro de 1988.

11. Ephron [pp. 273-300]

1. *Heartburn* (Knopf, 1983), p. 3.
2. Discurso na formatura do Wellesley College, 1996, disponível em <http://www.wellesley.edu/events/commencement/archives/1996 commencement>.
3. "Dorothy Parker", em *Crazy Salad and Scribble Scribble* (Vintage, 1972), p. 168.
4. Ver Henry Ephron, *We Thought We Could Do Anything* (Norton, 1977), pp. 12-3.
5. Homenagem a Phoebe Ephron, publicado como epílogo de *We Thought We Could Do Anything*, p. 209.
6. Ibid., p. 211.
7. "The Legend", em *I Remember Nothing* (Random House, 2010), p. 37.
8. "Epilogue", p. 210.
9. Bosley Crowther, "The Screen", *The New York Times*, 20 de dezembro de 1944.
10. Henry e Phoebe Ephron, *Take Her, She's Mine* (Samuel French, 2011), p. 18.
11. Thomas R. Dash, "Bringing Up Father Theme Yields Tempest of Mirth", *Women's Wear Daily*, 26 de dezembro de 1961.
12. "Take Her, She's Mine", *Variety*, 29 de novembro de 1961.
13. Prefácio de *Slouching Towards Bethlehem*, p. xiv.
14. "Journalism: A Love Story", em *I Remember Nothing*.
15. "Dorothy Schiff and the *New York Post*", *Esquire*, 10 de abril de 1975.
16. Introdução de *Wallflower at the Orgy* (Bantam, 2007), p. 18.
17. *New York Post*, 23 de setembro de 1967.
18. "Dorothy Schiff and the *New York Post*".
19. Um resumo desta entrevista está em *Everything Is Copy*, dir. Jacob Bernstein (2016).
20. Meg Ryan, entrevista, em *Everything Is Copy*.
21. "A Strange Kind of Simplicity", *The New York Times*, 5 de maio de 1968.

22. "Dick Cavett Reads Books", *The New York Times*, 2 de junho de 1968.
23. Resenha de *Do You Sleep in the Nude?*, *The New York Times*, 21 de julho de 1968.
24. "Where Bookmen Meet to Eat", *The New York Times*, 22 de junho de 1969.
25. Entrevista a Michael Lasky, *Writer's Digest*, abril de 1974, reproduzida em *Nora Ephron: The Last Interview and Other Conversations* (Melville House, 2015).
26. "Women's Wear Daily Unclothed", *Cosmopolitan*, janeiro de 1968, reproduzida em *Wallflower at the Orgy*.
27. "Helen Gurley Brown Only Wants to Help", *Esquire*, fevereiro de 1970, reprodizida como "If You're a Little Mooseburger, Come with Me. I Was a Mooseburger and I Will Help You", in *Wallflower at the Orgy*.
28. Joan Didion, "Bosses Make Lousy Lovers", *The Saturday Evening Post*, 30 de janeiro de 1965.
29. *Nora Ephron: The Last Interview*.
30. "Mush", *Esquire*, junho de 1971.
31. Introdução de *Wallflower at the Orgy*.
32. "Some Words About My Breasts", *Esquire*, maio de 1972.
33. "Women", *Esquire*, julho de 1972.
34. Alix Kates Shulman, *Memoirs of an Ex-Prom Queen* (Knopf, 1972), p. 17.
35. "On Never Having Been a Prom Queen", *Esquire*, agosto de 1972.
36. "Miami", *Esquire*, novembro de 1972.
37. "Vaginal Politics", em *Crazy Salad*.
38. Entrevista com Joan Didion por Christopher Bollen, *V*, disponível em <http://www.christopherbollen.com/archive/joan_didion.pdf>.
39. "Dealing with the uh, Problem", *Esquire*, março de 1973.
40. "On Never Having Been a Prom Queen".
41. "Truth and Consequences", *Esquire*, maio de 1973, reproduzida em *Crazy Salad*.
42. "A Star Is Born", *New York Magazine*, outubro de 1973.
43. Em "Guccione's Ms. Print", *New York Magazine*, 29 de outubro de 1973.
44. "Women: The Littlest Nixon", *New York Magazine*, 24 de dezembro de 1973.
45. Ver, por exemplo, "The Legend", em *I Remember Nothing*, p. 37.
46. Em *Everything Is Copy*.
47. Jurate Karickas, "After Book, Friends No More", *Atlanta Constitution*, 3 de agosto de 1975.
48. *Nora Ephron: The Last Interview*.
49. Peter Stone, "Nora Ephron: 'I Believe in Learning the Craft of Writing'", *Newsday*, 5 de dezembro de 1976.

50. "The Story of My Life in 5,000 Words or Less", em *I Feel Bad About My Neck* (Knopf, 2006).
51. "The Story of My Life", p. 86.
52. Jesse Kornbluth, "Scenes de a Marriage", *New York Magazine*, 14 de março de 1983.

12. Arendt, McCarthy e Lillian Hellman [pp. 301-7]

1. Telegrama de Hannah Arendt a Mary McCarthy, 1-2 de novembro de 1970, reproduzido em *Between Friends*.
2. Carta de Hannah Arendt a Mary McCarthy, 22 de novembro de 1970, reproduzida em *Between Friends*.
3. "Saying Good-by to Hannah", *The New York Review of Books*, 22 de janeiro de 1976.
4. Carta de Mary McCarthy a Ben O'Sullivan, 26 de fevereiro de 1980, nos arquivos de Mary McCarthy em Vassar.
5. *The Dick Cavett Show*, 17 de outubro de 1979, em Kiernan, *Vering Mary Plain*, p. 673.
6. Irving Howe, em Kiernan, *Vering Mary Plain*, p. 674.
7. Jane Kramer, em ibid.
8. Dick Cavett, "Lillian, Mary and Me", *The New Yorker*, 16 de dezembro de 2002.
9. "Miss Hellman Suing a Critic For $2.25 Million", *The New York Times*, 16 de fevereiro de 1980.
10. Norman Mailer, "An Appeal to Lillian Hellman and Mary McCarthy", *The New York Times*, 11 de maio de 1980.
11. Martha Gellhorn, "Guerre de Plume", *Paris Review*, primavera de 1981.
12. Nora Ephron, introdução de *Imaginary Friends* (Vintage, 2009).

13. Adler [pp. 308-33]

1. Lili Anolik, "Warren Beatty, Pauline Kael, and an Epic Hollywood Mistake", *Vanity Fair*, fevereiro de 2017.
2. "The Perils of Pauline", *The New York Review of Books*, 14 de agosto de 1980.
3. Carta de Matthew Wilder ao editor, *The New York Review of Books*, 5 de fevereiro de 1980.
4. John Leonard, "What Do Writers Think of Reviews and Reviewers?", *The New York Times*, 7 de agosto de 1980.

5. *Time*, 27 de julho de 1980.
6. Jesse Kornbluth, "The Quirky Brilliance of Renata Adler", *New York Magazine*, 12 de dezembro de 1983.
7. Carta de Mary McCarthy a Carmen Angleton, 29 de agosto de 1961, em Kiernan, *Vering Mary Plain*, p. 499.
8. Em Kiernan, *Vering Mary Plain*, p. 500.
9. Resenha sobre *Here to Stay*, de John Hersey, em *Commentary*, abril de 1963.
10. "Talk of the Town", *The New Yorker*, 8 de dezembro de 1962.
11. "Polemic and the New Reviewing", *The New Yorker*, 4 de julho de 1964.
12. Ibid.
13. "Comment", *The New Yorker*, 20 de julho de 1963.
14. *Gone: The Last Days of the "New Yorker"* (Simon and Schuster, 1999), p. 82.
15. Entrevista a Christopher Bollen, *Interview*, 14 de agosto de 2014.
16. *Gone: The Last Days of the "New Yorker"*, p. 33.
17. Adler afirmou isso durante palestra sobre as pesquisas em andamento para seu livro no New York Institute for the Humanities em novembro de 2015.
18. "Polemic and the New Reviewing", *The New Yorker*, 4 de julho de 1964.
19. Irving Kristol, "On Literary Politics", *New Leader*, 3 de agosto de 1964.
20. "Letter from Selma", *The New Yorker*, 10 de abril de 1965.
21. Jesse Kornbluth, "The Quirky Brilliance of Renata Adler", *New York Magazine*, 12 de dezembro de 1983.
22. "Fly Trans Love Airways", *The New Yorker*, 25 de fevereiro de 1967.
23. Introdução de *Toward a Radical Middle: Fourteen Pieces of Reporting and Criticism* (Dutton, 1971).
24. "A Teutonic Striptease", *The New Yorker*, 4 de janeiro de 1968.
25. "Norman Mailer's Mailer", *The New York Times*, 8 de janeiro de 1968.
26. O anúncio foi citado no processo Adler contra Condé Nast, 643 f. sup. 1558 (SDNY, 1986).
27. Lee Beauport, "Trade Making Chart on Renata Adler; But Some Like Her Literary Flavor", *Variety*, 6 de março de 1968.
28. "How Movies Speak to Young Rebels", *The New York Times*, 19 de maio de 1968.
29. "Science + Sex = Barbarella", *The New York Times*, 12 de outubro de 1968.
30. Entrevista a Christopher Bollen, *Interview*, 14 de agosto de 2014.
31. *Pitch Dark* (NYRB Classics, 2013), p. 5.
32. Renata Adler, *Reckless Disregar: Westmoreland v. CBS et al.; Sharon v. Time* (Knopf, 1986).
33. Ronald Dworkin, "The Press on Trial", *The New York Review of Books*, 26 de fevereiro de 1987.
34. Ver Robert Gottlieb, *Avid Reader: A Life* (Farrar, Straus and Giroux, 2016), p. 220.

35. *Gone*, p. 203.
36. Robert Gottlieb, "Ms. Adler, the *New Yorker*, and Me", *New York Observer*, 17 de janeiro de 2000.
37. *Gone*, p. 125.
38. "A Court of No Appeal", *Harper's*, agosto de 2000.
39. "Decoding the Starr Report", *Vanity Fair*, fevereiro de 1999.
40. Rachel Cooke, "Renata Adler: 'I've been described as shrill. Isn't that strange?'", *Guardian*, 7 de julho de 2013.

14. Malcolm [pp. 334-61]

1. *In the Freud Archives* (Knopf, 1983), p. 35.
2. Ibid., p. 133
3. "Janet Malcolm, The Art of Nonfiction No. 4", entrevista a Katie Roiphe, *Paris Review*, primavera de 2011.
4. "A Star Is Borne", *New Republic*, 24 de dezembro de 1956.
5. "Black and White Trash", *New Republic*, 2 de setembro de 1957.
6. Carta ao editor por James F. Hoyle, *New Republic*, 9 de setembro de 1957.
7. Carta ao editor por Hal Kaufman, *New Republic*, 30 de setembro de 1957.
8. "D. H. Lawrence and His Friends", *New Republic*, 3 de fevereiro de 1958.
9. Carta ao editor por Norman Mailer, *New Republic*, 9 de março de 1959.
10. "Children's Books for Christmas", *The New Yorker*, 17 de dezembro de 1966.
11. "Children's Books for Christmas", *The New Yorker*, 14 de dezembro de 1968.
12. "Help! Homework for the Liberated Woman", *New Republic*, 10 de outubro de 1970.
13. "No Reply", *New Republic*, 14 de novembro de 1970.
14. "About the House", *The New Yorker*, 18 de março de 1972.
15. Prefácio de *Diana and Nikon* (1997).
16. "Slouching Towards Bethlehem, Pa", *The New Yorker*, 6 de agosto de 1979.
17. "Artists and Lovers", *The New Yorker*, 12 de março de 1979.
18. "The One-Way Mirror", *The New Yorker*, 15 de maio de 1978.
19. *Psychoanalysis: The Impossible Profession* (Knopf, 1977), p. 47.
20. Joseph Adelson, "Not Much Has Changed Since Freud", *The New York Times*, 27 de setembro de 1981.
21. *Psychoanalysis*, p. 110.
22. Ibid., p. 41.
23. Ibid., p. 38.
24. Ibid., p. 163.
25. Carta ao editor por Janet Malcolm, *The New York Times*, 1º de junho de 1984.

26. Ver, por exemplo, Robert Boynton, "Who's Afraid of Janet Malcolm?", *Mirabella*, novembro de 1992, disponível em <http://www.robertboynton.com/articleDisplay.php?article_id=1534>.
27. "Janet Malcolm, The Art of Nonfiction No. 4".
28. *The Journalist and the Murderer* (Vintage, 1990), p. 3.
29. Recordo-me dessa observação feita por Malcolm numa apresentação com Ian Frazier no New Yorker Festival em 30 de setembro de 2011.
30. *The Journalist and the Murderer*, p. 3.
31. Albert Scardino, "Ethics, Reporters, and the *New Yorker*", *The New York Times*, 21 de março de 1989.
32. Ron Grossman, "Malcolm's Charge Turns on Itself", *Chicago Tribune*, 28 de março de 1990.
33. David Rieff, "Hoisting Another by Her Own Petard", *Los Angeles Times*, 11 de março de 1990.
34. Nora Ephron na *Columbia Journalism Review*, 10 de julho de 1989.
35. Jessica Mitford na *Columbia Journalism Review*, 1º de julho de 1989.
36. John Taylor, "Holier Than Thou", *The New Yorker*, 27 de março de 1989.
37. "Janet Malcolm, The Art of Nonfiction No. 4".
38. "The Morality of Journalism", *The New York Review of Books*, 1º de março de 1990.
39. *The Journalist and the Murderer*, pp. 159-60.
40. Ver artigo na *New Yorker*, 11 de julho de 1994.
41. *The Silent Woman: Sylvia Plath and Ted Hughes* (Vintage, 1995), p. 13.
42. *The Silent Woman*, p. 48.
43. "A Girl of the Zeitgeist", *The New Yorker*, 20-7 de outubro de 1986.

Posfácio [pp. 363-6]

1. Discurso de Mary McCarthy na City Arts and Lectures, San Francisco, outubro de 1985, em Kiernan, *Vering Mary Plain*, p. 710.
2. Adrienne Rich, "Conditions for Work: The Common World of Women", *On Lies, Secrets and Silence* (Norton, 1979).
3. Adrienne Rich; Susan Sontag, "Feminism and Fascism: An Exchange", *The New York Review of Books*, 20 de março de 1975.
4. Entrevista a Christopher Bollen, sem data, disponível em <http://www.christopherbollen.com/archive/joan_didion.pdf>.
5. Hannah Arendt, *Rahel Varnhagen*, p. 218.

Índice

A

Abel, Lionel, 147, 172, 380, 382
Abzug, Bella, 207
Acocella, Joan, 42, 192, 373, 384
Adams, Franklin P., 134
Adler, Renata. *Ver também obras específicas*
   ação contra a *Washington Journalism Review*, 326
   o aparecimento de, 311-2
   Arendt e, 314-5
   características, 311
   formação, 311, 319-20
   Gopnik e, 329
   Gottlieb e, 330
   Kael e, 308-11, 320
   McCarthy e, 121
   New Yorker e, 310, 313-21
   New York Times e, 310, 315
   opiniões dos colegas sobre, 317-8, 322-3
   ostracismo de, 303, 330
   Podhoretz e, 316-8
   prêmios e honrarias, 311, 316
   reportando falsificações na mídia e, 327-9, 340
   Vanity Fair e
Adorno, Theodor, 110
Against Our Will (Brownmmer), 264
Águia solitária, 253

Ainslee's, 31
Aitken, William Maxwell (Lord Beaverbrook), 72
O álbum branco (Didion), 266, 270-1
Alemanha entre as duas guerras, 81
Alemanha nazista, 79
   decepção e delírio coletivo, 170
   intelectuais e, 137, 320
   Julgamentos de Nuremberg, 168
   Solução Final, 167-8, 171-2
   tomada do poder, 102
   West sobre, 79-81
Almoço nu (Burroughs), 177
Algonquin Round Table, 27, 29, 31, 240
   início da, 78
   Kael e outros talentos na, 239-40
   membros, 239-40
   mulheres na, 18-9
   West e, 70
Allen, Woody, 244, 268
Alvarez, Al, 360
Amarga fama (Stevenson), 359
Na América (Sontag), 192
O amor é fogo (Ephron), 273-4, 298-9
"O amor e santo Agostinho" (Arendt), 96
Andrews, Henry, 73
O ano do pensamento mágico (Didion), 261
Ann Veronica (Wells), 51

antissemitismo. *Ver também*
nazismo
Arendt e, 92, 102-3, 113
nos Estados Unidos, 111
na França, 108-9
Heidegger e o, 79
"Any Porch" (Parker), 20
Arbus, Diane, 208
Arendt, Hannah. *Ver também obras específicas*
Adler e, 315
antissemitismo e, 114
"a banalidade do mal", 169-70
sobre *O benfeitor*, 182-3, 193-4, 197, 199
a biografia de Varnhagen, 98
Blücher e, 105-6
casamento, 128, 135
características, 101-2, 107-8
sobre colaboração com nazistas, 96
condições de vida nos Estados Unidos, 110
dessegregação na escola e, 161-3, 165-6
sobre a diferença de ser judeu, 99-100
dificuldade para escrever em inglês, 113
ensaios sobre existencialismo, 113
feminismo e, 101-2, 365-6
formação, 91-3
Heidegger e, 92, 95-6, 98, 103
internamento em um campo na França, 108-9
sobre Kazin, 260
McCarthy e, 130-3, 173, 301-2
morte, 301
objetivo com a biografia de Varnhagen, 99
opinião de colegas sobre, 117-20
"párias conscientes", 111
Partisan Review e, 113-4, 119-20, 172-3
presa pelos nazistas, 96
primeiros textos jornalísticos, 110
relação entre o bem e o mal, 114
reputação, 166
Sontag e, 315
sobre o suicídio de Benjamin, 108
teoria política de, 162-6
Arendt, Martha, 91
Arendt, Paul, 91
Arlen, Alice, 298
Nos arquivos de Freud ("Trouble in the Archives", Malcolm), 350-2
Atlantic Monthly, 18, 77
Aufbau, 110

B

Baldwin, James, 166
"banalidade do mal", 169
"Um banquete para os olhos abertos" (Sontag), 230
Barringer, Felicity, 331
Barthes, Roland, 188
Battleaxe, 130
Beatty, Warren, 308
Beaverbrook, Lord (William Maxwell Aitken), 72
Behrman, S. N., 312
"A beleza de uma mulher: Humilhação ou fonte de energia?" (Sontag), 209
Bell, Vanessa, 50
Bellow, Saul, 154, 174
Benchley, Robert, 27, 158
O benfeitor (Sontag), 182-3, 193
Benhabib, Seyla, 99
Benjamin, Walter, 106, 108
Berlin, Isaiah, 137-8

Bernays, Edward, 18
Bernstein, Carl, 272-4, 298-9, 353
"Big Loira" (Parker), 43-4, 49
"The Big Rock Candy Figgy Pudding Pitfall" (Didion), 255
Bishop, Elizabeth, 113, 130, 173, 181
Black Lamb and Grey Falcon (West), 75, 77-9
Blücher, Heinrich, 105, 115, 301
Bogdanovich, Peter, 242
Bonnie e Clyde, 234-5
A Book of Common Prayer (Didion), 265
"Book Reviewing and Everyone I Know" (Podhoretz), 176
Books, 134
Botsford, Gardner, 345
Briefing for a Descent into Hell (Lesssing), 263-4
Broadwater, Bowden, 153
Brooks, Louise, 236
Broughton, James, 218
Brownmiller, Susan, 293
Buchman, Sidney, 229
Buckley, William F., 202
Burke, Billie, 29
Burke, Kenneth, 190, 241, 332, 336
Burroughs, William, 177

C

Caesar's Wife (Maugham), 29
"Camp", 10
Campbell, Alan, 46, 157, 160
Canetti, Elias, 188, 196
Canibais e missionários (McCarthy), 9, 10, 12, 120
Castle, Terry, 187, 196, 213
O Castelo de Axel (Wilson), 30, 141
Cavett, Dick, 282, 295, 304-5

Chaplin, Charlie, 111, 218
Charada, 253
Chase, Edna Woolman, 22, 248
Chicago Tribune, 199
The Children's Hour (Hellman), 303
Christian Science Monitor, 258
Cidadão Kane, 221, 293-41, 252, 308
Cidadão Kane (Kael), 252
Cinema Guild, 220-2
"Círculos e quadrados" (Kael), 224-7, 241, 310
City Lights, 219
Clarion, 61
Columbia Journalism Review, 354
Commentary, 162, 172
O Complexo de Portnoy (Roth), 201
comunidade homossexual e "camp", 196
comunismo
  Blücher e, 105
  Cowley como "megafone para", 131
  nos Estados Unidos, 112-3
  Hellman e, 303
  McCarthy e, 134-6
  Parker e, 156-7
  Partisan Review e, 111-2
  Rahv e, 138
  semelhanças com o fascismo, 80
  Sontag acusada de favorecer, 202
Condé Nast, 18, 27, 29-31, 328, 333
A condição humana (Rich), 364
Constant Reader, 41-2
Contra a interpretação (Sontag), 196-8, 201-31, 237
Con Spirito, 130
Cosmopolitan, 283-5
Cowley, Malcolm, 341, 348
Crazy Salad (Ephron), 297
"Crise na Educação" (Arendt), 166
Crowninshield, Frank, 18, 47
Crowther, Bosley, 277, 321

D

"Dealing with the Uh, Problem" (Ephron), 293
Dean, John, 331
Death Kit (Sontag), 199
Democracia (Didion), 269
A destruição dos judeus europeus (Hilberg), 171
Diana e Nikon (Malcolm), 344
The Dick Cavett Show, 304
Didion, Eduene, 246
Didion, Frank, 246
Didion, Joan. *Ver também obras específicas*
  Allen e, 268-9
  características, 245
  casamento, 252
  cineasta, 265
  colunas pessoais, 262
  ensaios do *Saturday Evening Post* reunidos, 253, 257-8, 266
  Ephron e, 292
  fama, 260-1, 268-9
  feminismo e, 365
  filhos, 256
  fontes do material do escritor, 278-9
  formação, 246
  Gurley Brown e, 285-6
  Kael e, 245, 250, 266-8
  Kauffmann e, 266-7
  McCarthy e, 263, 268-9
  National Review e, 249-50
  New York Review of Books e, 252-3
  persona literária, 262
  prêmios e honrarias, 246-7
  Saturday Evening Post e, 254-8
  segunda onda feminista e, 261-4
direitos civis, 84, 165-6, 319, 337
discriminação. *Ver* racismo, 102, 162, 207, 230
Dissent, 162, 164-5
Dize-me com quem andas (McCarthy), 123-4, 126
Doença como metáfora (Sontag), 211
Donoghue, Denis, 212
Dos Passos, John, 46, 303
Dukakis, Michael, 272
Dunne, John Gregory, 245
  casamento, 265-6
  coluna no *Saturday Evening Post*, 257
  como cineasta, 265
  Kael e, 244-5
  nos textos de Didion, 244-5
Dunne, Quintana Roo, 256
Duras, Marguerite, 222-3
"The Duty of Harsh Criticism" (West), 62

E

Earle, Willie, 83-4
Eckford, Elizabeth, 161
Eichmann, Adolf, 167
Eichmann em Jerusalém (Arendt), 169, 171, 174, 314, 316
Eisenhower, Julie Nixon, 282, 295-6
Eissler, Kurt, 349
Ellison, Ralph, 164
A embriaguez do sucesso, 337
"Em Valladolid" (West), 59
Encounter, 174
El Salvador, 270
Enough Rope (Parker), 35-7
Ephron, Henry, 275, 296
Ephron, Nora. *Ver também obras específicas*

artigos para revistas femininas,
    284-9
características, 283
casamentos, 272-5, 295-6
Didion e, 292
escrever na primeira pessoa, 287
Esquire e, 296-7
fama, 296
feminismo e, 286-94
formação, 274-8
Gurley Brown e, 284-6
Hellman e, 306-7
Malcolm e, 352, 358
morte, 307
na *Newsweek*, 248
Parker e, 275
como repórter, 280-5
reputação como crítica social, 285
como roteirista, 299
Ephron, Phoebe, 275, 277, 296, 354
Epstein Barbara, 208
Epstein, Jason, 176
escárnio, 12, 47
    artigos sobre os "Rotarianos literários" (Parker), 42
    crítica social de Crowninshield, 19
    de West em relação às mulheres, 20
    Parker sobre, como arma de ataque, 47
    resenhas de Parker na *New Yorker*, 41-3
Esquire, 158
    Didion e, 262
    Ephron e, 285, 287-90, 292-3
    Kael e, 243
    Parker e, 158-60
    Sontag e, 201
Este lado do paraíso (Fitzgerald), 32
Evergreen Review, 196
existencialismo, ensaios de Arendt sobre, 113

"Existe cura para a crítica de cinema?" (Kael), 223

F

Fairfield, Charles, 53
Fairfield, Cicely Isabel. *Ver* West, Rebecca
Fairfield, Isabella, 54
"Fantasias do públido do cinema da arte" (Kael), 222
"Farewell to the Enchanted City" ("Goodbye to All That", Didion), 256
Farrar, Straus and Giroux, 205
"O fascismo fascinante" (Sontag), 209
fascismo. *Ver também* nazismo, 112
feminismo. *Ver também* sufragistas
    Arendt e, 100-1, 116-7, 154-5, 164-5
    desafio às expectativas de gênero, 9-10
    Didion e, 261-4, 291-2, 377
    Ephron e, 286-94, 359
    Kael e, 224-5, 227-8
    Malcolm e, 341-2, 358
    McCarthy e, 154-5, 363-4
    Millett e, 207, 343
    mulheres na guerra e, 66-7
    Parker e, 35-6
    Phoebe Ephron e, 267
    psicanálise e, 346
    sexismo dos críticos, 225-6
    sexismo na escolha de jornalistas, 260-1
    sexismo nas resenhas sobre *Slouching Towards Bethlehem*, de Didion, 258
    Sontag e, 188, 206-9, 365
    Vanity Fair e, 18-9

feminismo (*continuação*)
    Wells como apoiador, 51
    West e, 145
Ferber, Edna, 28
"A Few Words about Breasts"
    (Ephron), 287
Film Culture, 224
Firestone, Shulamith, 262
Fitzgerald, Ellen, 65
Fitzgerald, F. Scott, 32-3
FitzGerald, Frances, 203
Fitzgerald, Zelda, 34
"The Flapper" (Parker), 32
Fornés, Maria Irene, 192
"Forty-One False Starts" (Malcolm), 357
Franny e Zocey (Salinger), 249-50
Freewoman, 50-1, 56
Freud, Anna, 349
Friedan, Betty, 281, 291

G

Gardiner, Muriel, 306
Gellhom, Martha, 306
Giliatt, Penelope, 321
"A Girl of the Zeitgeist" (Malcolm), 361
Gone: The Last Days of the "New Yorker" (Adler), 329
"Goodbye to All That" ("Farewell to the Enchanted City", Didion), 247
Gopnik, Adam, 329
Gordon, Ruth, 140
Göring, Hermann, 80
Gottlieb, Robert, 329-30
O grande Gatsby (Fitzgerald), 35
Grant, Jane, 28, 41
Green, Aaron (pseud.), 346-8

Greenburg, Dan, 298
O grupo (filme), 229
O grupo (McCarthy), 129, 175-9, 181-2, 184, 214, 216, 228-9, 250, 262, 301, 306, 365
Guccione, Bob, 295
Gurley Brown, Helen, 254-5, 269, 284-5, 291, 295-6

H

Hale, Ruth, 70, 72-3
Händel, Georg Friedrich, 187
Hardwick, Elizabeth, 122, 127, 176, 179
Harper's, 18, 43, 176, 194, 207, 237, 250, 332
Harriet Hume (West), 66, 188, 192
Harrison, Barbara Grizzuti, 269
Hayes, Harold, 158, 202
Heidegger, Martin, 90
    antissemitismo de, 96, 102
    Arendt e, 90, 93-4, 96-102
    filosofia e enfoque educacional, 92-3
    como nazista, 82-3
Heilbrun, Carolyn, 202
Hellman, Lillian, 295
Hemingway, Ernest, 306
Here to Stay: Studies in Human Tenacity (Hersey), 312
Hersey, John, 321
Hess, Rudolf, 80
Hilberg, Raul, 171
Hillis, Marjorie, 20
Hiroshima Mon Amour, 222-3
história intelectual, século XX
    na Alemanha nazista, 104
    contada sob o olhar dos brancos, 87

contada sob o olhar masculino, 11
desprezo pelas mulheres como
    intelectuais, 207
excluídos culturais, 195
fundamento do prazer na arte,
    197, 239
homme de lettres, 106-7
as mulheres na, 116-7
poder das ideologias políticas,
    115
a segunda onda do movimento
    feminista e a, 206, 262-3
simpósio da *Partisan Review* sobre
    "O Que Está Acontecendo na
    América?", 201
história literária, século XX
o *camp* na, 194-5, 139
canções de ódio de Parker, 24
contada sob o olhar masculino, 11
crítica de cinema, 223-4
escrita e sensualidade, 205
evolução das revistas, 18
exploração de temas por
    jornalistas, 11-12
ficção como o auge da realização,
    147
jornalismo de compromisso, 272
novo jornalismo, 89
poetas *beat*, 160
sexismo dos críticos da autora
    e, 88
uso da primeira pessoa no
    jornalismo, 203
uso de metáforas, 202-3
Holiday, 249
Hook, Sidney, 162
Horan, Robert, 217
Houseman, John, 241
"How Can I Tell Them There's
    Nothing Left?" (Didion), 254
Howe, Irving, 164, 314

How I Grew (McCarthy), 142
"How It Feels to Be Colored Me"
    (Hurston), 86
Hughes, Olwyn, 359
Hughes, Ted, 358
Hurston, Zora Neale, 83, 85-9
Husserl, Edmund, 96

I

ilusão de Toda Mulher, 263-5
Imaginary Friends (Ephron), 307
A inconquistável, 253
In Our Time (Hemingway), 38
"Interior Desecration" (Parker), 23

J

Jackson, Shirley, 160
James, Alice, 212
James, Henry, 212
Jarrell, Randall, 106, 113, 181
Jaspers, Karl, 95-6
judeus e judaísmo
    a identidade de Varnhagen e, 99
    lealdade de Arendt aos judeus,
        174-5, 177-9
    Solução Final, 167-8, 171-2
Johnsrud, Harold, 128
O jornalista e o assassino (Malcolm),
    352
Joyce, William, 79-81
The Judge (West), 66
"Just a Little One" (Parker), 49

K

Kael, Gina James, 218

Kael, Pauline. *Ver também obras específicas*
  Adler e, 308-11, 320-1
  Bogdanovich e, 242-3
  bolsa da Guggenheim, 227-8
  características, 215-6, 219, 221-4
  casamento, 220-1
  cinema como divertimento, 234
  Didion e, 245, 250, 264-6
  Dunne e, 244-5
  em Hollywood, 308
  feminismo e, 225-6, 228-9
  filha, 218, 232
  formação, 216-8
  McCall's e, 232-3
  sobre Meg Sargent de McCarthy, 145
  morte, 310
  New York Review of Books e, 234-5, 236-40, 249
  New Yorker e, 214-5, 224
  opiniões sobre os colegas, 9
  primeira resenha sobre cinema, 218-9
  rixa com os editores da *Movie*, 225-6
  rixa com Sarris, 331-3
  Segal e, 286
  o sexismo dos críticos da autora e, 225-6
  Sontag e, 216-7, 219
  último ensaio longo, 237
Kasabian, Linda, 265-6
Kauffmann, Stanley, 233, 267
Kaufman, Hal, 338
Kazin, Alfred, 117, 150, 259, 268
Kees, Weldon, 220
Kellow, Brian, 217, 227
Kierkegaard, Søren, 92, 102, 105
Kirchwey, Freda, 132
Kiss Kiss Bang Bang (Kael), 236
Koch, John, 160
Kracauer, Siegfried, 223
Kristol, Irving, 317

L

The Ladies of the Corridor (Parker), 157
Landberg, Edward, 220
Lawrence, D. H., 73, 120, 338
Lehmann-Haupt, Christopher, 353
Leonard, John, 212, 310
Lessing, Doris, 263
Liddy, G. Gordon, 331
Life, 33, 129, 229-60, 416, 259-61
The Life of the Mind (Arendt com McCarthy), 302
Limelight, 218
Little Rock (AK) Central High School, integração na, 161
Living Age, 67
Locke, Richard, 326
"Lolita" (Parker), 157
Los Angeles Times, 197
Love Story (Segal), 286
Lowell, Robert, 171, 247, 302
Lumet, Sidney, 229
Lyons, Leonard, 279

M

MacArthur, Charles, 38-9
Macdonald, Dwight, 118, 138, 194, 218, 227
MacDonald, Jeffrey, 352
Maddocks, Melvin, 358
Mademoiselle, 194, 247, 249, 316
Maier-Katkin, Daniel, 93

Mailer, Norman, 145, 160, 177, 202, 212, 305, 321, 339
Malcolm, Anne Olivia, 339
Malcolm, Donald, 336, 339
Malcolm, Janet. *Ver também obras específicas*
  Arendt e, 117
  casamentos, 339, 342
  Diana Trilling e, 339
  Ephron e, 355, 361
  feminismo e, 361-2, 365
  formação, 335-9
  infância, 340
  Malcom (erro de grafia), 341
  Masson e, 334-5, 346, 360, 362
  McGinniss e, 352-6
  New Republic e, 337-8, 341-2
  New Yorker e, 340-54
  opiniões sobre colegas, 11-2
  sobre Parker, 160
  Sontag e, 344, 360
Manhattan, 15, 27, 117, 226, 247, 251-2, 268, 275, 348
"The Man in the Brooks Brothers Suit" (McCarthy), 143
Mankiewicz, Herman, 239
Mansfield, Katherine, 69, 82
Marriage (Wells), 50
Marsden, Dora, 55, 58
Marshall, Margaret, 133
Masson, Jeffrey Moussaieff, 334, 348, 350
Maugham, Somerset, 29
McCall's, 232-3, 322
McCarthy, Mary. *Ver também obras específicas*
  Adler e, 311-2, 321
  Arendt e, 152-5
  atitude em relação aos homens, 143-4
  atividade sexual, 128
  sobre Bellow, 154
  Broadwater e, 149
  características, 121, 124-5, 134-5
  casamentos, 135, 141, 147, 301
  comunismo e, 135-7
  como crítica de teatro da *Partisan Review*, 138-9
  Diana Trilling e, 125-6
  Didion e, 263, 268-9
  expansão da fama, 149
  feminismo e, 154-5, 363-4
  formação, 122-6
  Hellman e, 303-4
  Mailer e, 177-8
  natureza autobiográfica da ficção, 147-8
  New York Review of Books e, 178-9
  opinião sobre os colegas, 11, 125-6
  Parker e, 139
  preservação da imagem, 122
  primeira resenha, 130
  Rahv e, 136-7, 142, 147-9
  resenha sobre *Franny e Zooey*, 249-50
  resenha sobre *Dize-me com quem andas*, 146
  resenha sobre *Origens do totalitarismo*, 119-20
  Rosenberg e, 126-7
  saúde mental, 140
  Sontag e, 184-5, 187-8, 204-5
  transição para a ficção, 141-3
  viagem ao Vietnã do Norte, 195
  vida em Vassar, 127-9
  West e, 134
  Wilson e, 134, 138-41, 144-5
McCollum, Ruby, 87
McGinniss, Joe, 352
McKuen, Rod, 286
Mehta, Ved, 329

Memoirs of an Ex-Prom Queen (Shulman), 289
Memórias de uma menina católica (McCarthy), 125
Menorah Journal, 110
Millay, Edna St. Vincent, 37, 142
Millett, Kate, 207, 343
Milne, A. A., 42, 48
"Minha confissão" (McCarthy), 136
Mitchell, Juliet, 262
Mitford, Jessica, 354
Mitgang, Herbert, 204
Monocle, 279
"O motim de Kane" (Bogdanovich), 242
Movie, 226-7
"Movies and Television" (Kael), 234
Ms., 290
mulheres. *Ver também* feminismo, 144
afiadas (explicação), 9-13, 363
arte de gênero, 223
caracterizações admissíveis das, 142
no cinema, 324
concorrência profissional, 295-6
desprezo por, como intelectuais, 142
fatores que afetam a vida das, 365
inabilidade de James para escrever sobre, 65
limites da feminilidade como alvo de Parker, 37-8
necessidade de autonomia no sexo e nos casos amorosos, 61
recusa da *Newsweek* em contratar como escritoras, 279
como tema de West, 70, 81-2
tratamento por F. Scott Fitzgerald, 35
West falando sobre, 70

A mulher silenciosa (Malcolm), 357
Musmanno, Michael, 170

N

Nabokov, Vladimir, 145, 157
Nasce uma estrela, 45

O nascimento de uma nação, 337
Nation, 113, 132, 178, 230, 269, 279, 338
National Review, 202, 249, 264
Navasky, Victor, 279
nazismo. *Ver também* Alemanha nazista
colaboração com, 96
campos de concentração como final, 113
ensaio de Sontag sobre a estética do, 209
Heidegger e, 95-6
instrumento, 106-7
totalitarismo soviético e, 114
West sobre o, 79-81
Nedelsky, Jennifer, 365
Negro Digest, 87
New Freewoman, 56, 59-60
Newhouse, S. I., 328
New Leader, 118, 192, 197, 317
New Masses, 47, 134
New Republic
Adler e, 333
Donald Malcolm e, 337
Kael e, 233-4
Malcolm e, 337-9, 341-2
McCarthy e, 130-1, 142
racismo, 87
Wells e, 62
West e, 62-3, 66
New Statesman, 66

Newsweek, 279
New York, 294-9, 302, 313
New York Herald Thibune, 78, 145
New York Post, 176, 279-80
New York Radical Women, 196
New York Review of Books, 203
   filosofia da, 176-7
   FitzGerald e, 204-5
   fundação, 190
   McCarthy e, 191, 194, 215
   resenha sobre o ensaio de Sontag "O fascismo fascinante", 209
   resenhas sobre *O grupo*, 177-80, 201-2
   textos de Adler, 308-9, 315-6
   textos de Didion, 245-6, 259-60
New York Times
   "The Women's Movement" (Didion) no, 261
   ação de Hellman contra McCarthy, 305-7
   Adler e, 310, 319-23, 328-30
   Arendt e, 165
   Hurston e, 87
   Kael e, 232-3
   Malcolm e, 355
   Marshall e, 133
   McCarthy e, 133, 143, 148
   resenha sobre *Slouching Towards Bethlehem*, 258-9
   resenha sobre *Three Is a Family*, 277
   resenhas sobre livros de West, 61
   Sontag e, 183, 193, 198-9, 203
New York Times Book Review, 263, 250
New Yorker
   Adler e, 312, 314-6, 319-22, 327, 329, 333
   Arendt e, 168-9
   Baldwin na, 166
   colaboração de McCarthy na, 146-7
   demissão de Shawn, 328-9
   Donald Malcolm e, 339
   fundação, 41
   Kael e, 234-7, 238-43, 302
   Malcolm e, 340-4, 354-6
   racismo, 87
   textos de Parker na, 40-2, 157
   West e, 62-6
Nin, Anaïs, 73
Nossa cidade (Wilder), 140
"Nossos críticos certos ou errados" (McCarthy e Marshall), 133, 134, 141, 177
"Notas sobre a teoria do autor" (Sarris), 224
"Notas sobre o *camp*" (Sontag), 10, 194-7, 213, 231, 237
Notes on Novelists (James), 64
A noviça rebelde, 233, 253
Núpcias de escândalo, 253
Os nus e os mortos (Mailer), 177, 205

O

The Oasis (McCarthy), 150, 152-3
Observer, 65, 241
Odets, Clifford, 140
O'Hagan, Anne, 20
"Once More Mother Hubbard" (Parker), 33
"The One-Way Mirror" (Malcolm), 346
"Only Disconnect" (Harrison), 269
"On Self-Respect" (Didion), 254
Origens do totalitarismo (Arendt), 92
Orwell, Sonia, 185
Over Twenty-One (Gordon), 140

P

Pankhurst, Christabel, 55
Pankhurst, Emmeline, 55
A Pantera Cor-de-Rosa, 253
pária. *Ver* "párias conscientes", 100, 152
"párias conscientes", 163
   afro-americanos como, 165
   Origens do totalitarismo e, 92, 114
   Phillips e Rahv como, 112
   refugiados nos Estados Unidos como, 112
   Varnhagen em meio a, 98
Paris Review, 21, 37, 43, 71, 306, 336
Parker, Dorothy. *Ver também obras específicas*, 18
   atitude em relação aos homens, 39, 40
   características, 36, 40, 42, 45-8
   casamentos, 24, 30, 42, 157
   como crítica de teatro da *Ainslee's*, 31
   comunismo e, 156-7
   desilusão com a sofisticação, 43, 47
   dificuldade para cumprir contratos, 45-6
   Ephron e, 274
   feminismo e, 37-8, 206, 365
   Fitzgerald e, 32-5
   formação, 15-7
   Hemingway e, 37-40
   medos, 41
   militância política, 44-6
   morte, 161
   New Yorker e, 39-41, 57
   opinião sobre os colegas, 21, 24-5
   como pianista, 15-6
   poesia e, 32-3, 35-6
   prêmios, 42, 43
   reputação, 66
   resenhas na *Esquire*, 158-9
   como roteirista, 43
   Round Table do Algonquin e, 28-9
   sobre os poetas *beat*, 159
   surgimento de, 140
   tentativas de suicídio, 37-42
   uso de clichês, 19, 29, 33
   Vanity Fair e, 18-24, 30, 32-4
   versões ficcionais de na *Vogue*, 20-3
Parker, Edwin Pond, 20-6
Partisan Review
   Arendt e, 113-4, 118-9, 173
   McCarthy e, 136-8
   segunda versão, 111
   Sontag e, 191-2, 208-9
   simpósio "O Que Está Acontecendo na América", 201
The Passionate Friends (Wells), 60
Pentimento (Hellman), 306
Perdi no cinema (Kael), 228, 230, 236, 253
"Peregrinação" (Sontag), 187
"The Perils of Pauline" (Adler), 333
Phillips, William, 193
Pictures from an Institution (Jarrell), 181
Pitch Dark (Adler), 325-6
Pittsburgh Courier, 87
Plath, Sylvia, 60, 247, 358
Plimpton, George, 145
Podhoretz, Norman, 162, 172, 314
política, 217
Prêmio PEN/Hemingway, 326
"O prisioneiro do sexo" (Mailer), 207
Pritchett, V. S., 66
"A Problem of Making Connections" (Didion), 261
Da próxima vez, o fogo (Baldwin), 166
Prynne, Xavier (pseud.), 177, 179
psicanálise, 9, 124, 203, 334-5, 345-8

Psicanálise: A profissão impossível (Malcolm), 348
Publicidade para mim mesmo (Mailer), 177

Q

Questão da Mulher, 101
Quinn, Sally, 294

R

racismo, 84-7, 157-8
Rahel Varnhagen (Arendt), 98
Rahv, Philip, 112, 121
    Hardwick e, 179
    Kael e, 220
    McCarthy e, 136-7, 142-4
    um pária consciente de comunismo, 111-2
Reagan, Nancy, 257, 259
Reckless Disregard (Adler), 328
Reed, Rex, 283
"Reflexões sobre Little Rock" (Arendt), 165
O regresso do soldado (West), 66
"Résumé" (Parker), 37, 48
Retrato de uma senhora (James), 65
Reynolds, Debbie, 253
Rich, Adrienne, 10, 209, 364
Richler, Mordecai, 240
Rieff, David, 209, 210, 354
Rieff, Philip, 190-1, 193
Rosenberg, Ethel "Ted", 127, 129
Rosenblatt, Jack, 185
Rosenblatt, Mildred, 185-6, 188
Ross, Harold, 41, 78, 168, 234
Ross, Lillian, 315
"Rotarianos literários", 42

Roth, Philip, 164, 201, 286
Rothschild, Dorothy. *Ver* Parker, Dorothy, 16
Run River (Didion), 252
Rússia soviética, 81
Ryan, Meg, 282

S

Sacco, Nicola, 46
Salinger, J. D., 249, 255, 268
Salle, David, 357
Santa Joana, 337
Sarris, Andrew, 224, 241
Sartre, Jean-Paul, 113
Saturday Evening Post, 253, 257-8, 266
Saturday Review, 243
Schiff, Dorothy, 281
Schocken Books, 115
Scholem, Gershom, 107, 109, 111, 173
Schwartz, Delmore, 117
Scoundrel Time (Hellman), 305
segunda onda do feminismo, 9, 229, 292, 294
Segal, Erich, 286
Seligman, Craig, 350
Sempre vivemos no castelo (Jackson), 160
sexualidade
    criatividade e, 60-1
    Ephron e, 288
    McCarthy e, 127, 133
    Parker e Fitzgerald, 32
    "tese da sedução", 335-6, 348
    Sontag e, 188-9
    Wells e, 50-1, 57
    West e, 54
Sexual Politics (Millett), 207, 233
Sharon v. Time, 327-8

Shawn, William
  Adler e, 308, 310, 317, 325
  Arendt e, 168
  Kael e, 234-5
  Malcolm e, 340-1, 344
  Sherwood, Robert, 27
  Shulman Alix Kaltes, 265, 289-90, 293
Sight and Sound, 223, 228, 232
Silkwood, 298
Silvers, Robert, 179, 214
Simpson, Eileen, 121
Sirica, John, 331
Sischy, Ingrid, 361
Slouching Towards Bethlehem (Didion), 258-9
Sobre fotografia (Sontag), 208
Sohmers, Harriet, 188
Solução Final, 167-8, 171-2
O sol também se levanta (Hemingway), 38
"As sombras" ("Die Schatten", Arendt), 90
"Some Dreamers of the Golden Dream" (Didion), 12, 254
Sontag, Judith, 186
Sontag, Nathan, 186-7
Sontag, Susan. *Ver também obras específicas*
  acusada de favorecer o comunismo, 316
  Arendt e, 315
  artigos nas revistas femininas, 209
  câncer, 210-1
  características, 186, 188
  casamento, 189, 191
  como cineasta, 205-6
  ensaios na *Vogue*, 209
  feminismo e, 10, 188, 206-10, 365
  formação, 185-9
  Harper's e, 193

Hiroshima Mon Amour e, 221-2
  inspirações, 187
  Kael e, 216
  Malcolm e, 344
  McCarthy e, 184-9, 191-2
  como uma nova versão de McCarthy, 184, 196-7
  opiniões sobre os colegas, 201-2
  Partisan Review e, 193, 196-7
  prazer na análise da arte, 238
  Prêmio *Mademoiselle*, 194
  reação às respostas sobre "Notas sobre o *camp*", 212-3
  reputação, 197-200, 204
  resenhas no *New York Times*, 194
  sexualidade, 188-9
  no Vietnã do Norte, 203-4
South China Morning Post, 67
Speedboat (Adler), 325-6
Stafford, Jean, 113
Steinbeck, John, 140
Steinem, Gloria, 208, 291
Stern, Gunther, 97, 102, 105
Stevenson, Anne, 358-9
Stewart, Donald Ogden, 40
Suber, Howard, 241
sufragistas
  Parker e, 206, 365
  West e, 55-6, 206, 365
Sunday Times, 66

T

Take Her, She's Mine (Phoebe e Henry Ephron), 278
Tanguay, Eva, 29
Tell My Horse (Hurston), 87
teoria do autor, 224-5
Their Eyes Were Watching God (Hurston), 89

"O terceiro mundo das mulheres" (Sontag), 208
"tese da sedução", 335, 348
"Teses sobre filosofia da história" (Benjamin), 109
Thomas, Lately (pseud), 159
Três é demais (Phoebe e Henry Ephron), 277
Thurber, James, 41, 159
Thurmond, Strom, 83
Tice, Clara, 20
Time, 195, 199, 262, 327-8
To a Tragic Poetess (Hemingway), 39
"Tonstant Weader fwowed up" (gozação de Parker sobre Milne), 42, 48
totalitarismo, 90
"Trash, arte e filmes" (Kael), 237
Trilling, Diana, 126, 137, 248, 338
Trilling, Lionel, 126
"Trouble in the Archives" (In the Freud Archives, Malcolm), 350
Truman, Harry, 84
Tumin, Melvin, 164
"Two Roads" (Malcolm), 344
Tynan, Kenneth, 241, 336

U

An Unfinished Woman (Hellman), 306

V

Vanity Fair
  Adler e, 326, 332
  Parker e, 20-5, 27-9
  como uma voz das mulheres, 19-20
Vanzetti, Bartolomeo, 46
Variety, 233, 236, 323
Varnhagen, Rahel, 98, 111, 163, 184, 314
Vidal, Gore, 178, 181
Village Voice, 226, 241
Vinaver, Stanislav, 75
Viva, 295
Vogue
  Arendt na, 116
  Didion e, 231-3, 235, 247
  como ferramenta de marketing, 21-2
  McCarthy e, 146
  Parker e, 21-4
  Sontag e, 198-9

W

Wakefield, Dan, 258
Walker, Alice, 89
Wallflower at the Orgy (Ephron), 287
Ward, Mary Augusta (Mrs. Humphry Ward), 57
Washington Journalism Review, 326
Washington Post, 197, 200, 270
Wayne, John, 202, 254
"The Weeds" (McCarthy), 147-8
Weil, Simone, 118
Welles, Orson, 139, 224, 239-41
Wells, H. G., 50, 63, 191
  caso com West, 57-61, 66
  como feminista, 50
  New Republic e, 59
  primeiros romances, 49-50
  West nos textos de, 49, 54, 59
Wells, Ida B., 85
"We Refugees" (Arendt), 110
West, Anthony Panther
  nascimento, 61-2
  conhecimento, 69

West, Anthony Panther (*continuação*)
  deixado com a avó, 67
  ressentimento da mãe, 70
  relação de Wells com, 63-4
West, Jim, 301
West, Rebecca. *Ver também obras específicas*, 49
  sobre a Alemanha nazista, 79-80
  características, 50, 67-9
  casamento, 57
  casos depois de Wells, 71
  sobre comunismo, 64
  escolha do nome, 56
  a escrita como máscara, 56-7
  sobre escritoras, 81
  feminismo e, 10, 77
  formação, 50, 52-3
  sobre James, 64-5
  mãe solteira, 62-3, 71
  McCarthy e, 135
  sobre a mulher norte-americana, 70
  Nin e, 73-4
  objetivos da escrita, 57, 64-5
  opiniões sobre os colegas, 66, 68, 70, 84
  sobre Parker, 51
  sobre racismo, 67-8
  reputação como crítica, 66
  resenhas sobre ficção, 65
  sufragistas e, 206, 365
  temas de artigos, 65-6
  turnê na Iugoslávia, 74
  turnê norte-americana, 67-9
  Wells e, 50-6, 60, 65
Westmoreland v. CBS, 326-7
We Thought We Could Do Anything (Henry Ephron), 296
"What White Publishers Won't Print" (Hurston), 87
When the Lights Go Down (Kael), 308
"Where Bookmen Meet to Eat" (Ephron), 284
"Why I Haven't Married" (Parker), 23
Wienovera, Jana. *Ver* Malcolm, Janet, 335
Wild 90 (Mailer), 321
Wilder, Matthew, 310
Wilder, Thornton, 140
Willis, Ellen, 206
Wilson, Edmund, 135, 139-42, 145-6
  sobre *Enough Rope*, 35-6
  a "Lolita" de Parker e, 158
  McCarthy e, 135
  Parker e, 30, 39-40
Wilson, Reuel, 312
Winn, Janet. *Ver* Malcolm, Janet, 160, 336-7
Wodehouse, P. G., 25
Wolcott, James, 243, 268, 310
"The Women's Movement" (Didion), 262
Women's Wear Daily, 278
"The Wonderful Old Gentleman" (Parker), 17
Woolf, Virginia, 50, 69, 72, 82, 130
Woolcott, Alexander, 22, 27, 70, 158, 337

Y

The Years with Ross (Thurber), 159
Young Bruchl, Elisabeth, 91, 114
"The Younger Set" (Parker), 32

Z

Zanuck, Darryl F., 324
Ziegfeld, Flo, 29-30

Sharp: The Women Who Made an Art of Having an Opinion
© Michelle Dean, 2018

Todos os direitos desta edição reservados à Todavia.

Grafia atualizada segundo o Acordo Ortográfico da Língua Portuguesa de 1990, que entrou em vigor em 2009.

capa
Paula Carvalho
preparação
Lígia Azevedo
revisão
Huendel Viana
Valquíria Della Pozza

Dados Internacionais de Catalogação na Publicação (CIP)
——

Dean, Michelle (1979-)
Afiadas: As mulheres que fizeram da opinião uma arte: Michelle Dean
Título original: *Sharp: The Women Who Made an Art of Having an Opinion*
Tradução: Bernardo Ajzenberg
São Paulo: Todavia, 1ª ed., 2018
416 páginas

ISBN 978-85-88808-31-7

1. Literatura americana 2. Ensaio 3. Mulheres escritoras
I. Ajzenberg, Bernardo II. Título

CDD 810
——

Índice para catálogo sistemático:
1. Literatura americana: Ensaio 810

todavia
Rua Luís Anhaia, 44
05433.020 São Paulo SP
T. 55 11. 3094 0500
www.todavialivros.com.br

fonte
Register*
papel
Munken print cream
80 g/m²
impressão
Geográfica